Таджики.

Древнейшая, древняя и средневековая история

타지크의 고대에서 중세시대까지 역사

타지크 Tajiks I

B.G.가푸로브(B.G.Gafurov) 지음

유예닮, 유인영 옮김

타지크의 고대에서 중세시대까지의 역사
타지크 I

발행일   2024년 1월 5일 초판 1쇄

저자   보보존 가푸로프(B.G.Gafarov)
번역   유예닮, 유인영
발행인   전종수

편집주간   김응환
편집기획   주해중
펴낸곳   주식회사 포토파트너스 / 꿈그림
출판등록   2021년 4월 21일 (제2021-000082호)
주소   경기도 고양시 일산동구 정발산로 15, 4층 412호(드림월드빌딩)
전화   031-903-5936
ISBN   979-11-975060-3-1 (03910)

정가   28,000원

Таджики.
Древнейшая, древняя и средневековая история

타지크의 고대에서 중세시대까지 역사

타지크 Tajiks 1

B.G.가푸로브(B.G.Gafurov) 지음
유예닮, 유인영 옮김

곰긤

옮긴이 서문

　고대로부터 중세시대까지의 중앙아시아 역사를 중앙아시아 민족의 관점에서 다루고 있는 『타지크 I(Tajiks I)』는 구 소련 시대의 역사학자이자 철학자이며 정치가인 B. 가푸로브의 역작이다. 가푸로브는 타직인들의 민족 영웅으로, 타지키스탄이 소련으로부터 독립한 후 그의 탄생 90주년을 기념하여 화폐 도안에도 등장한 바 있다. 정치인으로서도 왕성한 활동을 하던 저자는 말년에 그의 이름으로 명명된 타지키스탄 공화국의 과학아카데미 동양학 연구소 소장을 역임했다.

　타직(Tajik)인들에 대해서 한국에는 그리 널리 알려져 있지 않은 것이 현실이다. 타직 민족의 기원에 대한 의견이 분분하지만 현재 중앙아시아의 주류 민족이라고 볼 수 있는 투르크계 민족들 이전부터 존재했던 소그드(Sogd) 민족으로부터 기원했다는 것이 일반적인 견해이다. 현재 타직 민족은 중앙아시아의 타지키스탄 공화국과 우즈베키스탄 공화국의 사마르칸트 주와 부하라 주에 널리 분포되어 있다. 현재까지도 이란어 계통의 타직어를 사용하고 있는데, 이는 이란어, 아프가니스탄의 파슈토어와 함께 대표적인 페르시아어에 속한다.

　총 다섯 단원으로 구성된 타지크는 고대로부터 중세까지를 다루고 있는 제1권과 중세 이후부터 현대까지를 다루는 제2권으로 구분되는데, 향후 제2권도 번역 및 출판을 계획하고 있다. 저자도 서문에서 밝히고 있듯이 이 책은 중앙아시아 타직인들의 역사 전체를 세세하게 조명하고 있는 책은 아니다. 중앙아시아의 주인공이었던 타직인들의 관점에서 중앙아시아에 대한 궁금증을 해소하여 중앙아시아 지역에 대한 이해도를 높이기 위한 목적으로 기록되었다.

　이 책은 공동 번역자인 유예닮이 중앙아시아에서 거주하던 학창 시절에 러시아어 학습을 위해 시작한 습작 수준의 번역에서 출발하였다. 3개월에 달하는

긴 여름 방학 기간에 러시아어 향상을 목적으로 학교의 역사 선생님의 추천을 받아 번역을 시작하였다. 번역 초고를 보고 공동 번역자인 그의 부친 유인영이 원저작의 가치와 번역문의 우수성을 인식하게 되었다. 번역문을 역사학자인 동국대학교의 윤명철 교수에게 보내 검수를 받은 결과 중앙아시아의 역사에 필요한 책이라는 평가를 받게 되어 수정·보완을 거쳐 번역 후 근 15년 만에 출판하게 되었다.

저자 서문을 통해서도 드러나듯이 구소련 시절(1972년)에 저술된 만큼 이 책 곳곳에는 사회주의적 사관이 나타난다. 이런 이유 때문에 아직 남북이 군사적·이념적 대립 관계에 있는 한국에서 이 책의 출판이 과연 합당한가에 대한 고민이 있었던 것이 사실이다. 그러나 마지막 블루오션이라고 불리고, 우리의 동포인 고려인 약 30만 명 이상이 거주하는 중앙아시아에 대해 관심있는 학자들과 일반인들에게 꼭 필요한 입문 서적이라는 결론에 이르러 출판을 결심하게 되었다. 독자 제위께서는 이 책에 있는 사회주의적인 표현보다는 역사에 대한 서술 자체에 더 집중해 주시기 바란다.

끝으로 이 책의 출판이 있기까지 디자인과 편집 등에 아낌없는 지원을 보내주신 수동예림의 주해중 선생께 깊은 감사를 드린다. 어려운 출판 환경 가운데도 종이책 출판을 결정해 주신 꿈그림 출판사의 전종수 대표님께도 감사를 드린다. 원저작의 가치와 번역문을 높게 평가해 주셔서 출판하도록 길을 열어 주시고 늘 아낌없는 고언으로 가르침을 주시는 스승이신 윤명철 교수님께 지면을 통해 무한한 사랑과 감사를 드린다. 마지막으로 지금은 기력이 쇠하셔서 누워 계시지만 공동 번역자인 유예닮을 사랑으로 길러 주시고 지금도 변함없는 사랑과 지지를 보내주시는 할머니 박상순 여사님께도 가슴으로부터의 사랑을 보낸다.

저자 서문

타지크 민족은 대 소비에트 연방의 사회주의 민족 중의 하나이다. 큰 형격인 러시아 민족과 그 외의 소비에트 공산주의 산하 형제 민족들과 함께 공산주의 민족으로서 도약하고 있다.

이미 오래전부터 소비에트 연방의 민족들은 친분을 쌓고 교류를 하였는데 이러한 작용은 외세의 침략에 대항하여 투쟁하면서 더욱 돈독해졌다. 이러한 형상은 특히 우즈베크, 타지크, 투르크멘, 키르기즈, 카작, 카라칼팍 등의 중앙아시아 민족 사이에서 많이 발견되었다. 타지크인들의 유물을 발굴하는 것은 중앙아시아의 다른 민족들의 문화와 역사를 이해하는데 많은 도움을 준다. 특히 타지크 민족은 우즈베크 민족과 많은 연관이 있으며, 이들 민족들은 유전학적으로도 같은 뿌리에서 나왔다. 타지크 민족의 문화적 재산 또한 오래전부터 우즈베크 민족에게서 유입되어 퍼진 것이기 때문에 두 민족의 문화적 특징은 매우 유사하다. 이 민족들이 고대의 문화 역사와 중세 문화까지도 매우 가까운 것은 이들이 같은 지역에서 생활했기 때문이다. 이제는 이 두 민족이 함께 사회주의 민족이 되었다.

이것이 타지크의 역사를 배우면 이와 관련이 있는 중앙아시아의 다른 민족들의 문화적 가치까지도 이해할 수 있는 이유이다. 이를 자세히 알아가다 보면 중앙아시아 형제 민족의 깊은 역사적 뿌리까지도 알 수 있을 것이다.

타지크 민족의 역사는 여타 중앙아시아의 민족들의 것과 같이 인도, 파키스탄, 아프가니스탄, 이란, 아랍 국가들 등의 동방의 민족들과도 연관이 있다. 소련의 학자들인 우리는 중앙아시아의 역사와 동방 국가들의 연관성을 평화를 위한 전쟁, 사회적 개선 등을 불러왔기 때문에 매우 높게 평가한다.

타지크 민족을 포함한 과거 동방의 민족들을 연구한 부르주아 학자들의 자료를 보면 계속되는 전쟁과 왕조의 변화, 왕들과 통치자들에 관한 이야기 등이 있다. 에피소드 격으로 말하자면 하나의 천 조각에서도 역사적이고 문화적인 사실들이 증명된다. 이러한 상황에서도 역사적 사실과 연구 결과는 이념적인 측면을 완전히 탈피한다.

중앙아시아의 엄청난 양의 역사를 부르주아적 사학자들과 이주자들은 계급 간의 다툼이 없었던, 그저 여러 민족이 형성되어 가는 시기로 보고 있다. 또한 민족들을 각각의 완전히 다른 인종으로 보는 역사적 자료들을 완전히 무시한 사색적인 가설이 있는데 이는 민족들의 연관성을 완전히 부정하는 것이다. 이 가설에서는 우즈베크인들과 타지크인들이 파미르-페르가나(Pamir-Fergana) 인종에 속하는 하나의 뿌리를 가진 민족이라는 사실이 완전히 배제되어 있다. 중앙아시아의 역사를 인종의 관점으로 해석하려 하는 것은 완전히 잘못된 시도이다.

실학적 측면에서 민족들의 사회, 경제, 정치, 문화적 연구는 마르크스-레닌의 사상으로만 이해가 가능하다. 마르크스가 사회의 발전에 관해서 천재적으로 설명을 했는데 그 내용은 이러하다. "사회에서 사람들은 자신에게 주어진 일이자 사회를 발전시킬 수 있는 일을 맡아서 한다. 이러한 생산력의 상호작용이 경제력을 길러내고, 경제력을 기반으로 법적, 정치적 상황이 발전하는데 이렇게 하여 사회가 형성되는 것이다. 사회, 정치, 그리고 종교적 발전은 물질적 생활에도 영향을 미친다. 의식이 사회적 존재를 만들어 내는 것이 아니라, 사회적 존재가 의식을 만들어내는 것이다. 물질적 생산력이 발전했을 때는 사회에 그만큼의 생산적 관계가 존재했기 때문이며 이는 결국엔 법적인 발전을 가져오고 이는 지금까지도 발전하고 있는 자기 자신과의 관계의 발전에도 영향을 미친다. 물질적 생산의 발전 시기에는 이러한 관계들이 그들의 멍에가 된다. 그러면 사회적 발전이 이루어지는 시기가 도래한다. 경제적 기반의 변화가 시작되면, 이르던 늦던 간에 기존의 모든 시스템들이 변화하기 시작한다."[1] 사회적 기반의 영향을 떠나서 역사에서 볼 수 있는 이러한 어려운 형태의 생산적 상호관계는

---

1) K. Marx and F. Engels, Works., V.13, pp. 6-7.

마르크스-레닌의 사상으로 그 기본 베이스와 시스템의 상관관계를 연구해 볼 수 있고 사회적 형태와 종교, 생활적 측면들도 엿볼 수 있다. 수 천 년 전에 만들어진 종교적, 물질적 문화유산 들은 물질적 삶을 더 풍요롭게 만들었고 과학과 예술적 측면에서도 인류에 커다란 발전을 가져다주었을 뿐만 아니라 철학적 사유에 심취하게도 하였는데, 즉 이러한 문화, 사회적 폭넓은 지식은 지금까지도 이들 사회에 남아있다.

이미 잘 알려져 있듯이 대립적인 사회에서 역사적 변화의 힘은 계급간의 투쟁이다. 민중들의 봉기와 대항이 중앙아시아 사회를 뒤흔들었다. 마르크스와 엥겔스는 "자유민과 노예, 귀족들과 평민들, 지주들과 소작농들, 간단히 말해서 지배층과 피지배층간에는 보이거나 보이지 않게, 혁명이나 한쪽에 속해 있는 사람들의 죽음으로 끝나는 투쟁이 존재했다."[1] 모든 사학자들에게는 레닌의 말인 "보이는 미궁과 혼돈"[2]이라는 말이 중요하게 작용되는데 이는 마르크시즘의 핵심 요소로서 계급투쟁을 의미한다. 바로 이러한 관점에서 타지크인들의 지난 역사와 소비에트 연방 내에 있는 중앙아시아 민족들의 역사에 대한 연구가 이루어진다.

20년대에 이미 중앙아시아의 문화와 정치의 역사에 대한 각각의 문제들에 대한 연구가 있었다. V.V.바르톨드(V.V.Bartold)는 자신의 저서인 "투르키스탄의 문화적 삶의 역사"라는 책에 타지크인들의 역사, 역사적 저술 등을 기록하고 있다.

30년대에는 고고학적 발굴 작업과 연구에 있어서 마르크시즘 사상이 주를 이루었다. 타지키스탄에서 전개된 새로운 연구 작업은 이전에 연구한 자료들과 유물들, 그리고 당시의 관점들을 살펴보고 새로운 주장들을 내세웠는데 이를 이끈 학자는 A.Y.야쿠보브스키(A.Y.Yakubovskiy)이다.

전쟁 이후에는 다양한 종류와 성격의 유물들이 마치 비 오듯 쏟아졌다. 그중에는 고대 문서들, 화폐들, 고고학적, 언어학적 유물들 등이 있다. 이것들이 당

---

[1] K. Marx and F. Engels, Works., V.4, p. 424
[2] V.I. Lenin, Pol. Sobr. Soch, V.26, p. 58.

시의 역사를 더 깊게 알 수 있도록 만들었으며, 역사의 흐름을 파악할 수 있게 해 주었다. 학자들이 각기 개별적으로 연구하는 것 외에도 함께 모여서 공동의 연구를 진행하기도 했다.

1947년에 저자가 『타지크 역사 요약본』을 출간했다. 이 책은 처음에는 타지크어로 출판되었으나 후에 3번에 걸쳐 러시아어로 출간했는데 매번 더 보완하고 보충해서 출판되었다. 이 책은 고대부터 1917년까지의 역사를 기록하고 있으며 마르크스 사상을 근거로 타지크 민족의 역사를 요약한 것이다. 타지크 학술 연구소에서 출판한 세 권으로 구성된 『타지크인들의 역사』라는 책을 출간하는데 저자가 참여하였다. 후에도 저자는 타지크 민족의 역사와 문화에 대한 연구를 계속하였고, 그리하여 역사와 문화를 분석, 요약하는데 필요한 전문 지식이 쌓였다.

여러분에게 읽기를 권장하는 책인 『타지크, 고대에서 중세시대까지의 역사』에는 중앙아시아에 인류가 거주하기 시작했을 때부터 신세계가 시작된 18세기까지의 역사를 다루고 있다.

책은 다섯 가지 단원으로 나누어져 있다. 첫 단원은 중앙아시아에 형성된 최초의 사회의 성격을 기록했다. 두 번째는 타지크인들의 조상이 되는 노예제도가 발달했을 시기의 다양한 종족과 민족의 탄생을 다루고 있다. 세 번째 단원에는 타지크 민족의 역사적 숙명과 봉건제도의 형성을 기록했다. 네 번째 단원에는 봉건제도의 발달과정과 정착하는 과정을 설명했고 마지막으로 다섯 번째 단원은 봉건제도가 이미 발달했을 당시를 설명한다. 책에는 인용된 기록이나 책들에 대한 설명도 있다. 인용구나 기록들은 요약해서 실었으며 그 목차는 책의 끝부분에 실려 있다.

저자는 책을 타지크 역사의 백과사전처럼 기록한 것이 아니다. 책을 쓴 목적은 타지크의 역사의 중요하면서 어려워서 자주 궁금증을 유발시키는 부분을 한 곳에 모아서 기록하려는 취지에서 쓴 것이다. 타지크인들의 역사는 언제나 중앙아시아의 다른 민족들을 배경으로 펼쳐진다.

타지크 역사의 고대에서 중세 초기의 역사는 현재도 연구 중이고 발굴되는 유물의 수도 엄청나다. 이 역사 중에는 완전한 결론을 내릴 수 없는 부분들이 많아서 그 부분들은 소련의 학자들이나 외국 학자들의 주장과 가설로 대신했다. 실제로 이러한 부분은 고고학적, 화폐학적, 인류학적, 언어학적 유물을 통한 자세한 설명이 필요하다.

네 번째와 다섯 번째 단원에는 유물들에 관한 설명이 있는데 이들 중에는 이미 이전에 학자들이 연구한 것들이 많아서 우리는 그들의 관점에서 벗어나기 위해 노력했다. 중세시대 역사, 문화, 정치의 역사 등의 기록은 몇 대에 걸쳐 형성된 것이다. [그중에 V.V.바르톨드, A.Y.야쿠보브스키, A.A.세메노바(Semenova), Y.E.베르텔스(Bertels), P.P.이바노브(Ivanov) 등의 학자들의 연구가 그러하다].

몇 가지 이 책에 대해 짚고 넘어가자면 청동기 시대 당시의 중앙아시아의 경제적 문화적 발전도를 이란과 인도에 비교; 아리아인들에 관한 문제와 언어-유전학적으로 본 중앙아시아 민족들, 인도 북부 민족, 아프가니스탄, 이란 그리고 유라시아 초원의 민족 등에 대해; 계급 사회의 형성과 발전; 조로아스터교의 형성과 발전, 또한 중앙아시아-이란-인도-헬레니즘 국가들의 문화의 연관성; 쿠샨 시대 연대의 의문점들이 기록되어 있다. 또한 발굴되고 있는 유물들이 가르쳐주는 당시 중앙아시아의 사회-경제적 시스템 등을 다루고 있다.

토하리스탄과 소그드의 중세시대 초기의 역사가 매우 자세하게 연구되고 있는데 여기에는 봉건제도의 확장, 발전과 함께 찾아온 생산력의 증가, 예술적 발전과 함께 찾아온 사회적 발전 등을 다루고 있다. 쿠샨 시대인 중세시대 초기와 그 이후에 중앙아시아가 동방 문화의 중심지였다는 사실은 의심의 여지가 없다.

중세시대의 역사를 다룬 단원에서는 최근 20여 년 동안 새로이 소련의 학자들에 의해 알려진 이 지방의 역사적 사실들을 집중 조명했다. 여기에는 당시 사회의 생산력과 경제적 삶 등이 속한다.

이 책은 특히 사회-경제적 기관들의 기록에 따라 각 시대의 특징들을 묘사하였다. 저자는 기존의 학자들이 중앙아시아의 중세시대 역사와 문화 그리고 사회적 특징을 연구하는데 큰 비중을 두지 않았던 자료들을 다뤘다.[주로 화폐학적 자료들을 O.D.체호비치(Chehovich), Y.A.다비도비치(Davidovich) 등의 학자들이 마르크시즘 사상으로 해석한 것이다] 중세시대 타지크인들의 문화, 과학, 예술, 건축 등 문화의 모든 방면을 압축해서 기록했다.

이 책은 유전학적 발달과정에도 많은 중점을 두었다. 저자는 현존하는 모든 타지크 민족의 언어학적, 인류학적, 유전학적 그리고 문학적 자료들을 모아 분석, 연구했다. 또한 우즈베크 민족의 기원과 그들의 독자적 문화에 관한 동지들의 연구 자료들도 인용되었다.

저자는 책에 중앙아시아가 사산조, 아케메네스 왕조, 그레코-마케도니아, 그리고 아랍에 속해 있을 당시의 상황에 대한 해석도 실었다. 당시의 상황은 크게 두 가지로 해석할 수 있는데 첫 번째는 부르주아적 관점으로 기록한 것으로서 침략자들을 칭송하고 직·간접적으로 중앙아시아의 문화 수준을 얕잡아 보는 식의 것이고, 두 번째 해석은 소련 학계에 확산되어 있는 해석으로 당시 중앙아시아 민족이 침략자들에게서 자유를 쟁취하고자 그들에 대항하여 봉기한 것이나, 중앙아시아가 독자적이고 높은 문화 수준을 가졌다는 식의 이야기이다. 하지만 부르주아적 사관에 맞서 마르크시즘 사관으로 대응한 것은 역사 해석의 일부분일 뿐이고 중요한 문제는 정치적 사건에 있다. 그러나 사회-경제적 연구는 미진하여 우리에게 상당수가 알려지지 않았다. 저자는 이러한 사건들에 대한 의문들을 답하려고 노력했으며 민족들의 경제적, 역사-문화적 상호관계를 다루었다.

민족들은 생산력과 문화의 발전, 터득한 지식과 경험의 교류를 통해서 발전했다. 민족들의 내부 갈등과 전쟁이 알렉산더, 칭기즈칸, 티무르와 같은 정복자들에 대항할 때는 형제애와 협력으로 변하였다. 사회적 발전을 위한 협력, 평화적 경제 교류 등은 민족들의 문화가 종합적으로 발전할 수 있는 계기를 만들어 주었다. 헬레니즘 문화의 영향을 받은 간다르(Gandhar) 문화에 대한 설명도 있는데 이는 당시의 인도, 중앙아시아, 파르티아 그리고 그리스의 장점들만을 모아놓은 것이다. 민족들 상호간의 교류와 밀접한 관계를 문화적 가치를 높이면서 자신들 문화의 특성을 남겨두었는데 그러한 민족 중의 하나가 높은 문화 수준을 일구어낸 타지크 민족과 중앙아시아의 민족들이다.

책을 저술함에 있어 참고한 자료로는 "타지크 민족의 역사"라는 책이 있다. 또 삽화는 국립 에르미타주(Ermitaj), 우즈베크 예술 대학교, 타지크 역사 아카데미, 대영 박물관, 아프가니스탄 내 프랑스 고고학회 외에 소련과 해외의 학회들과 학자들에게서 가져온 것이다.

책은 1970년에 작성된 것이어서 인용된 자료들은 주로 1969년~1970년 초 이전까지의 자료들이며 이후의 자료들은 일부분 교정지에 기록되었다.

저자는 이 책을 쓰는데 조언과 충고를 해 주신 A.Y.베르텔스(A.Y. Bertels), I.S.브라긴스키(I.S.Braginski), E.A.그란토브스키(E.A.Grantovski), Y.A.다비도비치(Y.A. Davidovich), A.M.미르조예브(A.M.Mirzoev), I.M.오란스키(I.M.Or anski), V.A.라노브(V.A.Ranov), V.A.로모딘(V.A.Romodin) 그리고 당연히 이 책의 편집장이신 B.A.리트빈스키(B.A.Litvinski)에게 진심으로 감사드린다.

〈차례〉

옮긴이 서문 ··· 3
저자 서문 ··· 5

[첫 단원] 중앙아시아 최초의 조직과 그 이주과정

[주제 1] 중앙아시아 최초의 사회 ································· 16
1. 석기 시대의 씨족 형성 이전과 형성되는 과정 ················ 16
2. 중석기 시대와 신석기 시대 ······································ 23
3. 청동기 시대 ··· 30
4. 청동기 시대 중앙아시아의 인구와 아리아(Aryan)인의 문제 ······ 42

[주제 2] 초기 계급사회 시대의 중앙아시아 민족의 봉기
     (기원전 9세기~6세기 중반) ································ 66
1. 철기 시대 초기의 고고학적 자료 ································ 66
2. 철기 시대 초기의 중앙아시아 사회 ····························· 70

[둘째 단원] 노예제도가 발전할 당시에 타지크인의 조상

[주제 1] 아케메네스 왕조에 속한 중앙아시아 ··················· 98
1. 기원전 6~5세기 중앙아시아 정치의 역사 ······················ 98
2. 기원전 5~4세기 중앙아시아의 사회 ··························· 106
3. 아케메네스 시대의 중앙아시아와 이란 ························ 116

[주제 2] 그리스-마케도니아의 정복 전쟁 속의 중앙아시아인 ········· 125
  1. 알렉산더 대왕의 동방원정 ··· 125
  2. 중앙아시아인의 대 마케도니아 봉기 ····································· 130

[주제 3] 그레코-박트리아(Greko-Baktria)와 파르티아 ················· 142
  1. 셀레우코스(Seleukid) 국가 안에서의 중앙아시아 ················· 142
  2. 그레코-박트리아와 파르티아의 국가 ··································· 146
  3. 기원전 3~2세기경 중앙아시아의 경제와 문화 ····················· 159

[주제 4] 쿠샨 시대의 중앙아시아 ·· 180
  1. 파르티아, 그레코-박트리아 그리고 유목민. 월지 초기의 역사 ····· 180
  2. 기원전 2~1세기경의 중앙아시아 ··· 190
  3. 쿠샨(Kushan) 왕국 ·· 202
  4. 쿠샨 시대 중앙아시아의 도시와 마을 ································· 222
  5. 쿠샨 시대 중앙아시아의 경제 ··· 227
  6. 쿠샨 시대 중앙아시아의 문화와 종교 ································· 234

[주제 5] 고대 중앙아시아의 사회-경제의 질서 ·························· 248
  1. 고대 중앙아시아의 사료편찬 문제와 사회-경제의 형성 ········ 248
  2. 고대 중앙아시아의 사회-경제에 대한 현대의 주장 ············· 256

[셋째 단원] 중앙아시아 봉건제도의 형성

[주제 1] 4~6세기 중앙아시아의 종족과 민족 ········· 266
1. 정치의 역사 ········· 266
2. 인종학적 문제와 계급간의 투쟁 ········· 281

[주제 2] 6~8세기 초반 중앙아시아의 민족 ········· 298
1. 정치적 주요 사건인 계급간의 투쟁 ········· 298
2. 6~8세기의 토하리스탄 ········· 313
3. 6~7세기의 소그드 ········· 340
4. 중앙아시아의 다른 지방들 ········· 397
5. 사회-경제의 형성과 봉건제도의 생성 ········· 405

[참고문헌] ········· 411

[첫 단원]

중앙아시아 최초의 조직과
그 이주과정

주제 1

중앙아시아 최초의 사회

1. 석기 시대의 씨족 형성 이전과 형성되는 과정

석기 시대 초기

중앙아시아에서 언제부터 인류가 살기 시작했는지를 말하기는 어렵다. 이 지역에서 최초 인류의 흔적이 보존되지 않았을 수도 있기 때문이다. 일부 학자들은 중앙아시아가 유인원이 인간으로 진화한 영역의 일부였을 수 있다는 견해를 가지고 있으며,[1] 이 견해가 일반적으로 받아들여지는 것으로 간주할 수는 없지만, 이 지역에서 인류 생활의 가장 오래된 잔재를 발견할 가능성을 배제할 수 없다.

1953년에 오크라드니코브(Okradnikov)는 키르기즈의 나린(Narin) 지방 온-아르차(On-Archa) 강에서 고대 테라스에 역암으로 된 벽에서 사람이 세공한 한쪽이 길게 튀어나온 둥글고 작은 돌을 발굴했다.[2] 이곳에서의 발굴이 중앙아시아에서 발굴된 이러한 유의 유물의 시초였다. 그리고 이 발굴을 시작으로 후에 이와 유사한 다양한 종류의 유물들이 발굴되어 세상에 그 모

---

1) Nesturh M. F., 1964
2) Okladnikov A.P., 1966 b, p. 19.

습을 드러냈다.[3] 이러한 형태의 석기는 고대 세계의 대부분 지역에서 잘 알려져 있으며 인류의 가장 오래된 석기 문화로 특징지어진다.[4]

이를 연구해본 결과에 따르면 인도의 것과 흡사하다는 결론이 나온다.[5] 이는 이 두 나라가 석기 시대에는 하나의 나라였을 가능성을 보여준다. 이 유물은 이것을 만든 사람들이 간빙기 즈음에, 즉 20만 년 이전에 살았음을 보여준다. 그때는 인구도 매우 적었고 또 매머드(mammoth) 같은 고대 동물들도 살았다.

유럽의 전기 구석기 시대의 특징인 손도끼와 같은 종류의 기구들은 쿠르크메니스탄에서만 발견된다.

중기 구석기 시대의 유물들

중앙아시아에서는 중기 구석기 시대부터 인류가 살았을 것이라는 설이 대표적이다. 그 당시는 혈거시대였고 또 네안데르탈인들이 있었다.

사회의 생산력은 전기 구석기 시대보다 더 빠르게 변화하기 시작했다. 도구를 만드는 기술은 빠르게 완성되었고, 그 형태는 변화하고 기능은 더 다양해졌다. 그들은 불을 만드는 법을 고안해냈다. 그리고 당시에는 사람이 어느 곳이든 원하는 곳으로 자유롭게 갈 수 있었다. 그래서 사람들은 공동체와 법률을 만들어야만 했다. 또한 혈거 시대의 사람들은 중앙아시아에 정착하기 위해서 산악지대나 평지에 굴을 파고 거주하기 시작했다.

투르크멘에서는 크라스노봇스크(Krasnovodsk) 반도와 쾨펫다그(Qo'petdag) 산에서, 우즈베키스탄에서는 타슈켄트나 사마르칸트 근처의 동굴에서, 그리고 타지키스탄에서는 페르가나 지방의 서쪽에 있는 우라튜베(Uratube), 기싸르

---

3) Ranov V.A., 1966 b, p. 19.
4) Movius H. L. 1944. 와 Leakey L. S. 1951. 등의 예 참조
5) Ranov V.A., 1964 a.

(Gissar), 바흐쉬(Bahsh) 골짜기, 그리고 단가르(Dangar) 지역에서 많은 수의 개방된 정착지가 발견되었다. 최근 몇 년간 키르기스스탄 북부에서도 혈거시대 문화의 흔적을 발견했다.

테쉬크 타쉬(Teshik tash) 동굴은 소련 전역과 해외에서 유명해졌다.[6] 이곳은 바이쑨 타우(Baisun tau)의 투르간다리아(Turgandariya) 강 근처에 있는 테르메즈 시 인근에 위치하고 있다. 이 동굴에서는 3,000여 점의 유물이 발굴되었는데, 그중의 두 개는 매우 잘 보존되어 있다. 하나는 끝이 날카로운 쐐기이고 다른 하나는 곡선 모양으로서 흙을 긁어내는 용도로 사용되는 도구이다. 끝이 날카로운 것은 나무를 베는 용도, 혹은 칼로 사용되었을 것이다. 테쉬크 타쉬 사람들의 주요 사냥 대상은 중앙아시아의 산에서 대량으로 구할 수 있는 시베리아 산양이었다. 그들은 또한 사슴, 곰, 표범 그리고 더 작은 야생동물들을 사냥했다.

이곳의 유적이 세계적으로 매우 유명한 이유는 여기서 혈거시대 남자아이(8~9세)의 뼈를 발굴했기 때문이다. 타지크에는 10여 개의 고대인들의 주거지역이 있음에도 불구하고, 이곳 외에서는 30년이 흐르는 동안 다른 네안데르탈인들의 유골을 찾지 못했다. 이 뼈 주위에는 산양의 뿔이 원을 그리면서 놓여 있다. 이는 이 장례의식이 이미 계획되어 있었던 것일 수도 있다는 것을 증명한다.

테쉬크-타쉬에서 발굴된 석기시대 유물을 얼마 전에 발굴된 오비라흐맛(Obirahmat)동굴에서 발굴된 유물과 비교·분석하고 있다. 아직 이 흥미로운 발견에 관한 책은 출판되지 않았다. 이곳에서는 3만 점 이상의 유물이 발굴되었다.

카라쿰에 있는 시르다리오(Sirdario)지방에도 매우 멋진 유물 두 점이 발굴되었다. 혈거시대와 그와 관련된 유물들로서 여기에 살았던 오스탄(Ostan)

---

6) Okladnikov A.P., 1949.

인들의 유물이다. 여기에서도 둥근 모양의 작은 돌이 발굴되었는데 그것들 중에는 테쉬크-타쉬에서 발굴된 것과 매우 유사한 것들이 있다.

이 유적들을 레발루아(revarrua) 혈거시대 문화라고 부른다. 그리고 이것을 통해 근동 지방의 혈거시대 역사를 연구할 수 있다.[7]

이렇게 혈거시대부터 중앙아시아는 아시아의 다른 지방들과 많은 공통점이 있었다. 그리고 이러한 공통점은 신석기 시대까지 이어져 온다.[8] 최근에 중앙아시아에서 발굴된 유적들을 연구해보면 그 발생 시기가 40,000~50,000년 이전으로 나온다.[9]

후기 구석기 시대의 유물들

40,000~35,000년 전에는 인류가 현재의 형상과 동일한 모습을 갖추기 시작한다. [Homo sapiens.]

이 시기에는 혈거시대에는 볼 수 없었던 많은 종류의 석기들이 제작되었고 석기 제조 기술 또한 급속도로 성장했다.

후기 구석기시대에는 매우 많은 종의 새로운 석기 유물이 발굴된다. 그리고 사냥은 적게 하기 시작했다. 후기 구석기시대에 종족이 형성되기 시작한다. 이는 씨족과 공동체들의 결합이다.

중앙아시아의 후기 구석기 시대는 아직 깊이 연구된 바가 없는데, 분명 혈거시대에 비해 중앙아시아의 모든 지역에서 중기 구석기인들의 생활에 자연적 조건이 상당히 불리하지는 않았다.

이 시기 매우 중요한 유물로는 사마르칸트의 것이 꼽히는데 이는 현재의

---

7) Okladnikov A.P., 1966 b, p. 48-49.
8) Ranov V.A., 1965 b.
9) Okladnikov A.P., 1966 b, p. 45-46; also Ivanov I.K., 1965.

사마르칸트 시내에 위치해 있다. 발굴된 유물들로는 용기류와 나무를 베는 용도의 것들이 발굴되었다. 그리고 1964년에는 이곳에서 인간의 하악골(아래턱 뼈)이 발굴되었다. 이 지역을 발굴한 D.N.레브(Lev)는 이곳에 살던 사람들은 진흙과 돌로 만든 집에서 살았고 주업인 사냥을 통해 획득한 동물로는 주로 말, 염소, 낙타, 야생양 등이 있었다고 한다.[10]

이 외에도 석기 시대의 유적은 투르키스탄의 작은 도시에서도 발굴되었다. 이는 초르쿠(Chorku) 인근에 위치해 있으며 호자-고르(Hoja-Gor)라는 이름으로 유명하다.[11] 이곳에 살던 주민들은 구석기시대가 끝나는 시점인 15,000~12,000년 전에 살았다. 이곳에는 인간의 흔적이 남아있지 않으며, 규석들이 홍수에 의해서 쓸려간 것으로 보인다.[12] 하지만 이곳 유물들의 흥미로운 점은 규석으로 된 물품들이 다량으로 발굴되었다는 것과 그 형태와 제작 기법이 사마르칸트의 것과는 다르다는 점이다.

한 가지 더욱 흥미로운 점은 이 시대에 중앙아시아에는 두 가지의 석기시대의 기술적인 전통이 존재했다는 것이다. 하나는 동아시아와 시베리아 계통의 문화이고(사마르칸트에서 발굴된 것), 다른 하나는 근동아시아의 것이다 (호자-고르).

구석기 시대 공동체의 성격

우리는 고고학적 자료들을 바탕으로 구석기시대 당시 중앙아시아에 살았던 인류의 제조 기술의 발달 과정을 살펴보았다. 하지만 당시의 사회적 발전에 대한 문제에 관해서는 뭐라고 말하기가 어렵다. 이에 관련된 가장 기본적인 문제도 학자들의 노력에도 불구하고 결론을 내리지 못하고 있으며 논쟁

---

[10] O Lev D.N., 1965.
[11] Okladnikov A.P., 1964, p. 170.
[12] Nesmeyanov, S.A.; Ranov V.A., 1964

의 주제가 되기도 한다.13) 사마르칸트의 구석기시대 사회의 발전에 관한 문제에 대한 해결은 아직 시작도 하지 못했다.

구석기 시대의 인간 공동체는 르빈느이(L'vinniy) 골짜기에서 살았다고 많은 사람들이 말한다. 모든 공동체의 삶은 10월에 대혁명이 일어나기 전까지 1년 동안 계속되어왔고, 원숭이가 인간으로의 진화는 1월에 시작되었으며 12월 25일에 끝났다. 그러니까 모든 중앙아시아의 공동체들은 신년을 30분 남겨놓고 끝났다.

구석기 시대의 초기에는 사회 공동체가 매우 원시적이었다. 스스로 발생한 그 집단을 F. 엥겔스는 무리라고 칭했다.14) 레닌은 '최초의 무리' 후에 '최초의 공동체'라고 말했다.15)

구석기 시대 초기에는 최초의 집단이 형성되는 과정이었다. 그리고 중기를 거쳐 후기로 갈수록 씨족 사회가 형성되었으며 이 당시에는 여성의 지위가 매우 높았다.16) 이러한 씨족 사회는 집단적 혼인을 통해 이루어졌다.

모든 생산은 공동체의 구성원들이 함께했지만, 생산력은 그리 좋지 못했다. "이러한 초기 공동생산의 방식은 개개인의 능력 부족과 생산 기술의 부족에 대한 결과이다."17) 생산력은 그 자리에 머물지 않고 조금씩 발전해 나갔다. 생산력과 공동체의 진보는 인류문화에 발전을 가져왔다. 어떤 서로 다른 물체를 혼합해서 만드는 것은 잘하지 못했다. 하지만 제조 기술은 그 자리에 머물러 있지 않고 계속해서 발전해 나감으로서 공동체의 제조 기술의

---

13) 예시보기: 세메노브(Semanov) Y. I., 1966; 세메노브(Semenov) Y. I., 1968; 테르-아코퍈(Ter-Akopyan) N. B. 1968; 부티노브(Butinov) N. A., 1968; 카보(Kabo) V. R., 1968 (이들의 자료들에는 문헌적 역사적 자료들에 대해 상세히 기록되어 있다.)
14) K. Marx and F. Engels, Soch, L.48, p. 232.
15) 5 V.I. Lenin, Pol. Sob. Soch, L.48, p. 232
16) 소련의 역사학계에서는 또 다른 관점으로 보기도 한다. (Kabo V.R., pp. 258-265)
17) K. Marx and F. Engels, Soch, L.19, p. 404

발달이 그 문화의 발전에도 큰 영향을 미쳤다. 또한 불을 사용하기 시작했다는 것과 거주지를 조성했다는 것, 그리고 몸집이 큰 짐승들을 사냥했다는 것이 인류가 발전할 수 있었던 계기가 되었다. 그리고 테식-타쉬(Teshik-tash)에서 발굴된 남자아이의 무덤을 보면 장례문화의 형성과 최초의 종교의 탄생을 알 수 있다.

2. 중석기 시대와 신석기 시대

중석기 시대와 신석기 시대를 구분하는 것은 각 지역마다 차이가 조금씩 있지만 보통 10,000~15,000년을 중심으로 한다. 고고학적인 연구를 한 결과 고고학적 자료에 근거하여, 이 시기에 중앙아시아에 상당한 인구가 모계 부족 체제의 조건에서 살고 있었다는 추론을 끌어낼 수 있다. 그리고 생활에 필요한 도구들을 만드는 기술도 발달했다. 특히 토기가 그러하다. 그리고 그들은 가축들을 기르고 농경지를 가꿔서 농토도 소유했다. 중앙아시아의 각 지방마다 그 지방의 지리적 요건에 따라서, 어떤 곳에서는 물고기를, 또 어떤 곳에서는 짐승들을 얻는 식으로, 각기 자연에서 얻는 것이 조금씩 달랐다.

중석기 시대의 유물들

카스피해 연안에서 중석기 시대의 유물들이 많이 발굴되었는데 그중 흥미로운 것은 오클라드니코브(Okladnikov) A. P.가 발굴 작업을 펼친 제발(Jebal)이라는 무덤이다.[18] 근래에는 담담-차쉬마(Damdam-Chashma)[19]라는 동굴에서도 발굴되었다. 카스피해 연안에서 발굴된 동굴들과 유적지들에서는 서로 다른 문화를 가진 많은 유물들이 발굴되었는데, 그중의 많은 것들이 기하학을 배우면서 볼 수 있는 도형 같은 것들이다. 그리고 중석기 시대에는 수렵 기술도 발달했다. 카스피해 연안의 유물들은 근동지방의 것들과 매우 유사하다.[20]

이와는 확연히 다른 유물들이 V.A.라노브(Ranov)가 발굴 작업을 한 파미

---

18) Okladnikov A.P., 1956.
19) Markov E.E., 1966.
20) Okladnikov A.P., 1966 a.

르 고원 일대에서 발굴되었다. 파미르 고원은 해발 3.5~9.5천m에 이르는 세계에서 가장 높은 고원인데, 여기에는 약 9천 년 이전부터 사람들이 거주했다. [오쉬호나(Osgxona)의 화로에서 나온 파편으로 탄소 연대 측정을 한 결과로 산출한 연대이다.][21]

이곳의 유적은 그 성격이 서방의 중석기 시대 유물과는 다르다. 구석기 시대의 기술들이 사용되었고 기하학적인 석기들이 발굴되지 않았다. 우리의 앞에 있는 발굴지는 사냥꾼들의 쉼터였는데, 이곳은 사냥꾼들이 여름기간 동안에 머물렀던 곳이다. 오쉬호나라는 발굴지는 네 개의 문화적 영역으로 나뉘고 만개 이상의 유물들이 발굴되었다.[22]

신석기 시대의 유물들

약 7~9천 년 전에 신석기 시대가 시작되었으며 중앙아시아에는 서로 다른 성격의 3가지 문화가 존재했는데 이 시기에 인류의 삶의 방식이 변화한다. 인류는 자연에서 필요한 것들을 얻던 삶에서 벗어나 생산, 즉 사냥과 곡물을 채집하는 삶에서 가축을 사육하고 농사를 짓는 삶으로의 변화하며 이 시기를 간혹 "신석기 혁명" 이라고도 부른다.

쾨펫다그(kopetdag) 인근에는 소비에트 연방의 다른 어느 지역보다 먼저 제이툰(Zeytoun) 문화의 사람들이 이주했으며 또 농경 생활을 하던 지역이 있다. 이 민족은 자신들만의 촌락과 주택을 건축하여 살았는데 이 건물은 원형으로 구성되고 건축 당시에는 "불록(bulok)"이라는 벽돌을 사용했다. 여기서 주목할 것은 소 사육을 했었다는 증거가 있다. 농기구 중 가장 많이 발굴된 것이 규석으로 만든 낫인데 이 수가 전체 발굴된 수의 36%를 차지한다 (밀과 보리를 주로 재배했다). 그리고 이 규석으로 된 농기구는 다른 토기들의

---

21) Butomo S.V., et al.1964.
22) Ranov V.A. 1962 b.

잔해들과 함께 발굴되었는데, 이 토기들은 손으로 빚어진 것으로 어떤 것들은 물결 모양의 선이 그려져 있는 것이 있고 또 다른 문양들이 새겨져 있는 것도 있었다. 이 토기들이 지금까지 밝혀진 바로는 중앙아시아에서 가장 오래된 것들이다.

이 제이툰 문화에 대해 부연하자면, 이 지역에서는 점토를 빚어 만든 사람형상, 동물형상 들이 발굴되었는데 이것들은 B.M.마쏜(B.M.Masson)의 말대로 그 부족의 재물 신[23]일 것이라고 한다. 이 제이툰 문화의 연대를 측정한 결과 대략 기원전 6천 년으로 밝혀졌다.

중앙아시아의 초원들(특히 부하라지역과 아랄 해 연안)에는 또 다른 민족들이 차지하고 있었고 이 사람들이 남긴 유적들은 켈테미나르(kelteminar)라고 부른다. 이 전의 것과는 달리 이 지역의 문화는 수렵생활을 주로 했음을 알 수 있다. 하지만 이 켈테미나르의 사람들도 나중에는 목축업과 농경을 배웠을 것으로 추정된다. 공식적으로 이 문화가 존재했던 시기는 약 기원전 4~3천 년 전으로 추정한다.

이렇듯 이 시기에는 각 지역들이 균등하게 발전하지 않았던 것으로 여겨진다. 켈테미나르의 삶을 쟌바스-칼라4(janbas-kala4)를 발굴할 때 확인할 수 있었던바 여기서는 매우 거대한 주거지가 발굴되었는데 이는 나무와 돌로 건축되었고 그 안에는 약 100여 명 이상의 부족민이 들어갈 공간이 있었을 것으로 추정되는 건물이 있었으며 이보다 더 큰 규모의 건물은 코밧7(kovat7)에서 발굴되었다.

켈테미나르 문화의 특징은 규석으로 만든 작은 도구들과 토기에 실선 무늬를 새기는 기술이다. 규석은 술타누이즈다그(Sultanuizdag)에서 다량으로 출토되는데 여기에는 켈테미나르 당시에 조성된 채석장과 규석 가공장이 있었다. 이 켈테미나르의 마을에서는 다량의 토기가 발굴되었는데 그중에는

---

[23] Masson V.M, 1966 b, p. 88

장식이 되어있는 것도 다수 있었다.[24]

중앙아시아의 산악지대와 산 주변 지역에는 세 번째의 또 다른 부족이 거주하고 있었는데 이 부족의 문화가 기싸르(Gissar) 문화이다. 이 기싸르 문화는 산악지대에서 거주했기 때문에 그들만의 특성을 가지고 있다. 기싸르 문화를 처음으로 발굴한 A.P.오클라드니코브(A.P.Okladnikov)는 기싸르 문화가 자신들만의 석기 문화를 가지고 있고 그들은 역암으로 만든 도구들을 사용했으며 특이한 점은 그들은 토기를 거의 사용하지 않았다는 것이다.

오클라드니코브의 말에 의하면 기싸르 문화의 사람들이 산악지대에서 처음으로 농경 생활을 한 사람들로서 그들은 농경, 목축과 동시에 사냥도 계속했었다고 한다. 기싸르 문화의 탄생과 또 그들을 더 알아가기 위한 작업은 아직도 투트카울(Tutkaul)[바흐쉬강 원편, 누레카(Nureka)부근]에서, 즉 당시의 문화유적들이 매우 많이 존재하고 있는 광활한 지역에서 계속되고 있다.

투트카울(Tutkaul)에는 네 개의 문화가 존재하는데 그중 두 개가 기원전 10~9천 년 전의 것과 기싸르 문화이다. 기싸르 문화가 있는 부근에서는 돌로 만든 난로와 다양한 종류의 돌로 조성된 집터가 발굴되었다. 하지만 대부분의 집들은 근동 지방에서와 같이 나무로 된 뼈대에 의해 지어졌다.[25]

투트카울에서 발굴된 것들 중에는 4만여 년 전의 석기 유물들도 있는데 그것들은 돌을 깎아 만든 도끼, 칼, 그리고 가정용 바늘과 물건을 가는 기구들, 그리고 나무를 베는데 쓰는 매우 많은 수의 다듬어진 돌들이 있었다. 사냥을 위한 도구들로는 창과 작살들이 많이 발굴되었는데 이것들은 나무로 손잡이를 만들고 그 끝을 뼈나 그 외의 날카로운 것을 놓고 끈으로 감았다.

이곳에서는 또한 기싸르 문화와 같은 많은 수의 역암으로 된 석기들이 발굴되었지만 뼈로 만든 기구들은 많이 출토되지 않았다.

---

24) Tolstov S.P., 1948 a. pp.59-66, Vinogradov A.V., 1968, Korobkova G.F., 1969.
25) Braidwood R.J. 1967, p. 106-107.

기싸르 유적의 가장 상층부를 방사선 장비로 측정해본 결과 기원전 5,150±140년으로 나온다. 투트카울에서 기싸르 인들의 경제적 근거를 찾아낸다는 건 대단히 난해한 작업이다. 하지만 고고학적 연구로 확인할 수 있는 것은 이 지역의 사람들은 수렵 생활이 아닌 농경을 주업으로 하거나, 또는 생산하려고 하는 그런 중간기의 사람들이 거주했을 것이라는 점이다. 투트카울의 경제적 기초는 "목축과 농경을 시작하는 시기"라고 볼 수 있다. 일부 이곳의 경제적 기초는 목축이었다는 것을 증명하는 것들이 있는데, 그것은 발굴된 몇 안 되는 뼈들 중에 대다수가 양이나 염소의 뼈라는 점이다.

우리는 지금 이 기싸르 문화의 경계가 어딘지 기본적으로 알 수 있는 것은 이 문화의 유물들이 타지크의 저지대까지 퍼져 있다는 것이며 그 외에도 이와 유사한 문화의 유물들은 타지크의 북쪽 지역과, 페르가나, 그리고 이식쿨(issik-kul)호수 지역에도 분포되어 있다.

이 기싸르 문화의 연대를 연구해 보면 이 문화가 약 3천 년 이상 존재해 왔음을 알 수 있다(기원전 6~3천 년). 다른 유적지들 보다 더 이른 시기에 형성된 지역이 투트카울이고, 중간시기에 형성된 지역이 쿠이-불론(Kut-bulyon), 그리고 마지막으로 형성된 지역이 기싸르에 있는 테페-이 고지욘(Tepe-i goziyon)이다.[26]

기싸르 문화에서 인간이 금속을 사용하게 된 시기로의 변화에 대해서는 아직 연구가 불충분하다.

고대의 벽화

역사를 연구함에 있어서 매우 흥미로운 것 중의 하나가 바로 고대의 벽화를 연구하는 것인데, 이 벽화를 연구해보면 당시 사람들이 어떤 생각을 했는지, 그리고 주변 환경은 어떠했는지, 그리고 그들의 사상조차도 추론할 수

---

26) Korobkova G.F., Ranov V.A., 1968.

있을 만큼 많은 정보를 제공한다.

중앙아시아의 많은 벽화들은 바위에 그려져 있는데 그 중의 가장 유명한 것이 페르가나의 사이말리-타쉬(Saymalii-tash)27)와 파미르 서쪽에 있는 랸가르-키쉬트(Lyangar-kisht)이다.28) 타지키스탄에도 다수의 벽화들이 존재하는데 주로 쟈라프샨(Zarafshan)강 주위29)와 쿠라민 산맥30) 지역이고 그 외에 파미르 지역에도31) 50여 개의 벽화가 그려져 있다. 하지만 지금 언급한 벽화의 대부분은 인간이 역사를 기록할 수 있게 된 시기나 그보다 좀 이른 스키타이-사르마트(skifo-sarmat) 시대의 것이다. 하지만 이것들 역시 명확하게 밝히기 위해서는 여러 세대에 걸친 더 많은 연구와 시간이 필요하다.

하지만 우리에게 가장 흥미로운 것은 가장 오래된 석기시대에 그려진 벽화이다. 이런 벽화들은 소수이지만 그려진 주제와 방식이 다른 것들과는 확연히 구별된다. 후기의 그림들이 바위의 표면이나 돌 위에 새겨져 있거나 묘사된 것과는 대조적으로, 오래된 그림들은 색으로 가득 차 있다.

이미 오래전 세계적으로 잘 알려진 매우 유명한 벽화인 자라우트-사이(Zaraut-say)[우즈베키스탄]의 것은 다른 것들보다 더 흥미로운데, 여기에는 야생 소를 사냥하는 장면이 그려져 있고 그림에서 사냥꾼들은 저마다 긴 망토를 걸치고 있다. 마지막으로 기록된 것에는 이 벽화가 신석기나 중석기시대 사이에 그려진 것이라고 나오는데 어떤 것들은 구석기시대의 것이라고도 한다.32)

중앙아시아의 오래된 벽화를 대표한다고 할 수 있는 것이 1958년에 B.A.라노브(B.A.Ranovi)가 파미르 동쪽 샤흐타(Shahta) 산 동굴에 있는 그림

---

27) Bernshtam A.N. 1952.
28) Ranov V.A. 1960 a.
29) Dalsky A.N., 1949; Mandelshtam A.M., 1956.
30) Ranov V.A., 1960 b.
31) Ranov V.A., Gursky A.V., 1960.
32) Formozov A.A., 1966; 1969., pp. 60-78.

이다. 이 그림은 해발 4,200m 높이에 있는 동굴 벽에 두 가지 색상의 그림이 보존되어 있다. 이 그림들에는 새와 멧돼지, 곰 뒤에 숨겨진 인간의 모습이 선명하게 잘 보존되어 있고, 동물들이 화살에 맞아 죽는 모습도 담겨있다. 이 양식을 통해 이 샤흐타 동굴의 그림을 중석기와 신석기 시대 사이의 것으로 추정한다.[33]

이 그림들보다 후대의 것으로는 신석기 후반이나 청동기 시대의 그림으로 사르드쟈스(Saridjas) 강[34] 부근과 샤흐타에서 멀지 않은 곳에 있는 쿠르테케-사이(kurteke-sai)[35]에 있다.

---

33) Ranov V.A., 1961.
34) Okladnikov A.P., Ratsek V.I., 1954.
35) Ranov V.A., 1964

3. 청동기 시대

세습 제도의 시작

청동기 시대는 인류에게 있어서 매우 중요한 시기이다. 이 시기에 인류는 광석을 알았고 운송도 발달했으며 금속을 다룰 줄 알기 시작했고 농경 또한 발전했으며 관개를 통한 농경 생활도 시작되었다. 이 시기 중앙아시아의 거의 모든 부족들이 생산력에 의존한 삶을 살게 되었을 뿐 아니라 거대한 도시가 형성되었으며, 또 이 시기가 끝날 무렵에는 각자의 재산에 따라 사람들의 평등과 사회 균형이 깨지기 시작하고, 그 다음 시기에는 이것이 각 계층의 차이를 초래했다.

청동기 시대의 첫 시기를 에네올리트(Eneolit)라고 부르는데 이는 금석 병용시대다. 그리고 이 시기에 구리로 만든 기구들이 발전하고 확산되기 시작하지만 당시까지는 아직도 많은 석기들이 사용되었다. 투르크멘의 남쪽 지방의 에네올리트는 기원전 5~3천 년 전 경에 존재했고 다른 지방들은 기원전 2천 년 전까지 이어진 곳도 있다. 기원전 3천 년 전부터는 기원전 11~8세기까지 이어지는 진짜 청동기 시대가 시작된다.

청동기 시대에 중앙아시아에는 매우 빠르고 높은 수준의 물질적, 문화적 성장이 있었으며, 그 시대에 중앙아시아는 한편으로는 발달된 문명의 근동아시아와 인도, 그리고 다른 한편으로는 볼가 강 유역의 부족들과 카자흐스탄 지역의 사람들, 시베리아, 그리고 중국 외에도 많은 지역들과의 교류가 있었다. 하지만 서방의 문헌들은 이 시기 중앙아시아의 유적들을 제대로 평가하지 않고 있다. 예를 들면 유네스코에서 발간한 "인류의 역사. 문화와 과학의 발전"에서는 이렇게 평가하고 있다. "전체적인 성격에서 이곳의 것들은 다른 것들에 비해 평범하다. 이곳에서 살았던 사람들은 그저 무리지어 살 뿐 어떤 중요한 목적은 없었던 것 같다."[36] 중앙아시아가 당시 동방 아시아에게 미친 영향은 대단했다. 이 시기에 중앙아시아의 많은 사람들이 이란과 인도 등지로 가기도 했고 또 그 지방의 사람들이 중앙아시아로 오기도 했다. 그리고 당시 중앙아시아에 남은 사람들은 후에 이란과 인도로 간 사람들과는 다소 차이를 보인다. 이런 중앙아시아 문화의 발전은 당시 모든 문화들보다도 우수했다.

제조력

수 세기 동안 도구들을 만드는 방법과 기술들이 점점 발달했는데 그 중의 가장 대표적인 것이 융해 기술이다. 이 금속들을 맨 처음 어떻게 다뤘는지에 관한 확실한 증거는 없다, 다만 돌을 캐는 방법과 같이 금속을 캐서 사용했다는 것을 알 수 있다. 인간들은 점점 돌들의 특성에 대해서 알아갔는데 그중에 특히 어떤 종류의 돌들은 융해해서 단련할 수 있다는 것을 깨달았다. 후에 사람들은 돌을 태워서 나온 가루로 구리의 어느 부분을 찾아내었고, 그 후에는 더 발전해서 완전한 구리를 얻는 기술을 터득했을 뿐 아니라 광산도 만들었다. 여기서 알아야 할 것은 도기, 즉 불에 달군 세라믹 용기들이 이 융해 기술들 터득하는데 매우 중요한 역할을 했다는 것이다. 그리고 이런 발전들은 수천 년이 지나서도 고고학자들의 열심히 한 연구로 그 흔적이 남아 있는 것이다.

하지만 이런 구리로 만든 기구들은 그 단단함이 강하지 못해서 그렇게 유용한 것은 아니었다. 그래서 사람들은 구리만을 쓰는 것이 아니라 구리와 주석을 합금해서 '청동'을 만들어 내었다. 이 청동을 만들었다는 것의 의미는 기술적인 측면을 떠나서도 매우 요긴하게 쓸 수 있는 금속을 만들었다는 것이며 이 유용한 금속은 널리 확산되기 시작했다. 하지만 그때까지도 석기들이 완전히 사라진 것은 아니었다.[37]

---

36) Hawkes J. and Wolley L., 1963, p. 827.

F.엥겔스(F.Engels)가 기록하길: "금속 중에 가장 유용한 것이 구리와 주석이었는데 그것으로 청동을 만들고, 이 청동으로 당시의 사람들은 다양한 기구들을 제작하였다. 하지만 석기들을 완전히 사라지게 할 수는 없었는데, 그 일은 철기가 발견되면서 이루어졌다. 하지만 이 시기는 아직 인간들이 철이라는 것을 모를 때의 이야기이다."38)

중앙아시아에는 청동기 시대에 사용할 수도 있고 또 사용했을 구리 광산들이 많이 남아있다. 그 예로 페르가나의 나우카트(Naukat)지역에 있는 챠트칼-쿠라민(Chatkalo-kuramin) 산과 중앙아시아에서 꽤 유명한 부칸-타우(Bukan-tau) 등이 있다. 사람들은 더 많은 광석을 채굴하기 위해 광산의 규모를 계속해서 늘려갔다. 초기에는 산화된 광산에서 광물들을 채굴하다가 나중에는 기술이 더 발전해서 여러 가지의 광석들을 황화물을 통해 융해시켜 채굴하기 시작했다. 주석 또한 중앙아시아에서 채취가 되었는데 그 예로 자라프샨 강남 쪽에 있는 카르납(Karnab) 지역 등이 있다.39)

이전 시대에 시작된 농경은 이미 주업이 되었고 그 이전까지 주업이었던 수렵은 부수적인 것이 되었다.

투르크멘 남쪽에 작은 강들과 샘들이 많이 있는 곳에 사람들이 정착해서 농사를 짓기 시작했다. 사람들은 강변에 마을을 구성하고 살았는데 기원전 6천 년에 이곳에 이미 관개 시설을 조성하기 시작했으며 이는 근동아시아에서 거의 첫 번째라고 할 수 있다. 이 저수지는 3500㎥ 부피의 물을 저장할 수 있는 크기였다. 그리고 저장 후에는 인공 수로가 개설되었는데 이 물이 투르크멘 남부 지역에 있는 150ha의 땅에 물을 공급하였다.[이 시기가 기원전 4~3천 년 사이이다] 당시 초기에 경작하던 주 농작물은 보리와 부드럽고 조그

---

37) Bogaevsky B.L., 1936, pp. 390-439; Litvinsky B.A. a., 1954 b. pp. 13-36; "A history of Technology", 1957, pp. 572-598.
38) K. Marx and F. Engels, Works, V.21, p. 61.
39) Litivinsky B.A. 외, 1950, 1962, pp. 189-191.

마한 밀이었고 발굴된 곡식들을 연구해본 결과 짧은 기간이 흐른 후에는 콩이나 작은 포도도 재배했던 것으로 보인다. 인간들은 처음에는 돌로 만든 석기를 사용하다가 구리와 청동을 사용하게 되었고 청동기 시대 후기에는 사람들이 밭을 갈 때 동물의 힘을 빌리기 시작했는데 그중에는 작은 동물들과 큰 동물들이 있다. 양을 주로 사용했고 말과 낙타도 많이 이용했다.[40]

중앙아시아의 다른 부족들에게는 관개시설의 이용이 조금 늦은 시기에 있어났지만, 그들도 청동기 시대에 이미 관개시설을 만들었다.[41] 확실한 증거로는 기원전 2천 년 즈음에 호라즘(Horazm) 지방과 페르가나(Fergana) 지방의 관개시설 등이 있는데 이 지역에는 사육했던 가축의 수가 투르크멘 지방보다는 훨씬 많았던 것으로 보인다.

광물과 금속, 그리고 농경과 목축을 통해서 생산력의 많은 발전을 이루었는데 그중의 하나가 세라믹의 발전과 돌을 가공하는 기술이다.

중앙아시아 역사 -문화 분야

청동기 시대 중앙아시아의 문화 발전과정은 각 지역마다 상이하다. 이런 각 지역의 발전은 크게 두 지역으로 분류할 수 있다. 첫째 남서쪽 지역(투르크멘 남부), 둘째 북쪽과 동쪽(중앙아시아의 나머지 영토) 지역이다. 이 두 지역의 문화는 비록 오랜 기간 동안 견고한 연결고리가 존재했지만 서로 확연히 다르다.[42]

투르크멘의 남부 지방에는 촌락을 형성하고 농경문화가 발전했는데 최초로 발굴된 유적에 의해서 이 문화를 아나우(Anau) 문화라고 부른다. 이 아나우 유적은 처음에는 러시아의 A.B. 코마로브(A.B.Komarov)에 의해서 발굴이 시작

---

[40] Lisitsina G.N.1965; "Srednyaya Aziya v epokhu kamnya i bronzy", M.L., 1966, pp. 110-113
[41] Itina M.A., 1968; Andrianov B.V., 1969, pp. 102-110.
[42] ITN, Ⅰ, pp. 98-100. 참조

되었다가 후에는 팜펠리(Pampeli)가 지휘하는 미국의 발굴팀에 의해서 발굴되었다.[43] 본격적으로 아나우 유적을 연구하기 시작한 것은 1949~1950년 나마즈가-테페(Namazga-tepe)가 B.A. 리빈스키(B.A. Livinskiy)에 의해서 발굴 작업이 시작되면서 비롯되었다.[44]

리빈스키 이후에는 이 연구를 B.A. 쿠프틴(B.A.Kuftin)이 이어갔고 그가 역사적인 기록을 통해서 이 유적의 연도를 측정했다.[45] 그 외에도 아나우 유적에 관한 자료들은 B.M. 마쏜(B.M.Masson)과 그의 동료들의 수년에 걸친 연구와 발굴에 의해서 많이 확보되었는데 마쏜은 여타 동방 문화의 범주에서 이것들을 비교·연구했다.[46]

에네올리트(금석병용 시대)에는 촌락에 방 한 칸짜리 집들이 주를 이루었고 발전한 촌락들은 주위를 성벽이 감싸고 있었으며 공용 구조물들이 있었고 각 가옥마다 화로가 있었다. 후에는 사람들이 방이 여러 개 딸린 가옥을 건축하기 시작했다. 금석 병용시대 후반기에는 사람들의 가옥 건축 기술이 발달하여 방이 여럿 있는 집이 많아졌다.

금속병용 시대와 청동기 시대의 투르크멘 남부 지역 문화의 특성 중의 하나는 바로 세라믹 기술인데 그들은 도기들에 색을 입혀서 아름다운 문양을 내었다.

청동기 시대에는 10ha 크기의 소, 중형 촌락들뿐 아니라 나마즈가-테페처럼 70ha에 이르는 촌락도 있었다.

이 나마즈가-테페가 아직 존재하던 시대인 금석병용시대 시기로부터 이 유적층은 그 높이가 34m에 이른다. 이곳의 주민들의 삶은 대다수가 아직 원

---

43) "Explorations in Turkestan", 1908.
44) Litvinsky B.A. 1952 b.
45) Kuftin B.A., 1954.
46) Masson V. M., 1956a, 1956b, 또한 그의 저서, 1959, 1960, 1964; "Srednyaya Aziya v epokhu kamnya i bronzy", pp. 76-128, 151-178.

시적이었지만 어떤 부류의 사람들은 농경으로 전환했는데 이런 부류의 사람들이 갈수록 증가하였고 또 구리와 청동으로 만든 농기구들이 증가했다. 이런 종류의 구리와 청동으로 만든 기구들이 사람들 사이에 확산되었지만 여전히 돌로 만든 기구들은 많이 남아있었다. 마을들은 매우 큰 건물들로 이루어져 있는데 이 건물들에는 주로 27개의 방이 있고 큰 것들은 방이 50개까지 있었는데 각 방들은 서로 연결되어 있다. 방들은 주로 직사각형, 정방형을 띄는데, 어떤 것들은 부정형을 이루고 있다. 이 건물들은 장방형의 벽돌로 건축되었다. 각 방들에는 화로가 있었고 각 문의 문턱에는

나마즈가Ⅳ에 그림이 그려진 도기(107)와 회색 도기(8-10)

돌들이 있었는데 이 용도는 지나가는 사람의 미끄러짐을 방지하기 위함이다. 벽은 설화석고로 회칠이 되어있었으며, 몇몇 자료들을 살펴본 결과 어떤 공간은 아치형 지붕이 있었던 걸로 추측된다. 이런 자료들을 통해 알 수 있듯이 금석병용 시대와 청동기 시대에 중앙아시아의 건축 기술은 이미 매우 발달해 있었다.

다른 한편으로는 세공술 또한 한 단계 상승했다. 당시에 구리 세공장이 있었는데 여기에서는 구리로 만든 바늘뿐 아니라 도장, 그리고 칼까지 만들었다. 돌은 농기구뿐 아니라 장식용 악세사리도 만들었고 매우 아름다운 그릇도 만들었다. 도기를 만드는 곳도 있었는데 여기서는 작은 그릇과 컵으로부터 아주 큰 항아리까지 서로 다른 크기와 종류의 그릇들을 만들었다. 아름다운 식기들은 매우 화려한 색들로 칠해져 있었다. 이 외에도 옷감을 만드는 기술도 매우 발달했다.

나마즈가-테페 사람들의 이데올로기는 그들의 그릇들에 새겨진 문양으로 어느 정도 추론할 수 있다. 여기에는 뱀, 새, 염소 등의 매우 다양한 종류의 그림들이 있는데 이 중에 두 나무 사이에 서 있는 염소의 그림이 특히 그러하며 더 현실적으로 표현된 사람과 동물들의 그림도 발굴되었다. 일부 그림은 모계사회가 존재했음을 보여주고 있다. 당시의 문화를 알 수 있는 유물로는 점토로 만든 가옥의 모형과 마차의 모형이다. 집의 벽과 그 주위에서는 사람을 매장했던 흔적도 찾을 수 있었다. [47]

이 외에도 대도시의 양상을 띠는 도시로는 알튼-테페(Altin-tepe)가 있는데 이는 나마즈가-테페보다는 그 크기가 작지만 인물 그림이나 상형문자 같은 문양들처럼 고대 동방의 기념비적인 유물들이 다량 발굴되었다. [48]

나마즈가-테페의 유형보다는 늦은 시기지만, 청동기 시대의 유적지로는 쾨펫다그(Ko'petdag) 근처와 메르브(Merv)[역주: 현재의 투르크메니스탄 마리] 오아시스에도 있다.

중앙아시아의 다른 모든 지방보다 청동기 시대가 발전했던 곳은 투르크멘의 남부 지방이다. "매우 큰 범위 내에서 농업과 수공업의 발달이 동방의 문명과 매우 많이 닮았다. 인도와 '두강 사이(trans-oxiana, 현재의 우즈베키스탄)' 지역에서의 발굴 작업을 통해 알 수 있는 건 중앙아시아의 민족들, 이란 민족, 인도인들, 발루치스탄(Balochistan), 그리고 아프가니스탄인들이 그들의 문화에 많은 영향을 미쳤다는 것이다."[49] 이는 동방의 매우 발전된 문명들과 연관이 되어있고, 아프가니스탄, 이란인들도 그들 역시 중앙아시아의 민족들과 모종의 관계가 형성되어서 상호작용이 있었다.

남부 투르크멘의 민족들과 청동기 시대에 중앙아시아에서 유목생활을 하면서 유라시아에 걸쳐 많은 것을 남긴 다른 민족들과의 연관성을 평가하기

---

47) Litvinsky B.A., 1952 b
48) Masson V.M., 1967 b.
49) Masson V.M., 1964, p. 5

란 어렵다. 기원전 2천 년 후반과 천년 사이 즈음에 남부 투르크멘 지역에 북방민족들이 이주하기 시작했다.

아랄해 인근을 연구한 S.P.톨스토브(S.P.Tolstov)와 그의 동료들이 발견한 것에 따르면 그 지방 유물들의 대부분은 타자바갺(Tazabagyab) 문화라는 것이다. 타자바갺인들은 장방형의 땅에서 살았다. 집의 중앙에는 큰 난로가 있었고 벽을 따라 생활용 구멍이 있었다. 인구의 대부분이 농업에 종사했는데 관개시설을 만들기도 했고, 일부는 가축을 사육하기도 했다. 그리고 그들의 무덤도 발굴했는데 거기서는 삼각형 모양에 선과 점들을 새긴 도기 등이 발굴되었다. M.A.이틴(Itin)의 말에 따르면 이 도기들이 카자흐스탄 서쪽의 안드로노브(Andronov) 문화와 볼가강 유역의 문화와 관련이 있다고 한다.

타자바갺 문화 외에도 아랄 해 근방의 유적지들에는 또 다른 문화인 수야르간(Suyargan) 문화가 발굴되었다. 발굴 작업에 참여한 학자들의 주장에 의하면 이 시대의 문화들이 그 지역의 남쪽에 위치한 아나우(Anau) 문화와 연관된다고 한다.

청동기 시대가 끝나는 시기인 기원전 2천 년 후기에서 1천 년 초기에 시르다리오의 델타 부근에 건조한 진흙벽돌과 나무기둥으로 이루어진 매우 거대한 무덤이 건축되었다. 이 무덤은 그 직경이 15m인 둥근 형태를 띠고 있고 내부는 방형이다. 진흙벽돌로 만든 벽은 그 크기가 어마어마한데 그 내면에는 일종의 카펫 같은 것을 걸어놓았을 것으로 추정한다.[50]

자라프샨 남쪽에는 기원전 3천 년 후반부터~2천 년 초반까지 살던 민족이 있는데 이 민족을 고고학자들은 자만바바(Zamanbaba)인이라고 칭한다. 이 자만바바인들은 나무를 세우고 짚을 섞은 진흙을 나무에 바른 집에서 거주했다. 그들은 농경을 주업으로 삼고 살았는데 홍수 때 강물이 범람하면 자기들의 밭에 그물을 걸어서 사냥과 어로 활동을 하며 살았다. 그들이 사용하

---

50) Tolstov S. P., 1962, pp. 47-88; Itina)M. A., 1962; "Srednyaya Aziya v epokhukamnya i bronzy", pp. 233-238.

던 기구 중에 주의 깊게 살펴볼 것은 돌로 만든 도끼와 낫이다. 그들의 세라믹은 켈테미나르(Kelteminar) 문화 후기의 것과 유사하며 아나우 문화와도 연관성이 있어 보인다. 그 외에도 여기서는 투르크멘 남쪽 지방에서 나온 아나우의 청동과 석기 장신구 같은 종류의 것도 발굴되었다. 이를 통해 추론하건데 여기에는 남부 투르크멘의 켈테미나르 인들의 후손이 이주해 와서 살았을 가능성이 있다는 사실을 배제할 수 없다. 이 외에도 그들이 남부 투르크멘의 사람들과 단순히 교류가 있었다고 할 수도 있을 것이다.

후에(기원전 2천 년 중반 이후부터) 이 자라프샨 지방에 초원 청동기 문화인들이 이주해 왔다.51)

타지키스탄 중부와 남부 지방에서 지금까지 발굴된 것 중 가장 이른 시기에 만들어진 유물이 각각 구리와 청동으로 만든 기구들과 또 얼마간의 구리 도끼이다. 이 중 하나는 펜지켄트 지방에 있는 이오리(Yori)라는 마을에서 발굴되었고 두 번째 것은 쿠이바셰프(Kuybashef) 지방에 있는 샤르-샤르(Shar-shar)라는 마을, 그리고 마지막 세 번째는 바르좁(Barzob) 인근에 있는 아락친(Arakchin)에서 발굴되었다. 이 모든 것이 만들어진 시기는 기원전 3천 년 후기부터 2천 년 초기까지이다.52)

그리고 더 발전한 청동기 시대의 유물은 우리나라(역주: 소비에트 연방)의 북부와 남부지방에서 발굴되었다.

시르다리오의 우측 강변, 레닌그라드보다 더 동쪽의 사막 부근에 위치한 카이라쿰(Kayrakum)에는 청동기 시대 후반에 세워진 10여 개의 마을들이 존재했었다. 그중에는 매우 작은 것도 있고 10ha에 이르는 상당히 큰 마을도 있었는데 주로 0.1~3.0ha 크기의 마을들이 대부분이었다. 거의 대부분의 마을들에는 겨우 몇 채의 집이 세워져 있었는데 집들의 중앙에는 큰 난로가 있었고 집들의 크기는 주로 그 길이가 20m, 넓이가 12~15m 정도였다.

---

51) Gulyamov Ya.G., Islamov U., Askarov A., 1956; Askarov A., 1969.
52) Litvinsky B.A., 1961.

카이라쿰인들의 유적지에서 양, 소, 그리고 말들의 뼈가 다수 발굴되는 것으로 보건데 그들은 목축을 주업으로 삼았을 것이다. 하지만 곡물을 빻아서 가루를 만드는 기구가 있었다는 것은 그들의 농업 또한 발전했었다는 사실을 간접적으로 보여준다.

카이라쿰인들이 주로 했던 또 다른 일은 산에서 하는 일과, 광물을 채취하는 일이었다. 여기서는 녹슨 금속의 잔존물 들이 많이 출토되었고 구리를 부어서 도끼와 낫을 만드는 돌로 된 주물 틀이 발굴되기도 했다.

그리고 카이라쿰에서 발굴된 세라믹 기구들은 타자바갭의 것들과 유사하나 동일한 종류의 것은 아니다. 그리고 이곳에서는 문양이 새겨진 인장 또한 발굴되었다.

카이라쿰 지방과 다한(Dahan), 아쉬트(Asht) 지방이라는 마을에서 청동기 시대의 무덤도 발굴되었다.

카이라쿰인들은 당시 페르가나의 일부 지방까지도 차지하고 있던, 거대했던 청동기 초원 문화의 부족들 중의 하나이다. 혈족 형태의 부족들과 카자흐스탄 남쪽의 안드로노브인들은 타쉬켄트 지방과 '일곱 개의 강'[역주: 일리(Ili), 카라탈(Karatal), 비엔(Bien), 아크수(Aksu), 렙시(Lepsi), 바스칸(Baskan), 사르칸드(Sarkand), 이 일곱 개의 강이 흐르는 지역을 '일곱 개의 강'지역이라 한다.] 지역에서 살았다. 이 부족들을 카이라쿰인들이라고 불러도 좋다. 이 외에도 카이라쿰인들은 타지키스탄 북쪽의 샤흐리스탄(Shahristan)이라는 곳에서도 살았다. 그들의 유물은 아크-탄(Ak-tan) 무덤의 상층부에서 발굴되었다.[53]

페르가나 지방에는 카이라쿰인들 외에도 전혀 다른 부족이 살았는데 그 부족의 명칭은 츄트(Chut) 이다. 그들의 가옥은 농사를 짓는 사람들에게 적합한 형태로 지어졌고 그들의 땅에서 문양이 새겨진 세라믹 기구들도 발굴되었다.

---

53) Litvinsky B. A. 외, 1962; Glaesser G의 글들 1965, pp. 323-329.

타지키스탄의 남부 지방인 쿠르간-튜베(Kurgan-tube) 근방에서도 청동기 초원 문화의 흔적이 발굴되었다. 크즐-수(Kizil-su), 바흐쉬(Bahsh) 그리고 카피르니간(Kafirnigan) 강들 하류에서 만나 이루어진 판지(Pyandj)강 부근에서 기원전 2천 년 경의 다수의 청동기 시대 후기의 무덤들이 발굴되었다. 그곳에 살던 민족들은 아나우 문화 후기의 것과 비슷한, 매우 뛰어난 품질의 세라믹 기구들을 사용했다. 청동으로 만든 기구들은 남방과 서방의 민족들과 연관이 있다고 볼 수 있고 무덤이나 사람을 매장하는 방식은 초원의 민족들과 관련이 있는 것 같다. 무덤이 위치한 곳으로 보아 두 개의 문화와의 유사성을 발견할 수 있었는데 그 문화중의 하나는 '비쉬켄트' 문화이고 다른 하나는 '바흐쉬' 문화이지만 아직 이 두 개의 문화와의 연관성은 확실하지 않다.54) 이 외에도 수르한다리야(Surhandariya)에서 멀지 않은 곳에 아나우 문화의 것과 유사한 세라믹이 발굴되었다. 쿠축-테페(Kuchuk-tepe)와 사팔리-테페(Sapali-tepe)의 발굴현장에서 출토된 자료들에 의하면 중앙아시아의 부족들은 농경의 초기 형태를 띠고 마을을 구성하고, 촌락 방어용 성도 건축하였으며 내부에는 매우 잘 정돈된 가옥들이 있고 이 지역들에는 수공업도 매우 발전했었다.

B.A.리트빈스키(B.A.Litvinski)의 말에 따르면 기원전 3~2천 년 경에 아나우인들의 거주지가 동쪽과 남동쪽으로 갑자기 매우 확장되었다고 한다. 그리고 그렇게 퍼져나간 사람들은 자신들이 살던 종전의 방식으로 살려고 하지만 기후적으로 맞지 않는 곳에서는 사람들이 유목 생활을 하거나 반 정착 생활을 했다고 하며 초원의 사람들이 그들의 문화에 많은 영향을 미쳤다고 한다.

---

54) Litvinsky B.A., 1967 a; Mandelshtam A.M., 1968.

공동체 형성

청동기 시대의 공동체의 형성에 관해서는 아직도 학자들 사이에서 많은 반론과 주장이 존재한다.

그리고 특히 이에 관한 연구를 할 수 있는 자료들을 제공하는 것이 아나우 문화이다. B.M.마쏜(B.M.Masson)의 말에 의하면 여러 개 방이 있는 가옥이 생겨난 것을 보면 대가족이 있었다는 것을 의미한다고 한다. 이미 기원전 4~3천 년 전에 대부분의 가족들이 여족장제에서 부족장제로 전환되었다. 이렇게 부족장제로 바뀐 것은 마르크스와 엥겔스의 견해에 따르면 경제적인 이유 때문일 것이라고 하는데, 당시 그들의 주업이 남자들이 주로 하는 목축업으로 바뀌면서라는 주장이 가장 주를 이룬다. "여자들이 집 안에서 하는 일이 남자들이 생계를 위해 하는 노동에 의해 뒤로 밀려났다. 그 결과 남자들은 여자가 남자들의 소유물이라고 인식하기 시작했고 남자들의 재산이 여자들보다 중요한 것으로 인식되며, 여자들은 남자들의 재산 다음으로 중요한 존재로 전락했다."55)

청동기 시대 후반기에 들어서는 사회에서 사람들의 재산의 차이가 벌어지기 시작했고 그에 따라 사람들끼리의 차이가 생겨났으며 대형 무덤을 만들기 시작했고 도시 생활이 발전하기 시작했다. 아직 확실히 이렇다 할 수는 없지만, 위와 같은 주장들이 가장 합당하다고 볼 수 있다.

---

55) K. Marx and F. Engels, Works., V.21, p. 162.

4. 청동기 시대 중앙아시아의 인구와 아리아(Aryan)인의 문제

인도 이란인들과 아리아인들

청동기 시대에 중앙아시아에서 일어난 민족들의 이동은 중앙아시아뿐만 아니라 인도와 동남부 유럽의 발전에까지 그 미친 영향이 대단했다.

중앙아시아의 민족학을 연구할 때의 매우 큰 어려움은 문헌 자료의 부재와 다만 고고학 자료가 정황들만 있다는 것이다. 하지만 언어학적인 자료들이나 고고학적인 자료들은 모두 점점 늘어가고 있고 이것을 통해서 당시의 상황들을 이해할 수는 있다.

그리고 처음으로 발견된 문헌들을 보면 기원전 7~6세기에 중앙아시아 전역에는 이란 계통의 민족인 소그드인, 박트리아인, 마르기아나(Margiana)인, 호라즘(Horazm)인, 파르티아(Partia)인 그리고 사카(Sak) 등의 민족들이 살고 있었다고 한다.

현재는 고고학적 측면의 연구와 발굴된 여러 자료들을 검토해 봤을 때 고대와 중세시대 초기에 중앙아시아에는 이란어가 광범위하게 확산된 것으로 보인다. 이 언어들은 박트리아어, 소그드어, 호라즘어와 호타노-사카 (Hotano-sak)어56) 등의 동방 이란어에 속하는 언어들이고 서이란어에 속하는 파르티아어도 있는데, 그중에서 동방 이란어가 중앙아시아의 언어에 더 많은 영향을 끼쳤다.57) 예를 들어 중앙아시아의 한 지역에서 기원전 1천 년 전에 아베스타(조로아스터 교의 경전)에 기록된 언어로 된 짧은 글들이 나왔다.

이란어에는 주로 페르시아어(이는 세 가지로 나뉘는데 하나는 고대 페르시아어

---

56) 그 유적들은 투르키스탄의 동부에서 발굴되었다; 현재 이란어중에 호탄의 언어와 가장 흡사한 것은 파미르 언어인 바한(Vahan)어 이다; Gertsenberg L.G. 1965, p.31, and Bailey H.W. 1968, pp. 157-159.

57) 파르티아어가 이란어에서 차지하는 비중과 동이란어가 중앙아시아에 미친 영향, Henning W. B., 1958, pp. 92-97 참조.

이고 두 번째 것은 중세 페르시아어 그리고 세 번째는 신 페르시아어이다), 타지크어, 쿠르드(Kurd)어, 발루치어 등의 서방 이란어가 있고, 동방 이란어로는 아프간(Afgan)어인 파슈토(Pashto)어, 오세틴(Ossetian)어, 파미르어와 동이란어들과 방언들이 있다.58) 이 언어들이 인도어와 인도아리아(Indo-aryan)어와 유사하다는 것은 현대에 이미 산스크리트와 팔리(Pali)를 비교한 결과 증명이 되었다.

인도아리아어와 같이 이란어는 인도유럽어의 한 가지인 인도이란어나 아리아어와도 흡사하다. 이 언어들은 현대의 벨라루스어, 독일어, 켈트어, 로마어, 그리스어 등이다. 이들의 유사점은 아주 고대에 이 언어들이 시작되고 발전하기 시작한 시기에서 찾아볼 수 있다.

이 언어들이 처음 시작된 곳은 중부 유럽, 발칸반도, 유라시아의 초원 등의 지역들이고 후대에 그리스나 게르만 같은 민족들이 이 인도유럽 언어의 선구자 역할을 할 때 그들은 매우 광활한 영토를 차지했으며 서로 같은 유의 언어를 쓰는 민족들끼리 다소간의 교류가 있었다.

각자의 조상들의 기원과는 상관없이 인도유럽어를 사용하는 민족들과 인도아리아어와 이란어를 사용하는 민족들은 동시대의 동일한 단일 민족으로 보여졌다.59)

이렇게 그들의 언어와 민족을 하나로 분류할 수 있었다는 것은 그들이 그만큼 상호간의 언어의 차이가 미미했다는 것을 말해 준다. 이란어와 인도아리아어를 비교해서 연구해보면, 특히 아베스타에 기록된 언어와 고대 페르시아어를 한 부류로 분류하고, 또 산스크리트어를 비교하면 그들의 문법과 단어들이 고대에 하나의 형태를 띠고 있었다는 것을 보여준다.

---

58) 여기에서 말하는 인도아리아어는 인도에서 사용하는 언어로서, 인도에서 사용되는 인도유럽어가 아닌 드라비다(dravid)어와는 다르다.
59) Ivanov V.V. and Toporov V.A., 1960, p.12, Grantovsky E.A. 1970, pp. 346, 350.

학자들은 이 한 곳에서 나온 여러 언어들이 서쪽으로는 유럽의 중부 지방이나 발칸으로 시작해서 동쪽으로는 유라시아 서쪽에 있는 광활한 초원지대에서 생성되었다고 한다. 하지만 여기서 지적해야 할 것은 시대적 차이이다. 왜냐면 후에 언어로 대화가 가능한 시기의 역사기록으로 보면 그리스어나 슬라브어, 그리고 독일어는 인도 유럽어에서 생겼다고 하며 이 언어를 사용하는 민족들은 대부분 광활한 영토를 차지하고 있었고 각 나라끼리 서로 어떤 연관성이 있었다.

이 인도이란어를 사용하는 사람들과 인도아리아어를 쓰는 사람들의 조상들이 살던 시대에는 이 모든 언어와 민족이 모두 한 민족과 언어로 분류되었다.

이렇게 이란인들과 인도아리아인들의 조상들이 같다는 것은 그들의 언어에 잘 나타나 있다. 이란어와 인도아리아어[아베스타와 고대 페르시아로 기록된 문헌들]를 연구하고 상호 비교·조사한 결과 그들 언어는 문법적인 측면과 어휘들의 어원이 매우 유사하다는 것을 알 수 있다.

실제로 그들의 단어들에는 유사한 예들이 매우 많은데 그 예들은 다음과 같다: 고대 이란어로는 물이 an인데, 고대 인도 언어에서도 an이다; 땅은 bumi-buhmi; 바람은 vata-vata; 팔은 zasta(basta)-hasta; 목소리는 vachah-vachas; 이름은 naman-naman; 옷은 vastra-vastra; 아버지는 pitar-pitar; 형은 bratar-bhratar; 안, 안쪽은 antar-antar; 둘은 dva-dva; 사(四)는 chatvar-chatvar; 오는 pancha-pan'cha; 칠은 hapta-sapta; 팔은 ashta-ashta; 십은 dasa-dasha; 십이는 dvadasa-dvadasha; 백은 sata-shata 등이다.

이들 언어의 유사성은 어형변화나, 동사의 결합 등 그들의 문법에서도 찾아볼 수 있다. 예들 들면 고대 이란어로 tanu(몸) 이 주격으로는 tanush, 생격으로는 tanum, 조격으로는 tanva인데, 고대 인도어로도 tanush, tanum, tanva 이다. 그리고 고대 이란어의 동사 bor(현재 타지크에서 쓰는

burdan은 이 bor에서 나온 말이다)를 1인칭 단수로 하면 barami, 2인칭은 barahi, 3인칭으로 하면 barati 인데, 고대인도어로는 이 동사가 bhar 인데 이것 또한 bharami, bharasi, bharati 등으로 어미의 변화가 이루어진다.60)

정확히 이들 언어가 어떻게 생겨났고 또 어떻게 지금까지 이어져 어휘나 문법에 주요 부분들이 유사한지 우리는 정확히 알 수 없다. 하지만 한 가지 언어학자들을 통해 알 수 있는 것은 현대의 이란어는 독립적으로 발전을 해 왔기 때문에 고대 이란어와 고대 인도어와는 많은 차이를 보인다는 것이다.

이 외에도 고대 이란인들과 고대 인도인들은 그 문화와 종교, 그리고 신화에서도 많은 연관성을 보이는데 이것들의 연구가 가능하게 해준 것은 아베스타와 베드(Ved)로서, 두 문서는 그 안에 당시 대다수 사람들의 문화와 종교 그리고 서사시도 포함하고 있다.

고대 이란의 종교와 인도-아리아인들의 종교를 비교 연구해 보면 그들이 서로 비슷한 종교를 가졌다는 것을 알 수 있다. 특히 유사하거나 비슷한 점은 그들의 의식인데, 그들은 불 앞에서 특별한 음료를 앞에 놓고 의식을 행하는데 이 음료는 이란어로는 hauma, 인도어로는 soma이다.(이는 특별한 식물을 즙처럼 짜서 만드는 것이다.) 그리고 주문 같은 것을 독송하였는데 이는 두 국가 모두에서 mantra라고 부른다.

또한 이란인들과 인도인들이 노래와 서사시로도 만들어 부르는 많은 신들과 영웅들의 이름들도 비슷했는데 이것들은 그들이 경전으로 여기는 문학책에 기록되어 있다. 베데(Vede)인들과 이란인들이 섬기던 주 신들 중의 하나에는 Mitra가 있었고, 강한 힘을 가지고 있는 바람과 전쟁의 신인 Bayu, 이 둘 외에도 바람의 신인 Vata, 이란인들의 신인 Hauma, 그리고 인도인들의 신인 Soma 등이 있으며 영웅이자 왕인 Yima는 태양의 영웅인 비바흐

---

60) 위의 고대 이란어와 고대 인도어의 예시들은 Oransky I. M., 1960, pp. 44-48를 참고하였다.

반트(Vivahvant)의 아들로 그에 관한 기록은 베다(Veda) 문명의 야마(Yama)와 비슷하다.

Arta는 이란인들과 인도인들 모두가 공통적으로 알고 있는 것인데 이는 정직, 명예, 규율이다. 이 이해는 종교적인 성향도 있지만 나중에는 이데올로기로 더 많이 발전했으며 이란인들과 인도인들의 신들 역시 상호 연관성이 있다. "Rigveda"에는 아수라 바루나(Asura Varuna)라고 기록되어 있는데 이란인들은 아후라 마즈다(Ahura Mazda)라고 부른다.(인도어로 아수라는 이란어로 아후라와 같이 '주인님' 이나 '~님'을 뜻한다)

이란과 인도의 유물들을 발굴하는 발굴 작업에 참여한 학자들이 밝혀낸 바로는 그들의 문화와 종교 그리고 영웅담들에 매우 유사한 장면들이 등장한다는 것이다. 이런 오랜 세월에 걸친 발굴과 연구는 이란과 인도의 서로 다른 여러 지방에서 이루어졌다.

타지크의 신화를 연구한 결과 인도인들의 시대에 받은 영향이 그대로 지금까지 배어 있다는 것을 알 수 있었다. 한두 가지만 예를 들어보자. M.S.안드레예브(M.S.Andreev)는 하늘의 아버지와 땅의 어머니에 관한 신화인 "위대한 부모들"과 "리그베다(rigveda)"가 현대의 타지크인들에게 대표적인 신화로 이어졌다고 한다. 야즈굴렘(Yazgulem)에서는 아직도 많은 사람들이 하늘은 ded-아버지, 땅을 nan-어머니라고 부른다. 이는 또 당시 남성과 여성의 차이가 있었음을 보여주며 가을과 겨울은 남성들의 계절이라고 부르는데 그 이유는 이 계절들에 온 땅을 적시는 비가 많이 오기 때문이다. 또한 봄과 여름은 여성들의 계절이라고 하는데, 이유는 이 계절들에 생명들이 자라기 시작하기 때문이다.

리그베다에는 땅과 하늘이 각각 어머니와 아버지로 나온다. 이는 그리스와 그 외의 민족들에게서도 나타나는 것으로 보아 인도 이란 민족 뿐만 아니라 인도 유럽인들에게서도 나타나는 양상이라는 것이다. 또한 산염소에 대한 숭배도 산악지대의 타지크 민족과 다르드(dard) 민족과 매우 유사하다.[61]

이들의 생활양식, 경제활동과 사회-정치의 방식을 연구해보면 이란인들과 인도인들의 조상들의 생활방식이 매우 흡사하다. 또한 비교를 통해 알 수 있는 것은 유목과 반 유목생활을 했다는 것, 그리고 목축과 농경을 많이 했다는 것이 일치한다. 여기서 알아야 할 것은 농경은 아리아인들의 파생물이라는 것인데,62) 이들 민족은 목축을 주업으로 삼고 가축의 수가 집안의 부의 척도였다. 많이 알려진 사실은 고대 이란어와 고대 인도어의 목축과 농업 등에 쓰이는 단어들이 비슷하다는 것이다. 예를 들면 이란어로 gay(가이), 인도어로도 가이(gay)라고 발음하는 것은 소를 뜻하고, aspa-ashpa 는 말, ushtra -ushatra 는 낙타, karshi-krshi 는 밭고랑, yava-yava는 곡물을 뜻한다.

이미 아리아인들의 시대에 이란인들과 인도인들의 조상들은 철을 다루는 기술을 가지고 있었다. 그리고 인도어와 이란어로 금속을 뜻하는 단어가 매우 비슷하다. 이란어로는 ayah, 인도어로는 ayas 동, 구리, 철 등의 금속을 나타낸다. 이란어로 zaran'ya는 금, 인도어로는 hiron'ya; arshata, rabjata 등이 있다. 이 외에도 많은 물건들이 서로 같거나 비슷한 이름을 가지고 있었는데 그중에는 금속 기구들과 창, 활 등의 무기들도 있었다. 그리고 중요한 것은 아리아인들의 통치기에 이란어로는 rata, 인도어로는 rahta 라고 불리는 전차가 이미 존재했었다는 것이며 이 두 민족들은 기마술과 말을 사육하는 기술이 발달했었는데 이는 이들의 문화와 민족의 성격, 그리고 그들이 전쟁을 무엇에 의존해서 치르는지를 가르쳐 준다.

인도와 인도-이란의 문화와 언어를 비교해 보면 아리아인들의 가족과 씨족은 이미 오래전에 부족장제의 사회를 형성했다는 사실을 알 수 있다. 또

---

61) Andreyev, M.S., 1927, pp. 77-78; Litvinsky B. A., 1964, pp. 147-150. 하늘-아버지와 땅-어머니 라는 신앙이 흡사하다: Schroeder L., 1923, pp. 582-583; Gonda J., 1960, pp. 95, 99; Cambell L. A., 1968, pp. 152, 156-157; Ogibetsin B. L., 1968, p. 13 참조.
62) Gratovinski E. A., 1967, pp. 346-347, 377-378.

한 아리아인들의 사회를 구성하는 것으로는 한 명의 조상에서 나온 같은 혈통의 사람들과 조금 더 큰 단위인 가문과 민족이 있었다. 고대 이란인들과 인도인들은 친족끼리 공동의 부와 의무 그리고 권리들을 가지고 있었으며, 이 공동체 외의 사람에게 재산을 상속하는 데에도 공통의 원칙이 있었다. 인도에서는 이러한 공동체를 고트라(Gotra) 아리아어의 가우트라(Gautra)라고 하며 이란 민족에게도 이와 비슷한 것이 있었다.63)

당시에 사회적 계급이 존재했었다고 볼 수 있다. 그들 중에는 완전한 자주권을 가지고 있는 사람과 누군가에게 종속되어있는 사람이 있었다.

완전한 자주권을 가진 자유민들은 사제와 귀족, 군인, 그리고 목축업이나 농업에 종사하는 평범한 자유민 등의 세 가지 그룹으로 구분된다. 이렇게 사람들을 3부류로 나누는 것은 리그베다와 아베스타의 가장 옛 이야기인 스키타이와 그 외의 민족들의 문화에 관한 기록과 함께 기록되어 있다. 이 유일한 인도, 이란에 관한 문헌 자료는 당시 사람들의 생각과 사상을 대표하는 책이다. 인도나 이란의 기록들은 모두 이 사회적 차이를 우주에 비교해서 기술했다(사제는 하늘이고, 귀족 군인은 하늘과 땅 사이의 전쟁의 신의 영역이고 보통 자유민은 땅과 비옥함 그리고 새싹의 영역이다). 그리고 그들을 각기 다른 색으로 표현했는데(사제는 하얀색, 군인은 붉은색 등) 이것의 명칭까지도 인도는 varna와 이란은 pishtra로 발음은 다르지만 그 의미는 '색'으로 같다.64)

고대 이란과 인도의 대표적인 귀족 전사들은 전차를 탄 전사들인데 이러한 정황들을 아베스타의 기록에서도 엿볼 수 있는데 아베스타에 기록된 patayshtar라는 단어는 전차에 서 있는 사람을 의미한다. 이러한 단어의 유사성은 당시 그들의 사회-경제적 측면의 성격을 나타낸다. 전차를 사용했다는 것은 당시 사람들이 금속 기구들을 사용할 수 있었다는 것을 보여주며 또

---

63) Perihanyan A. G., 1968, pp. 28-53.
64) Dumezil G., 1930, pp. 109-130; Benveniste E., 1932 pp. 117-134; 1938, pp.629-650; Grantovsky E.A. 1960;1970, pp. 158, 208-209, 348; Bongard-Levin G.M., Ilyin G.F., 1969, pp. 164-166.

한 세공술이 발달했다는 것을 말해 준다. 그리고 전문적인 전사 집단이 있었다는 것은 노동을 하지 않고도 생계를 유지할 수 있는 전사 귀족 집단의 존재를 보여준다.[65] 또한 이는 당시에 서로 다른 계층의 사람들이 살았다는 점을 시사한다.

모든 인도-이란민족들의 유사점은 그들 모두를 부르는 명칭인 아리아(Arya)[66]에서도 볼 수 있다. 이 명칭은 고대 이란인들과 인도인들의 기록들과 또 다른 많은 기록들에서도 볼 수 있고 이란(Iran)이라는 명칭도 이 '아리아'에서 기원한 것이다.[이란의 기록에는 "ar'yanam"(아라이인들의 나라); 인도의 것에는 ar'yavarta로 나오는데 두 명칭 모두 아리아인들의 나라로 의미는 같다] 아베스타에 나오는 "Ar'yanam-vaychah(아리아 평원)"은 아리아인들이 처음 출현했다는 전설의 땅이다. 이란인들의 족속들은 이렇게 분류할 수 있다: 메디아의 아리잔트[medeyskoe plemya arizanti, 이는 '아리아 족속'이다], 사르맛 아리아(sarmat arey), 알란 부족 연합[plemeniye soyuz alan 이는 'allan'에서 나온 말로서 고대 이란어로는 ar'yana[67]이다.]

이런 많은 정황들과 증거들로 봤을 때 인도인들과 이란인들이 한 민족에서 나왔고 그들의 문화나 종교, 그리고 사회나 정치적인 측면, 그들 민족들의 생활과 그들이 기록한 자료들, 또한 인도인들과 이란인들이 자신들을 스스로 어떻게 불렀느냐 하는 것들이 이 두 민족이 "아리아인들의 시대" 때는 하나의 민족으로 살았다는 것을 보여준다. 인도-이란인들의 공통점은 단연 그들의 언어뿐만 아니라 그들의 역사 또한 공통된 부분이 많고, 일정한 시기에는 같은 땅에서 생활하기까지 했었다. 아리아 민족의 생활 풍습이나 사회제도의 발달은 그들 민족이 많은 지역으로 퍼져나갈 수 있는 기회를 제공했고 그와 함께 이 민족이 이란과 인도 두 개의 나라로 나뉘는 데도 한몫을 했다.

---

65) Grantovsky E.A., 1970, p.350.
66) 이 단어는 "부유한", "자유로운"등의 말로 해석된다. Thieme P., 1938; Abayev V. I. 1958a; Mayrhofer M., 1961, p. 179.
67) Abaev B.I., 1958, p.47. 참조.

인도-이란인이 이주해온 경로와 중앙아시아 고고학 자료 모음

이란인들이 흩어져 이주하기 전까지 어디에서 살았으며, 해당 영토에 정착하는 것은 언제, 어떤 방식으로 이루어졌을까?

학계에서는 이 문제에 대해 여러 가지 설이 있다.[68] 그 중의 가장 일반적인 견해는 다른 인도-이란인들이 정착하기 전에 흑해 근처 그리고 나중에 중앙아시아에 정착했다는 것이다. 그들은 후에 중앙아시아와 그 주변 지방으로 이주해 왔는데 여기서 인도 지방과 근동 지방으로 두 갈래로 갈라져 나뉘었고, 이는 약 기원전 2천 년 중반에 그들의 언어와 문화의 흔적들이 발견되었다. 이후에 인도-이란인들, 즉 메디아와 페르시아 등 국가들의 조상이 되는 민족들은 지금의 이란 서부 지역으로 이주했다는 것을 발견할 수 있었다. 이런 이주설은 인도-이란인들을 연구하는 학자나 인도-이란인들의 언어를 연구하는 학자들의 주장이다.[69]

이런 가설들은 소련의 학자들인 A.N. 베른슈탐(A.N.Bernshutam), S.P. 톨스토브(S.P.Tolstov), M.A. 이티나(M.A.Itina), Y.A. 자드네프로브스키(Y.A. Zadneprovski), Y.Y. 쿠즈미나(Y.Y.Kuzmina), A.M. 만델슈탐(A.M.Mandelshutam) 등의 학자들이 아리아인들과 이란인들이 안드로노브(Andronov) 문화와는 다른 중앙아시아의 청동기 시대의 중앙아시아의 문화를 가지고 있었다고 주장 한다. 이 외의 학설로는 남서쪽 중앙아시아와 이란, 아프가니스탄 지방에서 이미 기원전 3천 년 중반 무렵부터 아리아인들이 농업을 했다는 설인데 이 설은 S.P. 톨스토브(S.P.Tolstov), V.M. 마쏜(V.M.Masson), I.M. 드야코노브(I.M. D'yakonov), Y.V. 간코브스키(Y.V.Gankovsky) 등이 주장한다.

---

68) 이란과 아리아 민족들의 기원에 관한 자세한 사항은 E. A. Grantovsky(1970, 주제1, pp. 7-66)에 자세한 문헌적 정보와 자신의 견해와 함께 기록되어 있다.

69) f V. Geiger, E. Meyer, V.V. Barthold, A. Christensen, E. Benveniste, J. Cameron, I.M. Dyakonov, G.A. Melikishvili, I.M. Oransky, I. Aliev, R. Frye 외.

이 외에도 다른 설들이 있는데, 그중의 하나는 이란인들과 서이란 민족들의 조상인 메디아인들과 페르시아인들이 동방과 중앙아시아로부터 이주해 온 것이 아니라 북쪽에서 카프카스를 거쳐 이주해 왔다는 설이 그러하다[G. 휴싱(G.Hyusing), F.케닝(F.Kening), R.기르슈만(R.Girshuman), E.A.간토브스키(E.A. Gantovski)]. 이를 뒷받침하는 것은 약 기원전 2천 년에 이란인들 중의 일부가 유럽의 동남쪽 지역에 거주했다는 것이다. 그리고 이 설에 따른 부연 설명은 또 다른 일부 이란인들의 조상들은 중앙아시아와 그 북쪽 지방에서 거주했는데 인도로 건너온 인도-이란인들의 조상들은 이 중앙아시아에서 온 민족들이라는 것이다.

기원전 2천 년에 중동아시아로 이주해 온 아리아인들의 경로 또한 카프카스를 거쳤다고 하며, 여기서도 아리아인들의 일부는 중앙아시아와 그 주변 지방에서 살았는데 이와 같이 그들이 다른 민족과 함께 생활하게 된 것은 인도-아리아인들의 조상이 되는 그들이 인도로 이주해 오기 이전까지이다.[70] 이들의 이러한 이주는 기원전 2천 년의 후반기나 마지막 세기 즈음일 것이다. "리그베다"가 만들어진 시기는 많은 학자들이 기원전 12~10세기로 추정한다.[71]

일부 학자들은 카프카스를 거쳐서 아리아인들이 왔다는 설이 있음에도 불구하고 기원전 12세기 즈음에 중동에서 이주해 온 아리아인들이 실제로는 인도-아리아인들의 조상이라고 확신한다.[72] 이와 함께 고고학적 자료를 근거로 한 또 다른 설이 있는데 이는 아리아인들이 중동지방과 카프카스 지방에서 이란을 거쳐 기원전 2천 년의 후기인 기원전 12~10세기 즈음에 인도로 왔다는 설이 그것이다.

---

70) Burrow T. 1955, pp. 1-34; Hauschild R., 1962; see also, Ivanov V.V., Toporov V.N., 1960, pp.10-22.
71) 보로우(Borrow) T., 와 하우쉴드(Haushild) R. 외. 이중에 하우쉴드의 견해를 보면 인도아리아인들이 인도로 오기 전에 중앙아시아와 아프가니스탄 주변 지역에서 이란인들과 '아베스타인'들과 함께 살았을 것이라고 한다.
72) P. 크레취메르(Krechmer)와 V. 브란덴슈타인(Brandenshtain) 외.

이제 전혀 다른 관점의 주장에 대해 논하자면, 이미 기원전 3천 년 전에, 그보다 더 이전일 수도 있는 시기에 이미 인도에는 인도-아리아인들이 살았다고 하며[이제 이 주장은 몇몇 인도 학자들에 의해 받아들여지고 있다], "리그베다"는 기원전 2천 년 이전에 만들어진 인도의 고대 종교서적이라고 한다. 인더스 강변의 발굴로 인해 기원전 3천 년 후반부터~2천 년 초기까지 존재했던 하라파(harappa)와 모헨조-다로(mahenjo daro)가 발굴되었다. 이 발굴로 인해서 많은 학자들이 이미 이 시기에 아리아인들이 인도에 살고 있었고 이 문명 또한 아리아인들의 것이라고 주장한다.[73] 그리고 또 어떤 이들은 "리그베다"가 이미 이 문명들이 들어서기 전부터 존재했다고 주장한다.[74]

이렇듯 우리는 아리아인들의 가장 초기, 그들이 언제 어느 곳에서 왔으며, 어떤 경로로 왔는지 등과 관련된 정착 과정에 대한 학설들을 살펴보았다. 이렇게 다양한 학설들이 존재하는 것은 아리아인들에 관한 문제를 정확히 풀 수 있는 희망이 전혀 없다는 것을 의미하는 것이 아니다. 가장 최근의 발굴을 토대로 소련의 중앙아시아 사학자들이 연구하여 얻은 결론들로 더 정확한 설명과 주장들을 얻을 수 있다.

아리아인들이 기원전 3천 년 이전에 이미 인도에서 살았고 또 하라파 문명이 그들의 것이라고 하는 주장에는 취약한 점들이 많다. 인도-아리아인들의 언어와 이란어의 특별히 닮은 공통점을 비교 분석해 보면 아리아인들의 언어는 인도 유럽의 언어에 속한다는 것이나, 또 이 언어를 구사하는 민족들이나 다른 정황들이 아리아인들이 인도에서 기원전 2천 년보다 이전에 살고 있었다는 것은 완전히 불가능하다는 결론을 내리게 한다.[75] 그러나 하라파는 기원전 24세기~23세기 즈음[기원전 3천 년 중반]에 존재했고 하라파에서 발굴된 고고학적 자료들을 분석해 보면 이들은 훨씬 이전에 인더스의 주민

---

73) "The Vedic Age" 1950, p. 194 참조.
74) Sastri K. N., 1956, p. 142.
75) 버로우와 하우스필드를 포함한 몇몇 이란학자와 인도학자들은 인도아리아인들이 중아시아에서 이란인들의 조상과 함께 기원전 2000년경에 살았다고 주장한다.

과 그 주변에서 기원전 3천 년 초반과 중반에 살던 민족들의 것으로 아리아인들이 이주해 오기 이전에 인도에 살던 주민들이 고안해 낸 것이다.[76]

어떤 학자들은 하라파(harappa) 문화를 가진 민족들이 드라비다(dravid)어를 사용했거나 이와 유사한 언어를 사용했다고 주장한다. 그리고 이 민족 중에는 인더스 주변에 있던 아리아인들 이전의 민족들이 속했었던 것으로 보인다. 이는 인도의 아리아인들의 언어에 드라비다어가 많은 영향을 끼쳤다는 것을 보여주는데 이것에 관한 증거는 리그베다(rigveda)에도 있다.[77]

현재는 드라비다 계통의 언어를 사용하는 민족들이 인도의 남부 지방에 살고 있다. 인더스의 서쪽지방, 현재의 파키스탄과 아프가니스탄의 남쪽 지방에는 드라비다어를 사용하는 브라구야(braguya)인들이 아직까지도 그 언어를 사용하고 있고 이전에는 훨씬 많은 민족들과 사람들이 드라비다어를 사용했다.[78] 하지만 그들은 수 세기가 지나면서 점차적으로 인도-아리아인들과 이란 민족들에게 동화되어갔다.

하라파 문화를 발굴하고 연구한 소련의 몇몇 학자들이 알아낸 자료들에 의하면 그들의 언어가 아리아인들의 것이 아니고 드라비아 언어에 뿌리를 둔 언어라고 한다.[79] 이런 연구들은 해외에서도 계속되는데 그들의 하라파에 대한 연구에서도 이와 비슷한 결과가 나왔다.[80]

이렇게 많은 자료들과 연구들에 의해서 거의 확실하게 얻을 수 있는 결과는 하라파의 문화가 아리아인들의 것이 아니라는 것이고 인도 아리아인들

---

76) 본그라드 레빈(Bongrad-Levin)과 일리치(Ilyin) G. F. 1969, pp. 88-92.
77) Bloch J., 1934, pp. 321-331, Burrow T. pp. 373-378; Vorobyev-Desyatovsky V.S., 1956, pp. 99-110; Yeteppai M.V., 1956; Dyakonov I.M., 1967, pp. 108-113; Bongard-Levin G.M., 1969, pp. 105-106
78) 언어학자들의 견해에 따르면 현재 사용되는 드라비아어는 원시 드라비아 어에서 기원전 4-3세기 경에 패생되어 나왔다고 한다. (Andronov M. S., 1965, pp. 13-14)
79) "Predvaritelnoe Soobshchenie ":, 1965; "Proto-Indica", 1968
80) Parpola A., Koskenniemi S., Parpola S., Aalto P., 1969.

은 기원전 2,000년 당시 인도에 살지도 않았다는 것이다.

　이것과 함께 풀리지 않은 주장으로는 인도아리아인들이 아리아인들에게서 나왔다는 것인데 이 증거 사료들은 근동 지방에서 발굴된 기원전 2천 년 중반에 기록된 문서들이다. 이 사료들을 연구한 언어학자와 역사학자들이 그 결과를 바탕으로 발견한 결과는 근동 지방의 아리아인들은 인도의 아리아인들의 조상이 될 수 없다는 것이며[81] 고고학적 연구 또한 아리아인들이 근동 지방이나 카프카스 지방에서 기원전 12~11세기에 이주해 왔다는 설은 근거가 없는 주장이라는 사실을 보여준다.[82]

　이는 메디아인, 페르시아인 등 이란의 선조들이 카프카스 방향에서 이주해 왔다는 사실은 지금까지도 많은 이들이 주장하고 책으로 출판했지만 그 모든 것을 다 검증된 사실이라고 믿어서는 안 된다. 우리는 이란인들의 조상이 중앙아시아에서 왔다는 주장을 더 신뢰하는데 중앙아시아나 카프카스 지방 두 곳 모두에서 왔다고 해도 될 것이다.[83] 하지만 이런 주장을 하려면 서이란 지방 민족들의 조상이 되는 동유럽의 민족들이 중앙아시아를 비롯한 이란이 지배했던 지방과 어떤 연관이 있어야 하며, 서이란인들이 카프카스에서 왔다면[84] 훗날 스키타이인들이 거쳤던 카스피해 북쪽 지방을 거쳐서 이주해 왔어야 한다.

　중앙아시아의 이란인들이 이란에서 이주해 왔다는 사실은 옳지 못한 견해이며 이에 관한 논쟁은 성립될 수 없다.[85] 실제 사료들이 전하는 바로는

---

81) Mayrhofer M., 1966.
82) Deopik D.V., Merpert N.Ya., 1957; Sankalia N.D., 1963; Grantovsky E.A., 1970, p. 15, 36, 46 and others; also see: Dyakonov I.M. 1970.
83) 리트빈스키 B. A. 도 이와 비슷한 주장을 편다. Litvinsky B.A. 외, 1962, p. 295, Litvinsky B.A. 1967 a, pp. 126-127.
84) 브란덴슈타인(B. Brandenshtein)의 견해에 따르면 아리아인들과 이란인들은 이미 오래전부터 우랄과 카스피 해 동쪽 지방에 거주했다고 한다.; 브란덴슈타인은 서이란인들이 카프카스를 거쳐 카스피해 북동쪽을 지나 이란으로 들어왔을 것이라 한다.
85) E.A. Grantovsky, 1970, pp. 21, 39-41, 52, 166-168. 참고.

이란인들이 서이란에 널리 퍼지기 시작한 시점이 기원전 1천 년의 첫 세기이고 이 지역에 그들이 출현한 것은 기원전 2천 년 끝자락이나 2~1천 년 사이이다.[86] 그러나 중앙아시아에 나타난 고고학적, 언어학적 자료들이 전하는 바로 보아 그들은 기원전 2천 년 후반기에서 기원전 천년의 초기에 이미 중앙아시아에서 살았다.

현재 이란인들의 대부분인 아프간인, 페르시아, 쿠르드, 발루치인들은 이란 고원이나 그 동쪽과 서쪽의 지방에서 살고 있다. 하지만 기원전 2천 년 전 서이란 지방에는 이란인들이 아닌 그 민족성이나 언어가 전혀 다른 엘라미트(elamit), 루부베이(lububei), 카씨트(kassit)인 등이 살았다. 기원전 1천 년 첫 세기에 기존에 서이란 지방에 살던 민족들은 지금의 이란 땅으로 이주해 오는 이란 민족에게 조금씩 밀려나기 시작했다.[87]

고대 이란인들과 그들의 언어는 중세와 근대 시대보다 훨씬 더 널리 퍼져 있었다. 그들이 유럽의 남동쪽에서 동쪽 투르키스탄까지, 그리고 시베리아 남방에서 이란의 남쪽 지방까지 퍼져 있었다.

역사학자들은 이란어를 사용하는 민족들이 동방으로부터 유럽의 남동쪽 지방, 카프카스 북쪽 그리고 흑해 지방까지 확산되었다고 한다. 이들은 기원전 11~8세기에 이주해 온 스키타이 민족(후에 스키타이인들 중 일부는 기원전 8~7세기 경에 카프카스를 거쳐 근동지방으로 이주했다), 그 후에는 사르마티아-알란(sarmatia-alan) 민족이다. 그리고 마지막으로 현재 이란인들의 조상 민족 중 하나는 오세틴(Ossetian)인데 그들은 현재 카프카스에 거주한다. 사르맛인들이 서쪽으로 이주하기 전에 그들의 영토가 북쪽으로 카스피해, 아랄해, 그리고 우랄산맥까지 확장되어 있었다는 것을 고고학적 사료들은 증명해 주고 있다.

---

86) 위의 책 p. 304. 참고.
87) 위와 같은 작용에 관한 자세한 사항은 다음 학자들의 모노그래프에 자세하게 나와 있다.: Dyakonov I.M., 1956; Aliev I., 1960; Grantovsky E.A., 1970.

이렇게 역사학자들과 고고학자들의 견해로는 이란인들이 동쪽으로 볼가와 우랄이 있는 남동 유럽으로 이주했다고 보고 있으며 이 지역에서 이란인들은 기원전 1천 년 초기에 살았을 것이라 생각된다.

투르키스탄 동쪽의 이란인들과 그 유명한 호타노-사카(hotano-saks) 언어를 사용하는 민족들이 그 지방으로 이주할 수 있었던 것은 중앙아시아나 카자흐스탄 지방을 통해서 일 것이다. 기원전 3~2세기경에 이란 민족과 사카인들이 투르키스탄 동쪽 지방의 매우 큰 땅을 차지하고 있었다. 당시 이 지역의 사료들에 의하면 위의 민족들이 기원전 3세기까지 오랜 기간 이 지역에서[다른 인도유럽 민족인 토하르(tohar)인들과 함께] 살았고 후에 북동쪽의 민족들인 투르코-몽골 민족들이 이곳으로 이주해 와서 광범위하게 분포하게 되었다.

상술한 바와 같이 기원전 7~6세기에 중앙아시아는 박트리아, 호라즘, 소그드, 그리고 사카인 등의 이란 계통의 민족들이 차지해 살고 있었고 이 민족들에게서, 특히 박트리아와 소그드인들에게서 중세시대 초기에 타지크라는 민족이 탄생했다.

당시 정착 생활을 하는 민족들은 자신들의 민족의 이름과 같은 이름을 가진 땅에서 살았다. 예를 들면 호라즘인들은 호라즘 지방에, 소그드는 소그디아나, 마르기안-마르기아나, 아리아 -아리아아, 파르티아-파르티아[이들의 땅은 북쪽으로는 투르크멘의 남부, 남쪽으로는 이란까지 이어져 있었다]. 이란 유목민족들의 발달은 기원전 6세기 당시의 고고학적 유물들이 보여준다.

기원전 7-6세기에 중앙아시아에 이란 민족들이 퍼져 살았다는 사실은 아베스타가 증명해주는데 거기에는 이들 민족 가운데 더 이른 시기에 이주해 온 민족은 기원전 천년의 초기에 왔다고 한다. 여기에는 중앙아시아의 여러 지방과 또 그 주변 지역인 소그드, 마르기아나, 호라즘, 아리아아에 대한 기록들이 있다.

또한 아베스타는 옛적에 이란 민족들이[모든 아리아 민족들] 살았던 반전설 국가인 아리얀-바이취(ariyan-vaich)[아리아의 넓은땅]에 대한 기록도 있는데 I.마르크바르트(I.Markvart), E.벤베니스트(E.Benvenist), A.크리스텐센(A.Kristensen), S.P.톨스토브(S.P.Tolstov) 등의 학자들은 이들 국가를 지금의 호라즘 지방이라고 본다.88) 하지만 이는 호라즘 지방이 아니라 그보다 더 큰 중앙아시아와 이에 인접한 북쪽 지방으로 보인다. 더 자세한 것은 소련의 동양학자인 K.I.이노스트란체브(K.I.Inostrantsev)의 주장과 그 외 다수의 현대 소련 학자들의 주장들에서 보여주고 있다.89)

아리아의 언어와 핀란드-우고르(finn-ugor) 언어를 비교한 자료들과 그 동안의 연구 결과들을 보면 이것이 매우 강한 연관성을 가졌다는 것을 볼 수 있는데, 이는 당시 아리아인들의 땅이 핀란드-우고르 인들과 직접적인 교류가 가능한 땅인 북쪽으로 볼가 강 유역과 시베리아 서쪽 지방 사이에까지 연결되어 있었다는 것을 보여주며 "아리아 시대" 이전에도 아리아인들의 방언과 다른 인도-유럽인들의 언어 간에는 많은 유사점이 있었다. 이것들은 아리아인들의 땅이 북쪽으로 널리 퍼져서 그 땅이 유럽 동남방의 초원까지 이르렀다는 것을 보여준다.

이란인들과 아리아 민족들은 중앙아시아의 북동쪽과 동쪽 지방의 초원에서도 살았다. 이런 주장들은 조금 늦은 기원전 1천 년 중반기 경의 사료와 그보다 조금 앞선 고고학적 유물들에 근거한다. 중앙아시아와 이에 근접한 북쪽지방의 이란인들이 기원전 2천 년 후기와 1천 년 초기에 동쪽으로 이주해서 투르키스탄의 동쪽 지방에 정착해 살았다는 것을 우리는 사료와 유물을 통해 알 수 있다. 이는 이란민족의 유물들이 그 당시에 지금의 자리에 있었다는 것이다. 이는 안드로노브(andronov)문화이다[또는 스루브-안드로노브, 타자바갑(tazabagyab), 카이라쿰(kayrakum)문화라고도 한다]. 그러나 이렇게 고고학적으로, 그리고 인류학적으로 비슷한 유의 기원전 2천 년 중반에서 1천

---

88) Smirnov K.F., 1964, p.191; Grantovsky E.A. 1970, p.18. 참조.
89) Inostrantsev K.A. 1911, p. 1911, p.316; Smirnov K.F. 1964, p.191.

년까지의 유물이 더 동방에 있는 투르키스탄 동쪽 지방에서도 안드로노브의 것과 유사한 세라믹 등이 발굴되었다. 이후인 기원전 1천 년 경에는 이 지역인 알타이와 투르키스탄 동쪽 지방에는 스키타이[색인]들이 이주해 와서 살았다. 이 외에도 투르키스탄 동쪽 지방에서 나온 기원전 1천 년 경의 문서는 두 개의 서로 다른 민족의 아주 비슷한 언어(방언)에 대해 기록되어 있는데, 이 언어는 토하르어이고 이 언어를 쓰는 사람을 토하르인(tohar)이나 프라토하르(pratohar)인이라고 한다.

이보다 훨씬 이전 시대에는 그들이 서쪽으로 뻗어있는 더 큰 영토를 가지고 있었을 것이다. 토하르인들이 이곳에 출현한 것에 대해 학계에는 많은 주장들이 있다.90) 하지만 한 가지 분명한 사실은 토하르인들이 언어학적으로 동이란 민족들과 연관이 있다는 것이다.

이렇게 이란 민족이 고대에 살았고 그들이 퍼져나간 땅은 중앙아시아와 그 북쪽의 땅들이라는 것이다. 이란민족과 인도아리아인들의 연관성을 볼 때 인도아리아인들도 인도 지방으로 이주하기 이전에 이 지방들에 살았을 것으로 보인다. 이 주장은 고고학적 자료, 특히 중앙아시아에서 최근에 발굴된 자료들에 근거한다.

우리는 신석기 시대부터 중앙아시아에는 두 개의 확연히 다른 문화가 존재했다는 것을 볼 수 있다. 남서쪽 지방, 투르크멘 남쪽지방에는 기원전 23세기 후반부터 21세기까지 찬란한 꽃을 피웠던 이란과 남방 땅의 것들과 아주 유사한 농경문화가 있었고 중앙아시아에는 북방의 것들과 아주 유사한 문화들이 있었으며 분명히 이 지방의 민족들이, 특히 청동기 시대의 초원 민족들이 아리아인들과 이란인들과 연관이 있다.

또 다른 주장은 위에서 말한 것과 같이 아리아인들이 중앙아시아의 남서쪽 지방에서 기원전 3천 년 후기에 살았다는 것이다. 하지만 이 주장은 아리

---

90) ITN, I, pp. 128; Abaev V.I., 1965, pp. 136-139, Grantovsky E.A., 1970, p.20, 360. 참조.

아인들이 중앙아시아의 남서쪽에 살던 민족과 같이 농경과 함께 유목 생활을 했었다는 결과가 도출된다. 하지만 이것이 가능하려면 아리아인들이 서로 다른 땅에서 완전히 다른 문화와 언어를 가지고 살았어야 하는데 그것은 위에서 본 역사-언어학적 자료들과 성립되지 않는다.[91] 인도인들과 이란인들의 조상이 청동기 시대에 목축과 농경을 했다는 사회문화적 증거는 있지만 그들이 투르크멘 남부의 농경민족과 연관이 있는지는 의심스럽다.[92]

여기서 또 알아야 할 사실은 투르크멘 남부의 농경민족이 신석기 시대부터 청동기 시대까지 그들보다 남쪽에 위치해 있는 이란과 그 주변 국가들 그리고 아프가니스탄과 인도 지방의 농경문화에 속한다는 것이다. 이들은 생활-경제적인 측면에서 비슷하거나 같은 유에 속하는 것들이 많다. 금석 병용시대와 청동기 시대에 투르크멘의 농업 민족들과 이란 남부와 그 주변 지방의 민족들이 서로 큰 연관이 있다는 많은 고고학 자료들이 나왔는데 그것들은 이러하다: 그들의 종교가 서로 가깝다는 사실이 증명되었고 또 투르크멘 남부지방의 민족들과 이란 남방과 그 주변 땅에 사는 민족들, 아프가니스탄 지방에 사는 민족들이 유전학적으로도 연관이 있다고 주장하기도 한다.[93]

이렇게 생활-경제적인 측면이나 유전학적으로도 금석병용 시대와 청동기 시대 초기에 투르크멘 남쪽 지방의 민족들과 이란, 아프가니스탄, 그리고 그 주변 지역들의 민족이 비슷하다. 이 시대에 아리아인들은 아직 이 지방에 살지 않았고, 유전학적으로나 언어학적으로도 다른 민족들이 살았다는 많은 증거들이 충분히 존재한다.

---

91) Grantovsky E.A. 1970, p. 367.
92) 기원전 3-2천 년 경에 투르크멘 남부지방에서 살았던 민족들이 인도유럽인들과는 반한다는 것을 Mandelshtam A. M.이 자신의 글에 다루었다. ("석기와 청동기 시대의 중앙아시아" pp. 255-256).
93) 예: Masson V. M., 1957a; 1964; Khlopin I. N., 1966, pp. 125-128; "Srednyaya Aziya v epokhu kamnya i bronzy", pp. 167-169.

이와는 반대로 중앙아시아의 상당수 다른 문화들이 생활-경제적으로나 문화적으로 북쪽의 민족들과 꾸준히 많은 교류, 그러니까 인도-이란 민족들과 역사-언어학적으로 연관이 있는 이들이 살았던 땅과의 교류가 있었다. 한 가지 더 알아야 할 사실은 청동기 시대 초기에는 유럽의 인도-유럽인들의 조상인 아리아인들과의 접촉이 있었다.

고고학적 자료들은 청동기 시대 중앙아시아의 초원 민족들과 그 북쪽의 민족들의 조상들과 이란민족과 인도 아리아인들의 조상이 동일하다고 말한다. 청동기 시대의 초원 민족들은 목축업을 했으나 농경에 대해서도 익히 알고 있었는데 이런 종류의 생활방식은 아리아인들 사이에서도 많이 발전했다. 청동기 시대 인도-이란 민족들과 초원 민족은 말을 사육했고 이렇게 말을 사육하는 것이 그들의 목축업에서 많은 비중을 차지했다. 이 시대에 초원 민족의 사회 발전 정도는 이미 높았다. 무덤에서 나온 고고학적 자료들에 의해서 학자들은 초원 민족들은 당시 원시적인 가족관계를 갖고 있었다고 하고 부와 사회적인 측면에서 평등하지 않았다고 한다.[94] 이런 것들은 아리아인들의 생활방식에서도 보이는 것들이다. 아리아 시대부터 인도-이란 민족은 금속 제련술이 매우 발전했다고 하는데 이런 사실은 청동기 시대 초원 민족의 고고학적 자료들에도 나타난다.[95]

금속 공예가 광대한 지역에 걸쳐 발전해 있었다는 사실은 타지키스탄에서 발굴된 고고학적 자료들과 북쪽 지방인 카이라쿰(kayrakum)의 발굴 작업을 통해 획득한 금속 공예물들이 잘 보여준다.[96]

인도와 이란의 아리아인들의 조상이 그들의 금속 제조 기술과 이의 사용이 한창 발전할 때 아직 같이 살았다는 것을 역사-언어학적 자료들은 증명

---

94) "석기와 청동기 시대의 중앙아시아", pp. 228-230; Grantovsky E. A., 1970, p. 359.
95) 예: Stagul G., 1969, pp. 56-57, 86.
96) Litvinsky B. A.,외, 1962, pp. 170-231.

해주고 있고, 이 자료들은 인도이란 민족이 언제까지 함께 생활했는지도 보여준다. 중앙아시아와 그 북쪽 지방의 고고학적 자료들이 위의 시대가 언제였는지를 알려주고, 인도-아리아인들의 조상이 자신들의 옛 고토 안에서 이란의 조상들과 아직 가까이 살았다는 것을 증명해주는데 이는 기원전 2천 년의 첫 세기에서 기원후까지라는 기간임을 알 수 있다.

이 시기가 아리아인들이 중앙아시아에서 그 남쪽으로 이주하기 시작한 시기라는 것은 다른 자료들도 증명해 준다.

금석병용 시대와 청동기 시대 초기에 투르크멘 남부지방의 농업민족이 아리아인들이라고 볼 수 없다. 전성기시대에 중앙아시아의 남서지방의 농업문화와 이란 북서쪽의 도시문화의 민족들이 아리아인들이라고 할 수는 없고 [기싸르3(gissar3)], 아프가니스탄 남쪽[문디각4(mundigak4)], 인더스강 유역의 모헨조다로와 하라파 시대의 유물들 또한 아리아인들의 것이라고 할 수 없다.

이 모든 지역에서 고고학적으로 기원전 2천 년 후반에서 기원후까지 매우 큰 역사적 변화가 있었음을 볼 수 있다. 옛 문화의 중심지들과 강성했던 도시들이 멸망하기 시작하고, 많은 지역에서 세라믹의 매우 빠른 변화를 볼 수 있는데 이전에는 물레를 사용해서 돌리면서 만들었다면 후에는 손으로 반죽을 해서 만들었다. 이러한 변화는 중앙아시아나 아리아인들[인도이란 민족]에게서 태동한 그들과 유전학적으로 유사한 새로운 민족의 이주에 의해서 이루어진 것이다. 하지만 아직 이런 민족들의 이주가 충분히 가능한 일임에도 이를 증명해 주는 확실한 고고학적 자료들이 없는 것은 사실이다. 이러한 변화는 그 지역에 중앙아시아와 아리아인들의 이주를 가능하게 만들었다.[97]

이 모든 것들이 충분히 가능한 일임에도 이것을 증명해 줄 고고학적 자료가 없는 것은 사실이다. 이 변화들이 있었던 이유는 그들의 내부에 있어

---

97) Stagul G., 1969, pp. 56-57, 86.

서98) 아리아인들이 그들의 땅에 이주하는 것이 더 수월해졌을 수도 있다.

이와 같은 식의 다른 주장도 있는데 그것은 하라파 문명이 꼭 아리아인들이 이주해 와서 무너진 것만은 아니라는 것이다. 현재 가지고 있는 자료에서는 아리아인들은 하라파 문명이 멸망한 지 수 세기 후에 인더스 강 유역으로 이주해 왔을 수 있다는 것을 유추해 볼 수 있게 한다.99)

이 모든 서로 다른 주장들에도 불구하고 이란의 동부와 투르크멘 남부, 아프가니스탄 그리고 인도의 서부에서의 변화들은 그 이전의 문화들이 존재했을 때 발생하지 않았고, 이런 상황들이 말해주는 것은 기원전 17~18세기100) 당시에는 아직 아리아인들의 이주가 이 지방에 발생하지 않았다는 것이다.

그들의 이주에 관한 더 정확한 자료들은 그들의 이주가 기원전 2천 년 중반과 후반에 발생했다고 전한다. 소련의 고고학자에 의해 발굴된 당시의 방대한 자료들은 그 시대가 민족들의 중앙아시아로의 이주가 매우 활발히 이루어지는 시대였다는 것을 말해 준다. 초원 민족들은 밀집해서 투르크멘 남쪽의 농업 민족들의 땅으로 이주했고 그 경계 너머로도 이주해갔던 것으로 보인다. 초원 민족이 투르크멘 남부의 고대 농업 오아시스로 확장되기 시작했다는 자료들이 있는데 이 땅의 끝자락에서 북방에서 이주해 온 듯 보이는 초원 민족의 무덤이 발굴되었다.101)

---

98) 투르크멘 남부의 농경문화에 대한 설명: "석기와 청동기 시대의 중앙아시아", p 177; 모헨조-다로, 하라파 시대의 인더스강변 도시문화: Bongard Levin G.M. 와 Ilyin G.F. 1969, pp. 113-115.
99) Bongard Levin G.M.; 1962; Bongard Levin G.M.; Ilyin G.F., 1969, pp. 125-128 (이 자료들에는 이 문제에 관한 많은 문헌들이 참고되었다.); 아리아인들이 인도로 이주해 온 시기는 기원전 14-13이나 넉넉하게 잡으면 기원전 2천년대 후반으로 본다.
100) 투르크멘 남부의 나마즈V 발굴지의 현재로서 가장 신빙성 있는 시기로 기원전 3-2천 년 초반을 잡는다. Dyson R. H., 1965, pp. 240-242; 인더스 강의 하라파 문명은 대략 기원전 13-16, 17세기까지 존재했다. Bongard Levin G.M., 1962; 본그라드 레빈 G. M.과 일리치 G. F., 1969, pp. 94-96, 114, 125-126.

그 시기에 민족들의 이주가 아프가니스탄과 인도 쪽으로도 진행되었다. 이것에 관해서는 타지키스탄 남부, 키질-수(kizil-su), 바흐쉬(vahsh), 카피르니간(kafirnigan)의 고고학적 발굴 작업이 많은 증거를 제시했는데 이 발굴을 통해 드러난 바에 의하면 나마즈가6(namazga6)의 문명과 유사한 문명을 가진 민족이 남긴 것이라는 것이며 또 장례식의 특징은 초원 민족들의 것이다. 이 무덤 주인의 인류학적 외모는 남부 세라믹문화 민족에 가깝다. 이 민족들이 어디서 태동했는지는 아직 확정적으로 말 할 수는 없고 그들의 탄생에 관한 서로 상반된 주장들이 존재한다. 장례의식과 무덤의 특징을 통해 이를 연구한 학자들의 주장에 의하면 이것들과 장례방식, 그리고 다른 풍습들이 베데(vede)의 아리아인의 그것과 동부 이란민족의 방식과도 연관이 있다고 한다.[102]

이런 타지크 남부의 무덤 자료들은 비슷한 종류의 무덤과 풍습이 이탈리아의 고고학자에 의해 파키스탄 북서쪽에 있는 스밧(sbat) 지방에서 발굴된 무덤과 비슷한 점에서 매우 큰 흥미를 불러일으킨다. 처음의[훨씬 전의] 것들은 기원전 2천 년 후반기 즈음의 것으로 추정된다.[103]

어떤 면에서는 중앙아시아 초원 민족들이 금석병용 시대의 인도-아리아인들이라는 근거는 없지만 다른 한편으로는 청동기 시대 후기의 인도아리아인이 중앙아시아에서 나왔다고 할 수 있다. 드야코노브(dyakonov)의 주장에 따르면 중앙아시아의 농업 민족인 아나우(anau)민족에 인도아리아의 언어가 퍼지는 과정에서 초원 민족과의 접촉이 있었고 이러한 접촉 과정에서 인도이란 민족과 그들의 문화에서 보이는 유전학적 공통점이 발생했을 것이라 한다. 이러한 주장은 또 다른 연구들[예를 들면, 리트빈스키(Ltvinski)의 연구]에

---

101) "석기와 청동기 시대의 중앙아시아", pp. 240-243.
102) 위의 책 pp. 243-259; Mandelshtam A.M., 1968; Litvinsky B.A., 1967 a, pp. 121-127.
103) Litvinsky B.A., 1967 a. p. 122; 최신 자료들 중에서는 Dani A. H. 19967; Stagul G., 1969. 참조.

의해서 발전했고 고고학적 자료들이 이 주장을 뒷받침하지만 아직 부족한 부분도 있다. 이 문제는 새로운 자료의 발굴만이 확실한 결과를 가져올 수 있다.

또한 그 자료들은 기원전 2천 년 중반과 후반에 중앙아시아에서 인도와 그 지방을 포함한 남쪽으로 이주해 왔다는 사실을 증명해 줄 것이다.

이러한 중앙아시아 민족의 남쪽으로의 이주는 그 후에도 인도아리아인들의 조상이 인도에 이주하여 거주할 때까지 계속되었다.

고고학자들은 투르크멘 남쪽에 있는 나마즈가6 문화의 매우 큰 비중을 당시 기원전 2천 년과 1천 년의 경계와 기원전 1천 년 초반의 시대에 그 땅에 확산되어 있었거나 그 땅을 정복했었던 초원 민족들의 문화가 차지한다고 한다.[104]

중앙아시아의 동쪽 끝과 파미르 지방에도 초원 민족에서 나온 민족이 남쪽으로 특히 페르가나와 그 주변 지방으로 이주해 와서 정착해 살았다는 것을 알 수 있다. 이렇게 생겨난 민족들이 청동기 시대인 기원전 2천 년 후반과 1천 년 초반에도 파미르 지역에 이주해 와 살았는데 기원전 7세기 파미르의 고고학적 자료들은 이 민족이 스키타이-삭인들 이라고 전한다. 고고학적 자료들은 이 민족이 인도로 이주했다는 것에 관해서도 전해준다.[105]

이러한 결과들은 역사적 기록들과 역사-언어학적 자료들에 근거하고 고고학적 자료와는 별개로 기원전 7~6세기에 파미르, 인도의 국경지역, 그리고 아프가니스탄 국경지역에 사카인의 친척이거나 그와 가까운 연관성이 있는 현재 아프간인들과 문잔(munjan)인의 조상이 되는 이란민족이 이주해 왔다.[106]

---

104) Kuzmina E.E., 1964.
105) Litvinsky B. A., 1960 a; 1969.
106) Grantovsky E. A., 1963a, flxmqlstmzl B. A., 1967a, pp. 127-133.

이 동방 이란민족에 속하는 민족이 북쪽 지방인 중앙아시아에서 이주해 왔다는 사실에 대해서는 이견이 없다.

이렇게 우리는 고고학적 자료와 역사-언어학적 자료를 통해 아리아 그룹에 속하는 많은 민족들[처음에는 인도아리아 민족이, 후에는 이란민족]이 중앙아시아에서 남쪽 지방인 인도, 아프가니스탄, 이란 지방으로 이주해 왔다는 사실을 살펴보았다.

상술한 바는 중앙아시아와 그 주변 지역들이 고대의(최초는 아니어도) 인도아리아인들의 확장의 중심지였음을 보여주며 이란 민족 중에 중앙아시아에 잔류한 민족은 중앙아시아 민족들의 조상이 되었다.

후에 동방 이란민족을 중심으로 박트리아와 소그드, 그리고 그 외의 민족들에 의해서 타지크 민족이 탄생했다.

주제 2

초기 계급사회 시대의 중앙아시아 민족의 봉기
(기원전 9세기~6세기 중반)

1. 철기 시대 초기의 고고학적 자료들

철기 야금술

기원전 2천 년~1천 년 초기의 상황은 당시의 고고학적 자료와 언어학적 자료들, 그리고 이후의 역사적 사료들을 비교해서 알 수 있다.

기원전 1천 년 초기에 중앙아시아의 사람들은 철을 광산에서 채굴하는 방법을 터득했다. 엥겔스(F.Engels)는 인류의 역사에서 철의 중요성에 대해 이렇게 말했다 "철은 인류가 마지막으로 찾아낸 가장 중요한 재료로써 역사의 혁명을 불러왔다. 철은 더 넓은 땅을 경작할 수 있게 했으며 숲을 개간할 수 있게 했다. 철은 이렇게 수공업자들이 그 어떤 석재와 당시의 그 어떤 다른 광물보다도 강한 물질로써 도구를 만들 수 있도록 했다. 하지만 이 모든 것이 곧바로 이루어진 것은 아니다. 처음에는 철이 동보다도 약할 때가 많았다."[107]

철을 얻는 방법을 터득하는 것이 인간에게 동의 존재를 가르쳐 주었다.

---

107) K. Marx and F. Engels, Works, V.21, p. 163

철은 섭씨 1300~1400에 달하는 화로에서 녹였다. 이러한 유의 화로가 20세기의 20년대에 안드레례브(M.C.andreev)에 의해서 반취(Vanch) 분지에서 발굴되었다.108)

초기에 인류에게는 이러한 형태가 없는 돌과 광산은 비밀스럽고 이해하기 어려운 것이었다. 그래서 이러한 현상은 대장장이와 철기들은 만드는 자들에 대한 경외심을 갖게 했으며 이러한 현상은 근대에 까지도 계속되었다. 파미르의 일부 지역에서는 아직도 이러한 현상이 남아있어서 대장장이가 가장 존경받는 사람들 중의 하나이고 대장간은 성스러운 곳으로 여겨졌다; 사람들은 수확이 끝나면 대장간에 와서 제물을 바치는 풍습도 있었으며 다른 종교에서는 대장장이를 악마의 앞잡이라고 불렀고 철의 사용을 금지하기도 했는데 이는 광물에 대한 인간의 두려움 때문에 그렇다.109)

철기의 전파속도는 느리게 진행되었다. 처음에 철기는 장식을 목적으로 주로 사용되었다. 그 후에 점차적으로 생활용품이나 무기를 제조하기 시작했다. 철을 단련해서 물건을 만드는 일은 동을 부어서 만드는 일보다 훨씬 어렵다. 이러한 새로운 기술은 느리게 터득되었고 이러한 종류의 매우 좋은 금속을 이해하기 위해 많은 시간과 노력이 필요했다. 중앙아시아에서는 철기 시대 초기의 동—철기 기구와 무기가 발굴되었는데 예를 들면 창을 날은 철로 만들고 손잡이는 부분적으로나 전체를 동으로 만드는 것이다.

중앙아시아에서 철기의 보급은 매우 이른 시기에 발생했다. 예를 들면 중국은 중앙아시아에 비해서 수 세기나 늦었다.

이주

중앙아시아의 초기 철기시대 유물은 석기시대와 청동기시대 유물보다 더

---

108) Andreev M.S.,1926, pp.8-16
109) Zarubin I.I., 1926, pp. 126-127.

미흡하게 발견되고 연구되었다.

투르크멘 남부 지방에는 금석병용시대에 태동된 도시가 계속해서 존재했다. 예를 들면 아나우(Anau)에서도 철기시대 초기의 것들인 철제 낫과 칼의 파편 등이 발굴되었는데 이는 중앙아시아의 가장 오래된 철기들이다.110)

투르크멘 남부지방에 메쉬헤디-미스리안(Meshhedi-Misrian) 고원 지방에 아나우의 것과는 다른 문화의 성벽을 쌓은 곳과 방어 기능이 없는 마을들이 발굴되었다. 그중의 일부는 매우 크다: 예를 들면 이잣-쿨리(Izat-Kuli)는 50ha에 이른다. 집들은 매우 큰 진흙을 말린 벽돌로 지었는데 그 벽돌의 길이가 75cm에 이른다.

메쉬헤디-미스리안은 운하를 통해 아트렉(Atrek) 강에서 물을 얻었다. 그들의 삶에서 농업은 매우 큰 비중을 차지했다. 이는 그들의 관개시설뿐 아니라 그들의 곡물 수확용 기구들이 보여준다. 그들이 금속으로 된 낫을 사용했다는 것은 말할 필요도 없는 사실이고 석영으로 제작한 석기들도 발굴되었다.

이 마을들에서 부식된 철의 파편들이 발굴되었다. 동으로도 무기를 제작했는데 예를 들면 화살촉이나 칼이 그렇다. 세라믹은 품질이 매우 좋았고 물레를 돌려서 만들었다. 하지만 그 형태는 보존되지 않았다.111)

마지막으로 세 번째 그룹의 유물들은 투르크멘 남동쪽 지방에 있는, 후세에 마르기아나(Margiana)로 불리는 무르가바(Murgaba) 삼각주에 위치해 있다. 이 중에 가장 큰 것으로는 바이람-알리(Bayram-Ali)에서 북쪽으로 34km의 거리에 있는 야즈-데페(Yaz-depe)라는 곳이다. 이 성은 거의 정방형으로 건축되었는데 건축 당시에[야즈 데페는 이 시대 후에도 존재했다] 이곳의 면적은 16ha였다. 성채 안에는 벽돌로 기초를 다진 곳 위에 8m 높이의 매우

---

110) Schmidt H., 1908, pp. 156-157.
111) Masson V.M., 1956 a; "Srednyaya Aziya v epokhu kamnya i bronzy" M.-L., 1966, pp. 179-182.

큰 정방형의 건물이 있었고 장방형의 대형 홀이 있었는데 이는 그 지역 통치자의 궁전과 집무실이었다. 야즈-데페에서 발굴된 대부분의 유물들은 세라믹인데 메쉬헤디-미스리안의 것들과는 달리 손으로 반죽해서 만든 것이었다.112)

우즈베크 남부지방과 타지크 남부지방의 철기시대 초기를 대표하는 유적으로는 수르한다리야 지방의 쿠축-테페(Kuchuk-tepe)와 타지크 남부 파르하르(Parhar)지방의 마코니-모르(Makoni-mor)와 분리된 형태의 소형의 유적들이 다수가 있다.

쿠축-테페는 무즈라밧(Muzrabat) 초원에 있다. 이 유적은 발전된 청동기 시대에 이미 존재했고 그 수명이 기원전 1천 년 중반까지 이어졌다. 우리가 연구하는 시대에 이곳에는 타원형의 건물이 있었는데[1962~1964년에 17개의 구역을 발굴했다] 그것은 길쭉한 모양의 벽돌로 지어졌다. 이 건물은 원형의 보호벽이 두르고 있었다. 여기서 주형과 청동, 석기들 그리고 석제 낫이 발굴되었다.113)

다른 유적은 타지크의 고고학자에 의해서 키질-수(Kizil-su) 하류의 마코니-모르에서 발굴되었다. 여기에는 보존된 건물들은 남아있지 않지만 당시에 만들어진 많은 양의 세라믹과 기타 용기들이 발굴되었다.114)

서로 떨어져 있는 유물들과 완전한 유적 집합체들은 타지크의 다른 지방들에서도 발굴되었다. 예를 들면 카라쿰(Karakum)에서 발굴된 조금 후기의 집합체들과 파미르 동부의 무덤들이 모두 위의 시대에 해당한다.115)

---

112) Masson V.M., 1959.
113) Albaum L.I., 1965, pp. 59-60
114) B.A. Litvinsky가 이 발굴 작업을 감독했다. (문서로는 출판되지 않았다.)
115) ITN, I, pp. 167-168.

2. 철기 시대 초기의 중앙아시아 사회

역사적 자료로서의 아베스타

중앙아시아의 고대 역사를 연구하는데 가장 중요한 자료중의 하나가 바로 아베스타인데 이 아베스타는 조로아스터교의 경전이다. 지금은 이란에 살고 있는 소수의 조로아스터교도들을 제외하면 10만 명 정도가 인도에 살고 있는데 이들을 파르스(pars)인들이라고 부른다. 이들은 고대의 종교만을 지키고 있는 것이 아니라 고대 종교의 문헌들까지도 보호하고 있다.

18세기 중반에 프랑스인인 안케틸 듀페론(Anketil Dyuperon)이라는 사람이 고대 종교에 매우 큰 흥미를 느끼고 그것을 연구하고자 인도로 여행을 떠났다. 파르스인의 제사장에게 종교관습들을 배웠고 고대 서적을 읽는 법 또한 배웠으며 몇몇 서적을 사들였다. 그는 프랑스로 돌아가서 아베스타와 그 외 서적들을 번역해서 출판했다.[116] 그의 이 연구를 통해 아베스타가 유럽 학계에 알려지게 되었지만 그의 번역은 정확하지 않았다. 많은 부분에서 그는 부분적으로 이해하지 못했거나 완벽하게 이해하지 못했다.

언어 비교학의 발전으로 인해 19세기에는 이미 아베스타에 기록된 언어와 리그베다(Rigveda)에 기록된 언어인 베데어와 산스크리트어가 같은 뿌리를 가진 유사한 언어라는 것이 밝혀졌다. 또한 그 다음으로 고대 유물들을 해석하는데 중요한 언어가 고대 페르시아 언어인데 이는 아베스타 이후에 기록된 조로아스터의 기록들을 해석하는데 도움을 주며 예외적으로 중요한 언어가 중앙아시아와 이란 동부지역의 사어(死語)[호라즘어, 소그드어, 호타노-삭(hotano -sak)어]들과 현재도 사용되고 있는 언어들, 특히 파미르 지역의 언어들이라는 것이다. 이 모두가 아베스타를 과학적으로 번역하는데 도움을 주었다.[117] 하지만 아직도 아베스타를 번역하는 것은 매우 어려운 일로 남

---

116) Antiguetil du Perron, 1771.

아있고 몇몇 저명한 학자들의 번역 또한 서로 상이한 부분들이 있다.118)

아베스타는 인도와 이란의 다른 종교서적처럼 매우 정확한 사실들을 내포하고 있다. 이러한 자료들은 문화뿐만 아니라 풍습, 그리고 교육 등에 대해서 알 수 있다.

현재의 아베스타 알파벳이 생기기 전에 기록된 아베스타는 기원전 6~5세기에 이란과 중앙아시아에서 많이 사용하던 아람(Aramei) 문자로 쓰여진 아베스타 문자가 존재했다. 아베스타는 아케메네스 시대에 이미 존재했고 알렉산더 시대에 사라졌었으나 바라흐샤(Varahsha)국이[1세기의 통치자인 볼로게스(Vologes)] 조로아스터의 서적들과 제사장들이 암송하고 있던 것을 수집하라고 명령했다.119) 하지만 현재의 몇몇 학자들은 아케메네스의 아베스타를 정확한 자료로 인정하지 않고 또 다른 학자들은 아르샤키드(Arshakid) 문자로 된 아베스타가 존재했는지도 의심한다. 하지만 문서로 남은 아베스타는 파르티아의 후기 시대부터 사산조 초기시대에 이미 존재했다. 니싸(Nisa)의 발굴 작업을 한 I.M.드야코노브(I.M.Dyakonov)와 V.A.리브쉬츠(V.A.Livshits)는 기원전 1세기 동부 파르티아에 이미 아베스타나 아니면 그 일부만이라도 이미 존재했었을 것이라고 한다.120)

후에 아베스타는 이를 위해 만들어진 특별한 문자로 기록되었다. 이것은 발전된 페흘레비(pehleviy)[중기 페르시아의 조로아스터 서적] 체를 기본으로 해서 만든 것인데 이것도 아람어에서 나온 것이다. 하지만 아베스타 문자의 수가 두 배나 많고 모음 문자는 14개다. 그리고 이 아베스타를 기록한 문자는 그 당시의 고대 이란의 문자들을 잘 보여준다. 아베스타 알파벳은 6세기, 그

---

117) Oransky I.M., 1960.
118) 아베스타의 해석에 관한 문제에 있어서 H. 뉴베르그(Nyuberg)와 E. 헤르츠펠드(Herzfeld) 서로 상반된 해석을 하는데, 그들은 많은 부분에서 서로 그 의견이 다르다.
119) 아베스타를 한곳으로 모아 집대성한 것은 아르다쉬르Ⅰ세 때와 샤푸프Ⅰ세 때이다.(Widengren G., 1965, pp. 246-247)
120) Dyakonov I.M., Livshits V.A., 1966, pp. 153-157.

중에서도 호스로브1세(Hosrov1, 531~579)[121]때 만들어졌을 것이다. 사산조 후기의 기록들도 아베스타에 포함되었고 13~15세기의 벽화들도 아베스타에 속한다고 봐야 한다.

아베스타의 기록은 많은 부분이 무형 문화들에서 전해졌다. "아베스타"라는 이름은 페르시아 시대의 단어인 apastak, 후에는 aβastaγ라고 하고 "기본"이라는 의미이며[다른 해석으로는 '설립', '찬양'등이 있다],[122] 정확히는 말하는 "아베스타"를 의미한다.[123] 그리고 그 외의 보충 서적들은 '젠드(zend)'나 '잔드(zand)'라고 했는데 이는 지식, 교육 등을 뜻한다. 하지만 나중에는 이 젠드가 사산조의 중기 페르시아어 번역본이라고 생각하게 되었다.[모든 초기의 아베스타는 밑줄에 중기 페르시아어로의 번역이 있었다.] 이러한 문제 때문에 유럽인들이 그릇되게 아베스타의 명칭을 '젠드-아베스타'나 아베스타의 언어를 '젠드어'로 부르기 시작했다.

아베스타는 수 세기를 거치면서 아베스타라는 경전으로 확립되었다. 사료들은 아베스타가 서기 1세기의 아르샤키드 볼로게스1세(Arshakid Vologes1)때와 사산조 초기인 3세기, 그리고 샤푸르2세(Shapur2) 때에 아투르팟 미트라스판단(Aturpat Mitraspandan)의 지휘 아래 매우 중요한 아베스타 편찬 사업이 있었고 마지막으로 마즈다키드(Mazdakid) 사건 이후인 호스로브1세와 6세 때 이다.[이때 4~5세기에는 아직 존재하던 아베스타의 기록들이 아

---

121) 윤케르(Yunker) G. 를 비롯한 몇몇 학자들은 아베스타의 알파벳들이 4세기경에 이미 존재했다고 주장한다. 하지만 지난 세기 동안 러시아의 저명한 이란학자인 잘레만(Zaleman) K.과, 그 이후의 헤닝, 모르겐스트예레(Morgenstyere) G., 베일리(Beyli) G., 등의 학자들이 아베스타의 알파벳들은 6세기 이전에 생겨나지는 않았을 거라 한다.(Henning W. B., 1958, p. 52; Parihanyan) A. G., 1966, pp. 108-109.)
122) Henning W. B., 1946, p. 725; ITN, I, p175; Braginski I. S., 1956, p. 192.
123) 아베스타는 매우 많은 연습을 통해 외워서 말하는 것이 널리 퍼졌었기 때문에 중세시대 초기에 조로아스터를 믿지 않는 사람들은 조로아스터가 경전이 없는 종교인 줄 알았다. 이것은 조로아스터교를 믿는 사람을 '경전을 가지고 있는' 다른 종교의 사람들처럼 보이지 않게 해 주었고, 이것이 아랍의 침범 이후에 기독교나 유대인들과는 달리 조로아스터를 믿는 사람들이 이슬람 사회에서 어떻게 고위직에 오를 수 있었나를 말해준다. (Widengren G., 1965, pp. 245-259.)

베스타에서 삭제되었다.]

이 마지막 편찬 사업이 끝난 후 아베스타는 21권[nask]으로 구성되었고 9세기 조로아스터의 이야기들을 짧게 요약한 것을 덴카르타(Denkarta)라고 한다[이 요약본은 중기 페르시아어로 번역했으며 아베스타의 문자로 기술하지 않았다.].124) 지금까지 전해지는 아베스타는 4분의 1이 사산조 후기에 기록된 것들이다. 이것들은 신을 섬기는 데에 있어 중요한 것들을 기록한 것으로 아베스타의 다른 부분들과 야스나(yasna), 그리고 그 외의 다른 기록들과 비슷한 내용들이 기록되어 있다.

우리에게 전해지는 아베스타는 야스나(yasna)['제사', '기도'에 관해, 종교 의식에 관한 기록들], 야쉬티(yashti)[(경배, 찬양) 조로아스터교의 종교 노래들을 담고 있다], 비데브닷(videvdat)['악마를 대항하는 법'(후에 맞지 않는 명칭으로 벤데브닷(vendevdat)이라고 함)과 영적인 청결을 유지하고(여기에는 또한 종교-법적인 기록과 고대 신화와 전설이 기록되어있다.)], 비스프랏(visprat)['모든 주권' (후에 조금 덜 적확한 명칭으로 비스페레드(vispered)라고 불렸다) 여기에는 기도문들과 문학적 기록들이 기록되어 있다] 이 외에도 아베스타에는 다른 덜 중요하거나 짧은 기록들이 많이 포함되어있다.125)

72개의 야스나의 주제 중에 17개가 조로아스터교의 창시자인 스피타마 자라투스트라(Spitama Zarathustra)의 가트(gat)[노래]이고, 7개가 야스나 합타하티(yasna haptahati) [야스나의 일곱 주제]로 가트와 비슷하며 언어와 시대가 아베스타의 일부와 일치한다. '가트'의 와 '야스나의 일곱 주제'는 더 오래된 고대의 언어로 기록되어 있고 '작은 아베스타'라고 하는 것은 다른 것들과

---

124) West E. W., 1892.
125) 아베스타의 번역본이나 그의 일부의 러시아어와 서유럽 번역본이 존재한다.: Kossovich K., 1861; Bertels Ye.E., 1924, pp. 3-11; Braginsky I.S., 1956, pp. 35-37, 46, 69-70, 105-116, 182-187 and others, Bertels Ye.E., 1960, pp. 53-66, 11, Abaev V. I., 1963, pp. 349-350, 367, 370. Darmesteter J. 1892-1893, Wolf F., 1910, Lommel H., 1927, Gershevitch I, 1959, Humbach H., 1959, Duchesne-Guillemin J., 1963

비교했을 때 일정 부분의 언어의 순서가 다르다.

몇몇 학자들은[P.테데스코(P.Tedesko), A.메이에(A.Meye)] 아베스타의 언어가 서부 이란의 언어라고 하고 다른 몇몇 학자들은 [H.뉴베르그(H.Nyuberg) 등] 동부 이란의 언어라고 한다. 더 믿을 만한 주장은 이 언어가 이란 민족 사이에 특별한 부분을 차지했었다는 것[K.고프만(K.Goffman)]과 동부와 서부 이란 언어의 중간 언어라고 한다[V.헤닝(V.Hening)]. 아베스타의 몇몇 특정 부분과 가트의 방언 중에 동부 이란의 언어와 연관성이 있는 것이 있다. '작은 아베스타'에는 이란 언어에 관한 것이 적혀있는데 기록되기를 아베스타의 언어를 성스럽게 여기며 사용하는 곳이 있다고 한다.

아베스타의 많은 부분들의 기록된 시기와 장소는 아직도 우리에게 해결해야 할 문제로 남아있다. 조로아스터교의 자라투스트라에 관한 사산조 시대의 문화와 문서에서는 그가 살았던 시기와 가트가 기록된 시기를 기원전 7세기 후반에서 6세기 초반으로 본다. 고고학자들은 이 시기를 충분한 사실에 근거해서 주장함에도 불구하고 몇몇 학자들은 이 주장에 의혹을 제기한다. 그들은 조로아스터의 문화가 훨씬 후에 생겨났다고 하며 그 기록 중에 전설이 많이 포함되어 있다고 한다. 현재로선 이 시기를 정확하게 말할 수는 없지만 한 가지 알 수 있는 것은 자라투스트라가 살았던 시기가 기원전 7세기 후반에서 6세기 초반이라는 것이다.

사산조와 그 후기의 전설에 의하면 자라투스트라는 아트로파텐(atropaten)[아제르바이잔] 이나 메디아의 라그(rag)[중세시대의 레이(rey), 현 테헤란의 근처]에서 탄생했다고 한다. 하지만 이러한 주장들은 현재 옳지 않다는 사실이 밝혀졌다; '작은 아베스타'에 의하면 자라투스트라를 초기에 접하고 전했던 것은 라그의 민족이라고 한다. 이는 메디아의 북동쪽에 위치한 곳으로 동방에서부터 자라투스트라가 들어올 때 그 지방에서 처음으로 접촉했다는 사실을 보여준다.

자라투스트라가 박트리아에 살았다는 매우 오래된 전설이 있다. 이는 그리스의 작가인 크테시아스[기원전 5세기 후반~4세기 초]의 작품에서 발견되었다.[126] 이 전설에 관해 연구한 몇몇의 학자들[J.Multon 등]에 의하면 "가트(gat)"는 박트리아에서 만들어졌고 그 초기의 언어는 아베스타어로 기록되었다고 주장한다[이러한 주장은 19세기의 V.Geiger(V.게이거)등의 학자들이 주장하던 바이다]. 하지만 다른 자료들이 이 주장을 뒷받침해 주지 않는다. 그리고 얼마 전에 발견된 쿠샨 시대의 박트리아의 언어학적인 유물이 이 주장을 신뢰하기 어렵게 만들었다.

북서쪽 이란의 자라투스트라를 연구하는 J.다름스테테르(J.Darmsteter), V.잭슨(V.Jakson), 그리고 몇몇 학자들과 1930-40년대의 E.헤르츠펠드(E.Hertsfeld) 등의 학자들은 그를 다리오1세를 비롯한 아케메네스 초기의 사람들과 동시대를 살았다고 본다.

현재의 고고학자들에 의하면 아베스타와 가트의 지리학적 자료들을 보면 아베스타의 일정 부분은 현재의 중앙아시아나 그 주변 지역인 아프가니스탄의 북서쪽이나 이란의 북동쪽에서 기록되었다고 한다. 정확히 어느 곳이었는지는 아직도 많은 상반된 주장들이 있다. 아무다리아의 중류와 하류 또는 호라즘이라는 주장에 대해서 S.P.톨스토브(S.P.Tolstov), E.벤베니스트(E.Venvenist), I.마르크바르트(I.Markvart) 등의 학자들은 아베스타에 기록된 이란인들과 조로아스터교의 설화속의 고향 아리야남-바이차흐(Ariyanam-vaychah)[아리야나 초원]을 호라즘이라고 한다. 아무다리아와 시르다리아 사이 소그디아나와 그 주변지역[H.뉴른베르그(H.Nyurnberg)], 중앙아시아 스키타이-삭인들의 땅[V.I.아바예브(V.I.Abayev)], 그리고 아랄해 근처와 시르다리아 하류[G.비덴그렌(G. Videngren)], 소그드와 호라즘의 마르기아나[J.듀센-규이멘(J.Dyushen -gyuymen)] 등이라고 한다.

V.헤닝(V.Hening), K.바라(K.Barra), I.게르셰비치(I.Gershevich), R.체녜라(R.Tsenyera) 등의 주장에 따라 가트는 호라즘을 중심으로 한 지방의 연맹

---

126) Pyankov I. V., 1968.

국 지역에서 만들어졌으며 이는 아케메네스의 정복 이전의 시기로서 가트를 만든 지역으로는 호라즘 남쪽 지방과 마르기아나, 그리고 아리아야도 들 수 있고, V.헤닝의 주장에 의하면 후기에 기록된 아베스타의 많은 부분이 시스탄(Sistan)에서 기록된 것이라고 한다.127) 하지만 이 문제는 당시 조로아스터와 관계가 있는 호라즘의 연맹이란 것이 존재했는지 이다.[이 문제는 오로지 고대의 기록에 의해서만 확신할 수 있는 것이다.]

또한 학자들 중에서 "자라투스트라의 전통의 날"을 인정하지 않거나 부인하는 이들은 '가트'가 기록된 시기가 아케메네스인들이 중앙아시아를 정복하기 이전으로 본다. I.M.드야코노브(I.M.D'yakonov)128)는 당시 민족들의 사회 문화의 발전 정도와는 상관없이 가트만을 보고 주장하기를 기원전 6세기 초반에서 7세기 후반의 시기에 기록되었을 것이라고 한다. 메이에르(Meyer)와 다른 몇몇 학자들은 1000년이나 기원전 1천 년 초도 가능한 시기라고 한다. 가장 최근 이란의 종교를 연구한 G.비덴그렌(G.Videngren)의 말에 의하면 자라투스트라가 살았던 시기는 정확히 기원전 1,000~600년 사이일 것이라고 하며 최소한 아케메네스조가 형성되기 이전은 확실하다고 한다.129)

드야코노브(I.M.D'yakonov)와 빈덴그렌(G.Vindengren) 등 학자들의 주장에 따르면 기원전 6세기 중반의 초기 아베스타는 메디아(Midi)의 동쪽에 위치한 라그(Rag)에서 생겨나서 그 내용이 약간 변질되긴 했지만 이란의 서쪽 지방으로 전파되었다고 한다. 또 다른 학자들은 '가트'가 아케메네스 초기(V.힌츠(Hints)는 키루스(Kirus) 시대에, 헤닝(Hening)과 게르세비치(Gersevich)는 다리오1세(Dario1)에 서쪽으로 전파되었다고 한다.

이렇게 자라투스트라의 활동 시기와 가트의 생성 시기를 기원전 7세기 후반에서 기원전 6세기 초반으로 보지만 정확히 이 시기인지 아니면 한 두

---

127) Henning W. B., 1951, pp. 44-45.
128) I.M. Dyakonov, 1956, p.390.
129) Windengren G., 1965, p. 61.

세기 정도 이전일지 아직은 확실하게 알 수 없다. 가트가 만들어진 지역을 아직은 정확히 어디라고 단정할 수는 없지만, 중앙아시아나 그와 국경을 접하고 있는 지역 중의 하나라고 확신을 가지고 말할 수 있다. 이에 관해서는 아베스타의 지리학적 영역에서나 거기에 거론된 국가들의 명칭을 통해서 알 수 있다.

이 명칭들이 가장 자세히 서술된 부분이 첫 번째 주제인 "비데브닷(Videvdat)"에 나와 있는 바에 의하면 아리야남-바이챠흐(Ariyanam -vaychah)가 "나라들과 지방들의 최고"이고 "소그드인들의 거주지인 가바(Gava)", "강하고 정의로운 모우루(Mouru)[메르브 지방]", "지식이 많고 아름다운 바흐디(Bahdi)[박트리아]", "모우루와 바흐디 사이에 있는 니싸야(Nissaya)", 하로이바(Haroyva)[헤라트지방], 그리고 인더스와 하라흐바티(Harahvati)[아라호시(arahosi)]를 남동쪽으로, 하이투만트(Haytumant)와 힐멘트(Hilment)를 남쪽으로, 구르간(gurgan)인들의 나라와 메디아의 북동쪽에 위치한 라그(Rag) 지방이 아후라 마즈다에 의해 세워진 나라들이라고 한다. 이렇게 아베스타에 언급된 나라들이 지리학적으로 볼 때 고대 중앙아시아 지역의 대부분을 차지하고 또 중앙아시아와 인접해 있는 아프가니스탄 지역과 북동 이란에 걸쳐있다. 지금 우리에게 전해진 아베스타는 다른 부분들에 비해, 이미 조로아스터교가 상당히 전파된, 약간 후기에 기록된 것이다. 아마 이것에 근거를 둔 기록에는 더 적은 수의 나라들이 언급되었을 것이다.

더 이전 시대의 아베스타 기록인 미트라(Mitra)[야쉬트(Yashit)]에도 나라들에 대한 언급이 있다. 이 야쉬트는 아베스타의 가장 훌륭한 도시 중의 하나이다. 여기에는 나라들의 특성이 잘 묘사되어 있다. "전쟁에 뛰어난 장수들이 많은 전투를 한 곳, 높은 산과 목초지가 있어 가축을 잘 기르는 이들이 사는 곳, 깊은 호수가 있어 큰 파도가 이는 곳, 이쉬카트(Ishkat)와 파루트(Parut)로, 헤라트와 메르브로, 소그드의 가브와 호라즘으로 향하는 깊고 넓은 강들이 있는 곳"[V.A.리브쉬차(Livshitsa) 번역].[130)]

여기에 기록된 지역들에 관한 연구와 이 지역 중에 최초로 조로아스터교가 발생한 지역이 어딘지 알아봐야 할 필요가 있는데 이 나라의 명칭으로 봤을 때 우리는 조로아스터의 나라가 어딘지 알 수 있을 것 같다. 또한 여기에는 지역들의 명칭이 있는데 이 지역들은 박트리아에 속했거나 그 주변 지역의 아케메네스 시기 이전의 것이다. 그래서 "높은 지식의" 박트리아는 비데브닷(Videvdat)에 나왔듯이 가장 먼저 조로아스터를 접했거나 최소한 조로아스터교 초기에 접했을 것이다.

"작은 아베스타"에는 조로아스터교와 그의 더 보완된 교리를 접한 자들의 사상이나 문화 의복들이 새로운 선지자의 것과 많이 겹쳤다고 한다. 신들

필사한 조로아스터교의 경전 "아베스타" 한 페이지

---

130) 이 지역의 로컬리제이션에 관한 부분은 ITN. Ⅰ, p. 508 참조.

과 신화적 인물들에 대한 아베스타의 찬양 시들은 아리아인들의 것에서 왔지만 가트의 기록은 그것을 부정한다. 이는 작은 아베스타가 기록될 당시 사산조, 파르티아, 아케메네스 외의 지방에서 퍼진 종교와 사상들의 이입이라고 볼 수 있다. 하지만 이런 문화나 복장, 그리고 언어적인 측면에서 허구적인 면은 이렇게 표현했다. "아후라-마즈다께서 자라투스트라에게 말씀하시길……" 등의 표현을 빌려서 말했다. 하지만 이러한 구절 없이 가트 이전의 '작은 아베스타의' 일부 구절이나 '야쉬트'의 구절들이 기록되었다.

이렇게 아베스타는 조로아스터교뿐만 아니라 고대 이란의 다른 종교들과 민족문화, 그리고 종종 인도유럽인들의 지방에 관한 기록들도 있으며 아베스타는 고대 이란의 역사, 문화, 생활, 그리고 사회와 정치에 관한 연구에 매우 중요한 자료이다.

자라투스트라의 가르침과 이란의 다른 종교들과는 이미 기원전 5세기 중반에 많은 부분이 혼합되었다.

"야스나의 일곱 가지 주제"[역주: 야스나의 일곱 주제는 야스나(Yasna), 아흐야-트바-아르토(Ahya-tva-arto), 이타-아아트-야자마이데(Ita-aat-yazamaide), 이맘-아아트-잠(Iman-aat-zam), 이타(Ita), 아후-아트-파이티(Ahu-at-paiti), 스투토-가로-바흐멩(Stuto-garo-vahmeng) 이렇게 일곱 개의 주제를 다룬 야스나 책의 일부이다]는 주로 기원전 6~5세기 초라고 하고 "야쉬트"의 가장 오래된 부분은 기원전 5세기 초반의 10년여 간에 기록되었다.[131] 그렇다면 가트는 기원전 6세기 초반에 기록되었다는 것이다. 그럼 여기서 또 짚고 넘어갈 것은 가트가 기록된 시기가 기원전 6세기 초반이라는 것이다. 하지만 또 가능한 설은 '아베스타'와 '야스나의 일곱 가지 주제'와 '야쉬트'의 일부분이 기록된 이른 시기의 것이, 아직은 확정할 수 없는 자라투스트라가 살았던 시기와 기원전 5세기 중반 사이의 시기라는 것이다. 초기 아케메네스의 기록은 후에 언급한 시기까지 이어져 왔고, 그 시작한 시기는 기원전 1천 년의 첫 세기까지

---

131) Gershevich O., 1959.

거슬러 올라간다.

상술한 바와 같이 아베스타를 역사적 기록으로 사용하려면 이것에 나와 있는 여러 역사적 배경과 시대, 그리고 지금까지 전해지면서 이 경전을 편찬했던 이들의 사상까지도 고려해야 한다. 또한 이는 여러 역사적 시기를 마치 하나의 시대인 것처럼 연결시켜 놓았다.

이러한 많은 한계에도 불구하고 아베스타는 고대 동부 이란인들, 즉, 중앙아시아와 아프가니스탄, 그리고 이란 지역의 이란민족들에 관한 가장 중요한 자료 중의 하나이다.

아베스타를 통해 본 중앙아시아의 사회

아베스타 연구를 통해 당시의 사회를 가장 잘 보여주는 것은 W. 게이게르(W.Geger)의 "고대 동방의 문화(Vostochnaya kultura v drevnosti)"이다.[132] 1882년에 제작되어 그 후로 많은 시간이 지났지만 안타깝게도 현재 이와 견줄만한 작품은 나와 있지 않다. 새로 나온 언어학적 연구 외에도 이러한 아베스타에 관한 작품을 통해서도 다방면의 고고학적인 측면이 발견될 수 있을 것이다. 우리는 우리의 이란학자와 고고학자들이 빠른 시일 내에 이러한 꼭 필요한 자료들을 제작할 것이라고 희망할 수밖에 없다.

아베스타 당시의 사회를 연구한 결과 학자들은 당시 사회 구조가 4단계로 이루어져 있다는 것을 발견했다. "야쉬트"X, 115에 기록되어 있기를 "가족의 종교 우두머리는 느만야(nman'ya), 씨족의 종교적 수장은 비스야(vis'ya), 민족의 종교적 수장은 잔투마(zantuma), 국가의 종교적 수장은 다흐유마(dahyuma), 종교의 최고 수장은 "자라투스트로테마(zaratushtrotema)"라고 불렀다고 한다."[133]

---

132) Geiger W., 1882.
133) Gershevich I., 1959, pp. 131, 276, 299.

그리고 가족은 느마나(nmana)라고 했다. 그리고 이러한 가족의 책임자를 느마노파티(nmanopati)[집의 주인]라고 했고 여자 중의 가장 어른이 되는 사람은 느마노파트니(nmanopatni)[집의 여주인]라고 했다. 타지크인들 특히 파미르 쪽의 타지크인들 가운데 여자들의 중요성은 이슬람이 오랜 기간 통치했음에도 불구하고 아직까지도 남아있다. 이에 관해서는 파미르의 여러 지방의 유전학적 자료들이 증명해 준다.

또한 정황적이기는 하지만 중앙아시아에서 여성의 중요성을 보여주는 또 다른 증거가 있다. 우리가 알다시피 우스트루샤나(Ustrushana)나 소그드 등의 고대 중앙아시아의 지방에서는 그 지배자를 아프신(afshin)이라고 불렀다.[134] V.I.아바예브(Abayev)는 이 주제를 가지고 자세하게 역사와 어원을 연구했다. 그는 오래되고 확실하지는 않은 방식으로 아직까지 남아있는 아세틴(asetin)의 어원을 위의 명칭과 비교하였는데 äfsin이라는 단어가 '주인 여자'를 뜻한다고 한다.[135] 이렇게 아바예브의 주장을 따라 사카-마싸게트(Sak-Massaget)의 여자 지도자들 또한 이렇게 불렸을 것이라 생각하며 중앙아시아의 주변 지방들에서는 이 명칭을 가져다가 남자 통치자에게 사용했을 것이다.[136] 이렇게 아세틴에서는 집의 여자주인을 부르는 말을 중앙아시아에서는 남자 통치자를 부르는 말로 자리매김해 갔다.

아베스타의 기록에 나오는 느만야(nman'ya)는 집안의 한 사람으로서 I.게르세비치(I.Gersevich)의 주장에 따르면 러시아의 도모보이(domovoy)가 그러하듯이 집을 지키는 수호신적인 의미를 가지고 있었다고 한다. 또한 씨족의 신인 비스야(vis'ya) 등도 있었다고 한다.[137] 이러한 신들은 프라바쉬(fravash)같이 천사[수호신], 그리고 살아있는 영혼 등의 의미를 가지고 있었

---

134) Barthold V.V., 1964 a, p. 497.
135) Abaev V. I., 1959, p112-116. 아프신의 기능에 대해서는: Kosven M. O., 1961, pp. 8-9.
136) Abaev V.I., 1958, pp. 110-111.
137) Gershevich I., 1959, p. 265.

다.138)

가족의 일원으로 또한 완전한 권리를 갖지 않은 비라(vira), 바이사(vaysa) 그리고 파리아이타르(pariaytar) 등도 있었다. 비라는 보통 '남자', '군인' 등을 뜻하는 말인데 여기서는 '노예'를 의미하는 말로 볼 수 있다. 야쉬트(Yasht) Ⅹ, 28에는 미트라(Mitra)에 대해 나와 있는데 그가 가난한 집에 "많은 가축과 넘치는 비라"를 준다고 기록되었고 이는 노예를 의미한다. 주로 아베스타에 뿔 달린 큰 가축과 비라가 비교가 되어 함께 나오면 그것은 노예를 뜻하는 것이다. 바이사와 파리아이타르는 몇몇 기록들을 봤을 때 가족의 작은 일원이었다.139)

가족보다 큰 모임인 부계친족을 나파(nafa)라고 한다. 이런 그룹은 땅, 무덤 등의 공동 재산을 소유하고 있었고 서로 결합이나 보증 같은 것으로 연결되어 있었다. 이러한 모임은 상당히 컸고 그 연합에 속한 남자들의 수 또한 100명 이상이었다. 모임의 목적은 자라투스트라의 고충에도 기록되어 있는데 "그들 모임은 나를 반대하고 국가의 옳지 못한 지도자들처럼 나에게 호의를 베풀지 않는다."[야스나, 46, 1]140)

씨족[비스(vis)]은 부계친족(父系親族) 그룹 여럿이 합쳐진 것으로 그 우두머리를 비스파티(vispati)라고 한다. 비스는 꼭 씨족만을 이르는 말이 아니라 그들의 거주지 또한 의미한다. 처음에 이 땅은 그들만의 거주지였지만 시간이 지날수록 농촌이 되었다141)

남자는 성년(15세)이 되면 성년식을 치렀고 이 부계친족 모임에서 그에게 성스런 벨트와 상의를 주었다. 이런 의식은 그가 "새로 태어났다"는 것을 의미한다. 이 의식 후에야 비로소 소년은 가족의 일원으로서 완전한 권한을 갖

---

138) 위 문헌의 p. 266 참조; ITN, Ⅰ, p. 140.
139) Gershevitch I., 1959, p. 87, 182; ITN, Ⅰ, pp. 141-143.
140) Perihanyan A. G., 1968, pp. 34-38.
141) ITN, Ⅰ, 1963, pp. 143-146.

고 예식에 참여하며 여러 가지 의무도 갖게 된다.

많은 중요한 문제들을 씨족회의에서 결정했는데 그 일원들은 부계친족 모임의 수장(首長)들로 구성되어있다. 씨족회의에서는 내부 생활에 관한 문제와 생산력, 그들의 모임에 관한문제, 재판, 그리고 다른 씨족들과의 관계에 관한 문제들을 결정했다.[142]

아베스타로 봤을 때 당시에 이미 사회, 재산적 격차가 매우 컸었다는 것을 알 수 있다. 위에서 이미 노예에 관해서는 알아봤다. 그리고 아베스타에는 많은 재산을 소유한 집의 주인들과 사람들이 나온다. 가축은 가장 중요한 재산 중의 하나이지만 귀족들의 재산은 가축뿐만 아니라 땅과 다른 많은 것들로 구성되었다.

아베스타에는 "사회-직업"에 대한 목록이 있는데 여기에는 제사장, 군인, 농부-목축업자, 그리고 수공업자에 관해 나온다. 몇몇 학자들은 이 기록이 인도이란의 시대에 기록된 것이므로 여기에 관심을 둘 필요가 없다고 하고, 다른 학자들은 근거 없이 말하기를 이는 아베스타가 기록되어질 당시의 역사적 사실을 보여주므로 아베스타의 시대를 재구성하는데 꼭 필요한 것이라고 한다.[143]

당시 사회에 이미 '부자'와 '귀족'이 존재했다. 이 '부자'와 '귀족'들을 의미하는 단어로 "아자타(azata)[부자로 태어난 이라는 뜻]"라는 말이 있다. 이들은 주로 비스(Vis)[씨족]의 우두머리이거나 가족의 수장이다. "아자타"라는 말의 어원과 그 발전과정을 연구한 G.베일리(G.Beyli)의 말에 의하면 중기 페르시아어[페흐레비이(pehleviy)어]로 이는 "황족으로 태어난", "부자로 태어난", "자유인으로 태어난" 등의 의미를 갖는다고 한다.[144]

---

142) Perikhanyan A. G., 1968, pp. 34-39.
143) Herzfeld E., 1947, p. 788; Dyakonov I. M., 1956, p. 154; Grantovsky E. A., 1960, pp. 1-2, 10~13; ITN, I, p. 150.
144) Bailey H. W., 1959, pp. 95-101; 1960, p. 953-955.

여기서 타지크어의 오조드(ozod) 즉, "자유로운"이라는 말과 "풍부한"이라는 의미를 내포한 오조다(ozoda)라는 단어도 파생되었고 "귀족"을 의미하는 아베스타에 나온 단어로는 "아스나(asna)"가 있다.[145]

민족은 매우 작은 비중을 차지했던 것으로 보인다. 몇몇 기록들에는 "최고의 사람들"에 관한 기록이 있는데 이 명칭은 한챠마나(hanchamana)로서 이 말이 아직까지 타지크어에 남아서 "모임", "대회" 등을 의미하는 안츄만(anchuman)이 되었다.

주(州)와 나라들은 여러 지방들이 연합하면서 생겼는데 아베스타에는 다흐유(dah'yu)라고 기록되어 있다. I.M.드야코노브(I.M.dyakonov)는 솔직하게 "이 기록을 완전히 이해하기란 쉽지 않다"고 고백했다. 아베스타에는 심심치 않게 다흐유(dah'yu)에 관해서 나오는데 아시리아(Assyria)의 기록을 보면 이는 메디아에 존재했고 영토의 연합체이며 국가로써 존재한 것이 아니라 거대한 씨족의 형성이라고 한다. 또한 이 명칭은 꽤 큰 영토에도 사용되었다. V.A.리브쉬츠(Livshits)는 "다흐유(dah'yu)는 유전학적 모임으로서 영토를 가지고 있었으나 국가를 이룰만한 시스템은 없었다."고 했는데 그의 말이 옳다.

다흐유의 수장으로는 다흐유파티(dah'yupati)가 있었고, 권력을 지닌 다른 사람들 중에는 사스타르(sastar)["통치자"]라는 명칭이 있는데 이는 어떤 한 지역을 확립된 법률을 통해 통치하는 자이다.[146]

아베스타에는 지역들의 연합을 의미하는 "지역의 권력자"라는 뜻의 다흐유사스티(dah'yusasti)라는 말도 기록되어 있다. 이 연합들의 최고 우두머리는 "모든 다흐유들의 다흐유파티[모든 지방을 다스리는 수령]"라고 불렀다. 하지만 그는 혼자서 권력을 장악하고 있었던 것이 아니라 "다흐유남 프라테마다

---

[145] Gershevich I., 1959, p. 158.
[146] H.S. Nyberg, 1938, p. 57, 304; Dyakonov I.M., 1956, pp. 185-189; ITN, I, 1963, pp. 146-147.

토(dah'yunam fratemadato)"라고 하는 최고 위원회가 있었다. 다흐유파티의 권력은 물론이고 모든 지방들의 수령의 권력까지도 한정되어 있었거나 위원회에서 통제했다.147)

가트(gath)의 사회-경제를 연구해본 결과[이 연구에는 V.I.아바예브(I.M. Abayev)와 I.M.드야코노브의148) 연구가 가장 중요한 역할을 했다.] 이러한 상황들은 국가가 태동되기 바로 이전단계의 사회의 모습이다.

"가트"의 사회는 계속되는 타지역의 공격과 가축들의 약탈로 인해 많은 피해를 받았다. "가트"에는 그 지역의 사람들이 "착한" 통치자의 통치하에 있는 지역에서 평화롭게 살자는 간청을 했다고 기록되어 있다. 이러한 상황은 그들에게 당시에 엄청난 변화를 가져왔다. "이러한 환경이 이전에 씨족문화가 형성되고 사회 계층이 생길 때부터 귀족으로 존재했던 그 씨족의 사제들이나 족장들이 귀족으로 남는 것이 아니라 새로운 연합 국가를 만들기 위해서는 씨족문화를 버리고 그들이 거주하는 지역들에 이미 존재했던 민족들 중에 강한 자들이 과두정치를 하도록 해야만 했다."149)

이렇게 상술한 시대의 중앙아시아의 사회-경제는 초기의 상태에서 새로운 계급 사회로의 변화의 시기로서 씨족 사회에서 농업사회로 변화했다. "서로 다른 가족들이 하나의 사회를 형성했다."150) 라고 F.엥겔스(F.Engels)가 말했다. 농업사회의 근본은 씨족사회와는 달리 그 영토와 생활의 관계에 있다. 농업사회는 중앙아시아 민족들 사이에서 수 세기 동안 매우 활발하게 중요한 역할을 했다. "동방의 전제군주제는 수 천 년 동안 서로 정복전쟁을 펼치면서도 이 고대 사회에 어떠한 역할도 할 수 없었다."151) 라고 엥겔스는 "반뒤링론(Anti-Dührings)"에 적고 있다.

---

147) Gershevich I., 1959, pp. 296-299.
148) Abaev V.I., 956; Dyakonov I.M., 1956, pp. 386-396.
149) Dyakonov I.M., 1956, p.392.
150) K. Marx and F. Engels, Works. V. 21, p. 164.
151) Ibid., V.20, p. 166.

사회의 내부에는 계속해서 재산적 불평등이 자라났고 노예제도가 발전했으며 부자와 빈곤층이 생겨났다. 그리고 계속해서 자신들의 의무를 다해야 하는 군인들의 역할이 확대되었다. 그들의 권력은 '원로회의'와 '민족의 모임'으로 제한받았다. 민족들의 연합은 불가피한 것이었다.

엥겔스의 말에 따르면 정복전쟁은 군인들과 족장들의 힘을 키웠다고 한다. 계속되는 정복을 목적으로 한 전쟁은 직업이 되었고 군인들의 최고 지휘관들과 그들의 후손들은 대대로 귀족이 되었으며 "최초로 발전한 민주주의"는 "귀족들에 대한 혐오"가 되었다.[152]

서로 다른 환경에 거주하는 기원전 1천 년의 사막[초원민족과 오아시스]에서 초원 민족들의 주 생활수단은 두 가지로 나뉘는데 초원에서는 목축업과 기마가, 오아시스와 강가의 민족들은 농업이 주를 이루었다. 이렇게 고대부터 중앙아시아에서는 K.마르크스(K.Marks)가 말했듯이 "모든 동방의 민족들은 그들 역사의 시작부터 하나의 공통점을 볼 수 있는데 그것은 그들이 한쪽은 기마민족으로, 또 다른 쪽은 유목민족으로 이어져 있다는 것이다."[153]

고대국가 형성의 고찰

중앙아시아의 사회경제적 상황을 분석한 결과는 계급사회로 이행하고 있었음을 보여주고 있다. 당시 중앙아시아는 아베스타에 나오는 "다흐유사스티(dah'yusasti)"와 같은 최초의 국가가 형성되었을 가능성도 충분히 있다.

우리는 당시 상황에 관한 매우 불충분한 역사적 자료밖에 가지고 있지 않다. 이 중의 하나가 "대(大) 호라즘(Bolshoy Horazm)"이다. 헤로도토스의 역사를 보면 "아시아에는 산맥으로 들러 싸인 평원이 있는데 그 산맥에는 다섯 개의 봉우리가 있다. 이 산맥은 한 번도 호라스미아(horasmia)인들에게 속한

---

152) K. Marx and F. Engels, Works. V. 21, p. 168.
153) Ibid., V.20, p. 214.

적이 없고 호라스미아, 기르칸(girkan), 파르티아(partia), 사란가(saranga), 그리고 타마나야(tamanaya)인들의 땅에 걸쳐 있었다… 이 고립된 산맥의 평원에는 아케스(Akes)라는 큰 강이 흐른다. 처음에는 이 강이 다섯 개의 지류로 나뉘었고 이곳에 살던 이들이 관개 수로를 형성했다." 헤로도토스의 이 설명은 그들의 삶에 대한 서로 다른 판타지 소설을 쓸 수 있게 했다. 여기에는 실제로 엄청난 어려움이 있다. 이러한 중앙아시아의 지리적 문제에 관해 V.V.바르톨드(Bartold)는 확실하게 말할 수 있는 것은 없다고 했다.154)

대부분의 학자들은 이 문제에 대해 긍정적으로 말하지 않는다. 첫 번째로 아케스 강을 학자들은 지금의 테젠 강이 아닐까 의심한다[S.P.톨스토브의 연구에 의하면 이것은 지금의 호라즘 지방일 것이라고 추측하는데 이는 옳지 않다.155)]. 두 번째로 역사적 자료들이 서로 다른 기록을 남겼다. 예를 들면 헤로도토스 이전의 그리스의 작가인 밀레트의 게카테트(Gekatet iz Mileta)[기원전 500년 경]에는 호라스미아인들에 관해 파르티아 동쪽에 살며 일부는 평원에 살고 또 일부는 산에서 산다고 기록되어 있다. 이는 현재의 호라즘이 아니고 아마 헤라트나 메르브156) 지방일 것이다. I.마르크바르트(I.Markvart)의 주장에 따라 아케스 강이 지금의 게리루드(Gerirud)의 테젠강이라고 하면 헤로도토스의 기록이 현실적으로 가능해진다.157) 그리고 그는 동방 이란의 민족들이 연합했었다는 주장을 하는데 그 연합이 바로 "대(大) 호라즘"이다.

하지만 위의 기록들이 보여주는 당시 대(大) 호라즘의 중심은 현재의 호라즘 지방이 아니라 더 남쪽에 있는 메르브(Merv)나 게라트(Gerrat) 지방이다. 유전학적으로 살펴보면 호라즘인들의 이주는 게라트와 헤로도토스의 자료를 근거로 북쪽에서 남쪽으로 이주했다는 것과 그 반대로 이란 지방에서 지금의 아랄해 부근으로 이주했다는 이 두 가지 주장이 있다. 또한 마르크바

---

154) Barthold V.V., 1965 a, pp. 25-26, 100-101.
155) Tolstov S.P., 1948 a, pp. 44-45.
156) Tarn W.W., 1951, pp. 478-79; Pyankov I.V., 1961, p. 100. 참조.
157) Marquart J., 1938, p. 9.

르트(Markvart)는 "아리야남-바이챠흐(Ar'yanam-Vaychah)"에 관해 이 명칭이 "이란(아리아)인들의 평원"158)을 뜻한다고 하는데 이것은 대(大) 호라즘과 일치한다. 이것에 관해서는 또한 이러한 기록이 있는데, 그곳은 다츠야(dat'ya)[아마 아무다리야(Amudariya) 일 것이다.] 강변에 있으며 이곳에는 겨울이 10개월 동안 지속된다고 한다. 이러한 주장은 많은 학자들에 의해 인정되었다.

'대(大) 호라즘'에 관한 연구에는 언어학자들이 많은 기여를 했는데 그중에 V.B. 헤닝(Henning)은 아베스타의 언어를 부분적으로 호라즘의 언어와 비교분석 했다. 헤닝의 주장은 아베스타의 방언이 서방의 것도 동방의 것도 아닌 그 중간의 것이라고 하는데서 그친다. 이 주장은 "가트"는 아베스타의 고대 부분으로 메르브나 헤라트에서 기록되었다는 점을 고려해서 그런 것이고 아베스타의 나머지 부분은 대부분 시스탄(Sistan)에서 기록되었다. 다음의 글이 그가 쓴 에필로그이다: "그렇게 멀리 갈 필요 없이 호라즘의 언어학적 자료들은 우리가 생각하고 있던 것이 옳았다는 것을 증명해 준다. 우리가 말할 수 있는 한 가지 사실을 이 역사적 자료들이 우리의 주장에 동의한다는 것이다."159) "대(大) 호라즘"과 관련된 많은 의문들이 아직도 남아있지만 이 커다란 국가의 존재 자체를 의심할 수는 없다.

이러한 유의 국가 중에 두 번째 것은 고대 아랍왕국이다. 고대 그리스의 작가인 크세티우스의 글 중에 아시리아의 황제인 니나(Nina)가 박트리아로 진군했던 이야기가 있다. 이 이야기에는 당시 박트리아 주민들의 이야기, 그들의 도시들, 박트리아의 수도인 박트라(Baktra) 그리고 당시 박트리아의 황제인 옥시아르트(Oksiart)와 그의 보물들에 관해서도 나와 있다. 하지만 현재의 학자들은 아시리아의 군대가 박트리아까지160) 이르지 못했다는 것을 알

---

158) Marquart J., 1901, pp. 155-156; Benveniste E., 1934, pp. 265-274.
159) Henning W. B., 1951, pp. 44-45.
160) Dyakonov I.M., 1956, p. 169.

고 이 글은 사실이 아니며 크세티우스가 헤로도토스의 키루스(Kirus)가 리디아(Lidia) 정복전쟁을 모방해서 쓴 글이라고 한다.161)

대부분의 학자들이 이 이야기의 정확성은 부정하면서도 이 속에 이란의 전설이 숨어있다고 한다. 이는 헤로도토스의 키루스의 리디아 정복에 관한 기록에도 "바벨론(Vavilon), 박트리아(Baktria)인들, 사카(sak)인들, 그리고 이집트가 위치해 있다."라고 나와 있다. 여기에서 보이는 바와 같이 박트리아가 이집트나 바벨론과 같이 강대국들과 함께 이름이 기록되어 있다. 게이게르(Geyger)의 주장에 따르면 고대 박트리아는 주변국들을 평정했으며 그들 가운데 독보적인 위치를 차지했었다고 한다.162)

이 나라들의 연합은 현재의 박트리아보다 훨씬 컸다. 몇몇 자료들을 분석해 보면 당시 그들의 땅에는 소그드와 마르기아나도 속해 있었을 것이다.

박트리아의 풍부한 자원은 멀리 근동지방에까지 유명했다. 바다흐샨(Badahshan)의 청금석이 매우 유명했다.

중앙아시아의 농경지에는 위에서 언급했던 호라즘(Horazm)인들, 박트리아(baktria)인들 외에도 소그드(sogd)인들, 페르가나(fergana)인들, 마리기아나(margiana)인들 그리고 파르티아(partia)인들이 살았다. 소그드는 자라프샨(Zarafshan) 강과 카쉬카다리아(Kashkadaria) 지방에 살았고 페르가나 인들은 페르가나 지방에 살았으며 마르기아나인들은 메르브 지방에 그리고 파르티아인들은 코펫닥(Kopetdag)산 북쪽 지방에 살았다. 사카인들은 두 개로 나뉘는데 하나는 사카-하우마바르그(sak-haumavarg)[하우마를 읽는 사카] 또는 아뮤그리아(amyugria)라고 불리는 남동쪽에 사는 사카인들이고[이들은 역사적으로 박트리아와 인도와 연관이 있다.], 또 다른 하나는 사카-티그라하우드(sak-tigrahaud)[뾰족한 모자를 쓰는 사카인들] 또는 오르토카리반티(ortokaribanti)[마사게트]라고 불리는 북동쪽에 위치한, 호라즘과 연관이 있는

---

161) Pyankov I.V., 1966, p. 9
162) Gerger W., 1881, pp. 66-67.

사카인들이다.[163]

조로아스터교

먼저 살펴본 바와 같이 아베스타는 여러 시대에 걸친 여러 민족들의 이야기가 담겨있다. 벌써 오래전부터 학자들은 이것들을 나눠서 이란인들의 가장 오래된 종교를 연구했다. 특히 지난 20년 동안 괄목할 만한 발전이 있었다.[164] I.게르세비치(I.Gersevich)는 "조로아스트리즘"이라는 하나의 명칭 말고 3개의 다른 이름으로 나누었는데 첫 번째 것이 "자라투스트리아니즘(zaratushtrianizm)[가트에 나오듯이 자라투스트라가 살아있을 당시의 것들]", 두 번째가 "자라투스트리치즘(zaratushtritsizm)[조로아스터교가 생긴지 얼마 되지 않았을 때의 것들]" 그리고 마지막으로 "조로아스트리아니즘(zoroastrianizm)[사산조 당시의 종교 경전]"이다.[165]

이란인들은 기원전 2~1천 년 사이에 이미 그들만의 종교를 가지고 있었는데 이것의 사상들이 후에 조로아스터교의 발전된 형태로 자리 잡았다. 이 중 많은 것들이 인도이란 사회에서 생겨난 것이고 어떤 것들은 인도 유럽 사회에서 생겨난 것도 있다. 그중의 하나가 미트라(Mitra) 예식이다. 이란인들이 신으로 섬긴 것의 이름이 아후라(ahura)이다. 계속해서 아후라 신을 표현하는 무엇인가가 생겨났고 그것이 바로 마즈다(Mazda)[지혜로운]이다.

많은 의심을 불러일으키는 것이지만 몇몇의 학자[그들의 주장은 "타지크민족의 역사"에 나와 있다.]들은 자라투스트라가 실존했던 인물이라고 주장한다. 그는 "가트"를 기록한 자이며 매우 돋보이는 포교활동을 펼친 사람이다. 후에

---

163) 사카인들의 이주에 관해서는 많은 문헌들이 서로 다른 견해로 기록되어 있어서 그 문제를 정확하게 말하기란 힘들다. 하지만 그중 한 가지 견해를 펴는 그란토브스키 E. A., 와 리트빈스키 B. A.의 주장이 가장 최근의 것이고 믿을만 하다.
164) Duchesne-Guillemin J., 1953; 1962; Zaehner R. C., 1961; Widengren G., 1965.
165) Gershevich I., 1964.

"작은 아베스타"에는 자라투스트라가 신화 속 인물인 것처럼 묘사되었다.

'자라투스트라'라는 이름[유럽에서는 '조로아스트르'라고 부른다.]은 "낙타 경주자"라는 뜻을 가졌다.166) 그는 스피타마(spitama) 가문[후에 소그드의 이름인 스피타마나(Spitamana)이 여기서 나온 말이고, 유럽에서는 스피타멘이라고 했다.]에서 나왔다. 그의 아버지는 포우루샤스파(Pourushaspa), 어머니는 두그도바(Dugdova)이다. 그는 사제 계급에 속한 사람이었다. 그는 부유하지 않았는데 그가 불평하는 글을 보면 그는 자신에게 속한 가축과 노예가 많지 않음을 적었고 또 누군가가 그에게 10마리의 망아지와 암말 그리고 낙타를 주기로 약속했다는 말이 있다. 자라투스트라는 결혼을 했고 자녀들도 있었다.

"가트"의 기록에 따르면 자라투스트라는 신 아후라-마즈다(Ahura-Mazda)의 환상[코란에서 나오는 무함메드가 알라의 환상을 본 것과 비슷]을 보았다. 그는 새로운 종교의 포교활동을 시작하면서 많은 어려움과 마주쳤고 도망쳐야 했는데 그러다가 그의 후원자이면서 그의 새로운 종교를 받아드린 비쉬타스프(Vishtasp)를 만났다. "가트"에는 이 외에도 자라투스트라의 친척 등 여러 등장인물들이 나온다.

자라투스트라의 새로운 종교는 씨족 사회의 지배층과 기존에 피로 제사를 드리던 사제들에게 반발하는 것이었다. 더 발전된 생활방식을 만들고 가축의 약탈을 위한 정복을 반대하며 자라투스트라는 약한 마을들을 보호하고 평화로운 세상을 만들기 위해 노력했다. 자라투스트라는 씨족 사회의 신들을 부정하고 아후라-마즈다만이 유일한 신이라고 했다.

조로아스터교의 교리와 그의 발전과정은 이러하다. 1) 기존의 유일신론을 벗어나서 아후라-마즈다를 신중에 가장 높은 신으로 삼고 후에 오르마즈드(Ormazd), 후르무즈드(Hurmuzd) 등의 신들이 생겼다. 2) 선과 악, 정의와

---

166) 자라투스트라는 메디아식의 발음이고 이것이 변해서 이란의 자르두쉬트가 되었다. 유럽에서 조로아스트라고 하는 것은 고대 페르시아의 자라-우쉬트(Zara-ushtr)에서 나온 말이 그리스를 거쳐 가면서 그렇게 변한 것 같다.(Gershevich I., 1964, p. 28, 38.)

거짓 등의 이원론이 생겨났다. 선한 신의 대장은 아후라-마즈다이고 악한 신의 우두머리는 아흐라-만유(Ahra-Man'yu)[아베스타의 기록에는 안그로-마이뉴(Angro-Maynyu), 후에 아흐리만(Ahriman)이라고 부른다.]이다. 아후라-마즈다의 이름을 따서 조로아스터교를 마즈다이즘(mazdaizm)[167]이라고 하고 이를 믿는 사람들을 마즈다야스니(mazdayasni)[마즈다야스나(mazdayasna)에서 온 말로 "마즈다를 따르는"이라는 뜻이다.]인들이라고 한다.

아리아인들에게는 매우 이른 시기에, 이미 인도이란 시대에 두 신에 관한 설명이 있다. 데이바(deiva)[인도어로는 데바(deva), 이란어로는 데브(dev), 디브(div)]는 고대 의인화된 자연의 신들, 모든 것의 신들 그리고 아수라(asura)[이란어로 아후라(ahura), 그 뜻은 "주인", "님" 이다.]는 높은 권력을 잡은 신으로 특히 윤리의 질서를 바로 잡는 신이다. 고대 이란의 문화에는[후기의 리그베다] 아수라가 인간에게 원한을 품었다고 하고 이보다 조금 후의 인도의 기록에서는 아수라가 악한 영을 뜻하는 말이 되었고 오로지 데바들만이 신으로 남았다. 하지만 마즈이다즘에서는 이와 반대되는 변화가 나타난다. 데바들이 원한을 품은 신, 악마로 나오는데[168] 아베스타에 기록된 악한 신으로는 또한 인드라(Indra)[인도에서 가장 유명하고 존경받는 신]과 나하츠야(Nahatsya)[인도의 나사츠야(Nasatsya)] 등의 신들이다. 그리고 "아후라"라는 이름은 반대로 "신적인"을 뜻한다.

다른 신들보다도 일찍 분리된, 하늘의 신이며 모든 것을 아는 신인, 마즈다[지혜로운]라는 통칭과 함께 불리는 신은 아후라-마즈다 이다. 이 변화는 윤리에 비중을 둔 종교로 가면서 일어난 것이다. 아후라-마즈다는 종교의 중요한 사상 하나와 연관이 있는데 그것은 아르타(arta)[아베스타에서는 "아르샤

---

167) 소련의 몇몇 학자들은 조로아스터교와 관련된 고대 이란의 종교를 마즈데이즘 이라 한다.
168) 중앙아시아에서는 중세시대까지 데바에 관한 기록들이 나오는데 파미르지방의 사람들이나 야고브인들의 지방에서는 근대 시대에 기록된 데바에 관한 기록이 남성 격과 여성 격으로 발견된다.

(arsha)"-진실, 신의 정의]이다. 자라투스트라의 "가트"에는 아후라-마즈다가 다른 신들을 그저 부정하는 것이 아니라 그 신들을 대신하기도 한다.

자라투스트라의 의식에는 피의 제사도, 성스런 음료인 하오마(haoma)[인도의 소마(soma)]도 쓰이지 않고 오직 불만을 사용한다. 불은 신의 정의, 아르타(arta)를 상징하는 것으로 여겨졌다. 예식과 사원은 후에 조로아스터교를 상징하는 것 중의 하나가 된다. 짐승을 잡아서 피로 제사를 드리는 것을 금지하는 것은 자라투스트라의 가르침과 연관성이 있다.

아후라-마즈다를 유일신으로 섬기는 것이 이란인들 사이에서 확산됨과 동시에 이원론도 확산되어 나갔다. 그들의 말에 의하면 세상에 존재하는 모든 것들: 신, 동물, 인간, 자연현상, 사회 그리고 그 외의 모든 것들은 선한 것과 악한 것, 선한 세계[아르타]와 악한 세계[드라우가(Drauga)], 아베스타에는 드루그(drug)와 드루지(druj)로 나뉜다고 한다. 이러한 생각은 유일신을 말한 자라투스트라의 가르침에 새겨져 있었다. 이 종교는 처음에 유일신론으로 시작해서 이원론적인 생각을 갖고 그것을 인간에게도 적용했다.

인간의 역할은 조로아스터교에서 자라투스트라의 "가트"에 자유롭게 선택할 수 있다고 나와 있다. 인간은 선과 악 중에서 선택할 수 있고 그의 행동은 선과 악 사이의 전쟁에서 어느 정도의 의미가 있다. 선의 길은 세상에 보내진 선지자인 자라투스트라에 대한 진실 된 믿음에서 나온다. 그리고 그를 따르는 자들은 마지막에 선의 승리를 위해 힘껏 도와야 한다. 자라투스트라는 선이 악을 이기면 새로운 세상이 오고 선이 이를 기념할 것이라는 예언을 했다. 선을 선택한 자들은 의식이 끝나면 아후라-마즈다의 정의의 나라의 일원이 된다. 자라투스트라는 멀지 않은 미래에 선이 악을 이긴다고 했다. 하지만 후에 조로아스터교는 자라투스트라가 태어나서 선이 악을 이길 무기를 얻은 지 3000년 후에 사오쉬얀타(Saoshyanta)[이 이름은 이미 "가트"에도 기록되어 있다.]라는 이름의 구원자가 자라투스트라의 가족 중의 한 사람에서 나온다고 했다. 그리고 그가 오면 선이 악을 완전히 이긴다고 했다.

인간이 선과 악의 싸움에서 해야 할 중요한 것은 기도와 예식이 아니라 선한 생각, 선한 말, 그리고 선한 행실이다. 그리고 악에 대항해서 싸우는 것 중의 하나가 재산[아후라-마즈다와 선한 영이 인간을 위해 만든]을 모으는, 그러니까 가축을 기르고 농사를 짓는 일이다.[169]

"가트"에는 아후라 마즈다 외에 두 가지 역할을 맞은 영이 나오는데 하나는 진실을 상징하고 다른 하나는 거짓을 의미한다. 아베스타의 한 부분인 "야스나의 일곱 주제"에는 다신론적인 면이 매우 많이 있다. 여기에는 아후라-마즈다만이 있는 것이 아니라 그의 상징들, 그리고 불, 물, 바람, 땅, 공기 또한 동물의 영 등이 있다.[170]

아베스타의 판테온에서 가장 존경받는 신들 중의 하나는 해와 빛의 신이자 전쟁에서 승리를 주는 미트라(Mitra)이고 또 다른 신은 풍요와 물의 신인 아르드비수르 아나히트(Ardvisur Anahit)인데 모계가족장제 시대의 예식에 부분적으로 남아있다.[171]

조로아스터교의 독특한 예식 중의 하나가 바로 장례의식이다[이러한 예식은 아직도 인도의 파르스(pars)(조로아스터 교의 신자) 사이에서 행해지고 있다.]. 죽은 사람의 시체를 특별한 건물[다흐마(dahma)]에 새의 먹이로 둔다. 이렇게 살점이 뜯겨 나가고 남은 뼈만을 오쑤아리(ossuari)[뼈를 보관하는 곳]라고 하는 함에 넣는다. 이러한 의식은 조로아스터교가 생기기 훨씬 이전의 것이지만 조로아스터의 기본교리와 빠르게 합해져서 후에는 조로아스터교만이 사용하는 장례의식이 되었다. 삶과 죽음의 상반성도 조로아스터교의 이원론적인 부분에서 매우 중요하다. 삶은 선과 같고 죽음은 아흐리만(Ahriman)이 만든 악과 같다. 그래서 믿는 사람의 몸이 살아있을 때는 선을 뜻하지만 죽으면 부정해

---

169) Dushesne-Guillemin J., 1962, pp. 71-223; Widengren G., 1965, pp. 7-110. 여기에는 자세한 문헌적 자료들과 함께 설명되어 있다.
170) Gershevitch I., 1964, pp. 12-15.
171) Gershevitch I., 1959, (많은 문헌이 참고되었다.); Ringbom L. I., 1957.(참고된 자료는 많지 않지만 참고하기에 좋은 자료이다.)

지면서 악이 된다. 또 기본 요소가 되는 흙, 불, 물 등을 모독하는 것을 금했으므로 시체를 땅에 묻거나 태우는 것을 금했다.[172]

자라투스트라의 가르침은 농업과 목축업을 신성한 것으로 여기고 그 종교를 믿는 자들에게 이를 선한 일이라며 권장했다. "비데브닷(Videvdat)"의 세 번째 주제에는 풍요한 땅은 "집이 있고 그 집에 불, 자녀, 아내와 가축 떼가 평안하고…… 개, 아내, 아이들, 불 그리고 가축들의 축복이…… 선한 사람이 더 많은 빵과 풀, 식물 그리고 먹을 수 있는 것들을 거두고 메마른 땅은 적시고 너무 젖은 땅은 말리고…… 넓은 땅에 크고 작은 가축들을 키우고…… 크고 작은 가축들에서 거름을 얻는 곳"[파르가르드(fargard)2-6; I.S. 브라긴스키(Braginski)]. 이것에는 목축과 농경을 발전시키라는 직접적인 뜻을 간직하고 있다.

똑같은 주제에 위의 글 다음에는 이러한 말도 있다: "땅을 경작하는 사람은…… 왼손과 오른손, 오른손과 왼손이 땅에 이익을 가져다준다. 이는 한 사람의 남편이 아들에게 그리고 자신의 집에서 편안히 있는 사랑하는 아내에게 선물을 하는 것과 같고…… 땅이 그에게 이렇게 말한다: 너, 오른손과 왼손, 왼손과 오른손으로 나를 경작하는 인간이여 내가 진실로 너에게 많은 먹을 것과 작물을 주겠고…… 밀을 심는 자는 경건함을 심는 것이다."[파르가르트25-26,31; 브라긴스키 번역].

"가트"에서도 목축업에 많은 비중이 들어가 있다. 선지자가 아후라-마즈다에게 말하길 "우리를 위해 가축을 준…… 경건함의 근원"(47, 3). 우리는 여기서 또한 가축의 보호자, 가축보호, 그리고 야생 동물로부터 가축을 보호하는 것 등 가축에 대한 많은 기록들을 찾아볼 수 있었다. "아후라-마즈다께 영광을 돌리는 것과 가축에게 먹이를 주는 것들이 우리에게 가장 중요한 것들이다."(35,7).[173]

---

172) Inostrantsev K.A., 1909; Stavisky B.Ya, 1952; Herzfeld E., 1947, II, pp. 747-748, Humbach H., 1961; Rapoport Iu.A., 1971.

가장 오래된 아베스타의 부분들에서 민족과 신화들의 발생과 농업 등에 관한 기록들이 있다. 하지만 후에 아베스타가 기록된 시기인, 계급 사회가 형성되고 조로아스터교가 그들의 국교가 되었을 때에는 자라투스트라가 성인(聖人)이 되고 왕에게는 신적 권력을 주었으며 귀족들과 사제들은 노동인구를 지배하는 사람들이 되었다.

고대 타지크 민족의 조상들을 연구하는 데에는 이러한 민속학적인 자료들이 중요하다. 혁명 이전에 타지크에는, 특히 산악지대에는 원시 공동체의 유물들이 많이 남아있었다. 예를 들면 다르바자(Darvaza)나 카라테기나(Karategina)와 같은 부락에 있는 대형 가옥들이 그러하다. 불을 섬기는 가옥들 중에는 "불의 집"이 널리 퍼졌었는데 이는 마을의 남자들이 초대를 받거나 하면 화로 앞으로 모일 수 있는 곳이다. 고대의 이야기 중에서 가장 인기 있었던 이야기는 루스탐(Rustam)에 관한 이야기이다. 일을 시작할 때 타지크의 산사람들은 "루스탐, 도와줘!"라고 말한다. 또 무지개는 "루스탐의 활"이라고 부른다. 이러한 관례는 모계가족장제에서 나온 것이다. 많은 고대의 특징들이 세라믹이나 건축물에도 남아있다.

---

173) Abaev V.I., 1956, pp. 23-56.

[둘째 단원]

노예제도가 발전할 당시 타지크인의 조상

주제 1

아케메네스 왕조에 속한 중앙아시아

1. 기원전 6~5세기 중앙아시아 정치의 역사

아케메네스 왕조의 형성

이 왕조가 이란에 맨 처음 출현한 것은 기원전 9~7세기 경이며,[1] 그 당시 이란의 서쪽 지방은 대부분 아시리아나 우라르트(urart)의 지배하에 있었고 기원전 8~7세기경 이란의 북서쪽에는 메디아(Mede)제국이 있었다.

이란의 세력이 한창 확장되어가고 있을 때 이란어를 사용하는 부족들은 아직 국가 연합의 창설을 허용할 만한 사회 정치적 발전 수준에 도달하지 못했다. 그래서 그 수준을 맞추기 위해 이란은 자신의 총독을 파견해서 통치하게 했고, 그 결과 기원전 8세기 말엽에 세워진 메디아(Mede)제국과 그 주변 국들이 발전하기 시작했으며 또 다른 이란 계통의 민족들도 발전하기 시작했다. 그렇게 발전한 아시리아와 소아시아의 동방지역 등[2]을 자기들에게 복속시키다 보니 어느덧 이란의 국경은 중앙아시아와 마주하게 되었다.

---

[1] 기원전 3천 년 경에 엘람 국가가 형성된 이란의 남서쪽 지방은 제외된다.
[2] 메디아 역사에 관한 매우 좋은 참고자료는 드야코노브(1956)의 것이다; 또한 알레예브 I., 1960의 자료 또한 참고하면 좋다. 외국의 것으로는 Cameron G., 1936이 있다.

기원전 6세기 중반 무렵 메디아가 망하고 아케메네스가 그 뒤를 이었다. 아케메네스가 성장하여 세계적인 국가가 되었을 때, 그들은 이전 시대[기원전 9~8세기]의 특징인 고대 동방 국가와 민족의 하나의 국가로 연합하는 경향을 나타내는 과정을 완성했다. 그리고 그 복속시키고자 하는 국가들은 대개 경제력이 좋은 국가들이었다.

아케메네스 왕조의 창시자는 페르시아 부족의 키루스 2세(Kirus2)였다. 그는 메디아로부터 독립을 원했고 나중인 기원전 550년경에는 메디아로부터의 독립뿐만 아니라 메디아를 완전히 장악했다. 그 후 그는 페르시아의 황제라는 칭호를 버리고 메디아의 황제라는 칭호를 사용했다.[3]

키루스 2세는 많은 전쟁을 치렀고, 그 전쟁의 첫 번째는 메디아에 속해 있는 나라들을 정복하고 다음에는 리디아(Lidiya)를 기원전 547년이나 546년경에 정복했으며 소아시아의 가장 부유한 나라들과 그리스의 국가들을 정복했다.[4]

키루스 2세의 중앙아시아 정복 전쟁

아케메네스 왕국의 강성함, 신속한 다원성의 확보와 인구의 증가가 키루스2세의 첫 번째 성과다. 그리고 이것들은 그가 중앙아시아에 거대한 제국을 건설하기 위한 토대가 되었다.

헤로도토스의 역사에 의하면 키루스 2세는 리디아 정복 후에 바벨론 쪽을 향해서 이집트와 여타의 그 주변국들과 전쟁을 했다고 한다. 하지만 우리는 정확히 그가 어떻게 중앙아시아를 정복했는지는 모른다. 여기서 다시 헤로도토스의 말을 빌리자면 "남쪽은 가라파그(Garapag)가, 북쪽은 키루스가 그곳의 원주민들을 모두 살해했다."라고 한다. 또 기원전 3세기 역사학자인

---
3) Dyakonov I.M., 1956, pp. 417-422.
4) 이 당시 이란의 역사에 관한 자세한 것은 단다마예브(Dandamaev) M. A., 1963년이 있고, 정치의 역사에 대한 것은: Olmstead A. F. 1959.

베로스(Beros)는 "키루스가 아시아를 평정한 뒤에 바벨론과 싸웠다"고 말했다.

키루스의 중앙아시아 정복은 크테시아(Ktesia)라는 기록에서도 볼 수 있는데, "박트리아인들과 키루스가 온다는 말을 듣고 중앙아시아인들이 바로 항복해 버렸다"고 이 기록은 전한다.

다리우스 1세의 명령으로 만들어진 베히스툰 벽화는 우리에게 매우 중요한 자료이다.5) 이를 통해서 우리는 다리우스 1세 당시 아케메네스 왕국에 대해 매우 정확하게 알 수 있다. 이 기록에서 우리는 키루스 2세의 죽음 이후와 다리우스 1세의 집권 초기인 기원전 530~522년경의 상황을 알 수 있는데 이때는 아케메네스가 이집트와 전쟁을 하며 내부 기반을 다지고 있었으며 중앙아시아를 병합하지는 않은 상태였다.6) 이 글의 첫 부분에는 "아후라 마즈다의 은혜로 이 나라들이 내 손에 들어왔다"라며 파르티아, 호라즘, 박트리아, 소그디아나 또한 아프리카의 남부 지방, 인도의 북서쪽 지방, 즉 간다라, 사타기디야, 아라호시야, 처음 두 지역들 사이에 '사카'라는 기록이 있는데 이는 아마도 사카-하우마바르가 일 것이다. 고대의 문헌들을 보면 키루스가 카피스를 정복했다고 나오는데 학자들은 이 지역이 카불에서 가까운 거리에 있는 베그람이라고 주장한다.7)

우리에게 있는 사료들을 보면 키루스 2세가 파르티아, 박트리아, 호라즘, 소그드, 그리고 사카의 한 부류, 아마 사카-하우마바르그(sak-haumavarg)의8) 땅들을 정복했을 것으로 추정할 수 있다. 아케메네스의 영토가 북쪽으로 얼마나 확장되었었는지 확실히 알 수는 없다. 하지만 그 영토가 페르가나 지방에까지 이르렀을 것으로 추측하는데 그 이유는 그 지방에

---

5) Kent R. G., 1953, p116-134. 러시아어 번역본 단다마예브(Dandamaev) M. A., 1963a, pp. 262-270.
6) Dandamaev M.A., 1963 a, pp. 116.
7) Masson V.M., Romodin V.A., 1964, pp. 58.
8) ITN Ⅰ, pp. 190-192.

키루스가 세웠다고 전해지는 키로폴(Kiropol)-키레스하트(Kireshat)라는 도시가 있기 때문인데 언어학자들은 확신하지는 않는다. 하지만 실제로 그 지방에 쿠루[쉬]-카트(Kuru[sh]-kat)라고 하는 그 앞글자가 키루스와 서로 연관이 있을 수 있는 도시가 있었고 후에 이 도시를 그리스의 사람들이 키레스하트(Kireshat)라고 고쳐 불렀다.[9]

토미리스(Tomyris). 키루스와 아케메네스 군대의 격파

기원전 539년 키루스는 바벨론을 격파하고 이집트를 정복하기로 결심했다. 하지만 북동쪽 국경의 상황이 그에게 유리하게 작용하지 않았고 그 결과 그는 다시 중앙아시아를 정복하기로 한다. 그가 그렇게 결정한 것은 후방의 안전을 확보하기 위해서였다. 그리고 이 전쟁에서 그는 직접 군대를 지휘해서 강력한 중앙아시아 유목민들을 완전히 짓밟고자 했다.

이 전쟁에 관해서는 많은 사료들에 기록되어 있지만 각기 그 사료들이 전하는 바가 다르다. 그중의 하나는 그가 아라크스(Araks)로 진군해서 마싸게트(Massaget)인들의 땅을 침공하고 그 마싸게트인들의 여왕이 바로 그 유명한 토미리스이다. 이 외에 또 다른 사료는 그가 스키프(Skif)[스키타이]인들과 싸웠다고 되어있고 또 다른 설은 데르비크(Derbik)인들과 싸웠다는 설이다. 그리고 마지막으로 키루스가 다이(Dai)의 평원에서 싸웠다는 것이다.[10]

이 시대에 대해 기록한 작가들로는 헤로도토스, 트로그(Trog) 등 여러 명이 있다. 트로그의 문장을 빌리자면 이렇다: "키루스가 자신의 국가를 정비하고 스키타이인들을 치려고 할 때 스타이인들의 여왕인 토미리스는 놀랐지만 침착하게 적군의 동향을 살폈다. 그녀는 바로 군대를 보내 그들이 자신들의 땅으로 들어오는 것을 저지할 수 있었지만, 자신들의 땅에서 싸우는 것이

---

9) Benveniste E., 1935-1943, 1947, pp. 163-164.
10) Pyankov I.V., 1964.

더 유리하다는 판단을 한 그녀는 적들을 자신들의 땅 더 깊은 곳으로 유인했다.

반면 키루스는 적들과 어느 정도 간격을 유지하면서 적들의 땅으로 계속해서 들어갔다. 다음날 그는 진지를 세우고 그 안에 포도주와 그 밖에 연회에 필요한 것들을 놓고 갔다. 그 소식을 들은 토미리스는 아직 젊은 자신의 아들에게 자신의 군대의 3분의 1을 딸려서 키루스를 공격하라고 보냈다. 하지만 그 군사들이 키루스의 진지에 들어갔을 때 군사들은 맛있는 음식 때문에 전쟁과 적에 관한 모든 생각들을 잊어버렸다. 그 소식을 들은 키루스는 한밤중에 자신의 진지로 돌아가서 많은 군사들과 토미리스의 아들을 죽였다. 하지만 토미리스는 이 소식을 듣고 눈물을 흘리거나 슬퍼하지 않고 복수를 함으로써 위안을 삼고자 했다. 그녀는 자기의 모든 전력을 상실한 것처럼 진군했다. 그리고 산속에 매복해 있다가 20만의 페르시아 대군을 전멸시켰다. 이 승리에서 흥미로운 점은 페르시아군에는 자신들의 패배를 전할 군사가 한 사람도 남지 않았다는 것이다. 그리고 토미리스는 전쟁이 끝난 후 키루스의 머리를 피가 담긴 가죽 부대에 담으면서 이렇게 말했다. "그대가 평생 원했던 피를 이제 이 속에서 실컷 드시게나."

헤로도토스의 역사에는 이 사건에 대해 더 정확하게 나와 있다. "키루스가 처음에는 토미리스에게 청혼을 했는데 토미리스는 키루스가 원하는 것이 자기와의 결혼보다 자신의 왕좌라는 것을 알았다. 토미리스의 아들의 이름은 스파르가피스(Spargapis)이고 그는 죽임을 당한 것이 아니라 감금되어 있는 상태에서 자살을 한 것이다. 그리고 전투 초기에는 적들이 서로 어느 정도 거리를 두고 활을 쐈고 화살이 다 한 후에야 그들은 칼을 들고 싸웠다. 처음에는 누구도 후퇴 생각을 하지 않았다. 하지만 시간이 지날수록 마싸게트인들이 더 잘 싸워갔고 그 결과 페르시아의 군대는 많은 군사를 잃고 그 왕까지도 죽었다.

키루스 2세의 진군지에 관한 정확한 사실은 확인하기 어렵다. 하지만 학자들은 주로 시르다리야, 아무르다리야, 우즈보이 등을 주장하는데 마지막 주장이 가장 믿을 만한 것으로 보인다.11)

키루스가 마싸게트인들에게 당한 날은 기원전 530년 팔월 초로 중앙아시아의 역사는 정확하게 기억하고 있다.12)

드야코노브는 "키루스는 고대 역사에서 가장 중요한 인물 중 하나다."13)고 한다. 이 말은 매우 정확한 말이다. 당시 키루스의 뒤에는 소아시아에서 인더스에까지 이르는 광활한 영토와 자원이 있었다. 그러나 그는 중앙아시아의 유목민들과의 전쟁에서 쓴 패배를 맛보았을 뿐만 아니라 자신이 죽기까지 했다. 여기서 주목해야 할 점은 전투의 패배가 아니다. 어떠한 민족이 그들의 자유를 억압받으려 할 때 온 힘을 다 쏟아서 저항하는 것이 중앙아시아의 역사에서 뿐 아니라 세계의 역사에서 무수히 나타난다는 점이다.

다리우스 1세 때의 아케메네스인들에 대한 반란

중앙아시아 유목민들이 키루스(Kirus)와의 전쟁에서 승리한 것이 아케메네스인들의 운명을 결정하는 계기가 되었다. 이는 그들의 훌륭한 지도자가 사망해서라기보다는 그의 아들인 캄비세스(Kambiz)가 이미 오래전부터 계획했던 이집트 공격을 서둘러야 하는 상황에 놓였기 때문이다.14) 후에 그는 이것을 결행하고 이집트는 그들의 손에 들어왔다.

기원전 522년에 다리우스 왕은 이란을 점령해서 이란을 기원전 486년까지 통치했다. 이 시기는 왕가의 혼란, 사회 정치적 위기를 배경으로 한 권력

---

11) Herrmann A., 1914, p. 19; Pyankov I.V., 1964, pp. 126-130; compare Struve V.V., 1968, pp. 51-56.
12) 이 기록은 바벨론의 문헌에서 나왔는데 키루스가 기원전 530년 8월 12일 죽었다고 기록되어 있다. 이 기록은 키루스가 죽은 달 중순이나 말에 기록된 것으로 보인다. (Parker, R. and Dubberstein W.H., 1956, p. 14; Dandamaev M.A., 1963, 963a, p. 11).
13) Dyakonov M.M., 1961, p. 79.
14) Dandamaev M.A. 1963, pp. 116-117.

투쟁은 아케메네스 왕조로부터 대부분의 지방을 분리하는 결과를 낳았다. 다리우스 1세가 자신의 업적을 후세에 남기기 위해 만든 베히스툰(Behistun) 기록에 이러한 상황들이 상세히 기록되어 있다.

중앙아시아인들 또한 그러한 상황을 이용해서 아케메네스인들의 세력 안에서 벗어나고자 했다. 그때 파르티아(Partia)가 일어났고 사카인들이 세운 마르기아나(Margiana)[베히스툰 기록 Ⅱ, 6-8] 또한 생겨났다. 그중에서 마르기아나는 꽤 강한 힘을 가지고 있었다. 베히스툰(Behistun)의 기록을 보면 "다리우스 왕께서 말씀하시길: 마르기아나는 반란국가이며 그들의 우두머리는 프라다(Phrada)라는 사람이다. 후에 내가 페르시아에 다다르시쉬(Dadarsish)라고 하는 나의 노예인 그 지방의 수령에게 사람을 보내서 이렇게 말하였다: '가서 나를 그들의 주인이라 칭하지 않는 군대를 멸하라' 후에 다다르시쉬는 군대를 이끌고 가서 마르기아나의 군대와 전투를 벌였다. 아후라-마즈다께서 나를 도우셔서 아시야디(Asiyadi)월의 23번째 날에 반란군을 모두 토벌할 수 있었다."라고 기록되어 있다. 이 사건의 날짜는 기원전 522년 12월 10일의 것으로15) 키루스가 마싸게트인들에게 패한 날짜와 같이 소련 연방의 고대 기록 중에 그 날짜가 정확히 알려진 것이다.

박트리아인이 지휘한 아케메네스의 군대는 무자비했다. 반란은 피로서 종결되었다. 베히스툰 기록의 바벨론식 번역과 아람(aramey) 사본을 근거로 하면 5만5천 명 이상이 죽었고 6천5백~7천의 사람들이 포로로 잡혀갔다. 반란을 주도한 프라다는 처음에는 살아 남았지만 후에 아케메네스 군대에 잡혔다.16) 파르티아와 사카인들의 땅에서 일어난 반란은 잔인하게 진압되었다.

다리우스 제3년에 그는 사카-티그라하우드(sak-tigrahaud)를 공격한다. 전쟁이 발발하고 사카인들은 패배해서 그들의 땅 일부를 빼앗겼고 주민들은

---

15) V. V. Struve, "다리우스 1세 때의 마르기아나에서의 반란" 1949.
16) Struve V.V., 1949, p. 24.

포로로 잡혀갔다. 포로 중에는 사카인들의 수령인 스쿤하(Skunha)도 있었다. 다리우스 1세는 이들의 땅에 다른 수령을 옹립했다.17)

고대 저자인 폴리엔(Poliyen)은 그가 알고 있는 사카인들의 용감함을 보여주는 사건들을 이야기한다. 사카인들을 향해서 다리우스 1세가 수많은 군대를 이끌고 진군했다. 그런데 사카인들의 마부(馬夫) 쉬락(Shirak)이 그의 진지에 나타났다. 그는 초라한 행색을 하고 있었으며 온몸이 상처투성이였다. 그는 자신의 동족이 자신을 그렇게 만들었다고 했으며 복수를 하고 싶다고 말했다. 그는 자신에게 익숙한 길을 페르시아의 군대를 이끌고 사카인들의 후미를 기습 공격하기 위해 갔다. 하지만 칠일 후에 페르시아 군대는 자신들이 사막 어딘가에 있다는 것을 깨달았다. 그들은 죽을 지경에 놓이게 되었다. 페르시아인들은 자신들이 속았다는 것을 깨달았다. 그들을 죽음의 지경에 놓이게 한 쉬락이 자랑스럽게 말하길: "내가 이겼다. 사카인들, 나의 동족들을 재난에서 구하기 위해서 나는 페르시아인들을 갈증과 기근에 시달리게 했다." 페르시아인들은 이 용감한 마부의 목을 베었다. 폴리엔이 말한 것과 같이 다리우스 1세의 원정은 성공하지 못했다.

동부 파미르 지역의 병사 –사카인
(기원전 7-6세기)
(무덤 발굴 자료를 토대로 복원한 모습)

---

17) Struve V.V., 1968, Dandamaev M.A., 1963 b.

2. 기원전 5~4세기 중앙아시아의 사회

아케메네스 통치하의 중앙아시아

초기에 중앙아시아는 아케메네스인들 영토의 일부였다. 페르시아의 기록에 의하면 "소그드 후방의 사카"이라고 하는 명칭이 있는데 이는 시르다리야 건너편의 사카라고 한다. 이들의 땅은 이 강의 상류와 하류에 걸쳐있었다.[18] 호라즘, 소그드, 박트리아, 파르티아 그리고 그 외의 많은 지방들과 민족들이 아케메네스 왕국의 전성기 때 영토에 속해 있었다.

박트리아(baktria)는 아케메네스의 존속기간 동안 국가의 중심부였다. 박트리아는 아케메네스의 동쪽 지방의 중심지였으며 군사, 경제의 요충지였고 이 지방의 경제와 정치적 영향력이 국가의 동방 전역에 미쳤다. 박트리아는 또한 국가 내에서 '왕 중의 왕' 자리를 차지하기 위한 내분에서도 그 역할이 매우 컸다. 박트리아의 통치자는 독립적인 정치를 펼쳤던 것으로 보이나 몇몇 화폐에 자신들이 지지하는 통치자나 황제의 자리에 앉아있는 사람을 새겨 넣었는데 이는 국가 내에서 페르시아와 함께 지배계급에 남아있기 위해 벌인 행위이다.[19]

아케메네스는 군사-정치 행정을 하는 사트라피야(satrapiya)로 나뉘며 그 지방을 다스리는 사람을 사트라프(satrap)라고 한다. 헤로도토스의 말을 빌리자면 20여 개의 사트라피야가 있었다고 한다. 사트라프는 황제에게 직속되어 있으며 그들의 의무는 자신의 지방에서 세금을 걷는 것과 군사를 모으는 것이었다.[20] 그들은 필요한 상황에서는 황제의 동의하에 주변 지방들을 공격할 수도 있었다. 사트라프의 의무는 세습되는 경우가 자주 있었다.

---

18) Litvinsky B.A., 1960 b, pp. 91-92.
19) ITN, I, pp. 209-211.
20) P. 프라이는 사트라프들은 그 지방의 왕 같은 존재였으며 궁이 있었고 각 지방마다 통치 기관이 존재했었다고 한다. (Frye R.N., 1963, p. 102).

이 국가에서 가장 중요한 일 중의 하나는 세금을 걷는 일이었다. 그리고 모든 사트라프들은 세금을 징수해서 납부해야 했다. 다리우스 1세의 조세개혁에 의해 모든 세금은 돈으로 지불해야 했다. 그 외에도 자신들이 생산해낸 것으로 세금을 내기도 했는데 그것들은 자신들이 만든 수공품, 수확한 곡물 그리고 가축들이다. 수사(Susa)의 기록을 보면 중앙아시아의 사트라피야는 세금을 건설에 필요한 석재(石材)나 금 등의 물품으로 대신하기도 했다고 한다. 이러한 국가적 세금 외에도 내부적으로 사용하기 위해 징수하는 세금과 물품이 있었다. 아케메네스 왕국은 군인의 의무 또한 고된 것이었다. 사람들은 이러한 세금 징수 때문에 세금을 납부하기 위해서 땅을 저당 잡히기도 했고 어떤 때는 자신의 자식들을 노예로 팔아야 했다.

중앙아시아는 4개의 사트라피야로 나뉘어 있었다. 그중에서 카스피해 부근에 살던 유목민은 헤로도토스의 말에 따르면 XI사트라피야에 속하였고 200바벨론 탈란트(talant),21) 호라즘, 소그드, 파르티아는 X,V,I 사트라피야에 속했으며 300탈란트, 박트리아는 XII사트라피야이며 360탈란트를 매년 납부했다. 마지막으로 사카인들은 XV사트라피야에 속했으며 250달란트를 매년 내야 했다. 그 당시에 이 액수는 어마어마한 것이었다.

기원전 5세기 중앙아시아 민족들의 의복(아케메네스 영토 내의)
1- 사카-티그라하우드인, 2-박트리아인, 3-소그드인, 4-호라즘인

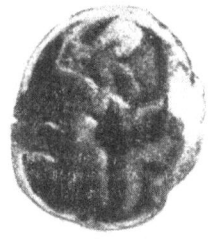

아케메네스 시대의 주화 '다릭'

아케메네스인들이 이 외에도 중앙아시아인의 재산을 빼앗은 방법으로는 수문을 닫아서 농경지에 물이 들어갈 수 없게 하는 것이다. 그리고 이 수문을 열기 위해서 사람들은 세금 외의 돈을 또 납부해야만 했다. 이것에 관해서 헤로도토스가 기술하였는데 "…그들에게 물이 없을 때 그들은 자신들의 아내와 함께 페르시아로 가서 황제의 궁성 문 앞에서 황제께 간절한 소원이라며 농지로 향하는 수로의 수문을 열어달라고 애원했다. 그래서 농지에 물이 차면 황제는 다시 수문을 닫고 다른 지역에 농지의 수문을 열어주었다. 내가 들어 알기로 황제는 세금 이외에도 많은 재물을 수문을 열어주는 것으로 벌어들였다."

헤로도토스의 말에 따르면 이러한 방법을 사용했던 지방이 악스(Ax) 강이었다고 하지만, 조금 연관 짓기가 어렵다. 학자들은 발굴을 통해 알게 된 사실로 이곳이 테젠-게리루드(gerirud) 강이었을 것이라 주장한다. 더 정확한 장소를 찾으려는 시도들이 있었다.[22] 이러한 것들로 알 수 있듯이 중앙아시아의 대형 관개시설들은 아케메네스 왕국의 손에 있었다.

아케메네스인들의 통치기간 동안 중앙아시아인들은 매우 어려운 환경 속에 생활했다. 그래서 이 자유를 사랑하는 민족은 아케메네스 황제의 폭정에 자주 반란을 일으켰다. 기원전 4세기 후반에 호라즘인들은 아케메네스인들

---

21) 탈란트- 은 30kg.
22) Marquart I, 1938, p. 9; Dyakonov I.M., 1956, p. 357; Masson V.M., 1967a, pp. 172-175.

로부터 독립을 이루어 냈던 것으로 보인다. 이 시기에는 사카인들 또한 아케메네스 왕국의 일원에서 벗어났다.

아케메네스 왕국은 노예제도 위에 세워진 군인-귀족주의 국가이고 그 나라의 지배층은 페르시아인들과 일부 메디아인들로 구성되어 있었다. 아케메네스의 중앙부에서 멀리 떨어져 있는 중앙아시아 지방에는 매우 강한 자신들만의 세력이 있었는데 아케메네스와 이 지방 귀족들이 힘을 합해서 중앙아시아 사트라피야의 주민들을 억압했다.

사회-경제의 형성.
기원전 6~4세기의 소그드, 부하라, 호라즘의 종교와 문화

고고학적 사료들과 다른 연구 자료들을 보면 아케메네스 왕조하의 중앙아시아 사회는 부분적 측면이나 전체적으로 볼 때 이란과는 차이가 있다.

중앙아시아에서는 노예제도가 발전했음에도 불구하고 노예가 농사를 짓는 것이 주 업무는 아니었다. 이곳에는 씨족 사회가 남아있었고, 이 지방에는 농업이 매주 중요한 역할을 했다. 아케메네스 왕조가 들어섬에 따라 후에 중앙아시아의 경제-사회에 큰 영향을 미쳤는데 한편으로는 노예제도가 활발해졌고 또 다른 한편으로는 중앙아시아의 경제력이 약화되었다. 수많은 재물들을 세금과 공출이라는 명목으로 앗아갔고 훌륭한 장인들을 국외로 데려가서 황제의 궁전을 건축하는 일에 동원했다.

아프로시욥(Afrosiyob)에서 발굴된 유적들을 연구해보면 당시 소그드인들의 삶을 알 수 있다. 당시 소그드인들의 주업은 농사였는데 그 당시에도 이미 인공 관개시설이 개설되어 있었다.[23] 스트라본(strabon)이 자라프샨 지방에 대해 기록한 것을 보면 "이곳에 수로를 개설해서 사막 위를 지나온 물을 사람들이 흙탕물 채로 모래와 함께 마셨다."라고 기록되어 있다. 여기에 기

---

23) Terenozhkin A.I., 1947, p. 128; 1950 b, pp. 153, 155-156.

록되어 있듯이 소그드인들은 자라프샨에서 여러 개의 수로를 통해 물을 공급받았다.

　농사와 목축을 하던 사람들이 이제는 도시에 정착하기 시작했다. 그 도시들 중에 가장 대표적인 것이 그리스인들이 "마라칸다(Marakanda)"라고 부르는 사마르칸트(Samarkand)이다. 그 당시 사마르칸트는 두 지역으로 분리되어 있었다. 한 곳은 성벽으로 둘러싸이고 다른 곳은 도시가 있었다. 성벽의 둘레는 70스타디야(stadiya), 약 12km였다고 한다. 그리고 도시를 둘러서 강이 하나 흐르는데 그 강이 "시욥(Siyob)"이다.

　고고학적 자료들은 옛 사마르칸트가 아프로시욥 언덕에 있었다고 한다. 이 도시의 발굴 작업을 통해 도시는 약 기원전 6~4세기경에 아프로시욥 언덕 북서쪽과 남쪽에 있었다고 하며, 그 면적이 50~70㏊에 이르렀다는 것을 알 수 있었다. 만일 아프로시욥 언덕 전체에 도시가 건설되었다면 그 면적은 200㏊에 달했을 것이다. 언덕의 남쪽에 있던 초기의 도시는 아프로시욥의 경계 밖으로까지 나가 있었다. 궁성의 터는 아마도 중세시대 궁성의 터와 같을 것이다.

　상술한 바와 같이 아프로시욥의 도시 성벽은 70스타디야였는데 아프로시욥의 외부 성벽은 길이가 약 5km이나 사료에 따르면 이보다 약 2.5배 더 컸다고 나온다. 이와 같이 고대에는 지금의 성벽보다 더 큰 아프로시욥의 경계 밖으로까지 성벽이 존재했을 가능성이 있다.

　아프로시욥을 발굴하다가 그 당시에 세공된 둥근 그릇과 점토 등이 출토되었다. 그 외에도 철이나 구리로 제작한 거울 등이 출토되었고, 또한 그릇과 생활용품 등이 출토되었다. 그리고 무기로는 구리 촉이 달린 화살 등이 나왔다. 그리

고대 박트리아의 도기

고 이와 동시대의 유물로 추정되는 활을 든 신이 묘사된 석기 인장이 발굴되었다.24)

당시에 마라칸다 보다 더 작은 도시들도 존재했었다. 이 도시들에 시장이 열려서 다른 많은 나라들에서 사람들이 소그드인들의 공예품들을 구입하고자 왔다. 소그드인들이 파는 물건들은 대부분 철제 기구들이나 도자기, 그리고 옷감 등이었다. 당시 소그드인들의 종교는 조로아스터교였고 그 외에도 다른 종교들이 존재했는데 이 종교들은 그 민족에 따라 다르게 계승되었다.

호라즘 지역을 연구해 보면 기원전 4~5세기경에 이미 그 지방에 거대한 도시들이 존재했음을 알 수 있다. 그 대표적인 도시가 큐제리그르(Quzeligir)였는데 이 도시는 세모 형태를 띠며, 도시의 이쪽 끝에서 저쪽 끝까지는 1km였다. 성의 내부는 그 폭이 2.5m~4m인 회랑을 갖춘 건물들이 많이 있었다. 그 안에는 벽돌로 건축한 한 두 개의 홀이 있는데 이러한 양식의 건축물은 부유층들의 주택으로 사용되었다. 이 건축물들은 매우 정교하게 설계되었고 중앙에는 큰 거실이 있었다. 이 시대 호라즘의 또 다른 유적지로는 딘기제(Dingijye)가 있다. 이곳에는 귀족들이 거주하던 주택들이 있고 당시 세워진 유적지로는 여러 개의 방이 있는 칼라그르(Kallagir)라는 것이 있다.25)

마르기아나(Margiana)는 토지의 비옥함으로 매우 유명했다. 스트라본의 말에 따르면 "마르기아나에는 좋은 포도나무가 있다. 이 나무에서는 매우 많은 포도가 열렸고 대량의 즙을 만들 수 있었다."고 한다. 이곳에는 아케메네스 시기보다 이른 시기에 이미 도시 문화가 발달했다. 그중의 큰 것이 갸우르-칼라(Gyaur-kala)인데 이는 메르브(Merv)의 옛 도시이다. 궁전은 몇 미터

---

24) Terenozhkin A.I., 1950 b, pp. 153-156; Shishkin V.A. 1969, pp. 148-149; Shishkina G.V., 1969 b, 1969a, Filanovich M.I. 1969, p. 206; Gulyamov Ya.G., 1969, p. 7; Pyankov I.V., 1970.
25) Tolstov S.P., 1962, pp. 96-117.

의 벽돌로 쌓은 기반 위에 건축되었다. 아마 이곳에는 그 지방의 지배자가 거주했을 것이다. 이렇게 되면 야즈-테페(Yaz-tepe)가 이전에 가지고 있던 의미들은 상실하게 된다.[26]

파르티아의 대표적인 유적지로는 옐킨-테페(Yelkin-tepe)가 있다. 이 건물은 견고함을 주목적으로 삼고 건축한 건물이다.[27] 그리고 그 당시 귀족들은 강에서 수로를 연결해서 물을 공급받는 편안한 생활을 도시에서 누리고 있었다.

박트리아에서는 주민들의 주업이 농경이었다. 크빈트 쿠르치(Kvint Kurtsi)는 "박트리아의 날씨는 변화무쌍하다. 그곳에서는 포도나무가 매우 달콤한 과실을 맺으며 풍부한 물은 땅들을 적시며 가장 비옥한 땅에서는 빵을 만들 수 있는 밀 농사를 짓고 초원에서는 목축을 하는데 땅의 상당수가 황무지이다."

농경지의 대부분은 운하와 관개시설을 통한 것이었다. 기원전 5~4세기경에 바흐쉬에서 시작하는 운하의 물이 주이바르 볼다(Juybar Bolda)까지 도달했다. 여기에 속한 지역은 50km에 걸쳐있었다.[28]

발흐(Balh)를 발굴할 때 알게 된 것은 이 도시가 기원전 1천 년 초반에 세워졌다는 것이다.[29] 북 박트리아를 알 수 있는 흥미로운 유물로는 M.M. 드야코노브(M.M.dyakonov)가 카피르나간(Kafirnigan) 남부의 칼라-이 미르(Kala-i mir)[타지키스탄 샤아르투즈(Shaartuz)지방]에서의 발굴이다. 이곳에서 많이 훼손되었지만 매우 흥미로운 양식의 고대 박트리아 시대의 건축물들을 찾아볼 수 있었다. 벽돌로 건축한 여덟 개의 좁은 건물들이 발굴되었다. 여기에는 외벽이 다른 것들보다 두꺼웠다. 이곳에서 고대 사마르칸트와 메르

---

26) Piotrovsky B.B., 1949, pp. 35-41; Masson V.M., 1959.
27) Marushchenko A.A., 1959, pp. 54-72.
28) Zeimal T.I., 1971, p. 52.
29) 발흐의 발굴에 관한 것은 Schlumberger D., 1949, pp. 173-190; Cardin J. C., 1957, le Berre M. et Schlumberger D., 1964.

브의 것과 비슷한 토기들이 출토되었고 기원전 7~5세기의 것으로 추정되는 동으로 만든 화살촉이나 철로 만든 바늘이나 칼 등의 유물들이 발굴되었다. 발굴된 유물들로 봤을 때 이곳의 주민들은 수공업, 농경, 그리고 목축업에 종사했던 것으로 보인다.30) 또 다른 기원전 5~4세기경의 마을로는 T.I.제이말(T.I.Zeymal)이 발굴한 바흐쉬(Bahsh)지방 쿠르간-튜베(Kurgan-tyube)시에 가까이 있는 볼다이-테페(Boldai-tepe) 언덕이 있다.31)

박트리아인들의 예술적 감각은 예술품들을 보면 알 수 있는데 아무다리야(Amudariya)지방에서 이러한 수많은 금화와 은화들이 다량 출토되었다. 이 유물들은 카바디안(Kabadian)에 사는 부하라의 수집가에 의해서 1877년에 사들여져서 인도로 건너갔고 후에 학자들의 손에 들어왔다. 이 동전들과 관련된 자세한 이야기는 전해지지 않고 있다.32) 고대 박트리아인들의 예술적 천재성은 아무다리야에서 출토된 여러 가지 유물들이 보여준다. 이 유물들 중에서 우리는 동전 외에도 여기서는 금으로 된 말 장식구, 은제 인물상, 금제 인물상 등의 조형미술품은 당시 사람들의 의복이나 무기들에 관한 자료들을 제공한다. 이 외에도 사슴 모형, 염소나 뱀의 머리를 한 기마상 등이

아무다리야에서 발굴된 유물. 전차 모형(금제(金製))

아무다리야에서 발굴된 유물. 접시(은제(銀製))

---

30) Dyakonov M.M., 1954 b.
31) Zeimal T.I., 1971, pp. 50-52.
32) Dalton O. M., 1964; Bellinger A. R., 1962, pp. 51-67. 발굴에 관한 것은 제이말 T. I., 1962 참조. 서방의 몇몇 학자들은 이 유물들 중에 다른 지방에서 유입된 것이 있다고 한다. 하지만 우리는 그 중 대부분이 박트리아의 것이라고 본다. 또 다른 한편으로는 박트리아와 서이란의 예술적 양식들이 비슷한 부분이 많아 그 교류가 활발했을

발굴되었다.

A. 카닝햄(A. Kanningham)은 이 유물들이 박트리아의 부유한 가족이 소유하고 있던 재산 중 일부라고 한다. R. 기르슈만(R. Girshman)은 아무다리야의 유물들은 박트리아의 유명한 신전인 아나히트(Anahit)의 재산들 중 일부이며 그 신전은 알렉산더나 셀레우코스1(Seleukos1)세 시기에 파괴되었을 것이라고 한다. 이 두 번째 주장은 R. 베르네트(R. Bernet)도 시대를 조금 후기로 잡았을 뿐 이에 동의한다.33)

타지키스탄 북쪽에도 고대의 이주민들로 인해 설립된 큰 도시가 있는데 그리스인들은 이 도시를 키로폴(Kiropol')로 칭했고 현재는 우라튜베(Ura-tube)라고 부른다.

사카인들이 차지했던 광활한 영토에도 다수의 유적들이 있다. 동부 파미르에는 대형 무덤인 쿠르간(kurgan)이 있다. 시신은 깊지 않은 곳에 뒤틀린 형태로 안치되어 있다. 가끔 쌍무덤이 발굴되기도 한다. 세미례취예[역주: 일곱 개의 강] 지방의 대형 쿠르간들은 내부에 나무로 공간을 만들었다. 아랄 해 부근과 아무다리야와 시르다리야, 이 두 강 사이 지방에는 크고 어렵게 만들어진 사카인들의 귀족 무덤들이 발굴되었다.

사카인들의 동제(銅製) 향로

당시 중앙아시아 전체가 모두 동일한 종교를 믿었던 것은 아니다. 일부 사람들이 조로아스트교를 믿었을 뿐이고, 각 지역마다 그 예배방식에 있어

수 있다.
33) Ghirshman R., 1964, pp. 88-94; Barnett R. D., 1968, pp. 35-52. 여기서 한 가지 주목할 사실은 베르네트가 연도를 측정할 때 박트리아에는 금이 존재하지 않았다는 타른(Tarn) V. V. 의 주장을 반영했다. 하지만 이 주장이 옳지 못한 것이, 박트리아에 심지어 금광이 존재했다는 것이 밝혀졌기 때문이다.

서 약간씩 차이가 있었다. 사카인들의 일부도 조로아스터교를 믿었을 것이고 그 외의 사람들도 종교가 있었는데 그 중심에는 가장 강한 신이 있었고, 이는 아마도 아후라-마즈다(또는 미트라)일 것이다.34)

아케메네스인들은 작은 아베스타력을 사용했는데 이 달력은 이집트의 태양력과 같이 12개월과 30일 그리고 거기에 5일을 더하는 식으로 계산했고 그 이름은 그들의 종교에 나오는 아베스타에서 차한 것으로서 이런 방식의 태양력은 이란 사회에 널리 확산되었고 중앙아시아에서는 소그드인들과 호라즘, 그리고 파르티아인들이 사용했으며 후대에는 중세 페르시아와 신 페르시아에서 더 개량하여 사용했다.35)

이 당시 중앙아시아에서는 서사시가 발전했는데 그러한 기록은 아베스타에도 나타나 있고 크세티야(Ksetiya)에도 기록되어 있다. 특히 크세티야에는 자리네이(Zariney) 여왕의 운명에 대한 소설이 기록되어 있는데 그 이야기란 이러하다: 그 여왕이 죽었을 때 그녀의 첫 번째 남편인 파르티아의 주인은 페르시아와 전쟁을 벌였는데 몇몇 사카인들이 자신들의 여인들을 버려두고 갔다.[사카의 여인들은 아마존(Amazon)의 여인들처럼 잘 싸웠다.] 그것을 본 그는 그 젊고 아름다운 여인들을 그냥 풀어주었다. 그리고 나서 얼마 후 그는 그 여인들 중 한 명과 결혼을 하게 된다. 그도 그녀를 사랑하게 되고 그녀도 그를 사랑했지만, 그는 얼마 못 가서 죽고 만다. 왜냐하면 그 여자는 자기 동족들이 그녀에게 그녀의 남편을 살해하자고 모의해서 그녀는 갇혀있던 자기의 동족들을 풀어주고 그들과 함께 자기의 남편을 살해했다는 이야기이다.

어떤 학자들은 이 이야기가 사카인들의 전설에서 나왔다고 하고 다른 학자들은 이 이야기는 메디아 문화의 것이라고 한다. 우리는 첫 번째 학자들의 주장을 지지한다.

---

34) Litvinsky B.A., 1968 b.
35) Dyakonov I.M., Livshits V.A. 1966, pp. 153.

3. 아케메네스 시대의 중앙아시아와 이란

아케메네스의 지배는 200년 이상 지속되어 왔기 때문에 이 나라를 고대 역사의 가장 강력한 나라 중 하나라고 할 수 있다. 아케메네스의 지배는 동방의 국가들에게 매우 강력한 영향력을 미쳤으며 당시 수립된 경제-정치적 제도나 문화와 풍습 등은 알렉산더 대왕의 통치 이후에도 파르티아, 소그드, 사산조, 그리고 중앙아시아의 민족들 사이에 남아있다.

아케메네스의 통치 기간에 토지개혁, 노예의 필요성 증가, 바벨론에서 상업적 건축물의 발달 등 많은 변화가 있었다. 그리고 상업의 발달을 위해 꼭 필요한 아케메네스 국가 내의 화폐가 통일되었으며 땅을 정확하게 나누어서 각 지역마다 사트라프(satraf)[총독]의 통치를 받게 하고 국가의 통일된 문자로 아람(aramey)문자를 사용하게 하였다. 또 우편 제도를 만들었으며 카라반을 위한 도로들을 보수하고 새로 놓기도 했다. 이 외에도 국가에 통일된 입법 기관을 만들어서 이것을 통해서 국력을 지키고 다른 국가들의 옛 법들을 반영하기도 했다.

당시 다른 민족들이 이 국가에서 생활하기란 많은 고통이 따랐을 것으로 보인다. 하지만 아케메네스 이전에 존재했던 많은 다른 제국들과 비교했을 때는 이전에 있던 제국들의 독재적인 권력이 더 강했다. 하지만 그렇다고 해도 그들의 통치 기간에도 다른 민족들이 여유롭게 살 수 있었던 것은 아니다. 매우 거센 계급간의 투쟁이 발생했고 지배받는 민족들의 폭동이 아케메네스 왕조에서 생존해 있었다.

아케메네스 왕국은 이전에 있던 다른 국가들과는 달리 자신이 지배한 민족의 종교를 말살하지 않았고 오히려 그들의 사원[바벨론 인들과 유대인들 등의 민족들의 사원]을 재건축해준 일도 있다. 특히 키루스(Kirus)황제는 매우 많은 인기를 누렸는데 페르시아인들은 그를 자신들의 아버지라 칭하고, 바벨론인들은 그들의 신인 마르두크(marduk)가 보낸 사람이라 했으며, 그리스인은 위대한 통치자라고 하고 유대인들은 자신들의 신인 야훼(yahwe)가 보낸 메시야(Messiya)라고 칭했다.

아케메네스 시대에 국제적인 교역을 위한 좋은 환경들이 조성되었다. 그리고 여행자들과 학자들이 아케메네스의 통치를 받는 민족에게 다가가는 일이 용이해졌다. 많은 그리스 문화의 선구자들[헤카테우스(hekateus), 헤로도토스(herodotos), 데모크리투스(demokritus) 등]이 그 시대에 이 동방의 나라들을 방문했고 그리스에 그 나라들의 문화를 소개했다.

이 모든 것이 아케메네스 통치하에 있는 민족들의 문화의 범위를 확장시키고 그들 민족들과 민족을 대표하는 것들이 서로 강하게 작용했다.

우리가 알듯이 알렉산더 대왕은 그리스의 문화와 동방의 문화를 결합시키고 정치 제도를 통합하고자 했으며, 이는 민중들의 많은 저항에 부딪혔음에도 이들 중 일부가 중앙아시아에서는 평화적인 방법으로 매우 크고 빠르게 진행되었다. 여기서 한 가지 알아두어야 할 것은 이런 작용은 알렉산더가 오기 전 아케메네스 시대에 200년 동안 이미 강화되었다는 것이다. 그래서 이 결합은 그저 전에 있던 아케메네스 방식의 통치를 그대로 따르는 것으로 결정이 났던 것 뿐이다.

아케메네스 시대에는 많은 민족들이 서로 더불어 살았고 함께 일했다. 예를 들면 누비야(nubia) 접경지대에 있는 엘레판틴(elefantin)과 이집트의 멤피스(Memfis)에는 페르시아인, 호라즘인, 바벨론인, 아르메이(armey)인, 유대인, 핀케이(finkey)인들이 함께 살며 함께 일했다. 그들은 서로의 종교를 다른 이들에게 전했고 자신들의 신뿐만 아니라 다른 민족의 신들에게도 절했으며 자신의 이름을 다른 지역의 이름으로 바꾸기도 했다. 님푸르(nimpur) 외에 다른 많은 바벨론의 도시에 바벨론인 외에도 이집트인, 카리안, 리디안, 메디아인, 유대인, 인도인, 사카인, 박트리아인, 호라즘인 등이 더불어 살며 일했다. 수사(suza)와 페르세폴리스(persepolis)에는 수백, 수천 명의 이집트, 바벨론 그리고 그리스 출신의 사람 등이 살았으며 계속해서 인도인들을 비롯한 이집트인들까지 타민족의 사람들이 이주해 왔다. 수 많은 민족들의 문화와 종교가 혼합되어서 아케메네스 문화가 탄생했다. 많은 민족들이 이 문화의 탄생에 기여했으며 당연히 중앙아시아의 민족들도 그러했다.

아케메네스 왕조에서 박트리아인, 파르티아인, 마르기아나(margiana)인, 삭인 등 많은 중앙아시아의 민족들이 큰 비중을 차지했다.

중앙아시아의 민족들은 그들이 전쟁에 능했기에 많은 수가 군대에 들어갔다. 예를 들면 마라톤 전투에서 페르시아의 군대 복장을 한 사카인들의 기마대는 아테네 군대의 진지를 퇴각시키기까지 했다. 사카인들은 그들의 기적 같은 용맹을 플라테야와 페르모필(fermopil) 전투에서도 떨쳤다. 페르시아의 장군인 마르도니(mardoni)는 그리스를 점령하라는 명령을 받고 함께 참전할 부대를 선택하는데 페르시아와 메디아의 군대와 함께 박트리아와 사카인들의 부대도 선발했다. 사카인들은 또한 배의 승무원에 선발되기도 했는데 우리는 그들을 이집트에서도 볼 수 있었다. 그리고 사카인의 특징인 뾰족한 모자를 쓴 군인의 토기 상은 이집트로 시작해서 중앙아시아 지역까지 아케메네스 국가 전역에 세워져 있었다.

바벨론의 도시인 니푸르(nippur)와 그 주변에 세워진 콜로니(정착지)에는 사카인들의 군대가 이주해 와 있었다. 그들은 또 바벨론의 다른 도시들에도 거주했다. 예를 들면 다리우스 1세(darius1) 때의 시파르(sippar)라는 도시에서 출토된 문서에는 사카인들이 사키에트(sakiet)라는 이름으로 기록되어 있다. 그 외에 다른 중앙아시아의 민족들은 아케메네스 황제의 군대, 또는 그 외에 다른 많은 지역으로 어떤 의무 때문에 떠나갔다. 먼 섬인 엘레판틴(elefantin)에는 어떤 집의 주인이 호라즘 사람인 다르간(dargan)이라고 나와 있고, 또 다리우스1세 때의 바벨론 문서를 보면 간다라(gandhar)와 박트리아의 여인이 노예로 팔려 왔다고 기록되어 있는 것도 있다. 또 중앙아시아의 사람들이 소아시아에까지 갔었다.

그리고 중앙아시아에도 다른 지역에서 온 사람들이 거주했다. 크세르크세스(Kserkses) 시대인 기원전 5세기경에 중앙아시아에는 그리스의 밀레트(milet)에서 온 사람이 살았다. 그는 그리스어도 할 뿐 아니라 그가 사는 지역의 언어도 구사할 수 있었다. 다리우스1세 때에는 아프리카 북쪽에 있는 바르카(barka)라는 도시의 사람이 박트리아로 이주해 오기도 하였다. 그 외에도 중앙아시아에는 아케메네스의 문서 담당관들이 이주해 와서 살기도 했는데 그중의 일부는 아람(aramei)의 문자를 쓰는 사람들이었다.

국가의 요직에는 페르시아인들이 앉아 있었지만 아케메네스인들은 타민족 출신의 사람이 요직에 앉는 것도 꺼려하지 않았다. 중앙아시아의 사람들도 요직에 앉는 사람이 적지 않았는데 그중에 파르티아인인 아미나스프(amminasp)는 이집트 총독이라는 직위를 받았다.

우리에게 어느 정도 알려진 이란의 아르타크세르크스 2세(artakserks2)의 궁정 주치의에 의해서 기록된 크세티야(ksetiya) "페르시아의 역사"는 처음에는 박트리아와 사카 지역의 중앙아시아에서[주로 박트리아 인들과 사카인들에 의해서] 기록되었다. 후에 이 서사시는 서방으로 퍼져나갔고 그렇게 조금씩 이 이야기가 변하고 또 첨가되면서 이는 점점 이란 서사시의 기반으로 자리 잡기 시작했다. 그리고 이 서사시의 많은 이야기들은 샤흐-나메(shah-name)에 기록되기도 했다.

중앙아시아에서 탄생한 종교인 조로아스터교는 아케메네스 왕조 시기 이란을 비롯해 서방의 다른 지역들에 널리 퍼지기 시작했고 후에는 아랍인들이 이란과 중앙아시아 땅을 점령하기 전까지 이란의 국교로 자리 잡았다. 그리고 기원전 5세기에는 이집트의 멤피스(Mamfis)에 이란의 신인 미트라(mitra)의 사원이 세워졌고 제정 로마 시기에는 미트라를 숭배하는 사람이 다른 많은 나라들에도 퍼져서 브리타니아(britania)에 까지도 미트라를 예배하는 이들이 출현했다.

기원전 3세기 바벨론의 역사학자인 베로스(beross)에 따르면 아르타크세르크스2세가 바벨론, 수사, 에크바탄(ekbatan), 페르세폴(persepol), 박트리아(baktria), 다마스커스, 그리고 사르다(sarda)에 아나히트(Anahit) 신의 신상을 경의의 표시로 세울 것을 명했다 한다.

바벨론과 아람의 문서들을 보면 이란의 마술이 바벨론과 이집트에 확산되었다고 한다. 이 마술들은 이들 국가의 종교 의식에서 사용되던 것이었다.

조로아스터교는 고대 그리스에 이미 이 종교에 대해 연구하고 논문을 쓴 학자들에 의해서 알려져 있었다. 예를 들면 아리스토텔레스는 지금은 그 일부만 전해지고 있는 마술에 대해 기록했다. 조로아스터교에 대해서는 플루타르코스, 디오겐(diogen), 라에르트스키(laertski) 등의 인물들이 기록했다. 조로아스터교에 대하여 고대 그리스어로 기록된 것은 기원전 5세기 경 리디아(lidia)의 역사학자 크산프(ksanf), 바벨론의 베로쓰(beross), 비블로스의 철학자 필론(filon), 그리고 이 외에도 많은 사람들이 기록했다. 조로아스터교의 기본 교리는 고대 그리스인들에게 어느 정도 철학적인 면에서 작용했다.

아케메네스 시대의 장인들은 그들의 조상들의 방식과 이민족들의 방식을 수용하여 더 발전시키고 서로 다른 점을 융합해서 새로운 작품들을 창조해 나갔다.

시베리아에서 흑해 북쪽 연안까지 그 영토가 광활했던 스키타이인들은 그들만의 기법으로 동물들을 묘사했다[스키타이인들의 동물 기법]. 이런 유의 기법은 고대에 매우 많은 사람들이 모방했는데 그중에는 그리스의 예술가들도 있었다. 아케메네스의 예술도 당시 중앙아시아를 포함한 유라시아의 광활한 초원을 누비고 다니던 스키타이의 기법을 많이 내포하고 있는데 그들의 훌륭한 예술품들이 아랄해 연안, 세미례취예, 파미르, 그리고 카자흐스탄의 일부 지역에서 발굴되었다. 아케메네스의 문화는 중앙아시아뿐만 아니라 더 들어가서 그들의 초원에 있는 민족의 문화에 영향을 미쳤고 그들의 문화 또한 자신들의 것으로 소화해 내었다.

중앙아시아와 이란의 복식 구조는 매우 유사한 것들이 많은데 특히 호라즘과 박트리아 등의 것들이 그러하고 사카-티그라후드(sak-tigrahud)의 것들은 그들의 머리에 쓰는 고깔모자만이 확실히 차이가 있다는 것을 보여준다. 이 복장들은 짧은 카프탄과 긴 허리띠, 그리고 폭이 좁은 바지로 구성되어 있다. 이것들은 베히스툰(behistun), 페르세폴, 그리고 낙쉬루스탐(nakshirustam)의 회화들이 잘 묘사해 주는데 이 회화들은 인류학적으로도 그 민족들의 특성을 연구하는데 중요한 자료로 쓰인다. 이 그림에서 볼 수 있는 것은 페르시아인들도 중앙아시아인들과 비슷한 복장을 착용했다는 것이다.

이란과 중앙아시아 또 그 북동쪽 지방의 문화와 상업의 연관성은 영구동토 지방인 알타이 쿠르간(altai kurgan)에서 발굴된 기원전 6~5세기경의 가죽과 모피로 만들어진 유물들이 매우 잘 보여준다. 파지릭(pazyryk)쿠르간5에서 발굴된 모피 직물 조각과 보풀 카펫 등도 매우 흥미롭다. 이것들은 당시 매우 발전했던 직물과 카펫들의 제조 기술을 보여준다. 어떤 이들은 카펫이 페르시아나 메디아의 작품이라고 하지만 다른 이들은 그 기원이 중앙아시아에 있다고 한다. 아마 이런 카펫들은 그 스타일이나 기술, 그리고 예술적인 측면에서 당시 이란어를 사용하는 많은 민족들의 것이 서로 유사했을 것이다.

무기의 종류와 그 무기를 소지하는 방법 또한 중앙아시아와 이란이 상당히 유사하다는 것을 발굴 작업과 아케메네스의 그림들을 통해서 알 수 있다. 기원전 천년 경에 유라시아의 초원에는 투구와 갑옷을 입고, 그 탄 말의 이마와 몸까지 중무장한 기병이 출현했다. 후에 이런 부류의 군대는 이란과 근동 아시아까지 확산되었다는 것을 기원전 5세기경의 유물들이 증명해 준다.

또한 중앙아시아의 민족들이 아케메네스의 다양하고 위대한 예술적 유물들에 수많은 물질적 보탬이 되었다. 다리우스 왕의 기록은 수사 궁을 건축하는데 있어서 금은 박트리아에서 조달했고 청금석(Lapis Lazuli)과 홍옥수는 소그디아나에서, 터키옥은 호라즘에서 가져왔다고 전한다. 이 기록과 그것의 역사 기록자, 그리고 고고학적 발굴은 당시 중앙아시아의 광산업이 매우 발달했음을 증명해 주며 이런 발달을 이란까지 전해주었음을 나타낸다. 그리고 한 가지를 더하자면 중앙아시아의 청금석은 인도와 바벨론 그리고 이집트에서도 사용했다.

이렇게 중앙아시아가 아케메네스에 속하게 된 것은 엄청난 영토적 확장일 뿐만 아니라 서부 이란인들과 그리스인들, 그리고 다른 민족들의 과학적 지식 또한 확장한 것이라고 할 수 있다. 실제로 중앙아시아의 민족들은 페르시아인들과 메디아인들, 그리고 또 다른 민족들에게 다양한 양질의 영향을 끼쳤다.

중앙아시아의 민족들은 그들이 아케메네스의 통치하에 들어갔을 때 처음으로 문자를 접했다. 아케메네스의 동쪽 지방에 있는 지역들이 아케메네스 당시 인더스강의 북쪽지방과 중앙아시아 지방에서 아람어와 그 문자가 국가의 공식 문자로 존재했음을 증명한다. 아케메네스 시대에 이 문자가 조금씩 더 발전했으며 글의 형태가 자리 잡혀갔다.

아케메네스 이후에 아람 문자는 파르티아, 페르시아 소그드, 그리고 호라즘 이렇게 네 갈래로 나뉜다. 이 문자 형태는 이란과 중앙아시아에 수백 년간 지속되었으며 아랍이 이 땅을 점령하면서부터 사라졌다.

기원전 천년 경 중앙아시아와 일부 박트리아의 예술을 보여주는 많은 유물들이 아무다리야 인근에서 출토되었다. 아무다리아의 유물 중 가장 후기의 화폐가 기원전 200년경의 것이고, 가장 많은 비중을 차지하는 것이 그보다 조금 더 오래된 기원전 4세기 아니면 6~5세기경의 것들이다.

이 유물 중에 많은 것들이 다른 지역에서 유입된 것들이지만 어느 정도는 그 지역에서 제작한 것들도 있다. 그것들은 우리에게 페르세폴과 수사의 거대한 궁전으로 유명한 이란의 궁중 예술품들이다. 사자 사냥 장면을 묘사한 그림이나 사자의 형상을 그린 것은 유명한 아시리아(assiria)의 예술품들에서 학습한 것들이다.

또 다른 더 찬란한 고대 박트리아의 예술품들이 있는데 그것은 초원 유목민들의 광활한 세계를 묘사한 것이다. 이 예술작품의 특별한 점은 동물들이 무언가를 하는 행동과 이상한 포즈와 몸을 꼬고있는 것이다. 이런 종류의 유물들이 아무다리야에서 발굴되었다. 이런 사슴 형태의 미니어쳐와 은으로 만든 염소와 매우 활기찬 자세를 취하고 있는 기마병이 염소와 토끼를 사냥하는 그림도 있다. 사료들을 통해 알고 있듯이 기원전 4세기에 소그드 귀족들은 그들만의 사냥터가 있었으므로 고대 박트리아의 예술품에 그들의 사냥 장면이 그림으로 그려져 있는 것도 당연한 일이다. 그래서 동물 기법을 연구할 때에는 박트리아와 다른 지방들의 예술 학교에 대해 먼저 알아보는 것이 좋다.

아케메네스 통치하에 수공업과 상업, 화폐제조가 발달함에 따라 중앙아시아의 도시들에는 행정과 상업의 중심지가 발달하기 시작했다. 중앙아시아의 민족들은 아케메네스의 통치 아래 있을 때 처음으로 화폐의 주조에 대해 알게 되었다. 금으로 만든 것과 그 외의 아케메네스의 화폐제도들이 중앙아시아에서도 발견되었다.

아케메네스 시대에 중앙아시아의 타 국가들과의 교역이 엄청난 속도로 발전했다. 이것이 가능하게 된 것은 이란과 바벨론을 지나는 카라반의 길이 박트리아까지 연결되었기 때문이다. 중앙아시아에서 이란의 서부와 이집트 등의 유물들이 발굴되었다. 그중에서는 아케메네스 시기에 나일강 삼각주에 있는 나브크라티스(navkratis)에서 그리스의 장인이 만든 유물도 발굴되었다. 그 외에 또 중앙아시아의 민족들은 서부 이란의 문화뿐만 아니라 엘람(elam), 이집트, 바빌로니아 등의 고대 문명의 문화도 접하게 되었다.

이렇게 중앙아시아의 민족들이 아케메네스 왕조에 속하게 된 것은 서방의 민족들에게나 중앙아시아의 민족들에게나 상호 이득이 되었다. 이 모든 문화의 가치는 이후에도 수 세기 동안 지속되어 왔다. 아케메네스는 고대의 가장 강력한 국가의 하나로 200여 년간 지속되었다. 그리고 당시에 완성된 문화와 정치적 제도는 동방에서 헬레니즘이 시작되기 전까지, 그리고 파르티아와 사산 왕조가 설립되기 전까지 지속되었다.

사료들과 고고학적 유물들은 아케메네스 시대에 급속도로 성장한 지방의 제조력과 농업의 발달, 관개수로 건설, 수공업의 발달, 도시와 농촌의 성장, 그리고 국내와 국외 상업의 발달들을 증명해 준다. 수많은 민족들 상호간의 문화와 예술의 교류는 그들을 지배하는 아케메네스뿐만 아니라 동방과 서방의 많은 민족들에게 영향을 끼쳤다. 이렇게 아케메네스 시대의 정치적 통일은 동방의 경제와 세계 문명의 문화 발전에 매우 크게 기여했다.

아케메네스 왕조의 존속기간 동안 계속해서 계급간의 투쟁이 있었고 다른 제국들과 같이 정복 전쟁을 끊이지 않고 이어 갔다. 하지만 이외에 위에서 보았던 것과 같이 많은 민족들의 상호 협력은 동방 문명의 발전에 기여했고 서로 다른 민족 간의 경제적, 문화적 상호작용이 활발히 이루어졌다.[36]

---

36) Ghafurov B.G., 1966, 1971.

주제 2

그리스-마케도니아의 정복 전쟁 속의 중앙아시아인

1. 알렉산더 대왕의 동방원정

마케도니아의 발전

필립 2세의 제위기간 동안[기원전 359~336년] 마케도니아는 매우 강성해졌는데 그 이유 중의 하나가 귀족들의 내부 분열에 맞서 잘 싸웠기 때문이다. 필립은 또한 군대를 재편성했다. 특히 새로운 전술들을 구상했으며 여러 갈래로 분리되어 있던 군대를 하나로 통합했다. 필립은 그리스의 매우 많은 영토를 손에 넣을 수 있었다. 기원전 337년에 코린프스(Korinfs) 회의에서 마케도니아의 그리스 패권을 정식으로 승낙받았다. 그리고 이 시기에 페르시아와의 전쟁을 선포했다. 기원전 336년에 필립의 수만의 군대는 소아시아에서 페르시아와 전쟁을 시작했다. 하지만 이때 필립이 자신의 경호병들에 의해서 죽음을 맞이한다.

왕위는 역사에서 우리에게 알렉산더 대왕이라는 명칭으로 유명한 필립의 스무 살짜리 아들인 알렉산더가 계승했다. 그리스의 도시들은 이 틈을 타 독립을 모색했으나 알렉산더가 빠르게 이를 파악하고 제압했다. 그는 자신에 대항하는 이들을 완전히 제거함으로써 자신의 아버지보다 더 강한 군주임을

중앙아시아 지역의 동제(銅製) 투구

보여주었다. 엥겔스(Engels)는 "필립과 알렉산더는 헬렌(hellen) 반도를 정치적으로 하나로 통일했다."라고 한다.37)

알렉산더는 아케메네스와의 전쟁을 준비한다. 그는 자신의 아버지와 같이 군대를 편성하고 발전시키는데 온 힘을 쏟았으며 특히 기마병에 그러했다. 또한 우리에게 이미 익숙한 그레코-마케도니아 보병의 방패로 사방을 막고 창을 밖으로 돌출시키는 거북이 모양의 방진은 전시에 매우 큰 전투효과를 보였다. 이 방진의 약점은 기동력이 약하다는 것이다. 아시아에서의 전투는 기동력이 우수한 경무장 군대가 큰 효과를 보였다. 군대는 상호 연락과 보급품을 위한 매우 진보된 투석기를 갖추고 있었다.

아케메네스 왕국의 대혼란

페르시아의 정보 덕분에 알렉산더는 아케메네스인들의 처해진 상황을 익히 알고 있었다.38)

아케메네스의 아르타크세르크스 2세(Artaxerks)에게는 아들이 150명이나 되었다. 그가 죽은 후인 기원전 359년에39) 그의 아들 중 한 명인 아르타크세르크스 3세 오흐(Okh)가 왕이 되었다. 선왕이 죽기 전에 오흐의 간계로 그

---

37) K. Marx and F. Engels, Works, V. 22, p. 483.
38) 자세한 사항은 Olmstead A. F., 1959, p. 424 참조.
39) 어떤 사료에는 기원전 358년이라 한다.

의 형제들이 죽임을 당했고, 그는 왕이 된 후에 자신의 형제와 자매를 모두 살해했다. 그래서 그는 아케메네스 왕들 중 가장 피를 많이 본 왕으로 유명하다.

그의 통치 초기에 그는 소아시아, 이집트와 오랫동안 지속되는 전쟁을 벌여서 아케메네스 왕국을 황폐하게 만들었다. 하지만 후에 국가의 내실을 다지기 위해 소아시아 지방의 사트라프들의 사병의 수를 제한하는 등의 조치를 취했다. 하지만 이미 때는 늦었다. 기원전 338년에 아르타크세르크스 3세 오흐는 당시 매우 영향력 있던 인물인 바고이(Bagoy)의 사주를 받은 자신의 주치의에게 독살당하고 만다.40)

왕족의 무질서는 그리스인들에 반대하는 사람에게 희망을 걸게끔 되어갔다. 그리고 아르타크세르크스 3세 뒤에 왕이 된 아르세스(Arses)는 무기력했고 바고이를 중심으로 한 그의 측근들이 권력을 장악하고 있었기 때문에, 아르세스가 자기의 권력을 되찾고자 노력하기 시작했을 때 그들은 내시를 통해 아르세스를 독살하게 한다. 그래서 아르세스는 통치기간을 2년도 못 채우고 죽고, 그의 아들들까지도 살해당했다. 그 후 아케메네스의 통치자들은 아르세스의 사촌을 왕위에 옹립했다. 그의 이름은 코도마나(Kodomana)로서 역사에는 다리우스 3세로 기록되어 있다. 그도 바고이가 내시를 통해 독살하려고 했지만 다리우스 3세는 그 내시에게 먼저 맛을 볼 것을 명함으로 죽음을 피할 수 있었다.

그렇게 내부에서의 권력다툼은 국력을 점점 약하게 만들어갔으며 반면에 아케메네스인들의 통치하에 있던 다른 민족들의 세력을 확대시키는 계기가 되었다. 아케메네스인들의 통치하에 있던 지역들의 경제적 발전은 그들로 하여금 홀로서기가 가능하게 만들었고, 그들의 사회적, 정치적 발전은 그들이 아케메네스인들에 대항하여 일어설 수 있게 만들었다.

---

40) 올름스테드의 주장에 따르면 아르타크세르크스3세는 잔인했지만 유능한 황제였으며 바고이가 그를 죽이면서 아케메네스 국가도 멸망했다고 한다(Olmstead A. F., 1959, p. 48). 하지만 이 주장은 사실과는 멀어 보인다.

이런 상황에서 마케도니아와 아케메네스의 전쟁이 시작되었다. 마케도니아군의 진군소식을 들은 아케메네스인 들은 그들의 군대를 보내서 그라닉(Granik)과 이쓰(Iss)에서 전투를 벌인다. 그 전쟁에서 마케도니아 군이 승리하여 아케메네스인들은 소아시아와 이집트 그리고 핀키아(Finkia)를 빼앗긴다. 이 전투는 기원전 334년 5월에 일어났고, 기원전 331년에는 마케도니아군이 아케메네스의 중심부까지 쳐들어갔다.

기원전 331년 10월 1일 가우가멜라라(gaugamelala)라는 메소포타미아 북동쪽의 한 마을에서 전투가 벌어진다. 그 후로 아케메네스인들의 군대는 패배를 거듭했고 반면에 마케도니아군은 승리를 하면서 바벨론, 페르세폴(Persepol), 파사르가드(Pasargad) 등을 정복하면서 패배자는 엄청난 것을 잃었고 승리자는 그만큼을 얻었다.

전쟁은 적들이 승리했다. 하지만 알렉산더 대왕은 전쟁에 종지부를 찍기 위해서 다리우스 3세를 사로잡아야 했다. 해서 마케도니아의 군대는 북동쪽으로 후퇴한 아케메네스의 황제를 찾아 나섰다.

그 시기에 다리우스 3세 측근의 귀족들 중에 그에 반대하는 사람들이 생겨나기 시작했다. 실제로 다리우스 3세에게는 군사적 재능이나 대책이 없었다. 그래서 사람들은 다리우스왕의 친척인 박트리 베소스(Baktri Bessus)를 다리우스왕의 대리자로 생각했다.

그 후 다리우스 3세는 군사적 무능을 핑계로 체포되었고, 후에 죽임을 당했다. 그 후 베소스는 자신을 왕이라 하고 왕명을 아르타크세르크스(Artakserks)라고 했다. 그리고 그는 세력을 결집시켜 마케도니아를 굴복시키고자 했다.

중앙아시아에서의 전쟁

베소스의 회담에 관한 사료들이 몇몇 남아있는데 그것들을 보면 그는 자신의 권력을 법적으로 정당화하려고 했다. 디오도루스(Diodorus)는 박트리아에 대해 이렇게 말했다: "베소스는 군인들과 국민들에게 자신을 왕으로 받아준 그들을 책임지겠다고 했다."고 한다. 그리고 또 이 사람이 말하길 "베소스는 군인들의 수를 증강시키고 무기를 많이 생산했다."고도 한다.

베소스는 당시 자신의 주위의 사트라프들의 지지를 받으려고 노력했는데 그중에서도 헤라트 북쪽에 사는 아리아인들과 유목민족들의 지지를 받고 싶어 했다. 해서 자신들만의 '사트라피아 연합'이 생겼다. 하지만 베소스는 민중의 전폭적인 지지를 받지 못했는데 이는 아케메네스의 왕위를 계승했기 때문이 한 가지 이유이고 다른 이유는 그레코-마케도니아의 군대가 몰려오고 있었기 때문에 그에게는 시간이 부족했다.

마케도니아군에게 조금은 어려웠던 싸움이 아리아(Arya)에서 처음으로 일어났다. 그 전투에 알렉산더는 한 달 이상을 소비했다. 사티바르잔(Satibarzan) 휘하의 군사들은 매우 잘 싸웠지만 마케도니아의 기마부대 앞에 무릎을 꿇을 수밖에 없었다. 패배 후 그들은 베소스에게로 갔다.

알렉산더는 그래도 베쓰의 지지자가 조금 남아있던 아프가니스탄의 남쪽 지역을 점령하고 곧바로 북쪽으로 진군하여, 아프가니스탄 북쪽 지방에서 마케도니아군은 베소스가 이끄는 약 7~8천 명 정도의 군대와 조우했다. 전세가 불리해지자 베소스는 사티바르잔(Satibarzan)을 2천여 명의 군대와 함께 아리아로 보내서 다음을 기약했고 자기 자신은 아무다리아 건너편으로 도망갔다.

사료들은 베소스에 대한 다양한 평가들을 한다. 우리가 보기에는 이러한 행동이 그의 왕권을 향한 열망에도 불구하고 충분히 긍정적으로 보인다. 베소스가 중앙아시아 쪽으로 도망 와서 지키고 있었기 때문에 마케도니아군의 중앙아시아 침범을 몇 개월, 아니 반년 정도 지연시킬 수 있었다. '사트라피야의 연합'은 중앙아시아에서의 전쟁의 서막이 되었다.[41]

---

[41] ITN., I, pp. 241~242.

2. 중앙아시아인들의 대 마케도니아 봉기

중앙아시아인들의 군사적 재능과 힘

어떻게 중앙아시아가 마케도니아의 군대를 막았을까 라는 문제는 대답할 가치가 있는 문제이다. 그 대답은 바로 중앙 정부가 없었다는데 있다. 아케메네스인들이 중앙아시아의 많은 땅을 차지했지만 대부분의 중앙아시아 지역은 분리되어 있었고 그들은 서로 다른 통치자가 있었다.

기원전 6세기경 중앙아시아의 무기 제조술은 매우 높은 수준까지 이르렀다. 중앙아시아의 군사들은 주로 철제 단도와 검 등을 가지고 싸웠다. 청동은 매우 적었다. 단도는 오른쪽 허리에 찼고, 검은 매우 긴, 길이가 1.2m 정도되는 것을 사용했다. 그리고 사가리스(Sagaris)라고 불리는 전투용 도끼도 매우 자주 이용되었다. 이런 도끼가 파미르에 있는 무덤에서 발굴된 적이 있었다. 헤로도토스나 스트라본(Strabon)의 말에 따르면 마싸게트 인들은 주로 창을 사용했다고 한다. 그래서 그들을 "창을 가지고 다니는 사람"이라고 한다고 한다.

원거리를 공격하기 위한 가장 효율적인 무기는 바로 활과 화살이었다. 기원전 1천 년 중반에 중앙아시아에 여러 재질로 만들어진 활이 보급되기 시작했는데 그것들을 스키타이 활이라 한다. 그것은 다른 활들에 비해 사거리가 더 멀고 더 강했는데 이 스키타이형의 활도 여러 종류가 있었다. 소그드, 호라즘, 파르티아, 박트리아인들이 서로 조금씩 다른 형태의 것을 만들었다. 역사학자들은 궁수와 기마궁수들이 사카인들과 마싸게트인들에게 존재했다고 한다. 그리고 중앙아시아인들은 투석기를 사용할 줄도 알았다.

군인들은 투구를 써서 자신들을 방어했다. 크빈트 쿠르치(Kvint Kurtsi)는 중앙아시아에는 철로 만든 갑옷이 있었다고 한다. 또한 아리안(Arian)은 중앙아시아의 군인들은 전투에 참전할 때 온몸을 금속으로 만든 갑옷으로 두르고 나갔으며 그들의 투구와 방패에 대해서도 이야기하는데 방패는 여러 가지 다른 모양과 크기로 만들었다. 그리고 헤로도토스의 역사에는 중앙아시아인들의 말은 전투에 나갈 때 온몸을 갑옷으로 둘렀다고 한다. 또한 중앙아시아의 군대에는 전차도 있었다고 한다.

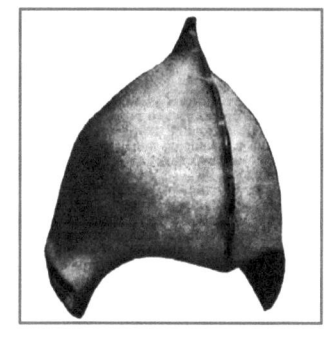

중앙아시아 지역의 동제(銅製) 투구

중앙아시아에는 이미 청동기 시대부터 축성기술이 발달해 왔다. 그래서 그레코-마케도니아의 침략 시기에는 크고 견고한 도시들이 다수 존재했다. 도시를 둘러싼 전체 성곽 외에도 큰 도시에는 요새화된 부분이 있었다. 성벽에는 병사들이 지키고 있는 망대가 세워져 있었다.

중앙아시아인들의 전투 방식은 이러했다. 그들은 먼저 고지를 지키고 서 있으면서 마케도니아군을 감시했다. 그들은 병법에 익숙해서, 적들을 공격하고 돌아와서 바로 방어로 전환할 수 있었다. 그리고 아케메네스인들이 그들과 함께 하기 위해 그들의 부대에 들어왔기 때문에 그들은 마케도니아군에 대해서 알 수 있었고 아케메네스인들의 지원을 받을 수 있었다. 그리고 마지막으로 중앙아시아 민족들의 타민족에 대한 반감이 마케도니아군을 막을 수 있었던 가장 큰 원인 중의 하나로 작용했다.

역사학자들은 그리스인들에게는 그레코-페르시아 전쟁 당시에도 알려지지 않았던 중앙아시아인들의 전투능력을 높이 평가한다. 후에 이것을 알렉산더가 처음으로 가우가멜라(gaugamela)전투에서 사카-박트리아의 기마병들에게 쫓기면서 느꼈다.

전쟁 사학자들은 중앙아시아인들의 전투능력에 대해서 이러한 결론을 내렸다. "1. 중앙아시아인들의 전투능력은 당시 매우 높은 수준에 이르렀던 것으로 어떤 면에서는 그레코-마케도니아의 군대보다 뛰어나다고 평가된다.

2. 중앙아시아의 군대는 병법에 능해서 공격과 방어를 능숙하게 전환할 줄 알았다. 3. 아케메네스의 그레코-마케도니아와의 전쟁을 통해서 중앙아시아의 군대는 아케메네스 군대의 전술뿐만 아니라 마케도니아군의 전술을 터득하게 되었다. 4. 기원전 6~4세기 중앙아시아인들의 전쟁에 대한 잠재력은 대단해서 외부의 침략자들과의 전투에서 많은 성과를 보였다."42)

중앙아시아 두 강 사이에서의 전쟁

아리안(Arian)은 이렇게 썼다. "베소스는 알렉산더가 가까이에 왔다는 소식을 듣고 옥스(Ox)강[지금의 아무다리아] 넘어로 건너갔다. 그 강 넘어는 소그드인들의 땅인 나브탁(Navtak)이었다. 그다음으로 스피타멘(Spitamen)이 도하를 성공했고, 옥시아르트(Oxiart)도 소그드인들의 도움으로 강을 건넜고, 마지막으로 타나이싸(Tanaisa)가 단(dan)인들과 함께 강을 건넜다." 그리고 여기서 반 마케도니아군의 영웅인 스피타멘이 탄생한다[그런데 그의 이름은 그리스식의 이름인 스피타마나(Spitamana)와 비슷하다]. 43)

알렉산더는 5일 만에 자기의 군대를 아무다리아 너머로 도하시켰다. 44) 여기서 역사에 잘 기록되지 않은 반전이 일어난다. 45) 베소스는 그의 동료들에게서 평판이 나빠졌고 이 소식은 알렉산더에게 알려지게 된다. 이 일의 동기는 잘 알려져 있지 않지만 이후에 베소스는 더이상 전쟁을 지휘할 수 없었으며 이제는 그가 제거당할 시점에 이르렀다. 46) 알렉산더는 원정에서 박트리아로 돌아간 후에 거기서 마케도니아군의 지휘관들과 페르시아에서 귀화

---

42) Litvinsky B.A., Pyankov I.V., 1966, pp. 51-52; Litvinsky B.A., 1966.
43) Abaev V. I., 1959, p. 114.
44) Trever) K. V., 1947, p. 114.
45) 알렉산더의 중앙아시아로의 진군과 중앙아시아 민족의 대 마케도니아 항쟁은 다음 문헌에 자세히 나와 있다: Grigoriev V.V., 1881; Trever K.V., 1947; ITN, I., pp. 236-274; Zolling, T.H., 1875; Schwarz F., 1906.
46) 그리고리예브 V. V.는 자신의 저서인 "알렉산더 대왕의 서 투르키스탄 원정"이란 책에 베쓰의 일은 자신의 무책임한 행동들 때문이라고 한다.

한 사람들의 말에 의해 베소스를 자신의 소유물처럼 여겼고, 그의 귀와 다리를 잘라서 에크바탄(Ekbatan)으로 데려가서 거기서 페르시아인들의 눈앞에서 죽이도록 했다. 알렉산더는 베쓰의 죽음을 생각해보면서 페르사아인들을 자신의 편으로 끌어들이려고 했다.

나브탁에서의 전투를 끝내고 소그드인들의 수도인 마르칸다(Markanda)로[이것은 그리스식의 발음이고 원래는 사마르칸트이다.]47) 진격해서 그것을 빼앗았다. 그런데 사마르칸트에서 그는 주민들의 저항이라는 어려움을 겪게 된다. 크빈트 쿠르치야(Kvint Kurtsia)의 말을 빌리자면 "알렉산더는 도시에 수비대를 남겨놓고 주변 마을들을 황폐하게 하고 방화했다"고 한다. 그 후에 그는 북동쪽으로 향했다. 그때 알렉산더와 그의 군사들은 진군에 매우 어려움을 겪게 되었다. 소그드인들이 연합해서 마케도니아군에 대항한 것이다. 그들은 그들의 땅의 독립과 자유에 대한 말이 나오자 모두 그 땅을 지키려고 했다. 이 전쟁은 중앙아시아 역사의 빛나는 한 장면으로 남았다. 첫 번째 이야기로는 소그드인들이 우스트루쉬안(Usturshan)이라는 산악지대에서 마케도니아의 정복자들을 몰아낸 것이다. 이 지역은 전에 알렉산더가 사마르칸트에서 키로폴(Kiropol)으로 진군할 때 지났던 곳이기도 하다.

알렉산더는 남은 부대를 우스트루쉬안(usstrushian)의 도시들로 보냈다. 그때 그에게 중요한 것은 키레스하투(Kireshatu)[키로폴] 였다. 사람들은 마케도니아군의 억압에 당황했고 그래서 산악지대로 도망가 방어를 하려고 했고, 그래서 대부분의 전투는 접근이 어렵고 암석이 많은 산지에서 전개되었다.48) 소그드인들은 마지막까지 적들을 막으려고 했다. 아리안도 "그들은 적들의 손에 들어가는 것을 두려워하지도 않고 자신의 목숨을 희생했다."고 했다. 알렉산더는 어렵게 적들의 기세를 꺾을 수 있었다. 이 전투에서 2만2천여 명의 현지 주민들이 죽었다. 그리고 마케도니아군도 매우 큰 손실을 입

---

47) Henning W. B., 1958, p. 54.
48) ITN., Ⅰ, pp. 253~255.

었고, 알렉산더 자신도 큰 부상을 당했다.

소그드를 평정하고 나서 알렉산더는 시르다리오로 갔다. 그 당시는 그곳을 유목과 농경지의 경계라고 불렀다. 강의 오른쪽에는 사카인들이 살고 있었고, 좌측에는 크고 작은 마을들이 있었다. 알렉산더는 시르다리오 부근에서 진군을 멈추고 거기에 마케도니아식의 마을들을 세우고 수비대를 두었다. 얼마 후 강 좌측 지역에서 7개의 마을들이 마케도니아에 대항해서 봉기했다. 그때 박트리아와 소그드에서 또다시 주민들이 일어났다. 이것이 중앙아시아 전체에서 마케도니아군에 대한 반란의 첫 단추를 꿰는 계기가 되었다.

알렉산더는 자기에게 어려워 보이는 상황에서 시르다리오 부근에서의 자신의 자리를 지키기 위해 많은 힘을 쏟아부었다. 그는 이틀 만에 다섯 개의 도시를 함락했고, 그들의 인구를 단호하게 줄여나갔다. 알렉산더는 모든 남자들을 죽이도록 명령했으며, 여자들은 자신의 군인들이 데려가도록 허락했다.

시르다리오 지방을 중심으로 한 중앙아시아의 반 마케도니아 세력들은 끈질기게 키로폴을 포위했다. 그때 알렉산더가 성문을 열고 자신의 군대를 성 밖으로 내보내서 그곳의 주민 8천여 명을 죽였다. 하지만 마케도니아군의 피해도 적지 않았는데 여기서 알렉산더는 부상을 당하고 그의 지휘관들도 대다수 큰 부상을 당했다.

이 혼란으로 인해서 반 마케도니아 세력들은 기가 꺾였다. 아리안이 말하길 "전쟁에 참가한 7개의 마을들에는 한 사람도 남지 않았다"고 한다. 그들은 모두 죽거나 노예로 팔려 나갔다.

기원전 329-327의 봉기

박트리아와 소그드의 독립전쟁 세력들의 중심에는 스피타멘이 있었다. 그는 타지크 민족에게 역사상 가장 위대한 인물 중의 하나로 꼽힌다. 그는 기원전 329년에 군대를 모아서 사마르칸트를 회복한다. 대부분의 사마르칸트 수비대들은 죽었으며 남은 사람들은 모두 도망갔다.

알렉산더는 이 소식을 듣고 사마르칸트 수비대들을 도와주기 위해 3000명의 보병과 800명의 기병을 보냈다. 알렉산더 자신은 남아서 시르다리오의 수비를 강화하고 알렉산드리아 에스하트(Alexandria Eshat)[알렉산드리아의 끝]를 세웠다.49) 크빈트 쿠르치아(Kvint Kurtsia)의 말을 빌리자면 알렉산더는 시르다리오에 약 11km 길이의 성벽을 쌓으면서 시간을 보냈다고 한다. 알렉산더는 이 도시의 이름을 알렉산드리아라 칭하도록 했으며, 이 성은 매우 빨리 건축되었다. 기초를 다지고 17일 만에 성안에 집들이 들어서기 시작했고, 이 새로 지어진 도시에는 포로들이 와서 살기 시작했다고 한다.50) 아리안의 말에 따르면 이 도시는 2일 만에 지어졌으며 야만인들이나, 알렉산더 휘하의 늙었거나 아파서 전투를 할 수 없는 사람들도 와서 살았다고 한다. 이 도시는 이 지방을 다스리기 위해서 세운 것으로 알렉산더가 시르다리오 지방의 주민들을 통제하기 위해 세운 것이다. 스키타이의 왕은 이 도시를 일컬어 자신을 옥죄는 멍에라고 했다. 알렉산더는 진군하기 위해 스키타이인들을 뒤로 물러나게 했으며 그사이에 나가서 그들을 치고 초원으로 물리쳤다. 그때 삭인들이 공격을 하고 마케도니아군은 더운 날씨와 식수의 부족, 그리고 삭인들의 끈질긴 공격으로 인해 큰 고통을 받았다. 그리고 결국에는 알렉산더가 병에 걸리자 그의 군대는 철수해야 했다.

그 당시 마케도니아군이 우스트루쉬안과 페르가나(Fergana)의 서쪽을 정복하려 할 때에 반 마케도니아군은 소그드 지역 전체와 박트리아의 일부까지 퍼져 있었다. 그것을 인식하지 못한 알렉산더가 사마르칸트 수비대의 침체된 분위기를 해소하기 위해 그 당시 그렇게 많은 수가 아닌 2500명의 군

---

49) 이 장소에 관한 자세한 사항은 B. G. 가푸로브의 "타지크 민족의 역사(Ⅲ, 1955.)"에 나와 있다. 여기에는 알렉산드리아 에스하타가 현재의 레닌아바드시에 있다고 한다 (N.N. Negmatov, 1956, pp. 33-34).
50) 크빈트와 유스티나의 기록에는 알렉산트리아 에스하타의 크기에 관한 사항이 있다. 그들의 주장에 따르면 문헌에 도시의 크기를 잴 때 기록된 '보'는 한걸음을 말하는 것이 아니라 두 걸음을 1보라고 기록했다 한다. (ITN, Ⅰ, p. 256, 529).

대를 파견했다. 군대가 아직 사마르칸트에 도착하기 전에 스피타멘은 포위 공격을 하기로 결심하고 후퇴하는 척했으며, 그때 마케도니아군은 스피타멘의 예상대로 소그드 군을 추격해왔다. 스피타멘은 기회를 틈타 돌아서서 공격했다. 그제서야 마케도니아군은 도망가기 시작했고 자라프샨(Zarafshan)강 부근에서 스키타이인들과 스피타멘의 부하들이 쏘는 화살에 의해 전멸당했다.51) 서독의 학자인 F. 알트하임은 "스피타멘은 다른 그 누구도 이룰 수 없는 것을 이루어 냈다. 그는 마케도니아군의 일부를 제거했다."52)

스피타멘은 주민들을 모아서 사마르칸트 수비대를 고립시켜 놓고 움직이지 못하게 포위하고 있었다. 그리고 얼마 후 알렉산더가 자신의 주력 부대와 함께 오자, 그는 자신의 군대를 이끌고 초원으로 갔다. 알렉산더는 한번 그들에게 당한 적이 있기 때문에 스피타멘을 쫓아가지 않고 그저 그 부근 마을들의 주민들 중에 존경받는 이들을 모두 죽이도록 했다. 사형대에서 30명의 소그드인들이 죽음 앞에서도 당황하지 않고 당당한 것을 보고 마케도니아인들은 놀랐다. 그 30명은 당시 학식이 있는 사람들로서 그들은 사형대에 올라갈 때 노래를 부르면서 갔다고 한다. 그 당시 마케도니아군의 손실은 매우 커서 알렉산더는 분하지만 사카인들, 호라즘인들과 협상을 하고 겨울동안 군대를 재정비 하면서 봄을 기약했다.

영웅적인 소그드인들은 자신들의 손실이 매우 많았음에도 불구하고 항복하지 않았다. 스피타멘은 적들을 단 하루도 편안하게 놔두지 않고 빠른 기병을 활용해서 공격했고 적들에게 큰 손실을 안겨 주었다. 아리안이 말하길 소그드인들은 각지에서 자신들의 땅을 빼앗은 정복자들에 대항하기 위해 모여들었고 그 정복자들을 벌주고자 하였다고 한다. 실제로 알렉산더가 약탈한 곳의 소그드인들은 알렉산더에 대항하여 싸웠다. 알렉산더는 소그드인들의

---

51) F. 슈바르추(Shubartsu)의 말에 따르면 이 전투가 자라프샨의 오른쪽 강변에 있는 지야딘(Ziyaddin)에서 있었고, 리트빈스키의 말에 의하면 좀 더 오른편에서 있었다고 한다.
52) Altheim F., 1953, p. 68.

반란을 막기 위해 자신의 군대 2만 명을 5개의 부대로 나눠서 소그드인들의 땅 이쪽 끝에서 저쪽 끝까지 진군시키면서 만나는 사람을 모두 죽이도록 했다. 그리스의 역사학자 디오도루스(Diodorus Siculus)는 알렉산더가 이때 죽인 소그드인들의 수가 약 12만 명이라고 한다. 이 알렉산더의 소그드인들에 대한 벌로 마을은 황폐해져 갔다. 그래서 알렉산더는 자신의 지휘관들에게 소그디아나(Sogdiana)에 도시를 세우게 했다.53)

이렇게 소그드인들이 피를 흘리고 있을 때에 알렉산더가 박트리아에 남겨뒀던 군대의 지휘관은 여러 수단을 동원해서 그 주민들을 학대했다. 그때 스피타멘은 알렉산더의 배후를 돌아서 박트리아로 갔다. 박트리아에는 그때까지도 사람들이 마케도니아에 대항해서 용감하게 싸우고 있었다. 기원전 328년 가을 스피타멘은 3000여 명의 기병을 이끌고 또다시 소그드인들의 수도로 진군했다. 거기서 전투를 벌인 후에는 양쪽 모두 큰 손실을 입었기 때문에 스피타멘은 초원으로 후퇴해야 했다. 거기서 유목민들의 우두머리들은 스피타멘을 배신하고 그를 공격하기 시작했다. 그들은 스피타멘의 목을 베고 그 목을 알렉산더에게 보냈다. 아리안은 그 유목민의 족장들이 그런 방법으로 자신들의 피해를 줄이려고 했다고 한다.

스피타멘이 죽었다고 해서 정복자들이 승리하거나 소그드인들의 항복을 얻어낸 건 아니다. 소그드 땅에서 정복자들은 아직 안심하고 전투를 치를 수 있는 상황이 아니었다. 알렉산더는 세계적인 강국이던 아케메네스를 복종시킨 힘을 가지고도 기원전 328~327년의 겨울을 소그드인들의 항복도 받지 못하고 소그드 땅에서 보내야 했다.

기원전 328년 가을부터 알렉산더는 소그드인들이 자신에게 대항하지 않게 하기 위해서 자신의 정책을 조로아스터교에 맞게 변경했다. 기원전 327년 봄에 그는 소그드인들의 지도자들인 옥시아르트(Oksiart), 시시미트르

---

53) 현재는 판코프의 연구에 의해서 이러한 견해가 확립 되었다. (Pyankov I. V., 1970, pp. 47~48.)

(Sisimitr), 그리고 호리엔(Horiyen) 등을 용서해줬을 뿐 아니라 그들의 재산들도 돌려주었다. 알렉산더는 돈과 재산을 자기에게 도움을 준 지도자들에게 주었을 뿐만 아니라 소그드인들의 편에 서서 싸우지 않은 부족들에게도 상을 주었다. 알렉산더가 아리안에게 자신의 결정을 판단해 보라고 했을 때 아리안은 이렇게 대답했다. "만일 당신이 원주민들의 생각을 이해하는 것이 필요하다고 생각한다면 난 당신에게 엘라다(Ellad)에 대해 생각해 보라고 하고 싶습니다. 그는 아시아를 그리스에 복속하도록 하기 위해 당신과 함께 했던 사람이었습니다."

알렉산더는 소그드인들의 귀족에 속하는 사람들과 어울리기 시작했다. 그는 자기가 빼앗은 소그드 부족의 부족장 옥시르트 록산(Oxirt Roksan)의 딸과 결혼했고 그는 그녀를 그의 가까이에 두었다. 이 소그드 여인은 알렉산더가 소그드의 귀족들과 전쟁을 하는 것이 아니라 소그드의 백성들과 전쟁을 하는 것이라는 말에 속아 그녀의 민족을 배신한다. 그리고 시시미트르(Sisimitr)[이 사람도 소그드인들의 지도층이다.]는 알렉산더가 사카인들을 정복할 때 그에게 자신의 군대를 빌려줘서 알렉산더에게 많은 도움을 주었다.

소그드 귀족들의 배신행위는 옥시르트의 행위를 보면 잘 알 수 있다. 그는 알렉산더와 장인 사위 사이가 된 후에 알렉산더가 자신의 조국을 공격하는 데에도 불구하고 그의 모든 일들에 협력했다. 기원전 325년 봄에 그리스 군이 박트리아에서 철수할 때에 이 지방에서 많은 사람들이 그리스인들에 대항해 싸웠지만 옥시르트는 알렉산더를 대신해서 견고한 성을 지키며 싸웠다. 그리고 나중에 알렉산더가 인도를 향해서 진군하려 할 때 알렉산더는 옥시르트를 파로파미스(Paropamis)[지금의 카불 지역]의 태수로 임명했고 후에 그 곳에서도 주민들이 폭동을 일으키자 옥시르트는 자신이 이 폭동을 진압하기 위해 전투를 벌였다.

정복자들은 모든 힘이 한 곳으로 집중되었었기 때문에 소그드인들의 영웅적인 반란도 진압할 수 있었고 아무다리야 부근을 정복할 수 있었다. 전설에 의하면 그는 자라프샨을 정복하고 이스칸다르쿨(Iskandarkul)[알렉산더의 호수]까지 갔다고 한다.

호리즘은 알렉산더의 중앙아시아 정복 전쟁 속에서도 독립적인 국가로 남을 수 있었다. 아리안은 호리즘의 왕이 1500여 명의 기병을 이끌고 와서 아마존(Amazon)과 콜흐(Kolh)인들에 대항해 동맹을 제안했다고 한다. 타지크인들과 모든 중앙아시아 민족들의 조상들은 거대한 제국을 세운 군대에 대항하여 싸웠다. 비록 그들은 전쟁에서 패했지만 알렉산더와 그의 군대에게 치명적인 손실을 안겨줘서 알렉산더 군의 힘을 약화시켰다.

타지크 민족과 그 외의 민족들은 삼 년 동안 자신들의 땅을 지키기 위해 거대한 제국과 싸웠다. 그들이 패배했음에도 불구하고 그들의 영웅적 행동으로 인해서 알렉산더의 군대는 엄청난 손실을 입게 되었다.

알렉산더의 군대가 박트리아와 소그드, 그리고 그 외의 중앙아시아 국가들을 그레코-박트리아에 복속시켰지만 대부분 그들 국가의 노동계층의 삶이 더 나아지지는 않았다. 그 지역의 귀족들이 자신들의 사리사욕을 위해서 제국에 빌붙어 민중들을 억압했다. 이것들이 마케도니아가 중앙아시아를 지배하는 동안 계속해서 침략자들을 몰아내기 위한 반란이 일어났던 이유이다.

알렉산더 제국의 멸망과 정복 전쟁의 결과

아케메네스 국의 수도를 바벨론으로 변경하고 그들의 정치체제를 그대로 유지시킨 알렉산더는 제국의 통일성을 이루기 위해 노력했다. 그는 자신의 제국을 하나의 세력으로 연합시키려 노력했다. 기원전 324년부터 알렉산더는 자신들의 복장을 소그드인들과 페르시아인들과 박트리아인들, 그리고 그 외의 중앙아시아에 거주하는 부족들에게 입혔다. 그리고 마케도니아의 방식으로 중앙아시아 거주민 3만여 명을 무장시키고 그들을 기마부대로 편성했다.

알렉산더가 자신의 식민도시로 사용하고자 소그드 땅과 박트리아에 만들라고 명령한 도시들은 약 8~11개에 이른다. 그 도시들은 알렉산드리아라고 이름 지어졌다. 그 도시들은 알렉산드리아 에스타하(Aleksandria Estaha), 아리아의 알렉산드리아(Aleksandria Areyskaya), 옥스의 알렉산드리아(Aleksandria na Oksye)[이는 테르미즈 부근에 있었던 것으로 추측된다], 아이 하눔(Ay Hanum), 박트리아의 알렉산드리아(Aleksandria Baktriyskaya)[이것 보다는 박트리아란 이름으로 부르는 것이 더 맞을 듯하다], 마르기안의 알렉산드리아(Aleksandria Margianskaya)[현재의 바이람 알리(Bairam Ali)], 그 도시들에는 2만여 명의 보병과 3천여 명의 기마병이 주둔하고 있었다. 하지만 이 도시들을 세웠다고 해서 그의 제국이 하나가 되지는 못했다. 하지만 각 부족과 민족 간에 연결 통로는 만들 수 있었다. 그의 제국은 하나가 되지 못해서 알렉산더가 죽자마자 힘을 잃기 시작한다.

알렉산더가 사망하자 아시아에서는 반란이 일어나기 시작한다. 그것을 고대 역사를 연구하는 역사학자들은 "야만인"들이 알렉산더가 죽자 마르기안의 알렉산드리아를 공격했다고 한다.

알렉산더가 죽은 후에 제국의 권력은 군대를 지휘하는 장군들의 손에 들어갔다. 그 후에 그들은 서로 제국을 차지하기 위해 전쟁을 벌이지만 그들 중 누구도 제국 전체를 손에 넣을 수는 없었다. 그들 중 가장 세력이 큰 두 개의 군대가 서로 이프스(Ips)에서 기원전 301년에 역사에서도 보기 드문 치열한 전투를 벌인 후에 알렉산더 제국은 3개의 독립적인 국가로 분할된다. 그 나라들은 이집트, 마케도니아 그리고 시리아이다. 이 국가들을 역사에서는 "헬레니즘 국가"라고 일컫는다.

어떤 부르주아적 사학자들은 알렉산더의 정복 전쟁이 정복이나 그들의 재산권을 침탈하는 행위가 아닌 상호간의 시장 개방과 그리스인들의 동방 진출을 위한 것이었다고 한다. 그런데 그곳 주민들이 이에 심각하게 저항한 것이라고 한다.[54]

그리스인들과 동방인들의 문화를 비교하는데 있어서 부르주아 역사학자들은 동방의 높은 문화를 언급하지 않으려는 경향이 있다. 실제로 몇 천 년 전의 동방 문화가 그리스나 그 어떤 서방 문화보다 더 발전해 있었고 훨씬 수준이 높았다.

헬레니즘의 문화는 알다시피 그리스만의 문화가 아니다. 거기에는 동방의 문화가 배어 있다. 헬레니즘 문화의 발전에 있어서 중앙아시아인들이 매우 큰 역할을 해내었다.

고고학은 계속해서 새로이 동방인들이 헬레니즘 문화에 공헌한 것을 증명하는 것들을 찾아내게 했다. 그 한가운데에 중앙아시아가 있다. 그 예로 헬레니즘 도시들의 양식들은 이미 훨씬 전에 중앙아시아인들이 만들어낸 양식과 비슷하다.

중앙아시아와 이란의 종교는 당대에 그리스와 로마인들에게 영향을 미쳤고 그다음으로는 기독교에도 영향을 미쳤다.[55] 중앙아시아인들의 영향력은 그리스의 철학자나 문학, 예술가들에게도 큰 영향을 끼쳤다.

---

54) Zelyin K.K., Trofimova M.K., 1969, p. 66.
55) Tarn V., 1949, p. 309.

주제 3

그레코-박트리아(Greko-Baktria)와 파르티아

1. 셀레우코스(Seleukid) 국가 안에서의 중앙아시아

알렉산더의 군 지휘관 중의 하나인 셀레우코스(Seleukos)는 기원전 312년 바벨론에서 총독으로서의 자리를 굳건히 한다. 그는 9년여 동안 자신의 영토를 동과 서로 확장해 나갔다. 그중에 중앙아시아와 이란이 있었다. 그는 외교적인 방법으로 많은 땅들을 자신이 장악했지만 중앙아시아에서는 반대 세력들에 부딪히게 되었고 전쟁을 해야만 했다. 폼페이우스 트로구스(Pompeius Trogus)의 말에 의하면 그는 바벨론에서 자신의 세력을 확장시키고 박트리아를 점령했으며 소그드와 파르티아 또한 그의 손아귀에 들어갔다. 인도의 북부도 점령하려고 했지만 성공하지 못했다.

셀레우코스의 역사는 소련의 유명한 헬레니즘 역사가인 A.B라노비치(A.B.Ranovich)가 기록했지만 이 나라에 대한 것은 역사적인 자료가 잘 보전되어있지 않기 때문에 기록에 있어서 매우 큰 어려움이 있다.[56] 그것도 기원전 3세기 후반에서 기원전 3세기 중반부의 중앙아시아에 관한 것만 조금 남아있고 기원전 2세기의 셀레우코스에 관한 자료는 거의 없다.

---

56) Ranovich A.B., 1950, p.113.

셀레우코스1세(Seleukos 1)의 제국의 영토는 매우 넓었으며 항상 동방에 대해서 관심을 기울여야 했다. 그래서 셀레우코스는 자신의 아들 안티오쿠스(Antiokus)에게 동방을 다스리도록 파견했다. 안티오쿠스를 동방으로 보낸 이유는 그가 아파마(Apama) 와의 사이에서 태어난 아들이기 때문이다. 아파마는 스피타멘의 딸이다. 그래서 안티오쿠스에게 있어서 중앙아시아는 어떤 면에서는 그의 조상들의 땅이기도 했다.

정황을 살펴볼 때 기원전 3세기 초에 중앙아시아에서는 셀레우코스 제국에 반대하는 세력들이 봉기했고 셀레우코스 제국간섭은 유목민들을 화나게 했다. 이 상황에서 셀레우코스인들의 요충지들이 파괴되었다. 그 도시들은 알렉산더 대왕 때 세워진 마르기안의 알렉산드리아(Margianskaya Aleksandria)와 알렉산드리아 에스하타(Aleksandria Eshata)이다. 이 도시들은 나중에 셀레우코스인들에 의해서 재건된다. 또한 마르기아나(Margiana) 오아시스는 아주 긴 방벽으로 둘러싸이게 된다. 그 벽의 길이가 무려 250km에 이른다고 한다. 안티오쿠스는 시르다리오(Sirdario) 건너편의 데모담(Demodam)이라는 유목민들에게 군대를 진군시켰다. 그리고 정치, 외교, 군사를 잘 활용한 덕분에 안티오쿠스는 반 셀레우코스 무리들을 제압할 수 있었다.[57]

셀레우코스와 그의 대리자인 인티오쿠스에 관한 것은 전해져 오는 화폐자료[58]를 연구하여 그들의 동방정치의 형태를 리트빈스키(Litvinski)와 마쏜(Masson)이 찾아냈다.[59] 미래의 통치자 안티오쿠스는 동전을 주조하도록 했는데 그는 인도의 무게 단위로 동전을 만들고 거기에다가 셀레우코스와 자신의 얼굴을 새겼다. 이렇게 동전을 만들어낸 이유는 그가 그의 아버지에게서 독립했다는 것을 의미한다. 후에 그가 기원전 280년에 국가의 통치자가 되었을 때에는 동전의 주조를 중단했다.

거의 20년간 지속된 그의 통치 기간 중에[기원전280년~261년까지] 그는 서

---

57) ITN, I, p. 283.
58) Newell E., 1938.
59) ITN, I, pp. 283-286; Masson V.M; Romodin V.A., 1964, pp. 99-101.

안티오쿠스 1세의 주화

쪽과의 전쟁이 많기로 유명했는데 중앙아시아 쪽으로는 별로 관심을 기울이지 않았다. 그때 중앙아시아와 중앙아시아의 각 지방들은 강성해지기 시작했으며 그곳에는 평범한 일상생활이 계속되었고, 농사와 상업, 수공업 등이 발달했다.

나중에 중앙아시아는 셀레우코스 제국에게 매우 중요한 국가의 한 중심이 되었다. 셀레우코스인들에게는 중앙아시아가 군사적 경제적 요충지가 되었고 셀레우코스인들은 이 지역으로 이주해 와서 살기도 했고 상업로가 셀레우코스의 티그리스와 박트리아까지 열리도록 했다.[60]

귀족 계층은 상호 혼합되었다. 그리스의 귀족들이 이주해 와서 자신들이 그 지역의 지배 계층이 되었다. 이곳의 통치자들은 셀레우코스인들과 섞이지 않았고 그들은 중앙아시아의 부가 매우 커져 갈수록 사람들에게서 더 많은 재물을 빼앗아 갔다. 그래서 사람들은 그들을 싫어하기 시작했는데, 왜냐하면 그들은 이 통치자들이 자신들의 재산을 "탈취한다고" 생각했기 때문이다. 그리고 그들이 세금을 두 배로 올렸을 때는 주민들의 가슴 속에는 원망으로 가득했다.

그 시대를 중앙아시아인들의 수공업의 발달, 그리스인들로부터의 해방,

---

[60] Frye R. N., 1963, p. 140; 알렉산터와 셀레우코스에 의해 동방에 세워진 도시에 관한 가장 정확한 자료는 Tscherikower V., 1927이다. 셀레우코스의 도시문화는 동방에서 보다는 서방 지방에서 더 자세히 살펴볼 수 있다(Altheim F., 1947-1948, p. 265).

그리고 박트리아, 소그드, 파르티아와 그 외의 부족들이 셀레우코스인들에 맞서서 대항한 시기로 설명할 수 있다.[61]

　셀레우코스 제국의 내부는 언제나 권력을 가진 사람들이 자신들의 독립적인 나라를 세우려고 기회를 보는 날들이 많았는데 이는 언젠가 한 번의 폭발로 인해 실현되고야 만다.

---

61) ITN, Ⅰ, p. 289.

2. 그레코-박트리아와 파르티아의 국가

파르티아의 탄생과 그 초기의 역사 그리고 그레코-박트리아

셀레우코스 제국 내에서 내전이 일어났을 때[셀레우코스 2세(Seleukos2)와 안티오쿠스 기에락스(Antioh Gierax)] 그들은 파르티아인들을 독립시켰다. 파르티아의 지도자는 그리스인인 안디아고르(Andiagor)였다. 고대 역사학자들은 당시의 중앙아시아의 사건들을 이렇게 묘사한다. "그때 디오도트(Diodot)[혹은 데오도투스]가 독립했을 때 수많은 박트리아 부족들의 지도자는 자신을 황제라 칭하도록 명령했다. 당시는 마케도니아에서 해방된 후라서 가능한 일이었다. 이 시절에 아르삭(Arsak)이라는 사람이 살았는데 별로 유명하지 않은 도둑이었지만 과감한 성격의 소유자였다. 그의 주업은 도둑질과 약탈이었다. 그는 셀레우코스가 아시아에서 패했다는 소식을 듣고 파르티아를 공격했다. 그리고 안드라고르(Andragor)를 살해한 후에 자신이 파르티아에 자신의 왕국을 세웠다."

벌써 이 이야기만 보더라도 그레코-박트리아와 파르티아에 대한 자료가 별로 없다는 것이 실감이 난다. 그중에서도 연도가 남아있지 않다는 것을 알게 되었다. 언제 그레코-박트리아가 갈라서게 되는가라는 것에 관해서 여러 가지 주장이 있는데[62] 그 첫 번째가 소련의 학자인 F.바이에르(F.Bayer)와 그의 주장을 근거로 연구한 학자들의 설명인데 그들은 사료들을 분석한 결과 아르삭의 활동 연도가 기원전 256년의 디오도트 보다 조금 늦은 기원전 250년 일 것이라고 추측한다.

사학계에서는 두 가지의 설이 있다. 영국의 사학자 G.맥도날드와 B.타른(B.Tarn)이 주장하길 박트리아에서 만들어진 셀레우코스 동전에서 디오도트가 있는 걸로 봐서 그는 이곳 주민들의 독립을 위해 조금씩 일을 진행해 나

---

62) Narain A. K., 1962, p. 16.

갔던 걸로 보인다고 한다.63) 이 외에도 다른 설들이 있지만 이 동전들에 대해서는 거의 정해진 설이 없다.64) 실제로 어떤 동전들에는 셀레우코스의 황제의 초상 대신에 디오도트의 초상이 있기도 한데 학자들은 주로 이 디오도트는 그 디오도트가 아니라 그의 아들일 것이라고 추측하지만 이것도 추측에 불과하다.65)

디오도토스 주화

동전으로 알게 된 자료들로는 맥도날드와 타른의 가설을 뒷받침할 수 없다. 그리고 유스틴(Yustin)은 이 가설을 두 번 생각하지도 않고 단호하게 반대한다. 왜냐하면 디오도트는 이미 셀레우코스 제국에서 분리되어 있었기 때문이다. 그 뜻은 그가 이미 중앙 권력에 반대하고 그들에 대항해서 새로운 국가를 건설했음을 의미한다.

우리의 상상력이 부족한 부분은 역사 자료인 '타지크 민족의 역사'에서 발췌했다. 셀레우코스의 대리인들은 박트리아에서 그리스인들이 갖고 있던 군사적인 힘을 지니고 있었다. 그들은 그 힘을 헬레니즘 박트리아를 셀레우코스인들로부터 독립시키는데 디오도트가 사용했다. 이 운동에서 민중적인 지지가 있었다. 민중들은 두 배로 증가된 압박감 때문에 이 운동을 시작했지만 이 일로 인해서 그들은 독립까지 쟁취했다.66)

이 새로 탄생한 이 나라의 크기가 어떠했는가는 잘 알려지지 않았다. 그

---

63) Tarn W. W., 1951, pp. 72-74.
64) Narain A. K., 1962, p. 15.
65) Curiel F. et Fussman G., pp. 68-70.
66) Bickerman E., 1966, pp. 89, 91-93.

렇지만 스트라본(Strabon)의 언급이 부족함을 그나마 좀 채워 준다. 그의 말에 의하면 그리스인들의 대리인들, 그러니까 디오도트에게 복종한 사람들이나 그와 함께 전쟁에 참전한 전우들은 박트리아와 다른 가까운 국가들의 반란에 거짓으로 가담한 사람들이다. 그 국가들로는 소그디아나(Sogdiana), 아레야(Areya), 그리고 마르기아나(Margiana) 이다. 그중에 소그디아나는 확실한 것은 아니지만 거의 모든 학자들이 동의하고 있고 마르기아나 역시 거의 정확하다고 본다.

그레코-박트리아의 초기 역사는 파르티아(Partia)의 역사와 많이 섞였다. 유스틴(Yustin)은 아르삭(Arsak)이 박트리아의 왕 디오도트를 두려워했다고 한다. 스트라본(Strabon)은 아르삭이 박트리아인이면서 '박트리아의 디오도트와 그의 신하들의 힘이 커져가는 것을 보고는 파르티아에서 반란을 선동했다' 라는 사실을 번역했다.

디오도트 1세는 실제 통치 기간이 그렇게 길지는 않았고 그가 죽은 뒤에 그의 아들인 디오도트 2세가 왕이 된다.[67] 고전학자들은 어떤 동전이 디오도트 1세이고 어떤 것이 디오도트 2세의 초상이 그려진 동전인지 구분 하지 못하며 다른 면에서는 파르티아의 역사가 어떻게 되는지도 분명하게 알아내지 못하고 있다. 안티 역사학자들은 세 가지의 초기 파르티아의 역사에 관한 설을 가지고 있다. 파르티아의 정치에 관한한 권위 있는 N.디브보이스(N.Divboys)의 말에 따르면 그리스인들에게도 이 나라의 역사에 관해서 잘 알려진 것이 없다고 한다.[68]

믿을 만한 설은 기원전 3세기경에 파르티아의 총독이 셀레우코스로 부터 독립을 쟁취하려고 했다고 한다. 이 시기에 박트리아가 셀레우코스로 부터 독립을 했다. 역사 자료들은 그 당시에 파르티아의 정권은 아르삭(Arsak)이 갖고 있었다고 한다. 그는 유목민들이 입는 모피 외투로 자신의 출신을 증명

---

67) Curiel R. et Fussman C., 1965, pp. 73-75; Lahiri A. N., 1965, pp. 110-114, 265.
68) Debevoise N. C., 1938, pp. 9-10.

했다. 또 다른 설은 앞에서도 언급했듯이 그는 박트리아(Baktria)인 으로써 박트리아의 세력이 강해지는 것을 견제하기 위해 파르티아에서 반란을 일으켰다는 것이다. 이게 첫 번째 설이다. 두 번째는 그가 유명하지 않은 사람이었지만 용감하게 살았던 사람이라고 한다. 그는 파르티아의 총독을 공격하고 파르티아를 빼앗아서 그 나라를 손에 넣었다는 말도 있다. 마지막으로 세 번째는 아리안이 기록한 것인데 그는 옛날에 아르샥(Arshak)과 티리닷(Tiridat)이라는 두 형제가 파르티아의 태수로부터 수모를 당하고 다섯 명의 동조자를 찾아서 파르티아의 총독을 살해하고 그 주민들을 선동했다는 것이다.

우리는 디브보이스 N.[69]가 말한, 다른 역사적 증거가 나오기 전에는 이 중에 어떤 것이 사실인지 확실히 말할 수 없다는 말에 동의한다.[70]

"처음 아르삭에게는 힘이 없었다. 하지만 전쟁을 통해 그 지역을 장악했다." 그 후 아르삭은 얼마 못되어 죽었다. 그의 후대의 왕들은 그를 아르삭이나 아르샥(Arshak)이라고 불렀다. 하지만 그의 진짜 이름은 아르샤키드(Arsakid)나 아르샤키드(Arshakid) 이다.

아르삭이 죽은 후에 그의 빈자리로 그의 형인 티리닷(Tiridat)이 올랐다.[71] 짧았던 아르삭의 시대는 끝이 났고 티리닷은 얼마 후에 기르칸(Girkan)왕국도 통치하게 되었다. 이렇게 그는 셀레우코스와 디오도트을 견제하면서 엄청난 군대를 모았다.

이 새로 탄생한 신생국들은 건국과 동시에 매우 심각한 대립 관계가 생겼다. 이 세 국가는 모두 탄생 후 얼마 지나지 않아 중앙아시아의 주도권을 장악한 듯 했다. 파르티아의 통치자들은 처음에는 디도도트도 셀레우코스 못지않게 두려워했으나, 디오도트 1세가 죽자마자 상황은 바뀌었다. 셀레우

---

69) Ibid, p. 10.
70) 파르티아의 역사에 대해서는 많은 학자들이 연구해왔지만 기원전 3세기의 역사에 관한 자세한 사항은 정확하게 알 수가 없다.
71) Wolski I., 1947, p. 222; Koshelenko G. A., 1968, pp. 64-65.

코스 제국이 점점 힘을 잃어갔던 것이 중앙아시아의 국가들이 독립할 수 있었던 가장 중요한 이유 중 하나였다. 그리고 그것은 그레코-박트리아와 파르티아의 상관관계에 지대한 영향을 미쳤다. 디오도트 1세가 죽고 그의 아들 디오도트 2세가 왕이 되었을 때 그는 파르티아와 평화를 위한 협상을 맺었다. 셀레우코스 2세(Seleukos2)는 중앙아시아가 다시 자기에게 복속되기를 바라면서 자신의 군대를 동방으로 모두 보냈다. 그런데 호두를 이빨로 깰 수 없다고 했던가, 그때 파르티아는 자신들의 배후를 경계하기 위해 파르티아의 북쪽에 사는 유목민들을 공격하기 시작했었다. 하지만 티리다트 1세(Tiridat1)는 이 소식을 듣자 바로 달려와서 셀레우코스인들을 격파했다.

위에서 우리는 내부 기반을 위해 맺으려 했던 그레코-박트리아와 파르티아의 동맹을 이야기했었다. 이 동맹이 이루어지면 디오도트 2세는 자신의 국가의 내부 기반을 확고히 하고자 했다. 그 당시 박트리아의 내부 상황은 그렇게 좋거나 한가하지 못했다.

디오도트 2세의 반대세력들의 우두머리는 예브티드(Yevtid)였다. 그는 소아시아의 그리스를 끌어들여서 그 변화의 틈을 타서 권력을 장악했다. 그가 디오도트와 형제 사이란 말이 있는데 그것은 그다지 믿을만한 것이 못된다. 그보다 더 믿을만한 것은 이 상황변화가 오기 전에도 그는 그레코-박트리아에서 엄청난 실력자였다는 것이다. 그러나 정확히 누구였는지는 잘 모른다. 어떤 이들은 그가 소그디아나의 태수였다는 말도 하지만 이런 것은 그저 근거 없는 주장일 뿐이다.[72]

에브티드에 관한 자료들은 매우 적다. 우리가 상상할 수 있는 것은 그가 디오도트 2세를 몰아내고 왕이 되었을 때 박트리아와 파르티아는 사이가 매우 첨예해졌다는 것이다. 이 날카로운 관계에서 벗어나기 위한 해답은 오직 전쟁이었다. 이 그레코 박트리아는 서쪽으로 아레야(Areya)와 마르기아나(Margiana)를 포함하고 있었다. 이것으로 알 수 있듯이 중앙아시아에서 그들

---

72) Tarn W.W., 1951, p. 74.

의 힘은 매우 커져가고 있었다.

셀레우코스의 영토 확장에 대항한 전쟁

다음 우리가 볼 시기는 기원전 3세기 말엽이다. 이 시기에 파르티아에는 매우 유능한 지도층이 나라를 지배하고 있었다. 티리다트(Tiridat)는 왕국의 영토를 확장하기 위해 군대를 이란 쪽으로 파견하고 그곳에 성을 쌓게 했다. 그렇지만 그는 재위 37년 만인 기원전 211년에 죽고 그의 후계자로는 그의 아들 아르타반(Artaban)이 왕위에 오른다.

이 시기에 셀레우코스는 자신들의 세력을 강화시켰다. 셀레우코스의 왕 안티오쿠스 3세는 옛 셀레우코스 왕조의 동방 영토를 회복하려고 했다. 이제는 경험이 많고 유능한 티리다트도 죽었겠다, 그는 이때를 노렸다. 유스틴(Yustin)의 말에 의하면 안티오쿠스는 십만 명의 보병과 이만 명의 기병이라는 대군을 거느리고 진군했다.[73] 파르티아도 이에 맞서서 용감하게 싸웠지만 그들은 이 적의 어마어마한 군세에 눌려 퇴각할 수밖에 없었다. 그들은 땅도 빼앗겨서 결국은 셀레우코스와 협상을 해야 했다.[74]

그레코-박트리아의 영토 확장의 길은 열렸다. 어떤 학자는 이 고대 역사를 이렇게 전한다. 에우티데모스의 기병 만 명은 먼저 아리아(Arya) 지역에 도착했다. 그곳에서 그들의 임무는 셀레우코스의 본대가 무사히 강을 건너지 못하도록 저지하는 것이다. 그들은 낮에는 숨어서 지내고 밤에 주로 이동했다. 아리아에서부터는 적당한 지역에 망대를 세우면서 진군했는데 이 소식을 들은 안티오쿠스 3세는 자신의 군대를 새벽에 강변으로 이동시킨 후에 아침이 되자마자 많은 군대를 강 너머로 진군시켰다. 정찰대의 정보를 통해 안티오쿠스 3세는 기병을 강변으로 돌진시킬 수 있었다. 이 전투에서 안티

---

73) 마쏜이 이 대군에 관해 문헌을 오해 했는데 그는 이 군대를 아르타반Ⅰ의 군대인 줄 알았는데, 사실은 안티오쿠스Ⅲ의 군대였다.(마쏜 M. E., 1955b, p. 11).
74) Debevoise N. C., 1938, pp. 14-18.

오쿠스 3세는 자신이 직접 전투에 앞장서서 지휘했다. 박트리아의 기병은 세 갈래로 나누어서 연속해서 진군해오는 적을 맞아서 싸웠지만 그들은 많은 사상자만 냈을 뿐이다. 박트리아군의 두, 세 번째 부대의 진군을 보는 셀레우코스의 군인에 관해 폴리비오스의 기록이 있는데 그것을 보면 "우리는 맹공을 퍼붓는 돌진해오는 수많은 적을 맞아 싸웠다."라고 되어 있다. 그렇지만 안티오쿠스 3세는 전쟁 전에 많이 생각하고 준비해서 전투에 임한 반면 박트리아의 군대는 날이 갈수록 군사들의 수가 줄어들었다. 그중에서도 에우티데모스가 지휘하던 셀레우코스인들을 격파할 수 있는 가장 좋은 수단인 기병이 많이 줄었다. 그들은 그곳에서 후퇴하여 자신들의 성이 있는 자리 아스프(Zariasp)로 가서 튼튼한 성벽아래 숨어서 지냈다.[폴리비오스, X, 49, 1-15]

위 글에서는 폴리비아에 대해 빠진 것이 너무 많다. 그 후에 박트리아인들은 그들의 정복자와 아주 긴 협상에 들어갔다. 에우티데모스가 평화를 원해서 한 말들 중에는 이런 말이 있다. "저 국경너머에 우리 모두의 적인 유목민족이 기다리고 있다. 만일 그들이 국경을 넘어온다면 우리의 땅은 그들의 손에 넘어가고 말 것이다." 이 말을 듣고 셀레우코스의 왕은 쓸데없이 포위만 하고 있을게 아니라 서로에게 득이 될 만한 협상을 하는 것이 좋겠다는 생각을 하게 됐다. 이 일의 성취를 위해서 에우티데모스는 자신의 아들을 서방으로 보낸다. 안티오쿠스 3세는 이 젊은이의 외모나 말하는 투를 보고 왕의 아들이라는 생각이 들었다. 그래서 안티오쿠스 3세는 자신의 딸들 중 한명을 그에게 주기로 약속했고 그 젊은이의 아버지인 왕의 지위는 그대로 두기로 약속했다. 그 약속은 문서로 만들어졌으며 그들의 동맹은 체결되었다. 동맹의 약속대로 에우티데모스는 자신의 군대와 코끼리들을 제공했고 안티오쿠스 3세는 자신의 군대를 철수시켰다.[75] 이렇게 박트리아는 자신들의 독립을 지켜냈다. 이는 모두 그들이 용감하게 싸우고 최후까지 성에서 적들의 공격을

---

75) Tarn W., 1950, pp. 124-125, 410.

버텨낸 것에 있다.76)

박트리아에서 군대를 철수시킨 후에 안티오쿠스 3세는 자신의 군대를 남쪽으로 보냈다. 힌두쿠쉬를 지나 그는 인도를 공략하기 시작했다. 인도는 인도인이 왕으로 있는 사파게센(Safagesen)과 매우 돈독한 동맹관계에 있었다. [폴리비오스는 이 나라의 이름을 수브하가나센(Subhaganasen)이라고 한다.] 이 전쟁은 안티오쿠스 3세가 자신의 힘을 과시하기 위한 수단이었다.

그레코-박트리아 왕국의 전성기

그레코-박트리아의 인도로의 영토 확장은 에우티데모스의 아들 데메트리우스 덕분에 실현된다. 유스틴(Yustin)은 데메트리우스를 인도의 황제라고 칭한다. 스트라본은 데메트리우스와 메난드르(Menandr)라는 황제의 인도 정복에 대해서 말한다. 이시도르 하라크(Isidor Harak) 길의 아라호즈(Arahoz)에 데메트리아(Demetria)라는 도시가 있다.

데메트리우스의 이름으로 된 동전들은 매우 많은 종류가 있다. 갑옷을 입고 코끼리 모양의 투구를 쓴 그림부터 일반 옷까지 여러 종류가 있다. 동전에 새겨진 얼굴도 각기 다르다. 어떤 동전에는 그리스어로 기록되어진 반면 어떤 동전에는 그리스어와 인도어로 기록되어 진 것도 있다. 두 개의 언어로 기록되어진 동전에는 왕의 초상 둘레에 "무적의 황제 데메트리우스" 라고 기록되어 있다.77) 이렇게 동전들의 종류가 많기 때문에 어떤 사람들은 '데메트리우스'라는 이름을 가진 왕이 두 명이 있다고 하는 사람이 있다. 그렇지만 다른 많은 학자들은 이는 틀리다고 단정 짓는다. 이 문제는 아직 확실히 결단을 내리기는 어렵다. 여하튼 데메트리우스가 하나이건 둘이건 간에 그가 인도로까지 영토를 확장한 점은 맞는 말이다. 두개의 언어로 기록되

---

76) 톨스토브 S. P., 1940, p. 199.
77) Bivar A. D., 1951, pp. 22-39; Masson V. M., 1961, pp. 40-41; Curiel R. et Fussman C., 1965, pp. 75-76.

어 진 동전이나 그가 코끼리 모양의 투구를 쓴 것으로 보아 그의 나라가 고대의 간다라(Gandhar)에까지 진출한 것 같다.

데메트리우스가 자신의 인도 원정을 제대로 인식했을 즈음에 그레코-박트리아 역사의 무대에는 새로이 거대한 인물이 탄생한다. 그의 이름은 유크라티데스(Eucratides)이다. 이에 대해선 유스틴이 정확하게 설명하고 있다. 거의 동시대에 파르티아(Parfia)에서는 미트리다테스(Mithridates)가 왕이 되고 박트리아에서는 유크라티데스가 왕이 된다. 그 둘 모두 위대한 남자들이지만 파르티아인에게 더 큰 행운이 주어진다. 그들은 점점 자신들의 영역을 확장해가지만 박트리아인들은 군대를 소그드로 파견했다가 아라호트(arahot), 드란그(Drang), 그리고 아리아 땅으로 계속해서 파견하다 보니 점점 군대를 상실해 갔다. 그러다가 나중에는 왕의 자리도 잃고 자유까지도 상실한다. 하지만 유크라티데스는 이 많은 전쟁들 가운데서도 자신의 군대를 용감하게 지휘했다.[78] 그가 인도의 데메트리우스와 접전했을 때부터 그는 멸망하기 시작했다. 그는 300명의 군대로 출격해서 6만 명의 군대를 격파시켰다. 그는 5개월간의 포위 공격이 끝난 후에 돌아와서 자신의 인도를 정비했다.

스트라본(Strabon)은 "파르티아의 역사"에서 그레코-박트리아의 군대가 정복한 인도의 영토가 마케도니아군이 점령한 것보다 더 많다고 기록했다. 다른 학자들은 그의 말에 동의하면서 덧붙여 말하기를 그레코-박트리아가 9개의 종족과 5000여 개의 마을을 복속시켰다고 한다. 또 스트라본은 말하기를 파르티아인들도 박트리아의 일부를 점령했다고 한다. 그들은 그 땅을 정복하기 위해서 스키타이인들과 유크라티데스와 그의 우방들을 몰아냈다고 한다. 스트라본이 박트리아의 도시들의 이름을 하나씩 열거하면서 유크라티데스의 도시들도 호명했다. '예브크라티드라고 이름 지어진 것은 그들이 자신들의 옛 통치자의 이름을 따서 불렀기 때문이다.' 파르티아인들은 아스피

---

[78] Lahiri Q. N., 1957, pp. 40-49.

온(Aspion)과 티리브(Tiriv)를 유크라티데스로부터 빼앗았다.

이런 사실들은 역사 자료에 기록되어 있다. 이외에도 유크라티데스의 동전들도 많이 있는데 대부분 중앙아시아에서 출토된 것이다. 이것들은 주로 카쉬카다리오(Kashkadario)와 그 인근에 있는 키톱(Kitob)이라는 도시에서 출토된 것들로, 그레코-박트리아의 동전들이 약 100개 정도 출토되었다. 그중에 대다수가 유크라티데스가 주조한 것이다. 이런 유크라티데스의 동전들은 타지키스탄과 쿨랴브(Kulyab) 지방에서도 많이 발굴되었다.

그레코-박트리아 황제들의 주화

동전들을 살펴보자면 앞면에는 유크라티데스의 초상이 그려져 있고 위대한 유크라티데스 황제라고 기록되어 있으며 뒷면에는 남성의 얼굴을 배경으로 여성의 얼굴이 그려져 있고 겔리오클(Geliokl)과 가오디카(Gaodika)라고 기록되어 있다. 이것이 생격(生格)으로 기록되어 있어서 왜 그런가에 대해선 여러 가지 설이 있다. 위대한 유크라티데스 왕의 자식들인 게리오클과 라오디카라고 하는 사람들도 있고 위대한 유크라티에스와 그의 부모인 게리오클과 라오디카라고 하는 사람들도 있다. 하지만 요즘은 학자들이 유크라티데스와 그의 어머니인 공주가 새겨져 있는 것이라고 한다. 왜냐하면 유크라티데스가 그의 왕권을 정당화시키기 위해 그랬을 것으로 추정한다.[79]

이 역사 자료들과 동전들을 결합해서 볼 때 유크라티데스에 관한 다음과 같은 한 가지 설이 탄생하게 된다.[80]

---

[79] 그리고리예브 V. V., 1867a, p. 343; Narain A. K., 1962, pp. 55-56.
[80] 우리는 V. 타른과는 조금 다른 견해를 보이고 정확한 증거자료도 부족하지만 A. K. 나라인의 주장을 사실과 조금 더 가깝게 여긴다.

그레코-박트리아 황제들의 주화

　데메트리우스가 인도에 있을 때 박트리아에서는 그리스의 이주민의 대표 중의 하나인 유크라티데스가 반란을 일으켰다. 그의 어머니인 라오디카(Laodika)는 왕족의 후손으로 이는 파르티아의 왕인 미트리다테스가 왕위에 앉은 것과 거의 동시대에 이루어졌다. 즉 약 기원전 171년의 일이다. 유크라티데스가 이 나라를 장악하는데 유리하게 작용한 것은 데메트리우스가 박트리아의 거의 모든 군대를 이끌고 인도로 간 것에 있다. 그는 권력을 장악하고 자신을 "소테르(Soter)"[이 말의 뜻은 "구원자" 이다]라고 부르게 되는데 이는 그가 데메트리우스에게서 박트리아를 구해냈다는 것을 뜻한다. 이 소식은 데메트리우스에게 전해지고 그는 이 반란을 진압하기 위해 어마어마한 힘을 쏟는다. 군사의 수는 데메트리우스의 군대가 압도적으로 많았다. 몇 안 되는 유크라티데스의 반란군이 모두 투입되었지만 그의 군사의 수는 6만 명으로 데메트리우스보다 훨씬 적었지만 다른 나라의 적들이 데메트리우스의 군대를 공격해서 유크라티데스는 데메트리우스를 격파할 수 있었다. 그는 왕위에 앉자마자 자신을 "위대한 황제 유크라티데스"라고 불렀고 자신의 부모의 얼굴이 새겨진 동전을 주조하게 한다. 이 동전들은 박트리아에서 널리 사용됐으며 유크라티데스의 사후에도 계속해서 사용되었다. 그레코-박트리아가 멸망한 뒤에도 그것을 모방한 동전들이 많이 나왔다.

　유크라티데스는 박트리아에서 자신의 왕권을 강화시킨 후에 인도에 있는 데메트리우스의 세력을 무찌르러 간다. 그 전에도 그는 자신의 영토를 확장시켰고 그의 영토가 1000개의 도시 정도였다고 한다.

　유크라티데스에게 좋은 일만 있었던 것은 아니다. 그는 서쪽 지방 2개의 도를 빼앗겼는데, 그 두 도시들은 매우 힘이 강했던 파르티아의 미트리다테스 왕의 세력권으로 귀속되었다.[81]

북인도의 원정을 완수하고 박트리아로 돌아가는 길에 유크라티데스는 자신과 오래전부터 반대의 길을 걸었던 아들의 손에 죽고 만다. 그의 아들은 자신의 아버지를 죽인 것을 숨기려고 하지도 않고 그저 자신의 적을 죽인 것처럼 행동했다. 그는 아버지의 피를 따라 마차를 타고 가면서 아버지의 시신을 무덤도 없이 그냥 던져버리라고 했다. 유크라티데스의 통치는 기원전 155년에 비극적으로 끝났다.[82]

유크라티데스의 동시대인이자 적이었던 파르티아의 미트리다테스는 운이 좋았다. 그는 자신의 영토를 확장시켜 나갔으며 셀레우코스와의 전쟁에서 이란의 서쪽 지방을 빼앗았고 메디아와 메소포타미아를 차지하게 됨으로써 파르티아는 가장 강력한 국가 중의 하나로 서게 된다.

반면 그레코-박트리아의 상황은 정반대였다. 기원전 2세기 중반에 그들의 나라는 정치적인 힘을 상실하기 시작했다. 국가의 대부분을 차지하던 이란과 아프가니스탄, 인도, 그리고 중앙아시아까지 모두 산산조각이 나고 만다. 이 나라는 디오도투스, 에우티데모스, 유크라티데스의 후손들과 완의 후계자들, 그리고 귀족들에 의해 권력이 분산되었으며 그들은 각기 다른 화폐를 주조했다. 또한 박트리아와 소그드의 땅에는 기원전 2세기 후반기에는 안티오쿠스가 자신을 "테오스"["신"]이라고 부르면서 지배했다. 인도-그리스의 땅은 유크라티데스가 죽은 후 바로 그곳의 권력을 장악한 메난데르(Menander)가 대부분의 영토를 차지했다.[83] 이것에 대해서는 불교의 문헌들이 증언해 주는데 거기에는 메난데르가 매우 현명했으며 그가 주최한 경연들은 나라를 이롭게 했다고 한다. 이러한 불교의 문헌들은 이 나라가 불교를 수용했다고 봐도 무방하게 한다.

---

81) Debevioise N. C., 1938, pp. 56-57.
82) Narain A. K., 1962, pp. 71-72.
83) NArain A. K., 1962, pp. 76-77.

기원전 3세기 후반 에우티데모스의 시기에 이미 유목민들이 연합하기 시작했는데 이는 그레코-박트리아의 북방부에 심각한 위협을 가했다. 이 기원전 2세기는 중앙아시아의 북쪽 지방의 유목민들이 일으킨 파도가 몰아치는 시기였으며 이 파도들은 그레코-박트리아라는 해변을 차례대로 휩쓸고 갔다. 이 폭풍은 승자인 셀레우코스인인 파르티아와 그들의 왕 미트리다트 1세의 후손까지도 떨게 만들었다.

3. 기원전 3~2세기경 중앙아시아의 경제와 문화

그레코-박트리아 왕국

그레코-박트리아의 역사적 자료의 부족으로 우리는 이 시대의 역사를 정확히 알 수 없다. 이 역사는 강한 지도자들이 땅을 소유하면서 이 땅에 중앙집권적인 경향을 가져 왔다. 하지만 그것은 셀레우코스 국가에서 많은 부분을 모방했다. 플루타르코스(Plutarcos)가 셀레우코스인들에 대해서 농담처럼 하는 말이 있다. "만일 그들이 글을 쓰거나 읽기 위해서 얼마나 많은 노력이 필요한지 알았다면 그들의 왕관은 땅바닥에 굴러다니고 아무도 그것을 줍지 않았을 것이다."[84] 이렇게 셀레우코스의 정치기관은 수준이 낮았다. 그들의 지도자는 왕이었고 가끔 아들이 왕 대신 통치하기도 했다. 그리고 그들의 나라는 지방 총독들에 의해 분할되어 있었다.

밀린다-판하(Milinda-Panha)[85])에서 우리는 메난드라(Menandra)라는 그레코-박트리아의 인도 지방에 있는 국가에서 여섯 단계의 귀족층을 볼 수 있다. 높은 계층의 군인, 장관들, 재판관들, 부자들, 퍼레이드 때 우산을 들고 가는 사람들과 퍼레이드 때 칼을 들고 가는 사람들로 나뉜다. 이 밀린다-판하에 대해 반대되는 역사 자료들도 있지만 이 책이 메난드라의 모습을 가장 잘 비춰준다. 박트리아와 그 외 다른 국가들에 관한 역사적 자료들은 자세하게 나와 있지 않다.[86])

그리스인들이 그랬던 것처럼 박트리아에서도 군대에 가장 많은 세금을 사용했다. 그들은 기병대를 늘렸고 왕은 최강의 근위대를 갖게 되었으며 코끼리 수의 증가는 공격할 때의 힘을 배가시켜주었다.

---

84) Ranovich A.B., 1950, p.140
85) "밀린다-판하"- 기원전 2세기에 그레코-인도의 왕인 밀린다와 인도의 학자와의 대화를 기록한 문헌이다.
86) Trever K.V., 1940, p. 19.

그레코-박트리아의 군대에 대해서 알려진 몇 가지 사실이 있다. 그들의 군대는 주로 기병이나 보병이었다는 것, 그리고 그레코-박트리아의 역사 유물이나 자료들을 보면 그들이 코끼리 부대를 갖고 있었으며 그 코끼리 위에는 무장한 병사가 탈 수 있었다는 것이다. 코끼리 부대는 대게 가장 치열한 전투에 투입되었다.

유스틴(Yustin)은 디오도투스를 "수천 개의 박트리아 도시들의 지도자"라고 부른다. 스트라본도 유크라티데스를 수천 개의 도시를 다스린 왕이라고 한다. 여기서 수천 개라고 한 것은 박트리아뿐만 아니라 그들이 다스렸을 수도 있는 그레코-박트리아 도시들의 최대한의 숫자이다. 그래도 이건 그 학자들이 과장한 것이다.

박트리아인들의 도시들은 세 개의 그룹들로 나뉜다. 첫 번째로는 오래된 도시들인데 이 도시들은 아케메네스인들이 오기 전부터 있었거나 아니면 그들 시대에 세워진 도시들이다. 그 도시들로는 그 당시 가장 컸던 박트리아의 수도인 박트르(Baktr)와 소그드인들의 수도인 마르칸다(Markanda)와 여타 도시들이다. 두 번째로는 알렉산더 시대에 세워진 도시들이나 셀레우코스에 의해서 세워진 도시들이며 세 번째로는 그레코-박트리아 시대에 급조된 도시들이다. 두 번째와 세 번째의 도시들은 주로 알렉산더나 그 후대의 그리스인들에 의해 세워진 것이다.

사실 그 박트리아의 도시 안에 거주하던 시민들의 삶에 대해서는 우리도 아직은 많은 것을 알고 있지 않다. 하지만 이 도시들에 파르티아와 셀레우코스인들의 도시가 있어서 그 도시들이 일정 부분에서는 자체적으로 문제들을 결정할 수 있었다는 것을 안다.

이 시기의 이렇게 거대한 도시들에 관해서는 밀린다-판하가 많은 설명을 해준다.

이 책에는 그 도시들의 수공업의 발전이 어떻게 되었는지 등이 나타나 있고 도시들 안에 금, 은, 동, 철, 청동 등의 금속을 다루는 기술자들과 천,

빗 등을 만드는 사람들과 활 등의 무기를 만드는 사람들, 금으로 장신구를 만드는 사람들, 거기에 도축업자들까지 기록되어 있으며 이 도시민들 중에 적지 않은 수의 사람들이 상업에 종사했다고 나와 있다.[87] 이 자료들에서 이 도시들의 시민들은 수공업 못지않게 상업에도 종사하고 있었음을 말해 준다.

그레코-박트리아의 수도는 그들의 왕의 안식처였을 뿐만 아니라 주변나라들을 공격할 힘을 기르는 곳이었다. 주로 그 공격 상대는 인도였다.

그들의 수도 박트르는 지리적으로 반론이 없을 만큼 좋은 위치에 있다. 지금의 아프가니스탄 마자리-샤리프(Mazari-sharif)에서 약 20km 떨어진 지점에 있는 이 도시는 역사에서 언제나 사람들이 거주했다. 잠시 동안 비어 있기도 했지만 중세에는 발흐(Balh)라는 큰 도시가 있었다. 그레코-박트리아 시대에 박트르(Baktr)의 중심지는 발라-히사르(Bala-Hisar)[높은 성벽]이였으며 이 성의 넓이는 120ha에 이르렀다고 한다. D.쉬륨베르제(D.Shlyumberje)와 M.라베루(M.Labberu)라는 프랑스의 두 학자들이 이 성벽에 대해 발견한 바에 의하면 성벽의 두께가 무려 31m였고 성벽은 궁수들이 화살을 쏠 수 있도록 건축되었다고 한다. 학자들은 이 성벽이 안티우코스 3세의 어마어마한 포위공격에도 박트르가 이겨낼 수 있었던 원인이라고 한다. 박트르인들은 그레코-박트리아 시대에도 발르-히사르의 경계를 한정하지 않았다고 한다.[88]

1964~1965년까지 프랑스의 학자들이 아프가니스탄 판지(Panji) 근처에 있는 아이-하눔(Ay-Hanum)에서 발굴 작업을 했다. 이 어마어마한 도시는 삼각형 모양으로 구성되어 있다. 이 도시의 발굴은 엄청난 결과를 가져왔는데 여기에는 거대한 헬레니즘 도시가 있었고 구체적으로 설계를 통해서 조성했다. 그곳의 건물들은 완전히 걸러지지 않은 약간 미가공 상태의 벽돌로

---

87) "The questions of King Millinda", 1890, 1894.
88) Le berre M. et Schlumberger D., 1964.

지어져 있었고 돌로 된 둥근 모양의 기둥이 있었는데 이외에도 건축양식을 보면 헬레니즘 국가들의 양식과 완전히 일치한다. 또 이곳에서 헬레니즘 양식의 인물상과 세라믹 도구들, 그리고 장신구 등이 발굴되었다. 이곳에서 발굴된 화폐들이 기원전 3~2세기에 그레코-박트리아의 도시가 그레코-헬레니즘 문화를 가지고 있었다는 것과 그리스인들이 이 지방에 상당수 거주하며 많은 영향을 미쳤다는 것을 알 수 있다.[89] 우리는 이 도시의 이름이 무엇이었으며 알렉산더, 안티오쿠스, 유크라티데스 중 누가 세웠는지도 모른다. 하지만 한 가지 확실히 알 수 있는 사실은 이 도시가 셀레우코스와 그레코-박트리아 시대에 존재했었다는 것과 그레코-박트리아의 중심지였다는 것이다.

헬레니즘 양식의 석상. 아이-하눔

매우 흥미로운 것은 퍈자 강변 근처에 있는 파르하르(Parhar)지방에서도 그레코-박트리아 역사의 매우 중요한 기념물이 발굴되었다는 것이다. 그것은 '삭산-아후르 (Saksan-ahur)'이다. 그 지역은 지금의 파르하르(Parhar) 시에서 북쪽으로 약 7km의 거리에 있고 이 언덕의 전체적인 면적은 약 5ha 정도 된다. 이곳에서는 블

코린토스식 주두. 아이-하눔

---

89) Schlumberger D., 1965-1966: Bernard P. 1967a, 1967, 1968a, 1968, 1969.

록 형태를 띈 물건들이 발견되었고 도자기를 굽는 아궁이가 발견되었다. 이 장소는 커다란 방형의 마당이 둘러싸고 있는데 그 크기는 27.7×27.7m이었다. 그것은 세 개의 커다란 회랑으로 둘러싸여 있었고 마당의 한쪽 면에는 네 개의 기둥이 있는 아이반(ayvan)이 있었다. 아이반 안쪽에는 그곳에 꼭 필요한 통로가 있었고 아이반 양 옆쪽에는 빈공간이 있었다. 그리고 그 맞은 편에는 두 개의 기둥이 버티고 있는 정방형 모양의 홀이 있었다. 이 홀과 빈 공간은 복도로 연결이 되어있었다.

건물의 서쪽 벽에는 회랑과 여덟 개의 공터가 있었으며 3개의 작은 방들이 있었다. 건물의 북쪽 부분도 매우 흥미로운데 여기에는 방형의 홀들과 벽 기둥이 있다. 이곳에서 가장 값진 물건이 발굴되었는데 그것은 황금 세 잎 클로버이다.

이 건물의 벽은 두꺼웠다. 좁은 통로들이 밀도 있게 잘 건축되어있고, 사각형의 큰 지붕들은 둥근 기둥이 지탱하고 있었으며 문 앞의 계단들은 사람들이 지나갈 때 편하도록 잘 다듬어진 석판으로 만들었다. 이 모든 것은 약 기원전 2세기경에 만든 것으로 추정한다.[90]

이 외에도 타지키스탄에는 구릉 위에 세워진 성들이 많다. 예를 들자면 지금의 카보지욘(Kabodiyon) 지역에 가까운 '케이-카밧-샤흐(Key-kabat-shah)' 구릉이 있다. 이곳의 면적은 285m×315m에 이른다. 이 성벽도 두께가 두껍고 네모난 망대가 요소요소에 있으며 성벽은 흙벽돌로 건축되었고 성벽 위에 치아 형태의 돌출된 구조물이 있다. 하지만 이 마을에는 석고로 만든 집무실은 세워져 있지 않았다.

타지키스탄 남부의 대표적인 고고학적 유적지는 쿠흐나-칼라(Kuhna-kala)이다. 이는 케이-카밧-샤하(Key-Kabat-shaha)보다는 조금 작은데 두 구역으로 나뉜다: 첫 번째로 정방형과 형태가 바르지 못한 것이 있는데 이는 전략적인 요충지에 있었고 두 번째로는 성벽의 절벽 쪽에 바흐쉬(Vahsh) 강

---

90) Litvinsky B.A. and Mukhitdinov Kh, 1969.

이 있었다.

쿠흐나-칼라는 발굴 과정에서 보이듯이 완공되지는 않았다. 이는 그레코-박트리아의 말기에 건축되기 시작한 것으로 유목민들이 폭풍같이 밀려오는 바람에 완공되지 못한 것 같다. 발굴 작업중에 구리 주조공장과 다량의 가정용품과 동전이 발굴되었다.[91]

쿠흐나-칼라는 케이-카밧-샤하처럼 고대 박트리아의 건축양식을 그대로 보여준다. 곳곳에 세워진 장방형의 망루들이 이 건물이 전투에 강한 건물이었다는 것을 보여준다. 그곳에는 군대가 주둔할 수 있도록 건축되었고, 출입구는 전쟁에 적합하도록 제작되었고 망루가 세워져 있었다.[92]

이미 잘 알려져 있듯이 사마르칸트인들과 소그드인들은 그레코-박트리아의 정복 전쟁 때문에 많은 어려움을 겪었다. 그 후에 이 지역은 다시 조금씩 재건되기 시작했고 또 조금씩 발전하기 시작했다. 그중에서도 세라믹 제작 기법이 매우 눈에 띠게 발전했다. 이 시기에 전체적으로 이곳에 수공업 기술이 많이 성장했고 이때 이 지역에서 생산되어 유통되는 상품들의 형태가 헬레니즘과 혼합되었다. 문화와 수공업, 제품의 품질, 그리고 모든 면에서 이 시기에는 성장했고 다른 동방 헬레니즘 문화와 교류가 많아졌다. 이 모든 것들은 특별히 세라믹 공업과 건축업에서 잘 나타나 있다.

농업 면에서도 가시적인 결과가 나타나기 시작했다. 역사학자들은 말하기를 이 시기에는 박트리아의 날씨가 농사하기에 적합했다고 한다. 그래서 주민들이 밀[밀이 농사 중에서 가장 많은 비중을 차지했다]과 얼마간의 벼를 재배했고, 사람들은 정원을 가꾸고 포도도 재배했으며 목축업도 매우 발달했다고 한다.

상술한 정치에 관한 역사를 알아볼 때 우리는 동전을 많이 이용했다는 것을 알았다. 현재 가장 체계적으로 그레코-박트리아의 동전에 관해서 알아

---

91) Dyakonov M.M., 1953, p. 272 and next; 1959, pp. 57-66.
92) Litvinsky B.A., 1956 a; Kuzmina E.E. and Pevzner S.B., 1956.

볼 수 있는 것으로는 "인도-박트리아 동전의 뼈대"가 있다. 이는 인도의 학자 A.N.라히리(A.N.Lahiri)[93]가 저술했는데 그는 소련의 박물관이나 소련의 책들을 보지도 않고 기록했다. 그레코-박트리아의 역대 왕들은 주화를 금이나 은, 동 등으로 만들었다. 현재는 은화들이 많이 남아있다.

그 동전들의 앞면에는 왕의 초상이 새겨져 있고 뒷면에는 신들의 초상이 있다.[아폴론, 아르테미스, 아테네, 헤라클레스, 제우스, 헤라 등의 초상이 있었다] 이 헬레니즘 문화의 신들은 인도의 라히리의 말을 빌리자면 "가끔 동방에서는 이 신들을 자신들의 신들로 생각했다."라고 했다.

초기 그레코-박트리아의 왕들은 동전에 자신의 직위를 적기도 했는데 그중에 유크라티데스가 처음으로 동전에 '위대한' 이란 단어를 적었다. 그런데 안티마흐(Antimah)는 자신을 "신"이라고 적었고 유크라티데스 시대에 처음으로 두 개의 언어가 동전에 함께 기록되어지기 시작했다. 한 면에는 그리스의 신화를 적고 다른 면에는 자신들의 언어로 번역한 동전이 나오기도 했는데 때로는 여기에 적혀진 번역이 틀리기도 했다. 구리로 만든 동전에는 두 명의 인도-그리스 후기의 왕들이 인도어로 적기도 했다.[94]

그레코-박트리아의 동전들은 꽤 무거웠다. 그레코-박트리아의 동전들을 그들의 저울로 재보면 금화가 132그라나(grana)가 나오는데 이는 8.2g이다. 정확히 이런 무게의 금화를 디오도토스 1세와 2세 그리고 유크라티데스도 제작했다. 그렇지만 그레코-박트리아의 금화들이 다 이런 무게는 아니었고 어떤 때는 다른 무게로 만들기도 했다. 그래서 이 금화들의 무게는 가끔 논쟁거리가 되기도 한다.[95]

이 동전들은 그레코-박트리아의 경제가 발전했다는 것을 증명해 주는 역할을 한다. 마지막으로 나온 금화를 보더라도 그들이 다른 나라들과 많은

---

93) Lahiri A.N., 1965, p. 27.
94) Lahiri A.N., 1965, pp. 38-42, 256-282.
95) Lahiri A.N., p13-18.

교류를 했다는 것을 알 수 있다. 그중에서도 헬레니즘 세계와 많은 교류를 하고 많은 무역을 한 것을 볼 수 있다. 그리고 이 금화들은 외국과의 무역에만 사용된 것이 아니라 국내에서도 통용되었다. 이것을 증명하는 사료들로는 외국인이 그레코-박트리아에 와서 쓴 글로 알 수 있는데 그들은 박트리아인들을 "무역의 달인"이라고 기록한 것을 통해 알 수 있다. 박트리아인들은 매우 큰 시장을 갖고 있었다.[96]

종교문화는 그 시기에 여러 방면에서 모두 잘 발전했다. 이것이 그레코-박트리아가 당시 세계에서 문화의 중심지였다는 증거가 된다. 박트리아의 영토 내에서는 예로부터 존속했던 문화가 매우 많은 발전을 했고 박트리아 문화와 인도문화, 그리고 헬레니즘 문화와 동방 헬레니즘의 세계와의 접촉은 더욱 강화되었다.

이전에 없던 매우 빠른 발전이 그레코-박트리아에 있었다. 그것에 대한 권위자인 트레베르(Trever)는 그레코-박트리아 왕의 동전에 대해서 기록했다. "이 그레코-박트리아의 동전들에 새겨진 왕들의 초상은 매우 높은 수준의 세공술이다. 이 동전을 주조하는 형틀은 가장 유명한 예술가들이 제작했다. 이 예술가들은 모형에 그냥 사람의 형태만 본떠서 새겨 넣은 것이 아니라, 그 사람의 성품까지도 묘사해 넣었다." 그의 말대로라면 이 당시 박트리아에는 그리스의 유명한 조각가인 리시프(Lissip)의 조각들이 있어야 마땅하다. 리시프는 마케도니아의 알렉산더 초상을 만들어 전파하게 한 사람이다. 그의 작품은 다른 작품들과 현실적으로 달랐다. 헬레니즘 국가들의 기원전 3세기경의 조각들은 그에게서 나왔고 그가 학교 등을 만들어서 발전시켰다. 그건 박트리아에서도 마찬가지로써 다시 트레베르의 말을 빌리자면: "그 동전 중에는 그리스의 것이 있을 수 있다. 하지만 자세히 보면 박트리아의 동전들은 그들만의 특징이 있다. 그들의 것은 생기가 있고, 전하고자 하는 것을 알아볼 수 있고, 부드러우면서도 강한 면이 있다. 이런 면이 그리스의 동

---

96) Bichurin, II, p. 152.

전들과 다르다. 아마 이 동전들의 형틀은 리시프(Lissip)에게서 배운 사람들 중에 가장 출중한 사람들만 데리고 와서 조각하게 했을 것이다."[97]

이 시기에 박트리아는 인도와 헬레니즘 국가들과의 교류가 매우 활발했고 정확히 이 시기에 중앙아시아에 불교가 유입되었을 것이다.

이는 조로아스터교가 박트리아에서 사라졌다는 것을 의미하는 것은 아니다. 박트리아의 수도 박트라에는, 즉 조로아스터교의 신자들이 와서 속죄하던 곳에는 순례자들의 발길이 끊이지 않았다. 이곳에는 매우 중요한 "불"의 신전이 있었고, 아르드비스 아나히트(Ardvis Anahit)의 성전도 있었다. 이 신전의 신상은 금으로 만든 관을 쓰고 있고, 옷은 30마리의 해달 가죽으로 만든 것을 입고 있었다. 그리고 이 도시에는 다른 여러 신들의 신전이 있었다.

물론 박트리아에는 그리스의 신전들도 있었고 그리스인들도 많이 거주했다. 실제로 박트리아의 통치자들은 그리스 인들이었다. 이에 관한 증거들은 동전 뒷면에 기록되어 있는 그리스 신들에 대한 묘사가 있다[이는 이미 위에서 살펴보았다]. 그리스의 건축물들도 아이-하눔(Ay-Hanum)을 발굴하면서 확인되었다.

이렇게 그레코-박트리아 내에는 다양한 종교들이 공존했다. 밀란다-판하(Millanda-panha)에 의하면 인도의 샤칼(Shakal)에는 종교에 대한 포용력이 대단했다고 한다. "그곳에는 모든 종교의 포교자들을 큰 소리로 맞이했다"고 한다. 아마 박트리아도 그러했을 것이다. 하지만 박트리아의 원주민들의 대부분은 조로아스터교를 믿었다. 그리고 아마 그리스인들에게까지도 조로아스터교를 전했을 것이다.

파르티아 왕국

그레코-박트리아와 파르티아는 내부 조직의 구성원이 다르게 이루어져

---
97) Trever K.V., 1940, pp. 40-41.

있다. 특별히 연대순으로 살펴본다면, 이는 훨씬 후대의 일로써 잘 알려진 사실이다. 역사학자들이 남긴 자료들을 보면 많은 인용구들을 볼 수가 있다. 그중에 가장 중요하다고 생각되는 것은 파르티아의 중심지였던 니사(Nisa)[지금의 아쉬하바드와 가깝다]에서 나온 것이라고 할 수 있다. 여기에서는 많은 공문서들이 나왔다.

파르티아 제국의 왕은 권력이 한계가 있었고 두 종류의 자문 그룹이 있었는데 하나는 귀족들이 자문하는 것이었고 다른 하나는 사제들이 자문하는 것이었다. 귀족들의 자문은 아르샤키드(Arshakid) 가문에 들어가는 가장 권위 있는 여섯 가문의 대표들이 전담했다.

제국은 작은 여러 개의 제후국으로 다시 나뉘어져 있었는데[예를 들면 기르카니아(Girkania)와 사카스탄(Sakastan)이 있다], 그들 제후국들의 통치자들은 자신들의 동전을 주조하는 일도 했는데 엘람(Elam), 페르시다(Persida)가 그러했다. 그리고 제후국에는 사트라프(Satrap)가 있었다. 하지만 사트라프는 전자들보다는 권력이 적었다. 사트라프들은 기파르기아(Gipargia)로 나뉘었고 그들보다 상위의 사람들은 마르즈판(Marzpan)을 소유했다. 마르즈판은 여러 개의 사트라프들로 구성되었다.[98]

파르티아의 북동부를 관리하기 위해 필요했던 값진 유물들 즉 국가의 공문서들은 I.M.드야코노브(I.M.D'yakonov)와 V.A.리브쉬츠(V.A.Livshitz)가 옛 니사에서 발굴하였다. 그들이 발굴한 장소는 국가를 운영하는 기관들이 있던 자리이다. 이 지역을 기원전 2세기 초에 통치하던 사트라프는 코페자트(Kofezat)로 그는 티리다테스의 기병 대장으로 유명한 사람이다. 그곳에는 군사들이 주둔해 있었고 그들의 임무는 방어와 세금 징수와 그 지역에 있는 포도 재배농들로부터 포도주를 왕에게 공납하는 것이었다. 또한 주술사들도 특권을 누리며 살았는데 그들을 스포삭(Sposak)-아투르슈팟(Aturshupat)[불의 사람]이라 불렀다.[99] 당시 지방 귀족들의 업무는 세금을 최대한으로 징수하

---

98) Perikhanyan A. G., 1956, pp. 50-51; Dyakonov M. M., 1961, pp. 194-197.

는 것이었다.

비옥한 투르크멘의 남쪽 땅에는 니사의 공문서들에 나타나는 것처럼 목록이 있었는데 이 목록은 포도 재배농들의 명단이었다. 토지는 몇몇의 카테고리에 따라 구분되어 있었고 그곳에서는 왕에게 공납할만한 것들이 재배되었다.

이 지역의 중심지인 미흐르닷키르트(Mihrdatkirt)[이는 옛 니사이다] 성에는 왕을 위한 포도주 저장고가 있었고 이곳으로 입고된 포도주들은 훔(Hum)이라는 항아리에 담아두고 포도주가 입고되었음을 장부에 기재했다. 이 포도주들의 품질을 위해서 서로 다른 용기들을 사용했다고 하는데 이유는 발효된 것을 새로운 것과 함께 저장하면 안되기 때문에, 장부에는 포도주의 양, 납부자의 이름, 운반자의 이름, 날짜, 그리고 포도주의 종류 등이 적혀있었다. 그렇게 이 포도주들은 70년 동안 저장한다.[100]

몇 년 전까지만 해도 파르티아 서부의 도시만이 도시 건축양식, 문화 등이 알려져 있었다. 그곳에서 발굴된 공문서에서는 도시들이 매우 견고했고 자체적인 운영 시스템이 있었으며 동전도 주조되었다고 한다.

소련의 고고학자들이 발굴한 덕분에 처음으로 북동쪽 파르티아의 도시와 마을들이 알려졌다. 발굴 작업은 몇 년간 니사와 바기르(Bagir)에서 진행되었는데 옛 니사는 왕에 의해서 보호지로 지정되어 있었던 듯하다. 그리고 신 니사는 파르티아의 도시 양식이 남아있다.

니사 성은 왕의 거주지였고, 신전이 있었으며 왕의 근위대와 귀족들의 거주지였다. 성은 5각형의 형태를 하고 있고 이를 둘러싸고 있는 성벽의 하부는 9m에 이르는 매우 튼튼한 성이었다. 성의 남쪽 구석에는 거대한 탑이 있었고 위쪽에는 장방형의 공터가 있었다. 공터의 넓이는 35×35m로서 완전한 요새였으며 성벽은 벽돌로 축조되었다. 추측하건데 성안으로는 성벽을

---

99) Dyakonov I. M.과 Livshits V. A., 1960a, pp. 22-23; 1966, pp. 141-143, 146.
100) Dyakonov I.M. and Livshits V.A., 1960b pp. 16-20; 1966, pp. 134-136.

따라 지하로 나 있는 통로를 통하여 들어갈 수 있었을 것이다.

성의 중심부에는 400㎡ 넓이의 거대한 홀이 있었다. 홀의 중심에는 기둥이 있었고 기둥도 벽돌로 축조되어 있었다. 기둥들은 반원형으로 세워져 있었고 벽은 원형으로 이루어져 있었다. 이층의 벽도 이렇게 반원형을 하고 있다. 일층에 있는 공간에는 사람 크기의 점토로 만든 인물상이 있었고 이층에는 밝은 적색의 장식이 되어있었으며 금으로 덮여 있었다. 바닥은 설화 석고로 되어있고 천정에는 빛이 통하도록 정중앙이 뚫려 있었다. 이 뚫린 공간이 건물에서 유일하게 신선한 공기가 유입되는 역할을 했다. 건축가들과 사학자들 사이에는 웅장한 건축물에 대한 여러 가지 설명이 있다. 그중에 이 건물이 왕의 접견실이었다는 설이 가장 적당하다고 본다. 다른 설로는 불을 숭배하던 거대한 홀, 신전 등으로 그들의 조상들을 기리기 위해 세워진 것이라고 한다.

니사 성 위에는 미흐르닷키프트에는 여러 종류의 건축물들이 있다. 그중에 하나는 왕의 포도주 저장고인데 이곳에는 50만 리터 가량의 포도주가 저장되어 있었다. 이 건물은 약간 안쪽으로 들어간 방형이다.

어떤 빈 공터에서는 여러 개의 상아로 만든 물품들이 출토되었다. 이것들은 상아로 제작한 잔(Rhyton)들로서 포도주를 마시는데 사용되었다. 이 잔의 끝부분은 신들의 모양이 장식되어 있었고 그 밑 부분에는 조각가들이 금을 입히거나, 대리석을 씌우거나, 은을 입혔다. 예를 들면 금을 입힌 파르티아 신상이나 은을 입힌 에로스의 신상들이 있다.[101]

옛 니사에서 발굴된 것 중에 가장 중요한 것은 전에 말했듯이 단연 파르티아의 공문서이다. 이는 점토로 만든 도자기 모양 비슷한 것에 새겨져 있다. 여기서는 파르티아 제국의 세금에 대하여 상세하게 나타나 있다.

두 번째 도시인 신(新) 니사에서는 옛 성터와 사람들이 살았던 건물들이

---

101) Koshelenko G. A., 1966, p. 40.

중요한 부분을 차지하고 있다.102)

니사의 유물들은 우리들에게 그저 그들의 눈에 보이는 문화만을 보여줬을 뿐만 아니라 북동부 파르티아인들의 영적인 문화까지도 우리에게 가르쳐 주었다. 그들의 공문서들은 아람어로 기록되어 있었다. 이 언어는 이미 아케메네스 제국에 편입되어 있을 때부터 사용하던 것이다. 이 언어들을 해석하는 데는

기원전 1세기 파르티아의 오스트라콘.
니사의 유물.

M.M.드야코노브(D'yakonov), I.M.드야코노브, 그리고 리브쉬츠(Livshitz)들이 수고를 했다. 처음에는 아람어로 기록되었다가 나중에는 파르티아 언어로 기록했지만 이 두 언어가 전하고자 했던 의미는 동일하다. 이 글의 문법은 아람 것이 아닌 파르티아의 것으로 되어있는데 파르티아의 문법과 아람의 문법에는 차이가 있다. 이로 보건데 그 당시 아람의 단어들이 들어가 있는 것을 보면 그 아람어가 언어로써 사용된 것이 아니라 기호로써 사용되었을 가능성이 크다. 글들은 더 이상 아람어로 읽혀지지 않았고 그저 거기에 기록된 문자들의 조합을 보고 글쓴이가 그저 파르티아어로 발음을 했을 뿐이다. 이런 필기를 배우는 것은 쉽지가 않기 때문에 학생들은 더 많은 시간을 공부해야 했었다. 그들은 이 공문서들을 의지해서 공부를 했고 나중에는 점토에 글을 새기는 공부를 했다[다른 방법으로는 가죽에다 글을 쓰는 방법이 있었지만 이는 매우 고가였다].

종교적인 측면에서 파르티아 제국은 특별했다. 원래 있던 태양신을 섬기던 종교를 제외하고도 그들에게는 그리스의 종교들, 유대교, 조로아스터교, 그리고 후대에는 기독교까지 유입된다. 하지만 그중에서 가장 많은 비중을

---

102) 남투르키스탄의 파르티아 유적에 관한 사항은 "Trudy UTAKE"; Masson M.E. and Pugachenkova G.A., 1959, pp. 22-117. 참조.

차지한 것은 조로아스터교이다.

니사에서 발굴된 문서 중에는 200여 명의 사람들의 이름이 기록된 것이 있는데 이 사람들은 조로아스터교의 정통파들이다. 조로아스터교의 신도들은 매우 많았으며 그들의 달력 또한 조로아스터교 방식으로 제작한 것이었다.

그 시기에 스포삭(Sposak)이라는 승려가 있었는데 그는 '불의 사람'이라고 불렸으며 마법을 부릴 줄 알았다. 문서에는 이름이 없는 신전이나 프라아타(Fraata) 신전, 그리고 나나이아(Nanaya) 신전 등이 기록되어 있다. 그 당시에 신전 경제가 존재했을 가능성도 있다. 파르티아 종교의 혼합은 파르티아에 다른 종교들이 유입되었을 때 발생했다. 나나이아 신전은 고대의 사람들이 달을 섬기기 위해서 세웠으며 수메르(Shumer) 시기부터 존재했다. 이 종교는 나중에 이란, 이집트, 아시리아, 아르메니아, 그리스 등지로 퍼져 나간다. 서방 지역에서는 이 신이 그들의 신인 아르테미스와 혼합되었다. 나나이아(아나히타-Anahita)는 후에 쿠샨과 소그드의 신전에서도 발견되었다.

니사에서 나온 문서를 통해 알게 된 파르티아의 달력에도 이제 관심이 가기 시작한다. 그것의 방식이 처음 생긴 것은 약 기원전 247년경이다. 니사의 문서들의 날짜들은 모두 조로아스터교의 달력으로 계산되어 있는데 이는 우리에게 이미 알려졌듯이 이란에서 기원전 5세기 후반경에 이집트의 방식으로 계산되어서 완성했다. 일 년을 365일로 나누었고 12개월이 있었으며 각각 30일씩 있었고 거기에 5일을 더했다. 각각의 달들의 이름은 파르티아인들이 조로아스터교의 신들의 이름을 따라 불렀다.[103]

이란의 중세시대 문헌에는 파르티아가 통치하던 이 수 세기 동안의 기록을 빼앗긴 역사라고 하며, 이에 대한 언급이 빠져있다.

---

103) 니사에 관한 문헌은: Dyakonov I.M., Dyakonov M.M., Livshits V.A., 1951. 파르티아의 종교에 관한 것은 Unvala G. M., 1925. 나나야의 신앙에 대해서는 Ingholt H., 1954, pp. 12-14. 참조.

민중들은 자신들의 방식으로 이 역사를 나누어서 기억하고 있었다: "파흐라본(Pahlabon)"은 사용범위가 제한되어있는 부자를 뜻하는 것이고, "페흐레비이(Pehleviy)의 이야기"나 "페흐레비이의 노래"는 뜻이 있는 동화 같은 고대 이야기이다. 모든 문헌들은 기원전 3~7세기경의 중앙아시아를 페흐레비이라고 한다.

파르티아 제국은 500년 이상의 역사를 자랑한다. 국가의 후반기에는 이란과 메소포타미아까지 세력을 확장시켜 나갔지만, 그 후에는 그저 중앙아시아 주민들의 조상들이 이룬 역사로 남겨지게 된다.

중앙아시아의 다른 도시들

중앙아시아의 중요한 농경지 중의 하나로는 페르가나(Fergana)가 있다. 기원전 2세기라는 시기는 그레코-박트리아와 함께 이 지역에도 경제적인 발전이 있었던 시기이다. 기원전 2세기에 관해 우리는 이야기 할 수 있지만 그 시기의 페르가나의 유물들은 아직 발굴되지 않았다.

학계에서 논증거리로 매우 자주 사용되는 것이 페르가나가 그레코-박트리아에 속하느냐의 여부이다. 스트라본의 기록들을 근거로 많은 학자들은 페르가나가 그레코-박트리아의 한 부분이라고 한다.[104]

페르가나에서는 에우티데모스의 주화와 데메트리우스의 동주화 그리고 겔리오클(Geliokl)의 지폐가 발굴되었다. 이 주화들은 그레코-박트리아의 다른 주화처럼 니사에서도 발굴되었는데 이 화폐들이 니사에 들어가는 것은 오직 상거래를 통해서만 가능한 일이었다.

다른 나라들에게 정복당한 피해가 그나마 적은 호라즘(Horazm)은 기원전 1~2세기경에 강한 독립 국가를 건설했다. 이를 증명하는 사료는 존재하지

---

[104] W. Tarn과 A.K. Narain의 작품 외에도, Barthold V.V., 1964; Altheim F., 1947-1948, pp. 315-317.

않지만 당시 호라즘의 문화가 그것을 충분히 증명해 준다. 그들 중의 일부를 살펴보자.

잔바스-칼라(Dzanbas-kala)는 정방형으로 건축되어있고 성벽은 튼튼하게 이중으로 되어있었는데 이는 방어를 목적으로 세워졌으며 5개의 각이 져 있고 군사를 성벽 안쪽으로도 추가 배치할 수 있도록 되어 있다. 성에 탑이 없다는 것을 대체하기 위해 군사들은 부채 모양으로 배치되었고 성벽은 반원형으로 오목하게 파여 있었다. 이는 성벽 위로 오르는 적을 쏠 수 있도록 하기 위한 것이며 더 잘 쏠 수 있도록 이것의 굴곡을 심하게 했다. 그리고 병사들이 배치되어있는 곳 밑에는 고랑이 있어서 이것 때문에 성은 둥글게 보인다.

방어 시에는 성벽 위에 엄청난 군인들이 서는데 그들의 수를 볼 때 거의 모든 주민들이 방어 태세에 임하는 것 같다. 거의 모든 시스템이 이곳의 오아시스를 유목민들로부터 지키는 것을 목적으로 운영된다.

이곳의 특징은 도시를 두 개로 나눈다는 것이다. 두 부분 중 더 발전된 곳의 성문 맞은편에는 "불의 집"이 있었고 큰 거리의 양 옆쪽으로는 평민들의 집들이 있었는데 이 집들은 많은 방들로 이루어졌으며 그 집들의 크기는 서로 거의 비슷했다.[105]

호라즘의 가장 흥미로운 건축물 중의 하나는 코이-크르간-칼라(Koy-Krigan-kala)이다. 이 성은 다른 것들과는 다르다. 다른 것들은 주로 장방형이지만 이 성은 원형의 탑으로서 직경이 42m인 것을 원형의 외벽이 둘러싸고 있는데 외벽의 직경은 87.5m이며 망루들이 세워져 있다. 중앙의 원통형 건물은 두 개의 층으로 이루어져 있다. 이것을 건축하는 데는 2배의 어려움이 있었다. 원형의 궁전 또한 점차적으로 형태를 갖추어 갔다.[106]

이곳의 발굴 과정에서 다양한 종류의 유물들이 나왔는데 그중 하나가

---

105) Tolstov S.P., 1948 a, pp. 88-98.
106) Tolstov S.P., 1962, pp. 117-135. : "Koi-Krylgan-Qala", 1967. 참조

기원전 4세기~서기 4세기 코이-크르간-칼라의 성읍.

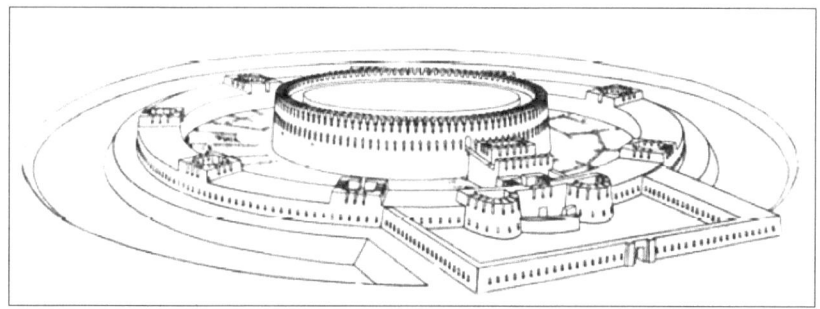

코이-크르간-칼라의 성읍(복원도)

"훔(Hum, 항아리)"으로 물을 담고 저장하는데 사용했다. 벽들에서는 매우 고난이도의 예술적인 그림들이 나왔다[기마상, 여자인상 등등]. 많은 수의 조각상들이 나왔는데 이것들은 점토나 석고로 제작되었으며 호라즘 신들의 형상을 하고 있다. 몇몇의 조각상들은 실제로 존재하는 인물의 것도 있었다. 그리고 기원전 3~2세기경의 것으로 추정되는 아람 문자로 기록된 문서들도 발굴되었는데 그것들 중의 하나에는 이름도 기록되어 있었다. 맨 첫 부분에 아스파(Aspa)[말] 이라고 적혀있었는데 아마도 그 사람의 이름이 '말에 탄 사람'이었을 것이다.

이 코이-크르간-칼라에서는 오쑤아리의 파편 10개가 발굴되었는데 이는 뼈를 보관하는 것이다. 그 주위에서도 오쑤아리 조각들이 다량 발굴되었다. 오쑤아리는 토기로 만든 상자인데 거기에 문양을 새겨 넣기도 했으며 종종 사람의 실제 크기와 같게 만든 것도 있었다.[107]

코이-크르간-칼라의 중앙에 있는 건축물은 아무래도 망자를 위한 공간이나 묘지와 관련 있는 것으로 추정한다. 그들 특유의 이런 "망자들의 집"은 아마 그 지방 귀족의 무덤이거나 호라즘 왕의 무덤이었을 것이다. 망자의 재는 사람들이 불 속에서 꺼내어 상자 안에 담았다.[108]

이런 점들은 매우 흥미로운 논쟁거리이지만 코이-크르간-칼라가 중아아시아 역사에서 중요한 비중을 차지하고 있다는 것에는 변함이 없다.

유목민들과 기마민족이 높은 산 주위에서 거대한 둥근 띠 모양으로 둘러서 있었다. 그들은 시르다리오와 아무다리오 사이의 호라즘 왕국의 영토에 살았다. 여기서 유목민들은 기마민족으로 변화하기 시작했고, 어떤 부족들은 이미 자신들의 영토를 지키기 시작했다. 사카인들의 후손인 이 유목민들은 시르다리오의 오른쪽 강변, 강의 중류, 카자흐스탄 남부의 초원, 키르기즈 북쪽 지방, 그리고 파미르 고원까지 이르렀다. 그들은 경제면에서나 정치, 그리고 문화의 모든 측면에서 밀접한 관계를 맺고 있었고 몽골의 거대한 정복 전쟁 때 그들은 거대한 유목민족의 일부에 속하게 되었다.

* * *

기원전 3~2세기의 중앙아시아의 역사에 대해서 우리에게는 자료가 많지 않다. 또한 당시 정치에 관한 사료도 지금 남아있지 않고 후의 사료들은 당시의 상황들과는 전하는 바가 많이 다르다. 그러므로 그레코-박트리아의 정치-역사는 아직까지도 알려지지 않고 가려져 있다. 정확히 100년 전 소비에

---

107) Rapoport Iu.A., 1971, pp. 64-66.
108) Tolstov S.P., 1962, pp. 117-135.; "Koi-Krylgan-Qala", 1967.

트 연방의 동양학자 V.V.그리고리예브(V.V.Grigoriyev)는 박트리아의 역사가 그들의 동전을 통해서만 알려지는 것을 두고 이렇게 평했다. "이러한 여러 가지를 종합하더라도 당시 역사에 관한 지식을 더할 수는 없다."109) 이후 100년 동안 그레코-박트리아의 동전 수는 매우 증가했다. 19세기 초의 화폐 유물보다 더 의미 있는 것이 발굴되었다. 이러한 행위는 V.V.타른 (V.V.Tarn)이 이룩해 냈는데 그는 기존에 있던 주장에 그친 것이 아니라 더 깊이 생각하고, 거기에 새겨져 있는 인물들의 관계를 연구하였으며 이러한 방법으로 자료들을 수집했다. 타른의 이러한 주관적인 연구는 그레코-박트리아의 실제 역사와 일치 하지 않는 부분들이 많다. 우리는 이 영국의 훌륭한 학자의 연구 전체를 부정하려 하는 것은 아니며 그의 연구 중에 매우 값진 성과들이 있다는 것을 안다. 여기서 우리가 말하고 싶은 한 가지는 학자와 소설가 사이에는 경계가 있는데 이를 넘어서면 학자는 소설가가 된다.

고고학자와 화폐학자의 연구와 노력 덕분에 우리는 그레코-박트리아의 경제와 문화에 관해서 더 많고 정확한 정보를 얻을 수 있었다.

또 한 가지 여기서 집고 넘어가야 할 것이 있다. 서방에서는 그레코-헬레니즘의 문화가 중앙아시아의 발전에 지대한 영향을 끼쳤다고 한다. 일부 학자들은 중앙아시아의 사회-경제가 그레코-마케도니아의 정복 전쟁 이후에 발전하기 시작했으며 도시의 방어 시스템도 그리스인들이 다녀간 후에 생겨났다고 한다.

소비에트 연방 학자들의 초기 연구를 보면 그들은 이러한 주장에 대해서 강력하게 비판한다. 중앙아시아의 사회를 발전시킨 주된 원인은 중앙아시아 내부에서 발생한 사회-경제의 발전에 있다고 한다. 고고학적 발굴은 호라즘, 박트리아, 소그드, 그리고 그 외의 중앙아시아의 민족들이 모두 자신들의 방식으로 발전했었다는 것을 증명해 준다.

하지만 이 정확한 비판에도 부르주아적 견해에 의해 몇 가지 사실이 빠

---

109) Grigoriev V.V., 1867 b, pp. 774-775.

졌는데 이는 그레코-헬레니즘 세계와 중앙아시아의 관계와 중앙아시아 영토 내에 있는 그리스의 마을들을 대상에서 제외시켰다.

그리스인들은 중앙아시아에 정복자로서 왔지만 이곳에 정복자로서 정착한 것은 아니다. 중앙아시아, 아프가니스탄, 인도 중부의 그리스인들은 세공업, 상업, 조각가, 의사, 음악가, 그리고 배우 등으로도 활동했다. 헬레니즘 세계와의 접촉은 중앙아시아의 노예제도에도 새로운 활력을 불어넣었고 중앙아시아의 도시들은 그 주변 그리스인들의 도시와 관계를 갖지 않으면 안 되었다.

이 지역에 더 많은 영향력을 미친것은 종교적인 것과 물질적인 것이었다. 그 예로는 알렉산더가 다녀간 후에 박트리아에는 천 년 동안 그리스식의 문서를 사용했다. 석상을 조각하는 스타일 또한 헬레니즘의 것과 이 지방의 것들이 결합한 형태로 발전했으며 이러한 현상은 수 세기 동안 지속되었다. 여기서 사람들은 헬레니즘의 영향이 더 컸다고 하는데 중앙아시아와 헬레니즘 문화가 동일한 비중을 차지했거나 중앙아시아의 문화가 더 큰 비중을 차지했다. 그리스 이주민들의 언어는 이 지방 주민들의 것과 점차적으로 결합해 갔고 그들의 문화 또한 그러했다. 국제적인 상거래와 군인, 이주민들의 이주는 서방으로 중앙아시아의 훌륭한 물질적, 정신적 문화를 전해주었다. 이렇게 헬레니즘 문화는 여러 나라와 민족들의 문화가 합쳐져서 생겨난 것인데 거기에는 근동지방, 중동지방, 그리고 중앙아시아와 인도의 나라들이 지대한 영향을 미쳤다.

그리고 또 하나. V.V.타른은 그레코-박트리아를 헬레니즘의 가장 중요한 나라 중의 하나라고 했다.[110] 이것을 비판하면서 A.K.나라인(A.K.Narayn)은 그레코-박트리아를 "인도-그리스"라고 하면서 덧붙여 이렇게 말했다. "그들은 이곳에 이주해 와서 그들의 문화를 보았지만 인도가 그들을 정복했기 때문에 이는 인도의 역사이지 헬레니즘의 역사가 아니다."[111]

---

110) Tarn W. W., 1950, pp. 19-20.

이 두 견해 모두 사실에 근거한 것이다. 당연히 그레코-박트리아의 역사를 셀레우코스의 틀에 놓고 볼 수는 없다. 그레코-박트리아의 후반기의 역사는 인도와 연관이 있다. 그레코-박트리아는 중앙아시아에서 태동했고 강성해졌으며 그 근거지가 중앙아시아와 아프가니스탄에 있었다. 박트리아와 그리스 문화의 결합이 만들어낸 강성함이 그들로 하여금 북인도 정벌을 가능하게 했다. 따라서 그레코-박트리아는 중앙아시아와 아프가니스탄, 그리고 인도와 헬레니즘 세계 모두에 속한다.

---

111) Narain A. K., 1962, pp. 10-11.

주제 4

쿠샨 시대의 중앙아시아

1. 파르티아, 그레코-박트리아 그리고 유목민들. 월지 초기의 역사

유목민들과 파르티아

기원전 138년이나 137년에 파르티아는 프라아테스 2세(Fraates Ⅱ세)가 왕위에 있었다. 그는 아직 어려서 그의 어머니가 초기에 섭정을 했다. 국가의 평안을 위해서 왕은 동방에 다녀와야 했는데 갑자기 상황이 변했다. 셀레우코스 제국이 침공해 온 것이다. 셀레우코스의 군사들에게는 행운이 따라주어서 파르티아의 동부 중에 중요한 바빌론을 포함한 대다수의 영토들을 차지할 수 있었다. 셀레우코스 군대의 대단한 승리는 얼마 가지 못했다. 삶의 터전을 빼앗기고 억압받기 시작한 주민들이 봉기해서 셀레우코스의 군대를 공격하기 시작한 것이다. 프라아테스 2세는 완전한 승리를 얻게 된다. 셀레우코스의 왕이 죽은 것이다[아니면 그가 자살을 했던가]. 그의 딸은 프라아테스 2세가 후궁으로 맞이하게 된다. 이는 셀레우코스 제국이 마지막으로 자신들의 옛 영토를 되찾기 위해 기울인 노력이라고 할 수 있다. 파르티아의 군사들은 다시 바빌론으로 가서 시리아로 진군할 준비를 했다.[112]

이 엄청난 성공 후에 파르티아의 지도자들은 매우 어려운 시기를 맞이하게 된다. 그에 관해서 유스틴이 자세히 설명하고 있다. "이 시기에 스키타이[유스틴은 사카인들의 후손을 이렇게 부른다] 민족이 분쟁을 일으킨다. 그리고 그때 안티오쿠스와의 전쟁을 위해 나가있던 그에게[프라아테스 2세에게] 사람들이 본국으로 돌아오라고 했지만 그는 전쟁이 끝난 후에 도착했다. 하지만 그들은 여기서도 처리를 잘못하고 만다. 스키타이 민족이 분쟁을 일으킨 것은 그들이 일한 정당한 대가를 받기 원했기 때문이다. 그들은 자신들이 참전하고 노력한 대가를 지불하거나 아니면 나가서 적들과 싸우게 했어야 했다. 거절로 인한 모욕감을 받은 스키타이 민족은 파르티아의 국경지대를 비워두기 시작함으로서 프라아테스는 그들에 대항해서 싸우기로 결심한다."

전쟁은 이렇게 진행되었다. "프라아테스는 자신이 소유한 그리스의 군사들과 함께 진군하기 시작했다. 이 군사들은 안티오쿠스와의 전쟁 후에 그가 획득한 군사들로서 그는 군사들을 매우 혹독하게 다루었기 때문에 이 군사들은 적군에 의해 상황이 불리해지니까 바로 적에게 투항하고 만다. 그래서 파르티아의 군사들은 전멸하고 그들의 왕인 프라아테스2세도 죽고 만다."

다음 왕은 프라아테스의 삼촌으로 그의 이름은 아르타본 2세(Artabon2세)이다. 그때 스키타이 민족은 파르티아를 정복하고 자신들의 원래 삶인 유목생활로 접어들게 된다. 파르티아의 도시들은 그들에게 통행세를 내야 했지만 아르타본은 이 상황에서 벗어나고자 많은 노력을 기울였다. 그래서 그는 한 부족을 공격했지만 그들의 손에 곧 죽고 만다. 유스틴은 이 부족을 토하르(tohar)라고 부른다.

이 사건은 기원전 123년경에 일어났다. 파르티아의 왕위는 위대한 왕이라 칭송받는 아르타본의 아들 미트리닷 2세(Mitridat2)가 차지한다. 이제야 파르티아는 다시 성장하게 되었고 사카인들에게 빼앗겼던 땅의 전부는 아니더라도 일부분은 다시 찾아올 수 있었다. 유스틴이 말하기를 "그들은 여러

---

112) Debevoise N. C., 1938, pp. 27-37.

번 싸워서 이겼고 이제서야 그들의 조상들의 한을 풀 수가 있었다." 미트리닷 2세 때에 파르티아는 전에 없이 강한 나라로 성장했다.

월지의 탄생의 문제

이 민족의 역사는 그레코-박트리아 국가 안에서 다른 방식으로 이야기가 전개된다. 이 나라와 중앙아시아 전체의 역사를 이해하기 위해서는 중앙아시아의 북동쪽과 중국의 사료들을 잘 살펴보아야 하는데 기록을 보면 몽골과 훈족이 활동하던 지역에서 월지 민족이 나왔다고 한다. 기원전 3세기의 월지인들은 매우 강한 민족이었는데 그래서 훈족의 통치자가 자신의 아들을 그들에게 인질로 보내야 했다.[113] 하지만 그 후에는 상황이 변한다. 훈의 샨유이(Shanyuy)와 마오둔(Maodun)[다른 말로는 모데(Mode)]은 훈 민족의 군사 시스템을 재정비해서 훨씬 강한 군대로 만든 사람이다. 그는 2번 중국을 침략했고 한의 황제는 그의 힘 앞에서 벌벌 떨었다. 기원전 176년에 훈족의 한 대장이 월지인들에게 패배를 안겨 주었다.[114]

마오둔의 아들 라오샨(Laoshan)이 기원전 174년에 월지를 격파하고 그들의 지도자를 잡아서 그의 해골로 음료를 위한 잔을 만들었다. 패망한 월지인들은 서방인 투르키스탄(Turkestan) 동쪽 지방과 중앙아시아 지방으로 이주하기 시작한다.[115] 그곳에 원래 살던 민족은 중국인들이 오손(usuni)[역주: 오손은 한국어로 '오손'인데 본문에 저자가 명칭의 발음을 비교한 부분이 있기 때문에 편의상 오손으로 표기함]이라고 부르는 민족으로서 어느 정도 훈의 영향을 받으며 독립국으로 살아갔다. 그들의 선동으로 오손 민족은 월지에게 대항하지만 패배하고 만다. 그 후에 월지는 세(Se) 민족을 격파했다. 이 민족은 '매달려있는 다리'라고 불리는 파미르의 남서쪽 지방을 넘어 기빈(Gibin')[인도스탄

---

113) Bichurin, I, pp. 46-47.
114) Ibid, pp. 54-55.
115) Bichurin, II, pp. 147-151.

(Indostan, 또는 Hindustan)(Indostan)의 동서쪽]이라는 지역에 정착했다. 오손은 나중에 힘을 모아서 다시 그들을 몰아낸 월지를 격파했고 이는 월지가 다하(Daha)[박트리아] 지방으로 이주하게 만드는 계기가 되었다.[116]

서유럽의 고고학자인 G.할로운(G.Haloun)은 "월지의 이 두 번의 이주는 그 시기를 정확하게 알 수 없다"고 한다. 신뢰가 가는 주장 중의 하나로 일본의 역사학자 쿠바바르(Kuvabar)의 말에 의하면 월지인들은 중앙아시아의 북쪽으로 약 기원전 172~161년경에 이주해 왔고 남쪽인 아무다리아 지방으로의 이주는 약 기원전 139~129년경이라고 한다.[117] 또한 그들이 사마르칸트로 온건 약 기원전 133~129년경이라고 한다.[118]

이 중앙아시아로 아주해 온 월지인들을 대월지라고 한다. 그 의미는 '위대한, 큰 월지'이다. 그리고 투르키스탄 지방에 사는 월지인들은 '작은 월지(소월지)'라고 한다.

어떤 고대 사학자들은 완전히 다른 설을 주장한다. 그건 그냥 그들이 이 역사에 대해서 아예 모르거나 아시아의 역사에 대해서 깊이 알지 못하기 때문이다. 스트라본은 "이 유목민들 중에 유명해진 것은 박트리아를 빼앗은 민족으로 그들은 파시아나(pasiana), 토하르(tohar), 사카라울(sakaraul), 그리고 야크사르타(Yaksarta)의 한 부분까지 그들이 차지했는데 이 야크사르타의 다른 부분들은 당시의 사카인들과 소그드인들이 살았다고 한다." 폼페이 트로그(Pompei trog)의 XLII권 프롤로그를 보면 "아시이(asii)-토하르인들의 지도자들과 사라우크(sarauk)인들의 죽음"이라고 나와있고 XLI권을 보면 "박트리아와 소그디아나를 스키타이 민족인 사라우크인들과 아시안(asian)인들이 빼앗았다"고 기록했다.

---

116) 위 서적 p151, 190-191; De Groot, 1926, p15, 123; 훈족과 관련된 역사는 많은 자료들이 있다: McGovern W.M., 1939, pp. 116-129; Bernshtam A.N., 1951, pp. 57-71; Gumilev L.N., 1960b, pp. 63-94.
117) Haloun G., 1937, pp. 246-249.
118) Rerich U.N., 1963, p. 120.

이렇듯이 여기서는 아무도 월지라는 민족을 모른다. 하지만 확실한 것은 중국의 사료와 서방의 사료들에 그레코-박트리아가 멸망했다는 점을 거론했다는 것이다.

이 두 가지 사료들에 나와 있는 민족들과 중앙아시아에서의 명칭으로서 두 주장의 "화해"를 이끌어내는 작업은 이미 18세기부터 2세기란 시간동안 이어져 왔다. 하지만 아직 확정적인 결론에 이르기까지는 가야할 길이 멀다.

이미 입증되었듯이 스트라본이 사료들을 베끼는 과정에서 문제점이 많이 발견되었다. 그중에 하나가 "…아시이, 파시아느…"인데 이것이 원래는 "…아시이 이거나 아시아느…"가 되어야 한다. 이렇게 되면 여기에는 그저 한 민족을 지칭하는 두 가지의 명칭만 기록되어있는 것이다. 스트라본이 "사카라울(sakaraul)"이라고 부르는 민족은 폼페이 트로그의 사마라우크(samarauk)와 같은 말이다. 이렇게 서로 다른 명칭들은 언어학자들이 비교 분석해 봤는데 올바른 명칭은 사카라우크(sakarauk)이라고 하며 이 말은 사카라바카(sakarabaka) 즉, '빨리 움직이는 사카인들'이라는 뜻에서 나온 말이라고 한다.119) 밑에 스트라본의 책과 폼페이 트로가를 비교해 보겠다.

스트라본	폼페이 트로그
아시이(Asii)	아시이(Asii)
파시안(Pasian)	아시안(Asian)
토하르(Tohar)	토하르
사카라울(Sakaraul) 〈=사카라우크sakarauk〉	사라우크(Sarauk) 〈=사카라우크sakarauk〉

중국의 사료들을 연구해 보면 거기서는 오손, 세(se), 그리고 대-월지(da-yuechjey)에 대한 설명이 있다. "오손"는 중세의 중국어로는 Uosuən이라고 발음이 되고 고대 중국어로는 O-sw라고 발음된다. 심심치 않게 나오

---

119) Litvinsky B. A., 1960b, pp. 92-93. 하지만 이 외에도 다른 주장들이 존재한다.

는 주장으로는 오손이 아시이를 중국식 발음으로 표현했다는 것으로서 이는 부분적으로 A.N.베른쉬타임(A.N.Bernshtaym)을120) 지지하는 것이다. 이 단어의 발음이 비슷한 것을 제외하고서도 중국의 사료들로 보면 오손이 유에취제이(월지)를 물리쳤다고 나오고 폼페이 트로그를 보면 아시이-토하르인들의 황제-가 사카라우크를 명망 시켰다고 나온다.

하지만 이것들을 연관 짓는 것은 쉬운 일이 아니다. 이 분야의 권위자인 I.마르크바르트(I.Markvart)는 이 가능성에 대해 확실히 부인한다.121) G.할로운(G.Haloun)은 중국의 사료에는 오손 인들이 '일곱 개의 강(semiryechiye)'과 천산산맥에 남아있었고 중앙아시아 남쪽으로의 이주에 관해서는 기록이 없다고 한다.122) 또한 중국사학의 권위자인 풀레이블렝크(Pulletblank)의 말에 의하면 오손=아시(아시안)라는 말은 성립되지 않는다고 한다.123)

'세' 민족에 대해 살펴보자면 이 민족은 원래 섹(Sek)이라고 불려야 옳다. 현대의 일반인에게 잘 알려져 있듯이 사카인들에 대해서는 고대 페르시아의 역사나 고대 사료들에 잘 나타나 있다.

다시 우리가 원래 말하고 있던 월지에 관한 문제로 돌아가 보자. 중국의 학자들의 의견이 일치하지는 않지만 이 이름은 고대 중국에서 나온 명칭이다. 하지만 이는 중국인들 원래의 발음인 ngint-tsi 또는 ngiwat-tia 를 발음하지 못하여서 got-ti, gut-ti, geti 등이 생겨났다.124) 실제로 월지인들이 중국의 영토 안에 발을 들여놓고 자신들의 흔적을 남겼을 때 그들은 중국에서 'Ywati' 라고 불리었다.125)

이러한 언어학적 차이가 매우 큰 비중을 차지한다. 월지의 고대의 명칭

---

120) Bernshtam A. N., 1947a, p. 43.
121) Marquart J., 1901, p. 204.
122) Haloun G., 1937, pp. 252-254.
123) Pulleyblank E. G., 1966a, p.29.
124) Maenchen-Helfen O., 1945, p. 77.
125) Pulleyblank E. G., 1966a, pp. 17-18.

과 함께 연관이 있을 법한 다른 잘 알려진 고대의 민족들을 비교 연구해야 한다.

19세기 초반에는 월지인들이 마사게트(Massaget)인 이라는 가설이 있었다. 소련의 사학자 중에 S.P.톨스토브(S.PTolstov)가 이 가설을 해결했다.

그는 O.프랑크(O.Frank)의 주장을 근거로 마사게트인들이 증거는 없지만 중앙아시아를 떠나서 북동쪽으로 이주했다고 했다.[이는 확실한 사실이기는 하지만 아직 증명된 바는 없다.] 그는 '마사게트'라는 말을 해석하면 '위대한 게트'인데 '대(大)월지'도 당시의 발음으로 하면 대(大) 그바트(gvat)[가트(gat)]라고 불렸을 것이라고 한다. 이렇게 톨스토브는 마사게트 인들이 월지인이라고 주장했는데 이러한 주장은 확실한 근거하에 만들어진 것이 아니다.[126]

『타지크인들의 역사』라는 책에도 마사게트인들이 월지라고 나오는데 소련의 사학자 우먀코브(I.I.Umyakov)는 그 설을 반대한다.[127] 또한 '마사게트'라는 명칭의 어원은 아직도 알려지지 않고 있다.

예전에는 I.마르그와르트(I.Margvart), 지금은 E.풀레이블랭크(E.Pulleyblank)가 주장을 하기로는 고대 월지의[Ywati] 라는 말이 토하르(Tohar) 주변에 살던 야티(Yati) 민족에게서 나온 말이라고 한다.[128] 토하르라는 이름은 주로 대완(Davan')[역주:대완]이라는 나라와 대조된다. 고대에는 그것이 중국식의 발음으로 da-ayvan 이라고 불리었을 것이다. 이 이름은 어느 지방의 이름인 타흐와르(Tahvar)에서 유래되었을 것이다.[129] 고대 문학적 사료에서 대완은 페르가나라는 우리의 생각을 확실히 증명해 준다.

4세기경의 글이나 그 후의 작가들은 월지인들이 토하르인들인 것처럼 기록하는데 이는 월지가 토하르와[130] 연관이 있다는 말을 더 확실하게 해준

---

126) Tolstov S. P., 1948a., pp. 242-245.
127) Umnyakov I. I., 1940, 1946.
128) Marquart J., 1901, p. 206; Pulleyblank E. G., 1966a, p. 22.
129) Pulleyblank E. G., 1966, p. 22.
130) Rerich Y. N., 1963, p. 122.

다.

　나중에는 월지[그리고 토하르]가 중앙아시아의 다른 국가들과 관계를 형성하려는 경향을 많이 보였고 중세에는 그들의 후예들이 토하르어라고 불리는 언어를 사용했다. 이 언어는 인도-유럽 언어라고 하지만 인도의 언어나 이란의 언어와 닮지는 않았다. 소련의 학자 중에서는 레루흐와 이바노브가 이러한 주장을 편다.131)

　일본의 사학자인 에노키(Enoki)는 이 역사를 단면적으로 보는 것이 아니라 월지 이전에 있었던 박트리아의 역사와 그 후에 있었던 중국의 역사를 함께 연관 지어서 보았다. 그는 그러한 방법으로 연구한 후에 월지인들을 스키타이 민족이라고 주장한다. 그는 또한 파지리크(pazirik) 문화를 가지고 있던 민족이 월지의 통치하에 편입되었다고 주장한다. "나의 견해와 마찬가지로 에노키는 월지국이 3세기경에 가지고 있던 힘이나 영토들은 투르크 제국이 6~7세기에 가지고 있던 것과 비슷하다고 한다.132) 그들의 이주는 이주라고 하지 않고 동쪽과 북쪽으로의 월지 영토 확장이라고 한다." 또 월지가 스키타이 민족이라는 것에 대해서는 E.풀레이블렌크(E.Pulleyblenk)가 이미 가능성과 증거가 없다고 비판했다.

　이 모든 월지에 관한 문제는 각 나라의 사학자들의 언어의 차이 때문이라고 보면 되겠다. 그런 면에서는 소련의 사학자들도 마찬가지로 많은 자료들의 축적과 서로 상반되는 가설들과 주장들이 나왔다. 이러한 상황들로 볼 때 종합적인 그림은 미래에나 가능하겠다. 이러한 영역의 것들을 살펴볼 때 필요한 것은 진행되는 상황을 기록한 것이나 역사학적 사료들로 이 문제를 해결해 나가는 것이다.

　중국-훈-월지인들의 상호 작용이 그레코-박트리아에 종말을 가져왔다고 보고 S.P.톨스토브(S.P.Tolstov)는 "야만인들에 의해 이루어진 박트리아

---

131) Rerich Y. N., 1963, pp. 122-125; Ivanov V. V., 1967.
132) Enok K., 1959, pp. 227-232.

정벌은 아랄해 부근의 민족이 남쪽으로 이주해 오면서 생겨났다."라고 했다.133) 우리가 보기에는 실제로 월지라는 유목민들의 집단이 중앙아시아에서 멀리 떨어진 곳에서 이주해 와서 중앙아시아의 유목문화에 지대한 영향을 미친것 같다.

그레코-박트리아의 격동기

기원전 206년경에 아직 월지인들이 중앙아시아로 들어오기 몇십 년 전에 유목민들은 벌써 그레코-박트리아 왕국의 국경까지 왔었다. 벌써 오래전부터 쇠약해져 있던 이 왕국은 그때 북쪽 국경을 점차적으로 상실해가고 있었고 '월지의 이주'라고 불리는 민족의 이동을 통해서 그레코-박트리아는 결정적인 타격을 입고 만다. 이 일이 어떻게 진행되었는지 그중에 한 가지 가능성이 있는 일은 다음과 같다. 월지인들에게 쫓겨난 사카인들이 투르키스탄 동쪽과 파미르 고원을 가로질러 인도의 북동쪽에 정착했고134) 사카라우크(Sakarauk)인들은 시르다리오 부근에 있던 소그디아나를 점령하고 그곳에서 바로 메르브(Merv) 오아시스를 거쳐 남쪽의 사카스탄(Sakastan)[지금의 시스탄(Sistan)]과 인도의 북서쪽으로 이동했다. 남쪽에 있는 박트리아 땅으로 이 외에도 많은 거대한 민족들이 이주해 왔다. 페르가나에서, 세미례취예(Semiryech'ye)[일곱개의 강]에서 그리고 아랄(Aral)해 근처에서도 많은 민족들이 그곳으로 이주해 왔다.

기원전 128년에 중국의 대사인 장건은 월지인들이 박트리아의 다하(Daha)로 이주해 왔다고 하면서 그곳에 남아있던 박트리아 사람들은 아무다리아 쪽으로 이주했다고 했다.135) 첫 번째 월지의 정복 전쟁에서 박트리아의 지도자들이 박트리아를 독립 국가로 지켜낸 것 같아 보였지만 후에 월지

---

133) Tolstov S. P., 1948a, p. 245.
134) Litvinsky B. A., 1960a, pp. 8-11.
135) Bichurin, Ⅱ, pp. 151-152.

인들이 다시 왔을 때는 월지인들이 여기에 자신들의 지도부를 조직했다.

A.K.나라인(AA.K.Narayn)은 박트리아는 서로 다른 시기에 다른 민족에게서 다른 국경지대들을 공격당했다고 한다. 이러한 방식으로 박트리아가 멸망하기 시작했고 기원전 2세기 후반에서 기원전 1세기 전반까지 박트리아의 모든 지방과 모든 지도부들은 멸망한다.[136]

이렇게 파르티아와는 다르게 박트리아는 유목민들의 정복에 의해서 순식간에 멸망되었다.

---

136) Narain A. K., 1962, p. 138.

2. 기원전 2~1세기경의 중앙아시아

박트리아와 소그드

월지인들이 박트리아를 멸망시킨 후에는 그 지방들이 서로 갈라졌다. 하지만 초기에는 박트리아 시대의 지배계급의 몇몇 사람들이 도시들을 통치하고 있었다. 중국의 사료는 월지로 부터 독립적인 지방들이 5개가 있었다고 전한다. 박트리아의 다하(Daha)로 이주가 끝난 후에는 "'월지의 집'이 5개의 제후국들로 나뉘었다."137) 이 글은 유목민들이 자원해서 자신들끼리도 잘 나뉘듯이 그들이 정복해서 이주해 온 그곳에서도 부족들 간에 서로 나뉘었다는 것이다.

이 지역의 지도자들은 자신들의 호칭을 만들었다. 중국인들은 그것을 히헤우(Hi-Heu)라고 한다. 이는 고대 언어로는 ηheap-goh라고 발음한다. 이는 후에 쿠샨(Kushan)의 화폐에서 나오는 'yavyga' 라는 것과 더 후기 투르크의 "야브구(Yabgu)와 같은 뜻이라는 말에는 의심의 여지가 없다. G.베일(G.Beyl)이 보여줬듯이 이 말들은 이란어에서 파생된 것으로서 '우두머리'를 뜻한다.138)

기원전 2~1세기경에 어떠한 사건이 있었는지는 잘 알려져 있지 않다. 우리가 그 당시의 역사를 알아내기 위해 활용할 수 있는 수단은 화폐 조사와 고고학적 발굴밖에 없다.

그레코-박트리아가 멸망한 후에 박트리아 영토에서는 화폐들의 크기가 점차적으로 작아졌다. 그 화폐들 중에는 그레코-박트리아의 황제인 유크라티데스의 이름이 새겨진 것도 있었다. 이 동전들의 발굴 작업은 타지키스탄의 남부에서 했는데 한 가지 알아낸 사실은 월지인들의 통치 시기인 기원전

---

137) Bichurin, II, pp. 184-227.
138) Litvinsky B.A., 1967 b, p. 36.

2~1세기에도 이러한 화폐의 주조가 이루어졌다는 것이다. 이 당시 그들은 예브크라티드의 동전을 주조하는데 거기에는 왜곡된 말을 적어 놓았다. 한 가지 더 말하자면 이와 같은 동전들은 기싸르(Gissar)와 카바디안(Kabadian)에서도 출토되었다.[139]

이 외에도 중요한 동전들이 많은데 그중에는 박트리아 말엽에 겔리오클(Geliokl)과 관련된 것이 있다. 어떤 것들은 겔리오클과 매우 연관성이 있는 것들로서 겔리오클의 동전에 밑그림이 없는 것들도 있고 말 그림이 있는 것도 있는데 이 말 그림이 있는 동전들은 다른 동전들에 비해 조금 더 후기의 것으로서 이는 그 당시에 일종의 정책이 변했다는 것을 보여주거나, 기원전 1세기의 사람들이 이전의 연합되었던 모습을 그리워하며 제작한 것일 수도 있다. 이 동전들은 수르한다리오(Surhandario)와 기싸르(Gissar) 지방에서 발굴되었다.[140] 그리고 얼마 전에는 타지키스탄의 파르하르(Parhar) 지방에서도 발굴되었다.

소그드에서도 그레코-박트리아를 모방해서 동전들을 주조했다. 언젠가 아주 잘 보존된 에우티데모스의 테트라드라크마(Tetradrachm)가 발굴되었는데 발굴된 동전들 중 일부분의 것들의 주조된 시기를 확인한 결과 그레코-박트리아의 후기에 주조된 것으로써 그때 이미 소그드는 그레코-박트리아의 그늘에서 벗어나 독립 국가가 되었을 때이다. 또한 어떤 동전들은 그레코-박트리아가 멸망한 후에 주조된 것으로써 부하라의 오아시스와 연관이 있는 것으로 보인다.[141]

이러한 것 외에도 소그드와 일부 박트리아 지방에서도 동전들을 많이 변화시켜서 만들었다. 매우 흥미로운 것은 그 뒷면에 궁수의 그림이 새겨져 있는 것인데 그리스의 언어로 셀레우코스(selevkid)의 왕인 안티오쿠스(Antioh)가 새겨져 있었는데 앞면에는 그의 초상이 그려져 있는 것이 아니라 그 지방

---

139) Mandelshtam A.M., 1966 v
140) Masson V.M., 1957 b.
141) Masson V.M., 1954.

수령의 초상이 있었다. 이런 동전들은 탈-이-바르주(Tal-i-Barzu)에서 발굴되었다. 이는 사마르칸트의 남부, 펜지켄트(Penjikent) 방향이다.

아주 많은 동전들에 기르코드(Girkod)의 이름이 있다. 어떤 동전들에는 그리스어로, 어떤 것들에는 소그드어로 기록되어 있다. R.기르쉬만(R.Girshman)은 동전들에 다음과 같이 기록되어 있다고 한다. "사카라우크(Sakarauk)인 아르데트라(Ardetra)의 아들 기르코드(Girkod)의 동전."142) 소그드인들의 전설에는 그의 이름이 아르타드르(Artadr)나 아라타드르(Aratadr)라고 하는데 이러한 것들을 통해서 기르쉬만은 당시에 소그드를 사카라우크인들이 차지하고 있었고 그들은 자원이 풍부한 그 땅에서 강성한 나라를 이루며 살았다고 주장한다. 하지만 이 주장에는 약간 미심쩍은 부분들도 있다.

카피르니가나(Kafirnigana)의 아래쪽 베쉬켄트(Beshkent) 지방과 바브쇼브(Babishov) 지방에는 거대한 유목민들의 무덤들이 발굴되었는데 이들은 서로 거리를 두고 조금씩 떨어져 있었고 어떤 것들은 농경지 옆에, 어떤 것들은 오아시스 옆에, 또 어떤 것들은 사막 쪽에, 그리고 샘물 부근에도 있었다. 무덤들은 관개가 되어있는 지역 외부에 조성했다. 무덤들은 사람들의 협동으로 만들어졌고 이러한 무덤들은 아무다리아 강변에서도 많이 발굴되었다. 이는 어떤 면에서는 그 지역이 발전했다는 것이고 또 어떤 면에서는 유목민들이 북쪽 박트리아로 넘어와서 정착생활을 함에 따라 인구가 지나치게 증가하여 살기가 어려워졌다는 것을 의미하기도 했다.

카피르니가나에서의 무덤 발굴은 매우 상태가 좋은 유물들을 우리에게 남겨 주었다. 무기들 중에는 화살촉과 단도 등이 있었고 그 외에 금제 장신구, 세라믹 등이 발굴되었다.143) 이러한 것들은 주로 그곳의 정착민들이 제작한 물품들로서 그 한 가지 예가 전형적인 박트리아의 세라믹 기구 등이다. 이는 유목민들이 그 지역의 정착민들과 교류함에 따라 그들의 문화가 유목

---

142) Ghirshman R., 1946, p111-115; Masson V. M., 1955, pp. 42-43; 소그드의 화폐의 관한 전설은 Henning W. B., 1966a; 1966b 참조.
143) Mandelshtam A. M., 1966a; 1966b.

민들의 삶에도 빠르게 유입되었다는 것을 의미한다. 이들의 발굴을 통해 확인한 사실은 이 지역에 이주해 온 사람들이 중앙아시아의 북쪽 지방의 세미레취야나 아랄 부근에서 온 몽골과 연관이 있는 듯한 삭인들과 오손 민족이었다는 것이다.144) 한 가지 변하지 않는 것이 있다면 이 무덤들은 이주민들의 것이 아니라 박트리아 내에 있던 유목민들의 것이라는 것이다.

이주 유목민들의 무덤들은 소그드에서도 발굴, 연구가 진행되어 왔다. 이것들의 일부는 쿠유마자르(Kuyumazar)와 랴반닥(Lyavandak)의 무덤들이다.145) 이것들은 역사-문화적 측면에서 박트리아의 무덤들과 비슷하다. 그리고 이곳 소그드에서는 이주민들이 원주민들의 문화를 잘 흡수했다.

페르가나의 고대 국가 대완(Davan)

기원전 2~1세기경의 중국 고대 문헌들을 보면 대완(大宛)이라는 강대하고 부유하며 인구가 많은 국가에 대하여 자세히 나와 있다. 러시아와 인도-이란의 절대적 다수의 학자들은 이 국가가 페르가나 방면에 위치했다고 기록한다. 하지만 어려운 문제는 어디서 이 '대완'이라는 '페르가나'와는 흡사한 점이 하나도 보이지 않는 이름이 출현했는가 하는 점이다. 이 대완이라는 이름은 기원전 3세기 이전에 있었다. 하지만 그 후에는 보한(Bohan)이나 폴로나(Polona)로 기록되어 있다. 이런 점은 이 나라들이 고대의 대완과 연관이 있다는 증거가 된다. 폴로나는 의심의 여지가 없이 페르가나의 중국식 발음이다.146) 하지만 대완이란 말은 어디서 나왔는가에 대한 설명으로는 이것이 아마 중국인들이 '토하르'라는 명칭과 연관이 있는 나라를 'Tahwar' 라고 발음했기 때문에 생겨난 명칭이 아닌가 한다.

중국의 사료들을 보면 기원전 2세기경의 페르가나의 인구는 약 30만 명

---

144) Kiyatkina, T.K., 1965, pp. 6-8.
145) Obelchenko O.B., 1956, 1961.
146) P'o-lo-na 라는 명칭은 중국의 436~437년대에 기록된 문헌에서 발견된다.

이었다고 한다. 하지만 그 당시에 문서들을 인용하는 것이 어려운 환경이었으므로 이는 조사를 통해 얻은 결과라기보다 그곳을 직접 여행한 사람이 기록한 것이라고 보는 것이 타당하다. 대완에는 수많은 도시들이 있었고 또 많은 정착촌들이 있었다. 가장 중요한 도시로는 에르쉬(Ersh)가 있었다.[147)]

그에 대해 이렇게 기록되어 있다. "이곳에 사는 사람들은 매서운 눈을 가지고 있었고 턱수염은 매우 거칠었으며 상업을 매우 교활하게 해냈으며… 여자들을 배려했다. 그들의 아내들이 무슨 말을 하면 남자들은 그 말을 이행하지 않을 수 없었다."

대완은 농업이 매우 발달한 국가라고 할 수 있다. 여기에는 대규모의 포도농장들이 있었으며 그곳에서는 포도주를 만들었고 그 포도주들을 몇 십년씩 보존했다.

특별히 이 지역은 페르가나의 말로 유명하다. 그중에 아르가막(argamak)은 인접국들의 귀족들이 탐내는 것이었다. 특히 중국인들이 이 '피땀을 흘리는 말'에 욕심을 냈다.[148)] 그들은 이 말을 천마(天馬)라고 칭했으며 이 말은 죽음이 없는 나라까지 갈수 있다고 믿었다. 이 말을 황제 부-디(Vu-di)는 갖고 싶어 했는데 그 이유는 그가 죽음이 없는 나라로 가고 싶어 했기 때문이다. 이 페르가나의 말들은 중국에서 숭배와 존경의 대상이 되었다. 시인들도 그 말을 찬양하는 시까지 쓰기도 했다. 그런데 이 말들을 성스럽게 여길 것이 아니라 치료를 해야 했다. 왜냐하면 이 피땀은 성스러운 것이 아니라 기생충들이 가죽을 갉아먹고 있었기 때문에 흘린 것이기 때문이다.

중국의 황제들은 이 대완을 복속시키고자 했다. 대완의 국민들은 그렇게 몇 년을 어려운 전쟁 속에서 보내야 했다. 기원전 104년에 중국은 대완으로 군대를 보낸다. 그 군대의 기병은 그 수가 무려 6만에 이르고 그들을 지원하기 위해서 또 수만 명의 젊은이들이 참전했다. 하지만 중국은 목적을 달성하

---

147) Bichurin, II, pp. 161-162, 188.
148) Bichurin, II, pp. 161-162, 186-188.

지 못하고 짐을 싸서 그곳을 떠났다. 후에 6만여 명의 군대를 또다시 보냈는데 그때 페르가나의 왕이었던 무구아(Mugua)는 용감하게 맞서 싸웠다. 그래서 여기서 대완이 많은 사상자들과 피해를 입고 무구아도 죽었지만 결과는 전과 마찬가지로 중국이 철수하는 것으로 끝난다. 그 후에 무구아의 장례를 치른 대완의 대신들은 무구아의 남동생을 왕위에 옹립한다.149)

이렇게 페르가나의 주민들은 다른 나라들에 의해 수많은 공격을 받지만 그것을 견뎌내고 독립적인 국가로 남았다.

북쪽 지방과 거주민들

페르가나가 어려움에 처했을 때 그들에게 도움을 준 민족 중 하나가 칸규이(Kangyuy)[강거(康居)]인이다. 고대식 발음으로는 khâŋkiâ 이다. 이 칸규이인들에 대해서는 만족할 만큼의 정확한 사료들이 남아있다. 강거는 페르가나인 대완과 국경을 맞대고 있었는데 이는 그들의 남동쪽 국경이었으며 남쪽국경에는 월지와 마주 보고 있었다. 그들의 북서쪽 국경은 얀차이(Yantsay), 즉 아랄해 인근의 사르마토-알란(sarmato-alan)족이 사는 땅까지 이르렀던 독립적인 국가이다.150)

강거인들은 누구인가? 이 광대한 나라의 중심부는 어디인가? S.P.톨스토브(S.P.Tolstov)의 강거는 호라즘에 있었다는 주장이 전에는 우리 학계에서도 받아들여지고151) 또 널리 알려졌었지만 새로운 사료의 발견 뒤로는 그의 주장이 사실과 다르다는 것이 증명되었다.

강거인들의 가죽 염주는 시르다리오 부근에서 많이 발굴되었지만 그들 국가의 수도는 타쉬켄트 지방에 있었다. 이런 것으로 알 수 있듯이 강거 국가의 중심지는 시르다리오 중반부에 위치하고 있었다. 여기서 확실해진 건

---

149) Ibid, pp. 163, 1, pp. 162-167; 1963 b, pp. 350-351.
150) Bichurin, Ⅰ, p150, 165, 186, 229.
151) Tolstov S.P., 1948 a, pp. 20-26.

어떻게 강거인들이 페르가나의 중국과의 싸움에서 도움을 줄 수 있었는가 이다. 호라즘은 아주 먼 곳에 있는 강거의 주변 국가로써 강거가 다스리고 있었다.

강거인들이 민족적으로 어디에 속하는가는 학자들 사이에서 논쟁의 대상이 된다. 그들이 투르크계라는 관점이 있는가 하면 그들이 토하르어를 쓰는 민족이라고 하는 사람도 있다. 하지만 가장 신뢰할만한 것으로는 그들이 이란어를 사용하는 사카인들의 후예라는 주장이다.

사료들은 강거인들을 '유목민족'이라고 하지만 그들의 관습은 '얀차이인들의 것과 완전히 일치한다.'고 한다. 하지만 얀차이인들은 '토성 안에서 살았다'고 하는데 실제로 강거인들의 영토에는 마을들이 매우 많이 있었다고 한다.152)

사료들에 따르면 강거는 매우 강한 연합국가였다고 한다. 그들의 전성기인 기원전 1세기경에는 그들의 군대가 12만 명에 이르렀다고 한다. 그들은 자신들이 스스로 내부 정치를 강화했고 또 주변 국가들을 외부 침략자들에게서 구해 주었다. 그들은 평화로운 시기에도 그들에게는 평화가 있지 않은 것처럼 왕궁의 경비를 강화했고 절망적인 시기에도 그들은 용감하고 대담했다.153)

강거의 초기 역사는 잘 알려져 있지 않다. 하지만 그들은 기원전 270년에 그들의 대사관을 중앙아시아에 세웠다. 그 후에 그들은 세력을 상실해 갔고 결국 그들은 에프탈 국가에 속하게 된다.

시르다리오를 고고학적인 측면에서 조사했을 때 다수의 무덤들과 마을들이 발굴되었다. 후기에 발굴한 것 중에서 처음으로 찾아낸 것이 그리고리(Grigori)가 얀기-율(Yangi-yil) 인근에서 발견한 카운치(Kaunch)라는 촌락이다. 그 인근에는 드준(Djun)의 무덤이 있다. 고고학 전문가들은 기원전 마지

---

152) Litvinsky B.A., 1968
153) Bichurin, II, pp. 184-185.

막 세기와 기원후 첫 세기의 중앙아시아 문화를 '카운치와 드준의 세기' 라고 부른다. 이곳 주민들의 후예는 카라마자르(Karamazar) 산과 사마르칸트까지 확산되었다. 이곳의 문화가 강거의 문화와 일치한다. 이들은 이 지역에서 발생한 민족이다. 고고학적으로 찾아낸 그들의 종교는 파른(Farn)이라는 종교이다. 이 종교는 조로아스터교에서 파생한 것이다. 이 종교는 그들의 지도자들과 집들, 가족, 건강을 지켜주고 보호해준다고 믿는 종교였다. 그 종교의 이미지는 양의 얼굴이 대부분이었다. 이 종교 때문에 강거인들의 그릇들의 손잡이 부분에는 동물의 형상이 새겨져 있는 것이다. 그리고 타지크인들과 같이 그 지방에 살던 민족들 가운데는 아직도 이러한 관습이 남아 있다.154)

오손[고대에는 O-awan이라고 불렀다.]족은 큰 유목민족으로써 중아아시아의 북동쪽과 투르키스탄의 동쪽에서 출현했다. 전설에 의하면 오손(烏孫)족은 몽골 지방에 살았으나 서쪽으로 이주해 왔다고 한다. 오손족의 지도자는 쿤모(Kun'mo)[kun-bag 민족의 지배자]라고 불린다. 오손의 전설은 이러한데, 옛날 옛적에 그들이 몽골에 살았을 때 그들의 쿤모는 난-도우-미(Nan'-dou-mi)로써 그가 오손족을 통치했다. 후에 오손족은 월지족에게 공격을 받고 그들의 지도자인 난-도우-미는 죽고 만다. 오손족은 훈족이 도와주기를 소망하면서 그들에게 의지했다[다른 종류로는 훈족이 오손의 지도자를 죽였다는 것이다]. 죽임을 당한 쿤모에게는 아직 어린 아들이 있었는데 아들의 양육자는 그를 보자기에 싸서 풀밭 위에 놓고 갔다. 그러자 이 어린 아기가 먹을 것을 찾으러 혼자 나섰다. 양육자가 돌아왔을 때 그는 늑대가 아이에게 젖을 먹이고 있는 것과 까마귀가 고깃덩이를 물고 날고 있는 장면을 보았다. 이를 불쌍하게 여긴 양육자는 그 아이를 데리고 훈족에게로 갔는데 샨유이(Shanyuy, 또는 Tangriqut)가 그를 사랑해서 그를 맡아 키웠다. 그리고 이 쿤모가 장성했을 때 샨유이는 쿤모에게 그의 아버지의 백성들을 주어서 군대를 지휘하도록 보내주었다고 한다. 그렇게 쿤모는 서쪽으로 전진해 나갔고

---

154) Grigoriev G.V., 1948; Terenozhkin A.I., 1950 b, pp. 158-160; Litvinsky B.A., 1968.

월지인들을 굴복시키고 자신의 아버지의 복수를 완수했다.155)

"오손인들은 정착해서 농사를 짓고 밭을 가꾸며 사는 것이 아니라 이곳에서 저곳으로 이주해 다니면서 유목생활을 하며 살았다. 그들은 이주할 때 어느 곳에 풀이 자라 있는가를 보았고 어디에 물이 있는가를 관찰했다."라고 사료에 기록되어 있다. 기원전 1세기경 당시 오손의 인구는 약 60만 명에 이른다고 중국의 사료들이 전한다. 이는 중국이 아는 중앙아시아의 나라들 중에 강대국에 속하는 인구이다.

국정은 주로 귀족들이 맡고 있었다. 그들의 부는 매우 대단했고 그들이 소유하고 있던 가축들의 수가 어마어마했는데 그 한 예로 그들이 소유하고 있던 말의 수만 해도 어떤 이들은 4~5천 마리나 소유했다고 한다. 그들은 아들들이 장성하면 그 재산을 나누어 주었다고 한다. 그리고 국정은 쿤모 혼자서 결정할 수 없었고 귀족들과 논의를 통해 결정해야 했다.

오손의 마지막 사료들은 둔-디마(Dun-Dima)가 보낸 사람에 의해서 기록된 것으로, 그가 435년경에 오손의 수도인 '붉은 골짜기의 도시(gorod krasnoy dolini)'를 다녀와서 쓴 것이다. 그 당시 오손은 아바르(Avar)인들에게서 공격을 받고 있었고 얼마 지나지 않아 오손은 그들의 독립성을 상실했다.156)

천산산맥과 세미례취예(Semirechye)에서 오손족의 무덤들이 발굴되었다. 이 발굴을 통해 우리는 오손 민족에 대해서 더 자세하고 더 정확하게 알 수 있었다.157) 기록된 사료들로는 오손 민족이 어디서 나왔는지 정확하게 알 수 없었는데 그 이유는 중앙아시아에는 크지 않은 민족들이 이주해 와서 서로 연합해서 살았기 때문이다. 그중에 매우 큰 비중을 차지하는 오손이라는

---

155) Bichurin, II, pp. 155-156; 오손의 탄생 설화는 Zuyev Y. A., 1960, pp. 121-124; Pulleyblank E. G., 1970, pp. 154-160. 참조.
156) Zuyev Y. A., 1960, p. 121.
157) Voyevodsky M.V., Gryaznov M.P., 1938; Bernshtam A.N., 1950, 1952; Kibirov A.K., 1959; Akishev K.A., Kushaev G.A., 1963.

연합은 고대 사카인들이 세월이 흐르면서 변화했던 것으로 보인다.

오손은 오직 목축만 한 것이 아니라 수공업도 했으며 농사도 지었다. 오손인들도 사카인들처럼 투르키스탄 동부지역에서 광활한 영토를 차지하고 있었다.

파르티아 로마에 승리하다

파르티아는 미트리다테스 2세(Mitriadates 2) 때 매우 강성해졌다. 그의 사후[기원전 88~87년 경] 초기에 파르티아에는 어려움이 있었다. 이 시기에 로마는 동방에 대해 공격적인 정책을 펴기 시작한다. 파르티아와 로마는 서로 간에 국경을 유프라테스강으로 인정하고 있었다. 하지만 로마의 공격적인 자세는 그렇게 평화를 좋아하는 민족이 아닌 파르티아와의 충돌을 불가피하게 만들었다. 첫 번째 전투는 기원전 65년에 로마의 완전한 승리로 끝났다.

기원전 54년에 로마는 파르티아를 목적으로 대대적인 원정을 준비한다. 로마의 군대는 매우 유명한 사람인 크라수스(Crassus)가 지휘했는데 그는 전쟁에 대해서 완전 문외한이었고 또 파르티아의 전술도 알지 못했다. 대부분의 파르티아의 군대는 오로드 2세(Orod 2)의 지휘 아래 아르메니아로 가서 그곳에서 크라수스의 군대를 기다렸는데 크라수스의 군대는 메소포타미아의 평지 방향으로 이동했다. 크라수스는 파르티아의 기병이 평지에서 더욱 강하다는 것을 잘 모르고 평지 쪽으로 이동한 것이다. 로마의 군대는 유프라테스를 넘어 파르티아의 땅 깊이 삼사일 거리의 사막 방향으로 진군했다. 파르티아의 지휘관인 수레나(Surena)는 적을 맞을 만반의 준비를 하고 있었는데 그의 수하에는 일반 기병들 외에도 수천의 카타프락타리아(katafraktaria)라고 하는 중무장 기병들이 있었으며 미리 어마어마한 수의 화살을 준비해 놓고 있었다.

기원전 53년 5월 9일에 파르티아의 군대는 정복자들인 로마인들을 공격했는데 공격전에 파르티아군은 우레와 같은 북을 쳐서 이 소리로 로마군을 놀라게 했다. 플루타르코스의 글을 보면 "파르티아인들이 갑자기 갑옷을 덮고 있던 망토를 벗어 던지자 매우 빛나는 갑옷들과 철갑이 드러났고 그들의 말들 또한 구리와 철로 된 갑옷을 걸치고 있었다. 그리고 수레나(Surena)도 나타났는데 그는 키가 장대했고 매우 아름다운 장식으로 치장하고 있었다. 파르티아의 군대는 밀집해 있는 로마의 군대를 향해서 화살을 거의 조준도 하지 않고 쏘아대기 시작했는데 로마의 군대가 너무 밀집해 있던 나머지 그들을 맞추지 않는 것이 더 어려울 정도였다. 파르티아인들은 매우 잘 휘어 있는 자신들의 활로 많은 힘을 받아 멀리, 강하게 쏠 수 있었고 이러한 활로 로마인들을 격파하기 시작했다. 이러한 상황 때문에 로마인들은 전투의 초반부터 패하기 시작했다."

그때 크라수스는 아들을 지휘관으로 세워서 군사의 일부를 주며 전투를 치르게 하였는데 파르티아인들이 후퇴하기 시작했고 로마군은 도망가는 파르티아인들을 추격했다. 그런데 도망가던 파르티아군이 돌아서서 맞서기 시작했고 로마군은 그때 이미 파르티아군에게 포위되어 버렸다.

밤에 로마의 군영에는 탈영병이 생겨났는데 이러한 탈영도 그들에게 살 길을 열어주지는 못했다. 그렇게 시간이 흘러서 대다수의 로마군은 포로로 잡혔고 크라수스는 죽임을 당했으며 그의 베어진 목은 전리품으로 오로드 2세에게 전해졌다.158)

사료를 보면 로마의 포로들은 메르브(Merv) 지방에 정착했다고 한다. 이곳에서 로마의 군단병들은 자신들의 가정을 꾸리며 파르티아의 군대에서 일하며 살았다. 그들 중의 일부는 북동쪽으로 가서 세미례취예 부근에 정착하여 살았다.159) 니사 도시들 중 하나의 사료를 보면 타금(tagm)의 한 지도자

---

158) Bokhschanin A. G., 1949 참조.
159) Dubs H. H., 1957.

가 포도주를 바쳤다는 장부가 있고 그들의 (파르티아어)이름들도 기록되어 있다. 타금은 그리스어의 '타그마(Tagma)'를 파르티아어로 발음한 것으로써 후에 로마에서는 규단(region)을 뜻하는 단어가 되었다.

기원전 40년 포코르(Pokor) 왕의 시기에는 파르티아가 시리아와 팔레스타인까지 정복했고 소아시아까지 그들의 영향력이 미쳤다고 한다.[160] 하지만 로마가 곧 다시 이 지역들을 획득했다. 여기서 중요한 것은 기원전 1세기에 파르티아는 로마의 매우 강력한 적국이었다는 것이다. 그리고 그들은 로마의 군대를 수차례나 격파했다.

---

160) Dyakonov I.M., Livshits V.A., 1966, pp. 150-151.

3. 쿠샨(Kushan) 왕국

쿠샨 왕국의 초기

박트리아와 소그드의 지역에서 발굴된 매우 많은 수의 동전들 중 앞면에는 왕의 머리에 천을 두른 흉상이 새겨져 있다. 뒷면에는 니케 여신을 배경으로 한 기마상이 있다. 같은 면에는 그리스 문자로 된 네 개의 단어들이 새겨져 있다. 그 첫 번째 단어가 "다스리다"라는 뜻을 가진 말로써 당시 그리스어로 티란(tiran)이라고 했으며 이는 최고 통치자를 말하는 것이 아니라 독립되지 않은 통치자를 말한다. 다음 두 번째에는 그의 이름인 "게라이(Geray)"가 새겨져 있고 또 세 번째로는 어떤 이름인지 아니면 명칭인지 아직은 모르는 단어가 새겨져 있다. 마지막으로 네 번째는 '쿠샨'을 그리스어로 발음나는 대로 적은 것이다. 발굴 작업에 참여했던 저명한 화폐학자인 조그라프(Zograf) A. N. 은 이들의 화폐는 유크라티데스 시대의 것을 계승했고 기원전 1세기 중반까지 거슬러 올라갈 수 있다고 한다.[161]

우리는 이 쿠샨을 뜻하는 '다스리는 게라이'가 새겨진 동전에 대해 아무런 사료들을 가지고 있지 않지만 중국에 보관되고 있는 사료에 의하면 월지가 박트리아의 다하(Daha)로 이주한 후에 5개로 나뉘어졌는데 그중에 하나가 구이슈안(Guyshuan)이라고 한다. "수 백 년이 지난 후 구이슈안의 지도자인 키오츠쥬쿠(Kiotzhuku)가 다른 4개의 나누어진 나라들을 병합하고 그 병합된 나라를 구이슈안이라고 했다. 이 나라는 안시(An'si)를 공격했고 푸드(Pud)와 기빈(Gibin')을 정복했으며 그들의 땅을 통치했다. 키오츠쥬쿠는 80년 이상을 살았다. 그가 죽은 후에 그의 왕좌에는 아들인 얀가오취젠(Yangaochjen)이 앉았는데 그는 인도를 점령하고 그의 장수에게 그곳을 위임했다. 이 시기에 월지는 강성해졌고 부유해졌다. 그의 주변 국가들은 이 나

---

161) Zograf A.N., 1937.

라를 구이슈안 라고 불렀는데 중국은
그대로 대월지라고 불렀다."162)

구이슈안[정확히 말하자면 'kiwəi-siaŋ'
이다]163) 이는 화폐에 기록되어 있는 쿠
샨이라는 나라의 중국식 발음이다. 동
전에 새겨진 인물은 쿠샨이 막 발전할
즈음에 그곳을 통치하던 쿠샨의 첫 번
째 왕이다. 그는 키오츠쥬쿠의 선조가
된다[아버지나 할아버지].

헤라가 새겨진 주화(앞면)

쿠샨의 동전들은 중앙아시아와 이란, 그리고 인도 등지에서 많이 발굴되
었는데 이것들은 쿠샨 왕국을 알아 가는데 매우 중요한 역사적 사료가 된다.
여기에는 또 인도어로 쿠샨의 왕에 대해 기록되어 있는 동전들도 있는데 이
동전들은 모두 쿠샨 왕의 업적에 대해 기록되어 있는 것으로 이는 인도나 중
국, 그리고 티벳의 문화와 유사하다.

쿠샨 연대학의 어려운 점

발굴의 어려움은 쿠샨 왕국의 연대학에 어려움을 주는데 이는 근 100년
간 학자들 사이에서 매우 활발하게 논의되고 그들이 연구해 온 과제이다. 원
래는 파키스탄이나 인도에 쿠샨 왕의 이름으로 되어있는 비문에 먼저 가서
학자들이 연구 활동을 했어야 했다. 그 비문들에는 날짜는 새겨져 있으나 어
떤 내용인지 또 그것의 기원이 무엇인지는 알 수 없지만 확실한 것은 이 비
문들이 모두 여러 시대에 걸쳐서 나왔다는 것이다. 잘 알려진 대로 인도에는
동시대에 두 개의 시대가 함께 일어났다고 한다. 하나는 부처의 시대인 비크

---

162) *Bichurin* Ⅱ, pp. 227-228; Chavannes E., 1907, pp. 190-192; Pulleyblank E. G., 1966-1968, p. 1.
163) Pulleyblank E. G., 1962, p. 118.

라마디츠야-삼밧(Vikramaditya-Sambat)[기원전 57년]이고 또 다른 하나는 사카(Sak)[기원전 78년]의 시대이다. 학자들이 생각하기에는 고대 인도는 다른 민족들에 의해서 연대가 형성되었다고 한다. 예를 들면 셀레우코스 국가나 파르티아 등이다.164) 그리고 쿠샨조에 들어서는 많은 기록되어 있는 연표들을 통해 사건을 평가할 수 있는데 그 예로는 월지가 박트리아를 공격하자 많은 나라들로 나뉜 것을 들 수 있다.

카니슈카(Kanishka)는 쿠샨 왕국에서 가장 잘 알려진 인물인데 1874년도에 영국의 학자 E.토마스(E.Tomas)가 그의 셀레우코스와의 연관성을 연구했다. 하지만 이들을 연관 짓기에는 너무 많은 양의 날짜들이 빠져있다. 발견한 사료들에 의하면 카니슈카는 기원전 9년에 나라를 다스리기 시작했고 인도에 대해 가장 잘 아는 사람 중의 하나인 카닝엠(Kaningem)은 비크라마가 셀레우코스 시대 중 어디에 속하는지 확실히 규명하지 못하고 있었는데 1884년에 퍼거슨(Ferguson)은 한발 더 나아가서 카니슈카의 시대는 사카[기원전 78년] 시대에 존재했던 왕이라고 했다. 이 날짜는 훗날 문학에서 매우 많이 인용된다. 하지만 호타노-사카(hotana-sak)인들의 언어를 연구한 S.코노브(S.Konov)의 주장은 그들의 주장과 서로 일치하지 않는다. 그는 카니슈카의 재위 초기를 서기 128~129, 130, 134, 138로 잡았다. 그는 천문학적 기록을 가지고 천문학자들의 도움을 받아 이 날짜들을 계산한 것인데 이것이 확실한 답이라고 할 수는 없다. 여하튼 그는 카니슈카의 재위를 서기 200년 이전으로 잡았다. 이러한 연구들은 연도를 판단하는 것이 얼마나 어려운 것인가를 보여준다. 또 다른 학자인 R.기르슈만(R.Girshman)은 재위 연도를 서기 144년이라고 주장한다.165)

1902년에 인도의 반다카르(Bhandarkara)의 연구 논문이 출판되었다. 그

---

164) Cunningham A., 1883; Sircar D. C., 1965, pp. 219-235; "The age of Imperal Unity", 1951, pp. 154-158.
165) Van Louizen-de Leeuw J. E., 1949, pp. 1-72; Girshman R., 1957, pp. 690-722; Rosenfield J. M., 1967, pp. 253-258; Narain A. K., 1968; Zeimal E. V., 1968a.

는 인도의 사료들을 검토하고 분석해서 역설적으로 쿠샨의 역사와 인도의 역사를 증명했다. 그의 논문의 내용은 다음과 같다. 그의 견해로는[이는 그 당시 과학의 수준을 보여준다.] 쿠샨에는 다음과 같은 왕들이 있었다고 한다. 쿠드줄라 카드피즈(Kudjula Kadfiz), 쿠드줄라 카라 카드피즈(Kudjula Kara Kadfiz), 이름 없는 왕, 그리고 비마 카드피즈(Vima Kadfiz)이다.

판쥐타르(Pandjtar)의 사료를 보면 123년간을 알려지지 않은 시대라고 하며 왕들의 이름이 남아있지 않다고 한다. 그때를 반다카르(Bhandarkar)는 쿠드줄라와 쿠드줄라 카드피즈가 통치하던 시대라고 하며 조건부로 그는 알려지지 않은 시기는 3년 일찍 그러니까 서기 120년에 시작되었다고 한다. 그는 이 네 명의 왕들이 각각 20년씩 통치했다고 생각했으므로 도합 80년이 되는 것이다. 그리고 비마 카드피즈의 재위 기간은 서기 200년에 끝났어야 그의 주장이 설득력이 있다. 그 알려지지 않은 기간에 기록된 글로써 유명한 것은 카니슈카(Kanishka), 후비슈카(Huvishka), 바수데브(Vasudev)의 이름으로 기록된 것인데 이것들은 5에서 98까지의 알려지지 않은 시간의 날짜를 가지고 있다. 학자는 생각하기를 이 시기는 앞에서와 같은 기간인데 그냥 수백 년이 빠진 것이라고 한다. 그러니까 이 왕들의 재위 기간은 205년부터 298년까지의 알려지지 않은 기간이며, 알려지지 않은 이 기간을 그는 사카인들의 시대라고 부르자고 주장했다. 반다카르가 이렇게 증명하려고 했던 이유는 이렇게 해야만 쿠샨의 역사가 인도의 역사라는 그림 안에 잘 들어가기 때문이다.166)

이 학설의 허점은 어렵지 않게 찾을 수 있다. 그가 나열한 왕들도 틀리다고 본다. 그 왕들, 즉 쿠드줄라 카드피즈가 20년 동안 통치했다고 한 것은 완전히 제멋대로 주장한 것이다. 중국의 문헌을 보면 20년보다 훨씬 많이 통치했다고 나와 있다.

지금은 이전보다 확실히 많은 자료들이 발굴되었고 지금 잘 알려진 사료

---

166) Bhandarkar D. R., 1902, p269-302, 385-386.

쿠샨의 황제들이 새겨진 주화

에는 서기 200년에서 299년까지는 알려지지 않은 기간에서 쉬는 기간이 나온다. 187년의 자료에서는 비마 카드피즈가 기록되어있다.[167] 화폐를 연구해 보면 카드피즈 이후에는 카니슈카가 다스린 것으로 되어있다. 그의 이름이 새겨진 후에 재위 첫 번째 해가 새겨져 있다. 그 다음에는 재위 두 번째 해 등등 이렇게 23년까지 새겨져 있다. 바시슈카(Vasishka)는 24년에서 28년까지, 후비슈카는 28~60, 카니슈카 2는 41, 바수데바는 64년 아니면 67~98 이렇게 알려지지 않은 기간에 이런 왕들이 통치했다.[168] 마지막 문제는 카니슈카와 그의 후대가 다스렸던 시기가 정확히 언제인가이다.

쿠샨의 황제들이 새겨진 주화

이 문제의 답 중에서 가장 설득력 있는 답을 한 사람은 네덜란드의 교수인 로흐비젠 데 레예브(Lohviden de Leyev)이다. 그는 심혈을 기울여 모든 자료들을 분석해서 결과를 얻었다. 그는 "지금 우리가 가지고 있는 자료들과 지식들을 가지고는 첫 번째 카니슈카가 왕이 된 시기는 완전히 서기 200년에 일치하거나 아니면 조금 후라고 밖에 할 수 없다."고 했다. 이 시기에 대

---

[167] 비마 카드피즈라는 이름은 쿠샨의 한 지방 수령의 이름일 것이라 한다.(Sirar D. C., 1963, p. 139)
[168] Maricq A., 1958, pp. 386-393; Rosenfield J., 1967, 1968a, pp. 264-273; 제이말 E. V., 1968a, pp. 18-23, 32-47.

해서는 학자들의 많은 의견 차이가 있다.[169]

얼마 전에 소련의 한 학자인 제이말(Jeymal')은 쿠샨의 왕들의 재위 기간을 최대한 늦춰서 반다카르와 같은 의견으로 논쟁을 벌였다.

카니슈카가 서기 78년에 재위에 올랐다는 것에는 학자들의 많은 이견들이 존재한다.[170]

인도나 다른 나라에서 나온 사료 외에도 화폐학으로 이 역사가 한걸음 더 다가왔다. 제이말이 지지하는 반다카르의 학설에 따르면 이 시기의 연대는 다음과 같다.[171]

왕들의 이름	사료에 쓰여진 날짜들	서기
쿠드줄라 카피즈	100-160	178-238
비마 카피즈	160-200	238-278
카니슈카	200-223	278-301
바시슈카	224-228	302-306
후비슈카	228-260	306-388
카니슈카2	241	319
바수데바(Vasudeva)	264-298	342-376

쿠드줄라 카드피즈가 왕이 된 첫 해는 반다카르의 말에 의거해서 기록된 것이라는 것을 우리는 쉽게 알아볼 수 있다. 그리고 그가 160년까지 재위에 올랐었다는 것은 이 사람이 매우 오래 살았다는 증거가 남아있기 때문이다.

제이말의 반다카르에 대한 주장을 인정하는 매우 중요한 논리적인 가설들을 내놓았다. 하지만 그의 가설들 중에는 정확한 연대를 측정하지 않은 부분이 있어 완벽하게 신뢰하기 어려운 부분이 있다.

---

169) Van Louizen-de Leeuw J. E., 1949, pp. 62-65, 1-72, 302-387.
170) Sirar D. C., 1960, p185-188.
171) Zeimal E.V., 1964, pp. 40-46; 1965, pp. 4-6; 1968 b.

또한 제이말은 반다카르에 대해 연구를 하였다. 몇몇의 쿠샨 화폐들을 보면 그것에 새겨진 인물이나 글귀들이 로마의 방식으로 만들어진 것이라는 것을 알 수 있다. 일부 쿠샨의 화폐들 중에 후비슈카(Huvishka)의 것은 로마식으로 만들어진 것으로 3세기 후반부터 4세기 초반까지 제작된 것이라고 한다. 이렇게 쿠샨의 화폐 제조술에서 이런 현상이 일어날 수 있었던 것은 로마의 방식으로 만들었기 때문이다. 이런 후비슈카는 4세기 초반이나 그 이후에 존재했을 것이다. 제이말은 후비슈카가 통치하던 78년이라는 시기를 알려지지 않은 시기의 시작이고 후비슈카는 [(78+228)-(78+260)] 서기 306~338년을 통치했다고 한다. 두 번째 제이말이 화폐들을 연구하여 얻은 주장으로는 루코닌(Lukonin)이 주장했던 것과 같이 쿠샨-사산과 쿠샨 왕조의 멸망기인 70~80년 4세기의 연대들이다. 이것들을 알아내는 데는 이란, 인도과 중국의 사료들이 많은 도움을 줬다.[172]

반다카르와 제이말의 가설들은 서로 연관이 있기는 하지만 아직까지 그저 가설로 남아 있다. 이와 같은 주제로 화폐를 연구한 교블(Gyobl')의 주장과 위의 주장은 50년 정도의 차이가 있다.[173]

쿠샨이 매우 거대한 국가를 이루었고 중국, 이란, 인도와 연관이 있지만 우리는 아직 쿠샨에 대해서 확실하게 반론없이 주장할 수 있는 가설을 가지고 있지 않다. 예를 들면 이렇다.

중국의 역사 연대기에 보면 230년 1월 5일에 Po-t'iao[월지의 왕]에서 사신이 왔다고 되어있다. 샤반(Shavann)이 말하길 "이 이름은 중국의 믿을만한 문헌에 보면 바수데바(Vasudeva)라고 하고 이는 카니슈카와 후비슈카 이후에 쿠샨을 다스린 왕이다"라고 한다.

카를그렌(Karlgren)의 말에 따르면 이 왕의 정확한 이름은 Puă-d'ieu라고 소리 난다고 한다. 보통 중국의 사료들에 기록되어 있는 p라는 소리를 보

---

172) Zeimal E.V., 1988 b; Lukonin V.G, 1967, pp. 16-40
173) Gobl R., 1964, p. 7; 1967.

면 외국어로는 p나 b소리가 난다. 하지만 여기서는 v발음을 소리내기 위해 사용되었다. 펠로(Pel'o)는 이 상황에서 벗어나려고 출구를 찾기 위해 노력했으며, 그러한 중에 그는 사료를 조금 다르게 읽어 보았고 마침내 내린 결론이 Buă-d'ieu라고 읽는 것이었다. 그는 바수데바에 관한 것에 모두 반론을 제기했다. 하지만 그의 의견에도 미심쩍은 부분들이 있고 궁금증들도 있다.174)

1913년과 1960년에 런던에서 카니슈카의 연대에 관한 토론회가 열렸다. 그러나 이 주제를 더 자세하고 깊이 논의하고 중앙아시아 쿠샨 시대의 역사를 국제적으로 고민한 토론회는 1968년 듀샨베(Dushanbe)에서 개최되었다. 여기서도 역시나 학자들은 서로 통일된 하나의 관점을 찾을 수 없었다.

지금 우리가 가지고 있는 사료들이나 역사적인 증거들이 많지 않기 때문에 우리는 그저 추측만 할 뿐이다. 그래서 쿠샨의 정확한 연대를 알 수 없고 그저 카니슈카가 서기 1세기 후반부터 3세기 초반 정도에 왕의 자리에 있었다는 것만 알 수 있다. 이것의 자료는 중국이나 인도, 또는 서방의 사료들에 나와 있다. 요즘 학자들은 서로 다 다른 주장들을 하고 있지만 그중에 가장 신뢰할 만한 것이 인도의 학자인 푸리(Puri) 의 주장이나 그의 책인『India under the Kushnas』이다.175) 이 책은 매우 중요한 자료가 된다. 그리고 아직 우리가 많은 자료들을 가지고 있지 않기 때문에 쿠샨에 대해서는 객관적인 표준을 가지고 있지 않다.

영토 전쟁

중국의 사료에는 쿠샨 왕의 동전에 대한 전설이 있다[첫 번째 이름은 쿠드

---

174) Pillot P., 1934, p40; Harmatta J., 1965; Pulleyblank E. G., 1966-1968, p. 121.
175) Puri B. N., 1955.

줄라(Kudjula) 이고 두 번째 이름은 카드피즈이다][176). 여하튼 우리는 그가 안식국(安息國), 즉 파르티아와 전쟁을 했다는 것을 알 수 있다. 그 후에는 이 지도자가 가오프(Gaof), 다른 말로는 카불(Kabul)을 복속시켰다는 것을 알 수 있다.[177) 이 영토에 대해서 우리가 알 수 있는 것은 이 땅이 원래는 안식국의 지배를 받다가 안식국이 멸망하면서 월지[쿠샨]가 이 땅을 정복했다는 것이다. [덧붙이고 싶은 것은 이 당시 쿠샨은 완전히 파르티아에 속한 것이 아니라 반 독립적인 국가로서 동 파르티아에 속했다는 것이다. 그래서 그들이 파르티아인들에게 피해를 주기도 했다.] 그 이후에 그들은 푸쿠(Puku)를 공격했다. 푸쿠는 고대에 b'uok-d'at 라고 불렸다.[178)

기빈(Gibin')의 위치에 대한 문제는 조금 어렵다. 이 문제에 대한 것은 이탈리아의 학자인 페트취(Petch)가 주장하기는 이는 인도스탄(Indostan, 또는 Hindustan) 북서쪽 간다라(Gandhar) 지방과 펀자브(Punjab) 지방에 있다는 것이다.[179)

이렇게 쿠드줄라 카드피즈, 즉 카드피즈 1세 때에는 쿠샨의 영토가 매우 확장되어서 박트리아의 영토를 넘어섰고, 수많은 지역과 민족을 복속시켰다.

그 외에도 카드피즈 1세 때에 쿠샨에 관한 정보는 그 당시 동전에서도 얻을 수 있다.[180) 어떤 동전들에는 앞면에는 그레코-박트리아의 마지막 왕들 중의 하나인 게르메이(Germey)의 초상과 그의 이름이 새겨져 있고 그 뒷면에는 헤라클레스의 형상이 새겨져 있다. 이 동전들을 통해서 몇몇 학자들은 처음에 카드피즈1세가 아프가니스탄 중부에 있는 산악지대에서 다스릴 당시 그레코-박트리아의 왕인 게르메이를 섬기는 동안 만들어져서 그 동전의 앞면에 그 왕의 초상이 새겨져 있는 것으로 추정한다.[181) 또 다른 주장

---

176) Pelliot P., 1934, p. 39.
177) Bichurin, II, p. 228
178) Petech L., 1950, p. 69; compare: Masson V.M. and Romodin V.A., 1964, p. 68.
179) Petech, 1950, pp. 69-70.
180) Cunningham A., 1892, pp. 6-8, 25-28.

으로는 이 동전이 그 당시에 만들어진 것이 아니라 카드피즈1세 때 다시 주조된 것이라고 한다. 타른의 주장에 의하면 카드피즈의 조상들 중 누군가가 게르메이의 딸과 혼인했을 것이라 한다. 하지만 이러한 가족관계에 관한 사실은 증명된 바가 없다. 다른 학자들은 카드피즈1세가 게르메이의 화폐에 자신의 이름을 더해 주조한 이유는 이것이 당시에 더 폭넓게 활용되던 것이었기 때문이라 한다.[182] 하지만 아직 확실하게 왜 이 동전이 제작되었는지는 확실히 알 수 없다.

또 다른 동전들도 출토되었는데 거기에서는 카드피즈가 자신의 이름을 새겼다. 그의 명칭은 계속 바뀌었는데 처음에는 '지도자'로 시작해서 나중에는 '위대한 황제'로 그리고 '황제 중의 황제'로 바뀌었다.[183] 이는 그의 제국이 번영하고 영토가 확장됨에 따라서 그의 야심도 더욱 커졌다는 것을 보여준다.

카드피즈1세가 인도스탄(Indostan, 또는 Hindustan)의 북서쪽을 차지했다는 것은 그 땅에서 그의 동전이 발굴된 것이 증명해 준다. 탁실르이(Taksily) [시르캅(Sirkap)]에서는 약 2500여 개가 발굴되었다. 하지만 중앙아시아에서는 그렇게 많은 수의 동전이 발굴되지는 않았지만 타지키스탄에서는 샤흐리나우(Shahrinau), 듀샨베(Dushanbe), 카바디안(Kabadian)[184], 호로그(Horog) 등의 지역에서 발굴되었다.

키드피즈의 이름이 새겨진 동전은 오로지 구리로만 만들었다. 제이말(Zeymal')의 말에 따르면 그 동전들의 초창기 모양은 로마의 제정 초기의 동전 모양을 모방했다고 한다.[185]

---

181) Sircar D.C., 1953, p. 138; Simonetta A.M., 1958, p. 171; Masson V.M., Romodin V.A., 1964, pp. 158-159.
182) Tarn W., 1951, pp. 503-507; Narain A. K., 1968, pp. 160-162; Rosenfield J. M., 1967, pp. 12-13.
183) Marquart J., 1901, pp. 208-209.
184) Zeimal E.V., 1960, pp. 115-116.
185) Gobl R., 1968; Zeimal E.V., 1965, pp. 6-7.

어떤 동전들에는 이름이 새겨져 있지 않고 "황제 중의 황제, 위대한 구원자"[soter megas]라고만 새겨져 있는 것들이 있다. 이 동전들은 중앙아시아에서 비교적 적은 수가 발굴되었는데 타지키스탄에서도 여러 방법으로 발굴이 되었다. 학자들은 이 동전들을 조사해본 뒤 이것들도 카드피즈 1세가 주조했다고 추측하는데 이 학설은 매우 설득력이 있다.[186] 하지만 아직 확실히 해결되지 못한 문제들이 남아있는데, 시모네타(Simonetta)는 이 동전을 주조한 황제는 카드피즈 2세와 같은 시기에 통치했지만 다른 황제들에 의해서 제거되었다고 한다.[187] 이렇게 이 동전을 주조한 황제가 여러 사람이 동시에 통치하던 시기였다는 것을 주장하는 사람은 많이 있다.[188] 제이말은 이 동전을 주조한 초창기에는 카드피즈1세가 통치하던 시기였고, 후에 카드피즈 2세까지 이어졌다고 주장한다.[189]

중국의 문헌을 보면 카드피즈 1세 다음의 왕은 그의 아들인 얀가오취제냐(Yangaochdzenya)[옛날에는 Lam-kau-'tien 이라고 불렀음]이라고 기록되어 있다.[190] 동전들을 조사해본 결과 그는 '비마 카드피즈(Vima Kadfiz)'였다. 그는 매우 엄청난 타이틀을 가지고 있었는데, "황제 중의 황제, 온 세상의 지배자, 구원자"가 그의 타이틀이다. 사료들과 동전들을 보면 이 비마 카드피즈가 인도의 북쪽 지방을 정복하고 다스렸던 것을 알 수 있다. 마트후르(Mathur)에서는 비마 카드피즈의 이름이 많이 보이는 석제 조각상을 볼 수 있다.[191] 라다크(Ladak)의 칼라트세(Khalatse) 지방에서는 그의 이름과 187년이라는 날짜가 새겨진 사료가 나왔다. 이 날짜는 알려지지 않은 시기의 초기이다. 어떤 이들은 이 비마 카드피즈가 인도의 북부지역 모두를 통치했다

---

186) Masson M.E., 1950, Pugachenkova G.A., 1966a.; Narain A.K.의 주장에 의하면 이 화폐들의 카즈피즈 1세의 재위기간 후반부에 주조되었다고 한다.
187) Simonetta A., 1958, p. 171.
188) Zeimal E.V., 1965, p. 7.
189) Gobl R., 1968, p56.
190) Pelliot P., 1934, p. 39.
191) Vogel J., 1930, p. 22, 11.

고 한다.192)

카드피즈 2세 때의 화폐 개혁

카드피즈 2세는 화폐의 변화를 가져왔다. 그는 구리로 주조했던 이전의 동전과는 달리 금으로 만들었고 동전의 무게는 로마와 같은 '데나리우스(denarius)' 단위로 측정했다. 다른 점은 쿠샨의 무게는 데나리우스의 2배의 해당했다는 것과 1/2데나리우스, 1/4데나리우스도 있었다는 것이다. 1데나리우스는 8g 정도이다. 19세기 후반부터 왜 카드피즈가 주조한 동전의 무게와 로마의 무게 단위인 데나리우스의 무게가 같은가라는 문제가 제기되었다. 카드피즈 2세는 아우구스투스(August)의 것을 모방했을 뿐 아니라 주조한 시기도 매우 근접하다. 우리가 알듯이 아우구스투스는 기원전 14년에 사망했다. 하지만 그 동전을 주조한 시기는 기원전 19년 정도이다. 아우구스투스 후대에 갈수록 로마 동전의 무게는 줄어들어 갔다. 그 결과 64년에는 그 무게가 7.3g으로 내려갔다. 로흐비젠(Lohvizen)은 카드피즈 2세의 화폐 개혁은 이 64년 이전에 이루어졌던 것 같다고 한다.193)

D. 맥도우엘(D.MacDowall)은 매우 어려운 질문을 하나 했다. 아우구스투스의 사후에는 계속 로마 화폐의 무게가 줄어갔다. 8g짜리 금화는 아우구스투스 시대인 기원전 19년에서 12년까지이고 그 후 서기 1세기까지도 무게가 줄어들었는데, 카드피즈 2세의 화폐가 8g이라면 카드피즈 2세가 서기 1세기에 통치했다는 건 말이 안 된다는 것이다.194)

인도에서 로마의 화폐가 많이 발굴되었고 그래서 인도의 북부지역까지 걸쳐 있던 쿠샨에도 당연히 로마 화폐의 영향이 있었을 것이라는 점은 부인하지 못한다.195) 그리고 이런 상황으로 볼 때 당시 쿠샨의 화폐 개혁은 국

---

192) Ghirshman R., 1946, p. 142. Compare: Petech C, 1950, p. 75.
193) Van Lohuizen-de Leeuw J. E., 1949, p. 365.
194) Mac Dowall D. W., 1960, pp. 63-68.

제적으로 상업 활동을 하기 위해 꼭 필요했고 그들의 화폐 기준이 필요했기 때문이다.196) 그래서 그들의 화폐에도 로마의 영향이 있었던 것 같다. 그들이 완전히 모방한 것은 아니라고 해도 비슷하게 만들었던 것은 사실일 것이다.

카니슈카(Kanishka)와 쿠샨 왕조의 전성기

쿠샨의 가장 유명한 황제의 이름은 카니슈카이다. 그의 이름을 분석하는 것은 학계에 많은 논쟁을 초래했다. 베일리(Beyli)는 카니슈카라는 이름의 첫 부분은 '칸(kan)'이라는 말에서 나왔으며 그 뜻은 '작은, 젊은'이라고 하고 그의 이름 전체의 뜻은 '가장 젊은' 이나 '가장 작은'이라고 한다.197) 베일리는 이것이 말의 접미사라고 설명했지만198) V.V.이바노브(V.V.Ivanov)는 이 이름은 접미사로 만들어진 것이 아니라 토하르어로 기록된 것이라고 주장한다.199)

만일 카니슈카라는 이름이 아직 해결되지 않은 문제로 남아있다면 그의 통치 시기 또한 큰 문제이다. 그에 대한 사료나 증거가 많이 남아있지 않기 때문에 그의 이야기는 주로 가설이나 학자들의 생각이 주를 이룬다. 아마 가장 어려운 시기는 서기 78년부터 278년까지 일 것이다. 요즘은 여러 학자들이 많은 연구를 하고 또 외국에서도 연구를 계속하고 있는데다가 많은 사료들이 추가로 발굴되었고, 그러므로 전보다는 고고학적으로 더 많은 사실을 알 수 있었지만 아직은 정확한 결과와는 거리가 멀다. 그리고 카니슈카의 통치 기간은 1세기를 헤맨다. 카니슈카뿐만 아니라 다른 쿠샨의 왕들의 통치 기간도 그렇다.

---

195) Wheeler M., 1955, pp. 141-202; Margabadho C., 1965, pp. 316-322.
196) Gobl R., 1960, p. 76.
197) Bailey H. W., 1968.
198) Henning W. B., 1965, pp. 83-84.
199) Ivanov V.V., 1967.

그나마 있는 사료들로 보면 카니슈카의 통치 기간은 23년 이상 되는 것 같다. 그의 통치 기간에 쿠샨은 매우 많은 땅을 차지해 나갔고 인도에 총독들을 세워 다스리기도 했으며 펀자브, 카쉬미르(Kashmir), 신드(Sind), 그리고 우타르-파라데쉬(Utar-Paradesh) 등의 도시들과 동쪽으로는 베마레스(Bemares)까지 그의 수중에 들어왔다. 수도는 푸루샤푸라(Purushapura) 라는 도시였다. 이 도시의 현재 이름은 페샤와르(Peshawar)이다.[200]

카니슈카 당시 쿠샨의 영토는 인도의 북부 지방을 차지했을 뿐만 아니라 지금의 아프가니스탄의 대부분과 중앙아시아의 많은 지역들, 그리고 투르키스탄(Turkistan)의 동부지역까지 차지했었다.

현장은 이렇게 말했다. "카니슈카가 통치하던 시기에 카니슈카의 명성은 주변 국가들에까지 퍼졌고 그의 군대의 강성함은 모든 사람이 알았다. 그리고 다른 국가들에서 그의 나라에 인질과 조공을 바쳤다."[201]

서기 262년의 사산의 황제의 문헌을 보면 쿠샨이 페샤와르, 카샤(Kasha) [카쉬가르(Kashgar), 아니면 샤흐리사브wm(Shahrisabs)], 소그드, 그리고 챠취(Chach) 지방까지 이어졌다고 한다.[202] 고고학적인 역사 유물이나 동전들로 볼 때 파미르 고원을 포함한 타지키스탄의 남쪽과 우즈베키스탄의 남쪽은 확실히 쿠샨의 영토였던 것으로 보인다. 그리고 페르가나와 시르다리오 지방도 쿠샨의 전성기에는 그들의 영토였거나 아니면 적어도 그들의 영향이 미치는 지역이었을 것이다. 하지만 호라즘은 아직 쿠샨의 영토에 속했었는지 판단하기가 이르다. 문학에서 자주 인용되는 "쿠샨의 호라즘"은 아직 그게 사실인지 확실하지 않다.[203]

---

200) Sinha N.K., Bannerji A.C., 1954, p. 81; Sircar D.C., 1953, p. 141.
201) Si-Yu-Ki, p. 173.
202) Sprengling M., 1953, p. 7, 14; Lukonin V.G., 1967, p. 16, 1969a, pp. 30-31.
203) 이에 관한 논쟁은 Tolstov S.P. 1948 b, p. 151; Stavisky B.Ya, 1961 a, pp. 111-112; Masson V.M., 1966 b, etc.

투르키스탄의 동쪽 지방은 언젠가 쿠샨의 영토였다는 것을 중국의 문헌에서 알 수 있다. 거기서는 월지인들이 잠시 통치했다고 하는데 여기서 월지인들은 쿠샨인들이며 초기 쿠샨은 중국과 가깝게 지냈지만 언젠가 상호간의 신뢰는 무너졌다. 그들이 쿠샨의 대사를 체포한 것이다. 이 사건은 전쟁을 촉발했다. 쿠샨은 술래(Sule)를 본진의 우두머리로 세웠다.[204] 그래서 중국인들은 이때 월지인들을 두려워했다.[205]

아직 쿠샨의 연도를 정확히 알지 못하기 때문에 쿠샨과 중국 사이의 전쟁이 카니슈카 당시의 일인지 아니면 이전의 일인지 알지 못한다.[206] 인도의 사료는 카니슈카를 타리마(Tarima) 지역, 즉 투르키스탄의 동부지역을 다스린 지도자로, 그리고 서쪽의 파르티아를 이긴 사람으로 묘사한다. 이 사료에서 볼 수 있는 것은 카니슈카가 오직 자기 나라의 영토만을 확장시킨 것이 아니라 주변의 강대국들에게도 맞서서 승리한 왕이었다는 것이다.[207]

불교의 역사에서도 카니슈카를 불교와 연관 짓는다. 이는 맞는 말이다. 왜냐하면 실제로 카니슈카는 불교를 널리 전파하는데 열심이었다. 그리고 그는 매우 많은 수의 불교 건축물들을 세웠다. 그리고 그에게 세 번째 불교 대성당에서 초청장도 왔다.

당연히 불교의 역사에서 조금 과장한 측면이 있지만, 이 이야기는 다른 문헌에서도 나온다. 예를 들면 베루니(Beruni)는 카니슈카가 페샤바르(Peshabar)에 카니크차이치야(Kanikchayt'ya)라는 이름의 불교 건축물을 세웠다고 기록했다.[208]

이야기들 중 대부분은 사실을 바탕으로 하고 있다. 하지만 이 이야기들 뒤에는 이러한 사실이 있다. 카니슈카보다 전대 왕인 비마 카드피즈가 그의

---

204) Vasilyev L.S., 1955.
205) Bichurin, II, p. 232; Chavannes E., 1907, p. 205.
206) Pulleyblank E. G., 1966-1968, pp. 117-121.
207) Ghhirshman R., 1946, pp. 145-146.
208) Biruni, 1963, p. 360.

동전을 주조할 때 어떤 한 명의 신을 묘사했다. 그 신은 힌두교의 신인 시바(Shiva)이다. 하지만 카니슈카의 동전과 그의 후계자인 후비슈카(Huvishka)의 시대에는 이 동전들이 남아있긴 하지만 많은 새로운 동전들에 의해서, 또 거기에 새겨진 많은 다른 신들에 의해서 가려진다.209) 그 신들 중에는 붓다와 석가모니 등이 있다.

카니슈카가 주조한 동전들은 많은 다른 신들을 묘사했는데 이것들은 역사적으로도 매우 중요하다. 우리는 이 동전들 중 조로아스터교에서의 승리와 바람의 신인 베레트라그나(Veretragna)와 태양의 신인 아나히트(Anahit), 승리의 신인 미트라(Mitra), 그리고 부의 상징이자 황제의 권위를 나타내는 파로(Farro) 등이 있다. 학자들 사이에서는 이 신들이 새겨진 이유가 진정으로 그들을 섬겨서 그런 것인지 아니면 정치적인 면에서 쿠샨에 다른 많은 이민족이 거주하기 때문에 그런 것인지 아직 의견이 분분하다.

카니슈카 시대에 쿠샨에서는 최초로 박트리아어로 적힌 것들이 발견되었으며 그리스의 것과는 다른 것이다. 카니슈카가 고안해낸 이런 문자들은 매우 생명력이 있어서 쿠샨이 존재하던 시기에는 대대로 사용되었다.

문화적으로 카니슈카 당시의 쿠샨은 매우 발전했고 사람들은 황제도 가서 절을 하는 불교를 널리 믿기 시작했고 박트리아어가 매우 광범위하게 사용되었기 때문에 박트리아어가 공용어가 되었다고 해도 과언이 아니었다.

카니슈카가 주조한 화폐들 덕분에 상업과 공업 모두가 발전했고 쿠샨의 국력은 날이 갈수록 강해져 갔다. 하지만 반면에 영토가 커지면서 다른 지방으로 중앙 정권의 힘이 미치지 못해서 지방의 제후들 힘이 강해지기 시작했다. 이란이나 파르티아, 그리고 사산인들의 지방이 특히 그러했다.

쿠샨 왕조의 멸망. 쿠샨인들과 사산인들

---

209) Zeimal E.V., 1963, pp. 40-41.

인도의 문헌상으로 카니슈카 다음에 바시슈카(Vasishka)라는 사람이 왕이 되었다고 하는데 그의 이름으로 주조된 동전은 없다. 하지만 호에르코 (Hoerko)[호에쉬코 (Hoeshko) 일 것이다. 왜냐하면 박트리아어로는 'sh' 발음이 'r'로 소리 나기 때문이다.]의 이름은 역사 문헌에서는 후비슈카라고 기록되어 있다.210) 그는 30년 이상 왕위에 있었다. 몇 대에 걸쳐 왕의 자리에서 국가를 통치한 사람을 바수데바(Vasudeva)라고 부른다. 바수데바 때에는 다시 동전에 새겨진 신들 중 시바신 만이 남았다. 여기서 볼 수 있는 건 비마 카드피즈(Kadfiz) 때와 같이 시바신 만을 유일신으로 섬기려 한다는 점이다.211)

위에서 말했듯이 이 당시에는 이란 계통의 사산인들이 힘을 기르고 있었다. 사산인들의 왕인 샤푸르 1세(Shapur1)[그는 243에서 272년까지 통치했다.]는 3세기 중반에 동방으로 진군한다. 그의 비문에는 그가 사카스탄(Sakastan), 투레스탄(Turestan), 그리고 인도를 통치했다고 한다.212) 루코닌(Lukonin)은 샤푸르 1세가 실제로 이전 파르티아의 영토를 거의 회복했었다고 한다. 메르브(Merv)와 시스탄(Sistan)도 그중에 있다.

상술한 것은 262년에 기록된 "카아베 조로아스트라(Kaabe Zoroastra)"라는 쿠샨샤흐레(Kushanshahre)에 대해서 기록한 사료가 증명해 준다. 이 사료에는 전에 언급된 지방들[여기에는 쿠샨샤흐레도 포함된다]을 샤푸르 1세는 자신이 통치할 수 있다고 했다. 그 후에 이 지방들의 이름을 일일이 열거한 후에는 더 정확히 말해서, 이 지방들이 자신에게 조공을 바치거나 자신의 지배를 받고 있다고 했다.213) 쿠샨샤흐르에 대해서는 이 지방이 사산 왕국에 복종한 것이 아니라 그저 조공만 바쳤을 가능성이 있다는 말들도 있지만 이 지방이 사산조에 복속했을 것이라는 설이 주를 이룬다.214) 하지만 어떤 것들이

---

210) 후비슈카의 재위당시 기록은 매우 적다. 하지만 퓨리의 주장에 따르면 이 시대가 쿠샨 왕조의 전성기였을 것이라 한다.(Puri B. N., 1965, p. 16)
211) Zeimal E.V., 1965, p. 14, ; Puri B. N., 1965, pp. 138-139.
212) Lukonin V. G., 1969a, pp. 34-37.
213) Lukonin V. G., 1969a, p. 31.
214) ITN., Ⅰ, p367; 리브쉬츠 V. A., 1969, p. 56.

정확한지 아직 확정하지는 못한다. 학자들은 서로 동의하지 않거나 아니면 반론을 제기한다. 한편으로는 아랍의 학자인 타바리(Tabari)는 "사산에서는 첫 번째로 아르타쉬르1세(Artashir1)가 메르브(Merv), 발흐(Balh), 호라즘(Hirezm), 호라산(Horasana)의 국경까지" 차지했다고 한다.215) 이 설은 그래도 학자들 상호간에 동의가 이뤄지고 옳다고 인정받는다. 몇몇 학자들은 여기다가 그저 조그마한 의심을 더 할 뿐이다.216) 그럼 이제 학자들의 생각에서 벗어나서 실제 사료에는 어떻게 기록되어 있는지 살펴보자면 타바리의 주장은 "카아베 조로아스트라"와는 매우 일치하는 반면 또 다른 사료인 마니교의[마니교는 3세기경에 마니라는 사람이 조로아스터·기독교·불교 등을 혼합하여 만든 종교] 사료에는 이 주장과 다른 내용이 적혀있다.

아직 마니교의 창시자인 마니가 살아 있을 때 그가 3세기 후반에 마르 암모(Mar Ammo)라는 사람을 마니교를 전파하기 위해 동방으로 파견했다. 그가 호라산을 지나서 쿠샨의 국경에 이르렀을 때[마르 암모의 최종 목적지는 발흐 지방에 있는 바루찬(Varuchan)이라는 도시이다.] 그는 그 지방이 쿠샨 왕의 통치 아래 있다고 했다.217) 하지만 그 당시 쿠샨이 이름은 남아서 쿠샨의 왕이 다스리기는 하지만 사산의 통치를 받고 있었을 수도 있다.

여하튼 그 당시 사산은 쿠샨을 공격해서 많은 땅을 차지할 수 있는 힘이 있었다. 하지만 그것이 언제인가?

사산이 쿠샨을 정복한 시기는 그 당시 쿠샨과 사산의 동전들을 통해서는 알 수 없다. 이 사실을 확인하기 위해서 많은 화폐학자들과 역사학자들이 연구를 했다. 그들 중에는 카닝햄(Kaningham), 헤르츠펠드(Hertzfeld), 비바르(Bivar), 루코닌(Lukonin) 등이 있다. 그들이 연구한 동전들 중에는 사산인들이 주조한 것들도 있는데 거기에는 페르시아어가 적혀있는 것도 있었다. 그것들은 메르브와 헤라트에서 만들었고 다른 것들은 쿠샨 후기에 만들어진

---

215) Noldeke Th., 1879, pp. 17-18.
216) Lukonin V.G., 1969 a, pp. 22-27.
217) Henning W. B., 1944, p85-90; 1958, p94.

바라흐라나의 이름이 새겨진 쿠샨-사산조의 주화

것으로 바수데바의 이름이 새겨져 있었다. 여기에도 페르시아어가 기록되어 있었지만 어떤 것들에는 쿠샨의 필기 형태가 있고 여기에는 "바흘로(Bahlo) = 발흐(Balh)"라는 말이 기록되어 있었다. 헤르츠펠드는 쿠샨의 방식대로 만들어진 동전들은 발흐라는 말이 새겨져 있지 않은 것들도 발흐에서 주조된 것이라고 주장한다.[218] 비바르는 동전을 주로 주조하던 곳은 카불(Kabul) 지역이라고 주장한다.[219]

이 동전들 중 하나에는 전설이 있다. "숭배받는 마즈다(Mazda), 호르미즈드(Hormizd)의 군주, 위대한 황제 중의 황제." 그리고 주조지는 메르브 라고 기록되어 있다. 다른 동전들에서는 아르타쉬르(Artashir), 페로즈(Peroz), 바라흐란(varahran) 등의 이름을 볼 수 있다. 예전에는 헤르츠펠드가 주장한 바로는 쿠샨-사산(Kushan-sasan) 호르미즈드(Hormizd)의 동전에서 호르미즈드는 이란의 호르미즈드 2세를 뜻한다고 하고 이 동전들이 만들어진 시기는 전체적으로 3세기경으로 봤다. 하지만 루코닌이 더 자세하게 분석했다. 그는 쿠샨-사산의 동전들은 주로 사산의 왕들이 주조한 것으로 4세기 중반에서 5세기 중반 즈음에 만들어진 것이라고 한다.[220]

이는 어느 정도 학계에서 논쟁의 대상이 된다. 위의 주장대로라면 쿠샨이 멸망한 시기가 3세기가 아니라 4세기 정도가 되어야 한다. 하지만 어떤 주장들은 루코닌의 주장과는 정반대의 것들이 있다. 그래서 아직은 확실히

---

218) Herzfeld E., 1931, p11.
219) Bivar A. D. H., 1956, p17.
220) Lukonin V.G., 1967.

이 문제를 끝맺을 수는 없다. 쿠샨의 멸망은 한순간에 어떤 한 가지 사건으로 이루어졌을 수는 없다. 그것은 오랜 시간동안 안과 밖에서 천천히 이루어졌다.

우리는 쿠샨과 사산의 상관관계를 살펴보았다. 쿠샨은 전쟁을 피할 수 없게 되었는데 그들은 내부에서도 분열이 일어나 서로 전쟁을 하기 시작했다. 이를 증명하는 것은 중국의 문헌에 기록되어 있다. 거기에는 "용감한 월지의 지배자 치돌로(Tzidolo)가 자신의 군대를 이끌고 산을 넘어서 북쪽으로 진군하여 5개국을 정복했다."221)라고 적고 있다. 지배자 치돌로=키다르(Kidar)를 중국식으로 발음한 것이다. 이 사람은 쿠샨의 지도자들 중 한 사람으로서 4세기 말에는 옛 쿠샨의 힘을 대부분 차지했다. 이와 같은 시기에 중앙아시아에서는 키오니테스(Chionites)라는 새로운 종족이 차지했고 그 후에 권력은 에프탈인들에게 넘어간다. 4~5세기경의 쉬지 않고 벌어지는 전쟁 중에서도 중앙아시아의 전쟁은 가장 치열했다.

쿠샨 황제들의 전투복장
1- 카니슈카 3세의 주화를 참고하여 복원
2- 바수데바의 주화를 참고하여 복원

쿠샨의 병사들
(할치얀의 조각상을 기반으로 복원한 모습)

---

221) Bichurin, II, p. 264.

4. 쿠샨 시대 중앙아시아의 도시들과 마을들

북 박트리아

아프가니스탄 지방과 인도의 북쪽 지방에서는 쿠샨의 유물들이 많이 발굴되었다. 그들 중에는 ·베르감(Bergam)[카불에서 가깝다] ·카피사(Kapisa)222), ·탁실라(Taksila)[라발핀디에서 멀지 않다] ·탁카실라(Kakkasila) 또는 탁샤실라(Takshashila)223) ·챠르사다(Charsada)[페샤바르(Peshavar)에서 북동쪽에 위치해있다] ·푸시칼라바티(Pushkalavati)224) 등의 도시들이 있다. 소련의 고고학자들이 이런 쿠샨 당시의 많은 도시들과 마을들을 발굴했다. 이 자료들은 매우 광범위하다. 그래서 우리는 그중에서 몇 가지를 골라서 간단하게 한 번 살펴볼 것이다.

쿠샨 당시 북 박트리아의 가장 중요한 중심 도시들 중의 하나는 바로 테르미즈(Termiz)이다. 쿠샨 당시 테르미즈는 매우 넓은 땅을 차지했었으며 그 땅들 모두 문화적으로 매우 중요한 중심지였다. 거기에는 불교의 수도원인 카라-테페(Kara-tepe)와 파야즈-테페(Fayaz-tepe)가 있다. 도시에는 매우 많은 수공업소들이 있었고 그중에는 도요지도 있었다.

쿠샨 시대의 테르미즈는 금속 제조의 중심이기도 했다. 여기에는 제철소가 있었고 철을 용해하는 곳도 있었고 또 그것들을 가지고 많은 물품들을 제작하는 곳도 있었다. 테르미즈에는 지금은 비록 많이 무너졌지만 많은 수의 돌로 만든 건축물들이 있다.

샤흐리나우(Shahrinau) 라는 작은 도시에서 가까운 곳에 매우 큰 도시의 흔적이 있다. 그 도시 성곽의 둘레는 7km에 이르고 면적은 350ha에 이른

---

222) Hackin J., Hackin R., 1939; Ghirshman R., 1946; Hackin J., Hackin R., Carl J., Hamlin P., 1954.
223) Marshall I, 1956; Ilyin G.F., 1958.
224) Wheeler M., 1962.

다.225) 여기서는 동전들뿐만 아니라 인물상도 발굴되었다.

케이-카바드-샤헤(Key-Kabad-shahe)[카보디욘(Kabodiyon)지방]에 세워진 도시는 그레코-박트리아 시대부터 쿠샨 시대까지 존속되었다. 이 도시는 매우 강한 성벽에 둘러싸여 있었고 그 성벽을 사각형으로 계산해보면 375×285m이다. 긴 성벽에는 각각 9개의 탑이 있고 짧은 성벽에는 7개씩이 있다. 이 외에도 각 모서리마다 탑이 있었는데 모든 탑들도 사각형이다. 이 성벽 안을 조사해본 결과 가운데에는 통로가 있고 그 가까운 곳에 장방형의 장소가 있었는데 이곳에서 많은 수의 유물이 발굴되었다. 그것들 중에는 세라믹 제품, 탁자와 장신구들이 있다.226)

지금의 야반(Yavan)이라는 도시에서 8km 떨어진 곳에 쿠샨 시대에 매우 큰 도시였던 지역이 있다. 그 면적은 약 40㏊ 정도이고 이곳은 다른 곳보다 약간 고지대에 위치하여 있다. 이 지역을 이루고 있는 구릉의 크기는 약 380×200m이고 이 면적 모두를 성벽이 감싸고 있다. 발굴 작업은 성벽 내부뿐만 아니라 외부에서도 병행했다. 자그마한 공터들은 작은 거리를 중심으로 모여 있었다. 이 도시는 2단계에 걸쳐 건설된 것으로 하나는 초기에 건설되고 다른 하나는 후대에 건설되었다. 10m에 이르는 성벽은 후대에 건설된 것이며 초기에 건설된 시기는 기원전 1세기에서 기원후로 넘어갈 즈음이고 후대의 것은 서기 4에서 5세기경에 지어진 것이다. 제조 기술의 발달로 인해서 이곳에서는 세라믹이 주로 발굴되었고 금속으로 만든 장신구들과 뼈로 만든 뾰족한 기구들이 발굴되었다.227)

삭산-오후르(Saksan-Ohur)[파르하르(Parhar) 지방]에 있는 마을은 쿠샨 시대까지 계속되었다. 당시 매우 독특한 유물로는 할차얀(Halchayan)[데나우(Denau) 지방에서 가까운 곳에 있는 복합건축물이다.]이 있다. 여기에 있는 하나카

---

225) Davidovich E. A, 1956, pp. 76~77.
226) Kuzmina E.E. and Pevzner S.B., 1956; Mandelshtam A.M. and Pevzner S.B., 1958.
227) Litvinsky B.A., 1967 a.

-테페(Hanaka-tepte)에는 궁궐이나 신전과 유사한 건물이 있다. 처음 들어가는 곳에는 세 개의 통로가 있는데 하나는 가운데에 있고 다른 두 개는 양측면에 있다. 이 통로들을 지나면 중앙 홀에 들어선다.

할차얀 궁궐 복원도

수르한다리오 지방에는 할차얀(Halchayan) 외에도 많은 쿠샨시대의 유물들이 있다. 그중에는 달베르진-테페(Dalverzin-tepe)228), 하이라바드-테페(Hayrabad-tepe), 자르-테페(Zar-tepe)229) 등이 있다.

소그드(Sogd), 페르가나(Fergana), 차치(Chach), 호라즘

쿠샨 시대에 소그드, 페르가나, 차치 등의 도시에 대해서는 북 박트리아보다 눈에 띄게 잘 알려져 있지 않다. 그러나 알 수 있는 것은 이 도시들도 그 당시에 발전을 했었다는 것이다.

큰 도시로는 사마르칸트가 있고 그 외에도 소그드에는 작은 고을들이 있었다. 그 중에 하나가 성벽으로 둘러싸인 탈-이 바르주(Tal-i Barzu)이다.230)

---

228) Pugachenkova G.A., 1966 b.
229) Albaum L.I., 1960.
230) Grigoriev G.V., 1940 a, 1940 b; Stavisky B.Ya. 1967.

페르가나와 우스투르샨(Usturshan) 지방의 고을로는 베고바타(Begovata)에서 가까운 문착 테페(Munchak-tepe)가 있고 아쉬트(Asht)에서 가까운 슈라바샤트(Shurabashat), 춘-테페(Chun-tepe) 등이 있다. 이 도시들의 유물들은 매우 독창적이며 페르가나 지방과는 확실히 다른 것들이었다.

시르다리오 중류에 위치한 페르가나 지역에는 카운치-준(Kaunchi-Djun)의 문화가 발달했다. 이렇게 부르는 것은 카운치(Kaunchi)라는 이름의 성곽으로 둘러싸인 마을과 준(Djun) 방식의 무덤에서 나온 말이다. 차운치 성의 기저단를 이루고 있는 것은 약 기원전 11세기에서 1세기경에 건축되어 서기 5세기경까지 이어져 온 것으로 보인다. 같은 시기의 또 다른 고을들로는 밍-우륙(Ming-Uryuk), 알림바이-테페(Alimbay-Tepe), 쿠가이트-테페(Kugait-tepe), 아크-토베(Ak-tobe), 샤슈쿰-토베(Shashukum-tobe)[231] 등이 있다.

호라즘에도 많은 도시들과 마을들이 존재했었다. 그중에 현재 가장 자세하게 알려져 있는 것은 토프락-칼라(Toprak-kala)이다. 이 도시의 가로세로 길이는 500×350m이며 성벽은 진흙 벽돌로 만들어졌고 성곽에는 망대들도 있었다. 성의 중앙에는 작은 교차로가 있었으며 그 주변에는 민가들이 있었다. 이 도시에서 가장 중요한 건물은 매우 웅장한, 세 개의 탑이 세워져 있고 성벽으로 요새화된 호라즘 왕의 집무실이다. 이 궁궐은 거만한 듯 다른 곳보다 25m 정도 높은 곳에 세워졌다. 이 궁궐의 중앙은 빈 공터가 있었다 (80×80m). 이 건물은 두 개의 층으로 구성되어 있고 각각의 용도가 있었다. 그중에 가장 큰 것이 왕의 방이었다.

이 성벽 안에는 왕뿐만 아니라 왕비와 귀족들, 그리고 종친들이 살고 있었다. 벽들과 벽감에는 매우 많은 양의 글이 기록되

토프락-칼라에서 발견된 3세기 유물. 남성 조각상의 머리 파편

---

231) Levina L.M., 1967; Maksimova A.G. 1968.

어 있었다. 또한 그 주변의 곁방들 중 하나는 무기고로 보이는데 이곳에서 무기뿐만 아니라 무기를 만드는 도구들이 발굴되었다.232)

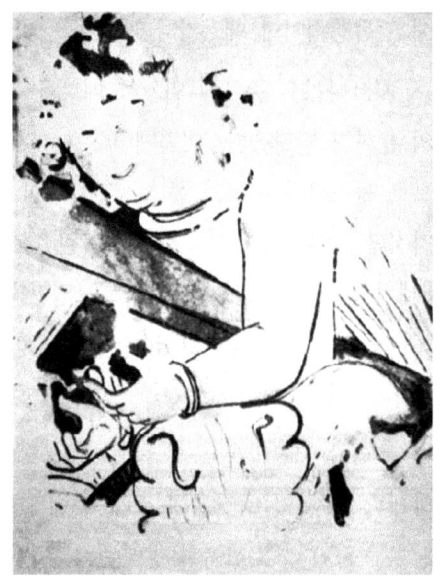

토프락-칼라의 궁궐 발굴 현장에서 발견된 목편 문서

토프락-칼라 궁전 벽화 속 하프 연주자

---

232) Tolstov S. P., 1962, pp. 204-226; Rapoport Y. A., 1968; Nerazik E. E., 1969.

5. 쿠샨 시대 중앙아시아의 경제

농업과 관개(灌漑)

정확한 고고학적 증거는 없지만 많은 고고학자들이나 학자들은 이 시대에 이미 중앙아시아의 거의 모든 지역에 농업이 발달했다고 한다. 평야지대에는 농업이 발달했고 매우 뛰어난 관개 시설이 건설되었으며 목축업도 매우 발달했다. 이 관개는 그 크기와 펼쳐있는 넓이가 매우 웅장했다. 운하와 같은 관개와 그에 상당한 기능을 해내는 것들은 호라즘과 자라프샨 지방 등에 있었다. 이 고대 쿠샨 시대의 운하는 타지키스탄에서도 발견되었는데 그것은 바흐쉬(Bahsh) 평지에 있다. 이 운하에 공급했던 물은 강에서뿐만 아니라 지금보다는 그 당시에 더 많았을 우물에서도 공급했다. 이 운하가 통과하던 바흐쉬에는 그 높은 요새에까지 물이 공급되었다. 지금은 그곳으로 물을 공급하기 위해선 펌프가 필요하다. 쿠샨 시대에는 이런 수로가 산의 샘에서 흘러나와 농지를 둘러서 흘렀을 것이다. 그리고 야반(Yavan) 평지에서는 보가라 방식도 볼 수 있다.[보가라는 중앙아시아에서 인공관개를 하지 않은 밭이다] 밭 농사는 주로 산 가까운 곳의 농지나 아예 산지에 위치한 농지에서 주로 지었다. 쿠샨시대에는 자라프샨 북쪽에서 지금의 맛치(Match)까지의 모든 지방은 이 인공관개를 사용할 줄 알았다.[233]

농업 기술은 당대에 상당한 발전을 이루었는데 아마 인공관개의 발전 덕분으로 보인다. 탈-이 바르주(Tal-i Barzu)에서는 쇠로 만든 쟁기가 발굴되었다.[234]

서기 1세기경에 맷돌이 널리 퍼지기 시작했고 가장 오래된 맷돌이 발굴된 곳은 카라마자르(Karamazar) 산에서이다. 처음에는 맷돌의 크기가 작더니

---

233) Stavisky B.Ya., 1961.
234) ITN, I, pp. 360-370

시간이 갈수록 그 크기가 점점 커졌다. 특히 서기 3~4세기경에 그러했다.

역사의 문헌들을 봐도 쿠샨 시대 중앙아시아에서는 거의 모든 종류의 농업이 발달했다고 한다. 이곳에서는 밀, 과일 등 많은 종류의 작물을 재배했다. 서기 3~4세기경 호라즘에서는 포도주용과 식용의 포도 모두를 재배했다. 그 당시 대부분의 사람들이 농업에 종사했고 각 지역마다 자기들의 기후에 맞게 재배하는 작물들도 각기 달랐다.

산악지대나 산으로 둘러싸인 곳은 목축업이 발달했다. 특히 페르가나가 그러한데, 왜냐하면 아직 그들은 반(半) 유목민이기 때문이다. 그들을 반유목민이라고 하는 이유는, 그들의 일부는 계절에 따라서 다른 지역으로 이동을 하기 때문이다. 페르가나인들이 가장 많이 기르는 가축은 당연히 페르가나의 말이다. 이 말은 다른 주변국들의 부러움의 대상이었으며 다른 나라들에서 끊임없이 이 말을 사갔다.

건축업과 수공업

고고학적인 발굴을 통해 다음과 같은 종류의 건축물들을 볼 수 있다.

　　1) 왕궁, 2) 문화적인 건축물, 3) 가옥, 4) 공방, 5) 창고,

　　6) 인공 관개

위와 같이 건축물들을 분류할 수 있다. 주로 이런 건축물들은 따로 떨어져 있는 것이 아니라 서로 가까운 거리에 위치해 있다. 매번 어떤 건물이 어떤 용도였는가를 바로 확신할 수 있는 것은 아니지만 어떠한 가능성도 배제할 수는 없다. 그 예로 할챠얀(Halchayan)은 궁궐이 아니라 신전이었다는 것이다.

공공의 건물은 대부분 기념비적 건축물이다. 왕의 요새와 궁궐은 그 규모가 매우 웅장했고 대부분 매우 두꺼운 벽에 둘러싸였으며, 고지대에 위치해 있었다. 큰 홀은 그 바닥에서 지붕까지의 높이가 어마어마했으며 그 벽에

는 백금으로 새겨진 예술적인 벽화가 있었다. 그 벽 또한 매우 컸다.

예배당 중에 몇몇은 그 규모가 크지 않은 것들도 있었다. 예를 들자면 테르미즈와 가까운 곳에 위치한 불교의 중심지인 아이르탐(Ayrtam)이라는 곳에 있는 것은 크기가 매우 작았다. 하지만 이곳은 돌로 만든 부감으로 장식되어 있었다.

그러나 건축물들이 모두 다 화려하고 견고한 것은 아니었다. 그중에 어떤 것들은 방이 너무 부실하게 만들어진 것도 있고 벽이 그냥 진흙으로 되어 있던 곳도 있다. 그런 집들은 주로 가난한 사람들의 것이었는데 이를 통해 그 당시에 살던 사람들의 신분의 차이나, 재산의 차이 등을 알 수 있다.

중앙아시아는 건축업에서 매우 큰 발전을 보였다. 강한 성벽, 공격하기에 유리한 망대들, 고난이도의 건축물들, 이 모든 것들이 그 당시로서는 매우 높은 수준의 것이었다. 그리고 파미르 고원의 서쪽 부근에는 카아흐카(Kaahka), 얌춘(Yamchun) 등의 거대한 성벽이 있다.[235]

건축업이 발달할 수 있었던 것은 그 건축에 쓰였던 자재들이 더 진보적인 것이었기 때문이다. 중앙아시아에서 주로 사용되는 벽돌은 진흙으로 만들고 그 크기는 어디서나 거의 일정하며 가로세로 길이가 32~44cm정도 된다. 그리고 산악지대에서는 석재로도 건물을 지었고 옛 박트리아 지방에는 아직도 헬레니즘의 영향을 받은 건축물들이 지어지고 있었으며 후대에는 세라믹 제조법도 배웠다.

수공업은 큰 도시들에서 뿐 아니라 작은 소도시들에서도 발달했다. 우리는 이것을 수도 없이 많이 발굴된 당시의 유물들을 통해 확인할 수 있다. 예를 들면 많은 도시들에서 대량의 도기들이 발굴되었는데 이 도기들은 다양한 방법으로 가마에서 구워서 만들어졌다는 것을 우리는 알 수 있다. 이 당시 세라믹은 매우 복잡한 과정들을 거쳐서 탄생했으며 그 그릇들의 종류와

---

235) 바한(Vakhan)의 성에 관한 것은 Bernshtam A. N., 1952; Babaev A., 1965. 참조.

모양은 매우 다양하다. 기싸르(Gissar)에 있는 투프-한(Tup-han)의 무덤에서는 매우 월등한 세라믹으로 된 벽이 발굴되었는데 이는 매우 세밀하고 광택이 나는 것이었다. 약 2천 년이 지난 현재까지도 그 빛을 잃지 않고 수정처럼 빛난다.

금속으로 만든 가정용품이나 장신구들도 거의 모든 지방에서 발달했다. 동으로 만든 그릇들, 촛대, 거울, 팔찌, 귀걸이, 반지 외에도 많은 물품들이 거의 모든 사람들에 의해서 사용되었다. 이 물품들의 수는 매우 많았고 품질 또한 우수했다. 그리고 일정한 틀에서 주조된 것들도 많았다.

유리 제품도 다양한 종류가 있었는데 그중에는 유리구슬도 있다. 유리구슬도 빛나는 것이 있고 빛을 분해해서 무지개 색의 빛을 만들어 내는 것도 있으며 유리로 사람의 형상을 만든 것도 발굴되었다. 매우 흥미로운 것은 유리와 금을 섞어서 만든 구슬로서 그 구슬의 안쪽은 금으로 되어 있고 바깥쪽은 유리로 되어있는 것이다.

또한 다량의 무기들도 발굴되었다. 원거리에 있는 적을 공격하는 활의 경우 그 당시 매우 유용한 것으로서 이 활들은 여러 가지의 재료들로 제작되는데 중앙아시아에서는 뼈나 뿔을 붙여서 만들었다. 이 강력한 무기가 탄생한 곳이 바로 중앙아시아다. 후대의 서방의 서적들을 보면 사산조의 것이라고 하는데 한 소련의 학자가 말하듯이 쿠샨-사산의 것이라고 해야 옳다. 이 활은 나중에 서방의 스코틀랜드까지 전해지고 남방으로는 이란을 거쳐서 인도까지, 동방으로는 중국까지 확산되었다.[236] 이 지방의 발굴 작업을 통해서는 뿔이나 뼈로 만든 활이 많이 나왔고 활은 나무로 만들고 끝에 쇠를 붙였다. 화살 끝부분의 깃털은 세 개의 삼각형으로 되어 있다. 후대에 이 끝부분은 군사적으로 매우 중요한 것이 되었다.[237]

군인들은 칼과 단도로 무장했다. 중앙아시아에서는 서기 1세기경에 길이

---

236) Litvinsky B.A., 1966; Khazanov A.M., 1966
237) Litvinsky B.A., 1965.

가 매우 긴 1.2m에 이르는 양날의 검을 십자가 모양의 손 보호대 없이 금속으로 만든 긴 손잡이만 있는 것을 사용했다. 그 외의 무기로는 창, 도끼, 투석기 등이 발굴되었다.

이 모든 건축과 수공업의 발달은 당시 중앙아시아인들의 금속을 다루는 기술과 그것을 채취하는 기술의 발달에서 온 것이다.[238] 실제로 이 시기에 많은 금속이 사용되었고 그것들을 다른 나라에 수출하기도 했다.

국제 무역과 내부 상업

쿠샨(Kushan) 시대에는 화폐 시스템이 발달했고 서로 다른 가치의 동전들이 주조되었다. 이는 국가에서 상품을 생산하고 거래했다는 증거가 된다. 대부분의 쿠샨 화폐는 동으로 만들어졌는데 이는 이 화폐를 모든 계층의 사람들이 사용했다고 볼 수 있는 이유다. 이 시기에 쿠샨은 많은 사건들을 겪었고 또 많은 변화를 겪었다.[239] 이와 함께 알아야 할 것은 화폐를 연구하는 단계에서 아직 알려지지 않은 많은 것들이 존재한다는 사실이다. 이 알려지지 않은 것들 중에는 쿠샨의 경제 상황도 있다.

쿠샨 내부의 발전으로 인해 외국과의 무역도 발전했다. 플리니우스는 수출입 물량이 매우 많았다고 한다. 대상국들로는 인도, 동 투르키스탄, 아라비아, 그리고 로마가 있다. 이 무역의 일정 부분은 쿠샨, 즉 중앙아시아에서 했다고 한다. 플리니우스의 말에 따르면 세리키(seriki)는 로마로 매우 고가의 철을 수출했다고 한다. M.흐보스토브(M.Hvostov)가 말하기로는 철만을 수출한 것이 아니라 철로 제작된 상품들도 수출했다고 한다.[240]

---

238) 의심의 여지없이 금의 채취 또한 매우 큰 발전이 있었는데 쿠샨시대에 주조된 화폐의 대부분이 중앙아시아의 금광에서 채굴된 것이다. 그 외에는 아프가티스탄, 인도 등에서 들여왔다.
239) Masson V.M., Romodin V.A., 1964, p. 183.
240) Khvostov M, 1907, p. 156.

박트리아의 상인들은 로마의 영토이자 그 당시 상업의 중심지인 이집트의 알렉산드리아까지 갔고 로마의 상인들도 중앙아시아까지 왔었다는 증거가 있다.241)

중앙아시아에서는 로마의 유물들이 다량 발굴되었는데242) 그중에는 로마의 화폐도 있다. 이것들은 그 당시 중앙아시아와 로마의 깊은 연관성을 보여주는 것으로서 중앙아시아나 로마에서 수출된 물건들을 서로 모방해서 만든 것들도 있다.243) 로마의 문물들은 중앙아시아의 발전에 지대한 영향을 미쳤는데 그 예가 바로 간다라(Gandhar)문화이다. 이 나라는 북서쪽 인도와 아프가니스탄, 그리고 중앙아시아의 남쪽을 아우르는 나라였다.

이들은 중국과도 실크로드를 통해서 교류했다. 중국의 대상들은 비단을 가지고 서방으로 왔고, 그리하여 실크로 제작된 상품들이 중앙아시아에서도 꽃을 피우기 시작했다.244) 플로르(Flor)의 말을 믿어보자면 서기 1세기 중반에 파르티아인들은 비단으로 기(旗)를 만들었다고 하고 비단과 함께 중국에서 들여온 것은 동제 거울과 유약 등이 있다.245)

마하바라트(Mahabarat), 사브하파르바(Sabhaparva) 등의 많은 책들에서 서기 4세기 중반에는 델리(Deli)에 사는 판다브(Pandav)의 왕인 유드히슈트히르(Yudhishthir)에게 많은 민족들이 선물을 했다고 기록되어 있다. 그중에 중앙아시아도 속해 있는데 이 나라들은 왕에게 각 지방의 특산물들을 선물했다고 한다. 그중에 바흐리(Bahli)[박트리아]는 털로 된 부드러운 이불에 아름답게 채색을 해서 보냈다고 한다. 그 외에 사카인들, 투크하르(Tukhar)[토하르]인들, 칸크(Kank)[칸규이(Kangui)]인들은 말을 선물했다고 한다. 이 말들은 오랫동안 멀리 달릴 수 있는 말이었다.

---

241) Stavisky B.Ya., 1964 v, p.180.
242) Stavisky B.Ya., 1964 v; Masson V. M, 1966 a.
243) Litvinsky B.A., Tursunov N.O., 1971.
244) Herrman A., 1938.
245) Vasilyev L.S., 1958.

고고학적인 증거들은 이 무역들이 우랄(Ural) 부근까지 가서 이루어졌다고 한다. 이들의 지역을 통과하는 무역로는 중앙아시아의 카프카스와 흑해 연안의 지방과 연결되어 있다.

위에서 우리는 이집트의 알렉산드리아에 박트리아인들이 들어왔다는 것을 알아보았다. 소그드인들은 그들의 변방에서 이 무역을 이어갔다. 투르키스탄의 동쪽에 있는 둔황(Dun'huan)이라는 지방에서 소그드인들의 언어로 기록된 4세기경의 유물을 발견했다. 이것들 중 하나에는 그 당시 둔황에 100여 명의 사마르칸트인이 자유인의 몸으로 있었다고 한다. 헤닝(Henning)이라는 학자는 이 도시에 소그드인의 전체 수는 노예까지 포함하면 약 천 명 정도 될 것이라고 하고 동 투르키스탄의 소그드인들은 자신들의 고향인 사마르칸트에 사는 친척들과 거의 연락을 하지 않았다고 한다.[246]

---

246) Reichelt H., 1931; Rozenberg F.A., 1932; Henning W. B., 1948.

6. 쿠샨 시대 중앙아시아의 문화와 종교

기록 유물들

쿠샨 시대에 중앙아시아에는 종교에 있어서 매우 큰 발전이 있었다. 이 시기는 어려움과 상반된 사건들이 있었던 시기이다.[247]

기원전 4~2세기경에 이미 중앙아시아에는 아람식의 문자가 있었다.

소그드인들의 가장 오래된 문자로는 기원후 초기에 만들어진 화폐들에서 볼 수 있다. 그 후의 것으로는 "고대 소그드의 편지"가 있다. 그것들에 기록된 문자들은 서로 다르다. 이 글들은 아람의 형식에서 크게 벗어나지 않았다. 리브쉰(Livshn)의 말에 의하면 그때에는 이미 소그드의 언어가 형태를 잡아가고 있었고 중국의 방식으로 서기 10세기까지 지켜졌다고 한다.

"고대 소그드의 편지"는 헤닝이 말하기로는 서기 312~313년에 기록되었으며[248] 역사기록으로서 중요할 뿐만 아니라 고대의 문학작품으로서도 손색이 없다고 한다. 여기서는 역사를 포장하지 않고 그대로 기록했다. 훈족의 이동, 소그드인들이 느꼈던 분노, 공포, 사랑 등의 감정 등이 그대로 기록되어 있다. 고뇌와 불쾌함으로 전개되는 이 편지는 소그드의 젊은이 메반차(Mevancha)가 사마르칸트의 그의 어머니에게 쓴 것이다. 나니닷(Nanidat)이라는 그녀의 관리인이 그녀의 의사와 관계없이 그녀와 결혼을 하려고 할 때 그녀는 이렇게 말했다. "차라리 개나 돼지의 아내가 되는 것이 나니닷의 아내가 되는 것보다 낫다." 얼마 후에 메반차가 다시 편지를 썼는데 그때 그녀는 이미 나니닷과 결혼한 상태였고 게다가 나니닷을 사랑과 존경을 다해 불렀다고 한다. 어떻게 세계적인 문학에 이런 모순이 있을 수 있단 말인가!

수르흐-코탈(Surh-kotal)에서 몇 가지의 비문이 발굴되었다. 이 글들은

---

247) Ghafurov B.G., 1968.
248) Henning W.B., 1958, pp. 52-56; Livshits V.A., 1962a, pp. 135-136.

그리스의 알파벳을 쿠샨 방식으로 쓴 것이다. 이 언어는 동부 이란의 언어로 써 이전에는 알려지지 않았던 것이다. 그래서 이 언어를 해석하기에는 많은 어려움이 있었다. 이 언어를 해석하기 위해서 마릭(Marik), 베네베스트 (Benevest), 헤닝(Henning), 게르셰비치(gershevich), 하르마타(Harmatta), 훔바흐(Humbah) 등의 학자들이 매달렸다. 하나의 비문은 25개의 행으로 이루어졌는데 아직도 이 언어를 완전하게 해석한 사람은 없고 모두가 서로 다른 해석을 주장하고 있다. 그나마 가장 설득력 있는 주장은 리브쉬츠(Livshitz) 가 해독한 것이다. "이 아크로폴리스(akropolis)는 신전으로서 위대한 황제 카니슈카가 세웠다. 처음 아크로폴리스의 공사가 끝났을 때 그 안에 있던 물들이 모두 말라 버렸는데 아크로폴리스는 물이 없는 곳이 되어 버렸다. 여름의 무더위가 찾아 왔을 때 이 아크로폴리스에는 가뭄이 찾아 왔는데 이때 그 신전 안에 있던 신들의 형상들을 옮겼고 그 후에 아크로폴리스는 텅 빈 곳이 된다. 하지만 재위 31년 니산(Nisan)월에 노콘속(Nokonsok)이라는 사람이 방문한다. 그는 황제와 절친했으며 많은 선행을 하고 모든 생명체를 존중해주는 사람이었다. 그가 오자 아크로폴리스의 우물에 물이 고이기 시작했다. 그리고 사람들은 그 위에 돌을 얹었다. 왜냐하면 나중에 또 심한 더위가 찾아와도 물이 고갈되지 않게 하기 위해서였다. 아무리 심한 가뭄이 와도 신들을 다른 곳으로 옮겨가게 하지 않고 그들의 보금자리가 황폐해 지지 않게 하기 위해서이다. 그리고 우물 위에는 물을 길어 올리기 위한 장치가 설치되었다. 그후 저수지가 건설되었고 이 우물과 저수지 덕분에 아크로폴리스는 발전하기 시작했다."[249]

이 언어는 푸쉬트(Pushit)와 파미르 지방의 언어인 문쟌(Munjan)과 이이드가(Yidga)의 중간쯤의 것이다. 한편으로는 소그드, 호라즘, 파르티아의 것과 비슷하지만 다른 한편으로는 헤닝의 주장에 따르면 박트리아의 것과도 유사하다.[250] 하지만 확실히 어디의 것인지는 알 수 없다. 쿠샨의 화폐나 도

---

249) Masson V.M., Romodin V.A., 1964, 1, pp. 192-193에 이 번역본이 실려있다.
250) Henning W. B., 1060, pp. 47-48.

자기에 새겨진 것으로는 이 언어를 알 수가 없다. 문법적으로 박트리아의 언어는 다른 동방의 고대 언어들보다 더 앞서갔다.251)

언어학자들의 말로는 수르흐-코탈에서 나온 이 비문의 언어들과 비슷한 것은 초기 사카인들의 쿠샨 언어라고 한다. 그들이 박트리아 지역을 점령하고 그곳에 정착하면서 박트리아어와 어느 정도는 혼용했을 수도 있다고 본다. 아니면 필기용으로는 박트리아의 언어를 혼합하고 생활에서는 다른 이란의 언어나 인도의 것을 사용했을 수도 있다. 쿠샨의 화폐에도 이런 종류의 글이나 박트리아의 언어가 기록되어 있는 것도 있다.

아마도 카니슈카 시대부터 필기용 언어로는 그리스어를 많이 응용했을 것이다. 24개의 그리스 알파벳에다가 1개를 더해서 사용했지만 실제로는 1개가 빠졌다고 할 수 있다. 쿠샨의, 아니 보다 정확하게 말하면 박트리아의 알파벳들은 예리하거나 사각 형태를 띤다. 하지만 날이 갈수록 발전을 해서 나중에는 그리스의 것과 흡사하게 된다.252)

이런 식으로 소그드, 파르티아, 호라즘어에 이어서 박트리아어도 학계에 알려졌다. 수르코탈(Surkhotal)의 비문도 박트리아어로 기록된 첫 문학 작품이라고 할 수 있다. 이 장르는 아케메네스와 사산의 중간이라고 할 수 있다. 황제의 비문과 수르코탈의 비문의 차이는 황제를 찬양하는 글이 여기에는 거의 없다는 것이고 수르코탈의 비문은 완전히 실무적인 용도로 기록되어 있다.253) 그것에는 연대별로 사건을 서술하고 각 사건의 동기도 기록되어 있다.

중앙아시아의 남부 지방에서는 박트리아의 비문이 적지 않게 발굴되었다. 듀샨베에서도 장례용 항아리에 짧은 글이 기록되어 있는 것을 발굴했다. 다슈트-이 주마(Dasht-i Djuma)에서는 동종에 글씨가 기록되어 있는 것을

---

251) Livshits V.A., 1962 a; pp. 142-143
252) Livshits V.A., 1967, pp. 162-163; 1969.
253) Kent R. G., 1953, pp. 142-144; 번역본은 Abaev V. A., 1945 참조.

발굴했다. 이는 의미 있는 글이 아니라 글을 잘 알지 못하는 장인이 그저 알파벳을 새겨 넣은 것일 수도 있다. 테르미즈에 있는 카라-테페(Kara-tepte)에서도 박트리아의 문자들이 거북이 등껍질에 기록되어 있는 것을 찾았다. 호라즘의 코프락-테페(Koprak-tepe)에서도 글씨가 기록되어 있는 유물이 발굴되었는데 그것은 이미 해독했다.

종교

쿠샨 시대의 종교 문제는 매우 어려운 부분에 속한다. 이전까지는 중앙아시아 인구의 거의 대부분이 조로아스터교를 신봉했다. 소그드인들도 그들의 기록인 '고대 소그드의 글'을 보면 그들 인구의 대부분이 조로아스터교를 믿었다는 것을 알 수 있다. 어떤 측면에서 보면 소그드의 조로아스터는 전문적인 면이 있었다. 여기서 알아야 할 것은 소그드의 판테온의 윗자리는 나나(Nana)[254] 여신의 차지였다. 두 번째 글의 저자는 사마르칸트에 사는 사람에게 이 글을 쓰면서 이 나나를 언급하고 있다. 이 여신은 메소포타미아에서 탄생했으며 수메르의 시대에도 존재했었고 그 후에는 아시리아에서, 더 후대에는 이란에서도 발견되었다. 그리고 로마 시대에는 서쪽으로는 이집트와 그리스 그리고 파르티아까지, 동쪽으로는 쿠샨과 소그드까지 확산되었다. 중앙아시아에서는 이 나나 신의 예배와 아나히트(Anahit) 신과의 예배가 존재했다.[255]

동 투르키스탄의 소그드인들과 소그드 본토에는 바근(Vagn)[256]의 신전이 있었다. 소그드인의 생활에서 바근파트(Vagnpat)라고 불리는 승려들이 매우 큰 영향력을 행사했다.

---

[254] Henning W. B., 1948, pp. 602-603; Henning W. B., pt.2, 1965a, pp. 250-252.
[255] Ingholt H., 1954, pp. 12-13; Dyakonova N.V., Smirnova O.I., 1967.
[256] 소그드의 사원에 관한 모든 사항들은 Widengren G., 1965, p326 참고.

박트리아의 조로아스터는 쿠샨의 화폐들에 있는 신들의 형상을 관찰함으로써 알 수 있다. 박트리아의 기록들에는 이런 이름들이 있는데, 예를 들면: 오로모즈도(Oromozdo)-아후라마즈드(Ahuramazd), 미흐로(Mihra)-미트리(Mitri), 마오(Mao)-마하(Maha) 달의 신, 파로(Farro)-파르나(Farna) 운명과 행복의 신, 오르라그노(Orlagno)-베레트라그니(Veretragni) 승리의 신, 나나(Nana)-나나이(Nanai)이다.[257] 그리고 박트리아 지역에서 탄생한 신으로는 오흐쇼(Ohsho)와 오아흐쇼(Oahsho)가 있다. 물론 이 이름은 고대 이란어인 바흐슈(Bahshu)에서 나온 말로서 아베스타에서는 바흐슈가 '알려진 말'이라는 의미라고 한다. 소그드어로는 "로고스(Logos)"와 연관이 있다고 하며, 중앙아시아의 언어로서는 '영혼'이라는 뜻으로 쓰인다. 때로는 '흐르는 물'과 연관되기도 한다.[258] 인도의 언어에서는 바흐슈가 아무다리야라는 강을 의미한다. 이 강을 그리스인들은 옥서스라고 불렀다.[259] 칼쿠트(Kal'kut) 박물관의 한 조각 비문에는 종교적인 말인 "바흐슈, 유일한 신"이라는 글을 볼 수 있다.[260]

중앙아시아에서 바흐슈 신에 대한 묘사는 중세시대까지 이어졌다. 11세기에 베루니(Beruniy)는 호라즘 지역에 바흐샨간(vahshangan)이라는 축제가 있다고 서술하면서 거기에 이런 해설을 더 했다. "바흐슈는 천사로서 물 위에서 볼 수 있는데 특별히 제이훈(Djeyhun) 강 위에서 볼 수 있다."[261]라고 말이다. 중세 시대에나 지금이나 아무다리야의 그 거침없이 흐르는 물을 판지(Panji) 중의 하나라고 한다. 이 아무다리야를 고대에는 바흐슈 뒤쪽으로 흐르는 물이라고 했다. 이것이 시사하는 바는 여기 타지키스탄의 남쪽에서 하나의 종교인 오아시호(Oashho)라는 강의 물을 채워주는 신을 믿는 종교가 정착을 했다.

---

257) Stein A., 1887, pp. 155-166, Widengren G., 1965, pp. 333-338.
258) Bailey H. W., 1931a, p281. 어떤 학자들은 이 말의 뜻을 "세수하다"라고 보기도 한다. (Harmatta I., 1960, p198).
259) Marquart I., 1938.
260) Livshits V.A., 1969, p. 65.
261) Biruni, 1957, p. 258.

수르흐-코탈의 행사용 계단

수르흐-코탈 사원의 성역

　박트리아의 신전에 관한 묘사는 프랑스의 학자들이 수르흐-코탈(Surh-kotal)에서 발굴해낸 유물들로 확인할 수 있다. 높은 언덕 위에 세워진 이 신전에는 시가행진이 가능한 큰 거리가 벽돌로 쌓아져 있고 그 위에는 석판을 얹었다. 신전의 중앙건물은 크기 35×27m의 장방형의 벽기둥이 새워져 있었다. 그 정면에서 바라본 길이가 옆면보다 길었고 그 옆면과 뒷면에는 회랑으로 둘러싸여 있었다. 신전의 정면에는 세 개의 복도가 있었는데 그중 가운데 것이 가장 크고 각 옆면의 것은 가운데의 것보다는 작았다.

신전의 둘레에는 성벽과 같은 벽이 둘러져 있었고 외부에는 정방형의 망대가 세워져 있었으며 그 안쪽으로는 깊이 패어져 있는 벽감이 있었다. 그곳에는 언젠가는 점토로 된 매우 아름다운 조각들이 있었을 것으로 보이는데 지금은 그 일부밖에 남아있지 않다. 이 중앙의 높은 곳을 사이에 두고 양 측면에는 소규모의 신전들도 있었으며 중심의 공간을 두고 각 면을 회랑이 둘러싸고 있었다. 그 건물들 중 하나의 중앙 홀에는 벽돌로 된 단을 쌓았다. 이는 진흙으로 만들었다. 여기도 각 면을 장식하고 중앙은 벽기둥으로 장식했다. 기둥들 사이에는 새 모양의 토우를 만들었다. 상부에는 순금으로 된 장식이 있었다. 이는 불의 신전이었을 것이다. 하지만 아직 이것을 정확하게 확신할 수 없는 이유는 그 증거도 없거니와 그와 함께 있는 중앙 신전도 불의 신전이기 때문이다. 혹자는 주장하기를 이는 왕들을 위한 신전이었다고 한다. 이 신전에 대해 연구한 슈륨베르제(Shlyumberje)는 이 신전이 왕들의 신전일 수도 있고 또 어떤 면에서는 불의 신전일 수도 있다고 한다. 그리고 이를 통합해서 "쿠샨 왕들의 불의 신전이라고 부른다."262)

수르흐코탈의 비문 중에는 바고라고(Bagolaggo)라고 기록된 것이 있다. 이는 성소라는 의미로 신전을 이렇게 칭하는 것으로 본다. 이 명칭은 곧 인근의 여러 지역으로 확산되었다.263)

조로아스터의 복장은 곧 다른 종교에도 확산되었는데 주지하다시피 쿠샨조의 중앙아시아에는 불교가 전파되었다. 불교의 사료를 보면 이미 수 세기 전에 즉, 아케메네스 시대 즈음에 중앙아시아에 불교가 전해졌다고 한다. 하

---

262) Schlumberger D., 1961, pp. 77-88.
263) Henning W. B., 1956, pp. 366-367.

지만 정확히 불교가 중앙아시아에 확산된 시기는 훨씬 후의 일이다. 불교는 아프가니스탄을 통해서 중앙아시아에 확산되었는데, 모든 자료를 비교해본 결과 불교는 중앙아시아의 두 개의 지역으로 유입되었다. 그 하나는 메르브(Merv)[파르티아의 동부 지역] 그리고, 다른 하나는 테르미즈[박트리아] 이다.

체일론(Tseylon)의 연대기에는 한 사람의 등장이 기록되어 있다. 그는 1세기 초에 불교의 현자로 마하데바(Mahadeva)라는 이름으로 나타났다. 이 현자는 파르티아에서 온 것이 아니라 어느 변두리에서 왔다. 여하튼 그의 출현 이후에 불교는 메르브에 확산되었다. 148년에는 한 사람이 뤄양에서 불교 서적을 중국어로 번역했다고 한다. 이 사람의 이름은 안세고(安世高, An Shi Gao)라 하며 그의 이름을 따서 파르티아를 안(An) 나라라고 한다. 그리고 그와 그의 제자들에 의해서 중국에 불교가 알려졌다. 안세고는 학자였다. 그를 통해서 중앙아시아의 과학이 중국에 확산되었다.[264]

박트리아의 유물들은 매우 많다. 불교의 유명한 전도자인 그호샤카(Ghoshaka)는 토하리스탄(Toharistan) 태생이다. 테르미즈에서는 유명한 신학자인 드하르마미트라(Dharmamitra)가 나왔다. 불교의 전도자들은 챠치(Chach)라는 지역까지 왔다. 이 지역에서는 불교의 유물이 발굴되었다.

중앙아시아에는 불교 학교인 바이브하슈카(Vaybhashka)가 세워졌다. 그곳에서는 실용적인 수업들도 적지 않게 가르쳤는데, 그들의 수업에는 변증법도 있었다. 엥겔스(Engels)는 "이 변증법은 그들이 오직 자연에 관한 사례 연구를 하고 주장하는 사람만이 더 발전할 수 있다는 것을 보여주기 위해서이다. 그들의 이 노력은 더 많은 발전을 하기 위함이었다."고 한다.[265]

불교의 유명한 건축물은 여러 가지가 있는데 그중의 하나로는 테르미즈에서 가까운 지역에 있는 1~2세기에 세워진 불교의 수도원이 있다. 그의 중심부에는 성소가 있다. 그것은 정방형으로 되어있고 그 가운데는 좌대가 있

---

264) Litvinsky B.A., 1967 v; Litvinsky B.A., 1968.
265) K. Marx and F. Engels, Works. V. 20, pp. 537-538.

는데 이 좌대는 성물을 올려놓는 것이다. 그와 같이 문을 놓기 위한 자리도 있었으며 벽에는 매우 아름다운 장식들이 있었다. 이 수도원은 숙소와 공무용 장소도 있었다.266) 테르미즈의 카라-테페(Kara-tepe)라는 높은 언덕위에 위치한 곳에는 동굴에 있는 불교 사원이 발굴되었다.[이런 유의 사원은 인도에서도 많이 발굴되었다] 그곳의 중앙에는 성소가 있고 그 성소 주변에는 회랑들이 있었다. 이곳에서는 벽에 새겨진 글들도 발굴되었고 돌과 석고로 만든 조각상들도 발굴되었다.267) 카라-테페에서 멀지 않은 곳에서 알바움(Albaum)이라는 학자는 또 다른 불교의 유적지를 발굴하고 있다. 이 유적지의 이름은 파야즈-테페(Fayaz-tepe)이다. 이곳에서도 회랑과 성소, 그리고 불교의 사리탑이 발굴되고 있다. 테르미즈에도 불교의 사리탑이 있다. 이것을 지금은 "주르말(Zurmal)의 탑"이라고 한다.

기독교는 중앙아시아에 약 2~3세기경에 들어왔다. 베루니가 그 사건에 관해 묘사한다. 그의 말에 따르면 한 성인(聖人)이 그 종교를 가지고 그 종교의 창시자의 사후 약 200년이 지난 후에 메르브(Merv)로 왔다고 한다.268) 만약에 시리아나 아르메니아의 사료가 없었다면 우리는 이 사건을 그저 전설로 생각했을 수도 있다. 하지만 그들 사료에는 기독교가 쿠샨에 확산되었다고 기록되어 있다.

중앙아시아에 또 다른 하나의 종교를 믿는 사람들이 생겨났다. 그 종교는 마니교이다. 이 종교는 중앙아시아의 이데올로기에 지대한 영향을 미쳤다. 여기서 이 종교에 대해 몇 가지 알아보자. 이 종교의 창시자는 마니(Mani)로써 이 사람은 216년에 바벨론의 유력한 가문에서 태어났다. 사산조의 황제가 마니에게 새로운 종교에 대해 전하는 것을 허락했지만 종국에 마니는 감옥에 갇히고 거기서 사망한다(276~277년). 그러나 마니교는 이란에서 매우 성장했고 또 박해를 당했다.

---

266) Vyazmitina M.L, 1945.
267) Grek T.E. and others, 1967; Stavisky B.Ya., 1967a, 1969.
268) Biruni, 1957, p. 130.

마니의 교리에 따르면 아직 땅과 하늘이 있기 전에 세상에는 빛(선)과 어둠(악)이 있었다고 한다. 인생에는 선과 악이 공존하고 사람들은 선을 도와서 악에 대항해야 한다고 한다. 마니교의 교리는 부분적으로 중요한 많은 것들을 조로아스터교에서 차용했다. 다른 한편으로는 초기 그리스도교를 모방했고 불교에서도 여러 가지를 가져 왔다. 마니주의의 학교에서는 사회에 대해 저항하고 그 관행을 타파하려 했지만 그렇게 강하게 하지는 않았다. 마니교의 기본교리는 "부자는 가난하게 되고 구걸하며 살게 될 것이다."이다. 이런 것이 민중들에게 매우 흥미로웠으며 그들이 약속한 '천국의 빛'을 노동자들이나 하층 계급들은 매우 좋아했다. 마니는 이와 함께 대규모의 조직을 만들어냈다.

마니가 살아 있을 때나 또 그가 죽어서도 그의 종교는 이란을 넘어서 다른 나라에까지 확산되었다. 이 마니교는 중앙아시아에서는 위에서 언급된 그들의 교리와 함께 먼저 귀족들에게 전해졌고 그 후로 점점 많은 수의 사람들이 추종하기 시작했다. 중앙아시아에 마니교를 가져와서 눈에 띄게 확장시켰던 사람은 마르 암모(Mar Ammo)이다. 후에 마니교는 동부 투르키스탄에 전해지고 다음에는 중국에까지 알려졌다. 중앙아시아와 동부 투르키스탄의 마니교는 불교로부터 매우 많은 사상들을 도입했으며 불교의 술어학(術語學)을 익혔다. 마니교를 선전하기 위해서 그들은 예술을 이용했다. 특히 유화를 많이 이용했다. 그들의 책에는 매우 많은 삽화들이 그려져 있었다. 그래서 타지크-페르시아의 문학이나 그 외 고대의 사전에는 마니라는 이름은 위대한 화가를 상징한다.[269]

쿠샨시대에 서로 다른 많은 민족들이 서로 다른 방식의 장례를 치렀다. 쿠샨 시대의 장례는 매우 큰 관심거리이다. 그중에는 드야코노브(D'yakonov)가 발굴해낸 툽-하나(Tup-hana)의 기싸르(Gissar) 방식이 있다. 그 무덤은

---

[269] 중앙아시아의 마니교에 관한 것은 Belenitsky A. M., 1954; Assmussen J. P., 1965; Litvinsky B. A., 1968, pp. 14-17, 37-41; Lukonin V.G., 1969 b, pp. 74-81.

지면에 있는 것으로써 바닥과 지붕에 진흙으로 된 벽돌이 쌓아져 있었고 사람의 머리맡에는 그릇이 있었는데 그 이유는 저승에서 식사를 하라고 놓아둔 것이다. 모든 그릇들은 점토로 만든 매운 아름다운 도자기이다. 이 무덤에는 무기들이 전혀 없었으며 적은 수의 동전들이 시체의 입이나 가슴에 놓여 있었다. 그 동전들은 유크라티데스가 재위에 있을 때 주조된 것들이다. 이 동전으로 봐서 사람이 매장된 시기가 그레코-박트리아가 멸망한 후의 것으로 추정한다.

여인의 무덤에서는 금제 귀걸이, 철제 반지, 돌이나 유리구슬들, 동경, 팔찌 등의 장신구들이 발굴되었다. 이런 장신구들은 사르맛(Sarmat) 양식으로써 주로 카스피해나 흑해 연안에서 발굴되는 것이다. 특이한 점은 주로 발트해의 주변에서 나오는 호박(琥珀)이 발굴되었다는 것이다. 무덤에서는 카니슈카 시대의 동전들이 많이 나왔고 맷돌 파편과 철제 칼이 나왔다.270)

사냥의 여신이 새겨진 은제 메달리온

쿠샨 시대에 흙으로 빚은 인물상의 머리 부분. 아프로시압

드야코노브와 그의 다음 발굴자인 리트빈스키(Litvinskiy)가 발굴할 때 여기서는 또 다른 무덤을 발굴했는데 잘 다듬어진 대형 옹관이 있었다. 이런 종류의 것은 파르티아인들이 주로 사용했던 것이다. 듀샨베에서 발굴된 무덤에는 석관이 있었고 옹기에 들어있었다. 쿠흐나-칼라(Kuhna-kala)의 한

---

270) Dyakonov M.M., 1950.

무덤에는 죽은 시체가 하나의 방 전체를 차지하고 있었다. 또 기원전 2세기에 호라즘에서 시작해서 중앙아시아의 다른 지역으로 퍼진 오쑤아리(Ossuari)라는 것은 인골을 도자기나 종종 석재 인골 보관함에 담았다.271)

유목민이나 반 유목민들은 망자의 시체를 쿠르간(Kurgan)에 매장했다. [역주: 쿠르간은 북방 유목민 지배 계층의 대형 무덤이다] 이 쿠르간들은 주로 카피르니간(Kafirnigan), 이스파린(Isfarin) 지역, 그리고 우즈베키스탄이나 키르기즈스탄에 분포한다.

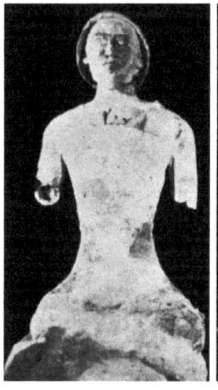

앉아있는 사람의 모습을 형상화한 오수아리(유골함). 코이-크르간-칼라

예술

쿠샨시대는 중앙아시아 고대 예술의 절정이었다고 할 수 있다. 우리는 그들의 기념적인 형식의 예술품들을 안다. 예를 들면 벽화, 조각상 등이 있다. 그리고 실제로 생활에 필요한 예술품들이 있다. 우리는 많은 예술품들을 발굴하고 있으며 고고학적 방법으로 그것들을 잘 보존하려고 노력하고 있다. 왜냐하면 그것들이 세상에 나오기 전에 대다수는 매우 낡아서 파손되기 쉽기 때문이다. 예술이라는 측면에서 특히 중앙아시아의 장인들의 천재성을 볼 수 있다.

중앙아시아의 예술적 유물들은 중앙아시아를 넘어서 저 동방의 것들의 형태나 그 의미까지도 알아볼 수 있다. 예를 들면 간다라 유물이 그것이다. 간다라는 고대에 존재했던 국가로서 그 나라의 중심부로는 페샤와르 지역과

---

271) Rapoport Iu.A., 1967.

아이르탐의 조각도

그 주변 지역이다. 그리고 여기에는 자신들의 독창적인 예술적 유물들이 있다. 그중에는 특히 돌로 만든 조각상이 있는데 이것들은 그 나라의 이름을 따라 간다라 유물들이라고 한다. 이 유물들은 인도의 북서쪽 지방, 아프가니스탄과 중앙아시아의 남부 지방 등의 여러 지역에서 볼 수 있다. 이 간다라의 유물들은 그 지방의 문화와 헬레니즘의 문화가 매우 잘 융합되었다. 그러나 이 간다라 문화의 기원과 발전, 또 연대에 대해서는

아이르탐 조각도의 하프 연주자

아직도 다양한 학설들이 있다. 많은 학자들이 서로 다른 견해와 설들을 주장하는데 학자들은 그들의 이해력으로도 간다라의 예술은 "많은 수의 고고학자들이 유물들이 매장된 토양 위에서 자신들의 올바르지 못한 설들로 인해 양심의 가책을 느꼈다. 그리고 아직 해답을 기다리고 있는 문제는 수도 없이 많은 학자들의 각기 다른 설에 의해서 여전히 풀지 못한 과제로 남아있다."272)

간다라에 관한 연구는 인도와 아프가니스탄을 주로 연구하는 프랑스의 고고학자인 푸세(Foucher)에 의해서 많이 이루어졌다.273) 푸세의 뒤를 이어

---

272) Ingolt H., 1957, p. 22.

쉬륨베르제(Shlyumberdje)는 아시아에 관한 매우 흥미로운 학설을 발표했다. 그는 간다라 예술에 "그레코-이란의 요소[그레코-박트리아라고 해도 좋다.]"가 있다고 주장했다.274) 중앙아시아에서의 발견은 박트리아의 유물들이 있어서 가능했다. 매우 뛰어난 할챠얀(Halchayan)의 조각이나 벽화, 그리고 박트리아의 조형미술은 간다라 문화의 발상과 관계가 없다고 할 수 없다.

박트리아는 자신들의 예술 학교를 소그드, 호라즘, 그리고 파르티아 등지에 세웠다.

할차얀에서 발굴된 조각상

---

273) Foucher A., 1905; 1918; 1922; 1951.
274) Schlumberger D., 1950.

주제 5

고대 중앙아시아의 사회-경제의 질서

1. 고대 중앙아시아의 사료편찬의 문제와 사회-경제의 형성

1920~23년대에 소련의 학자들은 벌써 동방의 사회-경제 체제를 조명했고 이를 학자들의 연구 대상으로 인식했다.

마르크스주의 사회-경제의 개척자로는 레닌이 출판한 『국가에 대하여』가 있는데 여기서 말하기는 "모든 인간들의 사회의 발전과 한 나라가 수천 년 동안 존재하지 못했던 것은 우리에게 한 가지 사실을 말해준다. 그것은 처음에는 사람들의 사회에서 노예제도나 신분이라는 것이 없었다. 이것들은 나중에 형성된 것으로써 모든 유럽의 국가들은 노예에 의해서 발전했다. 노예제도는 약 2천 년 전에는 억눌려 있었고 많은 수의 사람들이 이 시기에는 세상의 일부로서 살았다."고 한다.[275]

마르크스주의를 초월하여 이집트나 메소포타미아를 연구하던 스트루베는 동방의 노예제도는 그렇게 나쁘지만은 않았다는 결과를 얻게 되었다.[276]

---

275) V.I. Lenin, Complete Works, Vol. 39, p. 70.
276) V.V. Struve, 1932.

1933년에 그는 상상력을 발휘해 논문을 발표해 국립 학술연구원에 제출해서 출판까지 했다.[277] 그의 연구의 색다른 점은 동방에 노예제도라는 것이 있었나 하는 점이다. 이런 것들은 그 당시 다른 유명한 학자들로부터 인정을 받지 못했다. 다른 학자들은 동방에 노예제도가 있었다는 것을 점점 확신하고 있었다.[278]

그리고 1933년에는 톨스토브(Tolstov)가 학계에 봉건제도의 발생과 그의 발전에 대해서 논문을 발표했다. 그의 논문 주제는 "유목민들과 유목국가들의 봉건제도의 발생"이다.[279] 그는 이것과 함께 훈족을 시작으로 유목민들 사이에서도 2세기부터 8~9세기까지 노예제도가 있었다고 발표했다. "유목민들 사이에서 노예제도는 가축을 많이 기르기 위해 생겨났다. 중앙아시아의 노예제도는 그들만의 특성이 있다. 그들의 노예제도는 노예제적 민주주의이다."[280]라고 하였다. 하지만 이것들을 증명하거나 더 자세히 설명할 수 없고 한 가지 잘못된 관점이 있었는데 이를테면 투르크멘에는 19세기까지도 노예제도가 존재했다. 이런 식으로 그의 주장은 힘을 잃어갔다. 거기다가 중앙아시아의 노예제도는 유목민들 사이에서뿐만 아니라 모든 지방들에 있었다. 또한 점차적으로 중앙아시아의 민족이 노예시대를 거쳤다는 것을 학계의 책자나[281] 전문서적[282]에서도 다루고 있다.

1938년에 톨스토브는 중앙아시아에서의 노예제도에 관해 이전과는 다른 설을 제시했다. 그것들 중에 중요한 것들로는 다음과 같은 것들이 있다. 전의 아랍 정복자들에 의해서 소그드의 귀족들은 자신들에게도 노예제도를 도입했다. "그들의 권력은 무장한 노예나 말 탄 귀족 청년들의 수에 달려 있다."라고 아랍 페르시아의 사료나 중국의 문헌들은 말한다. 이는 파르티아의

---

277) V.V. Struve, 1934 b; 1934 a.
278) Postovskaya N.M., 1961, pp. 79-82, 98-100.
279) Tolstov S.P., 1934.
280) Tolstov S.P., 1934, pp. 179-185.
281) Bazhenov L.V., 1937.
282) Masson M.E., 1938, p. 83.

것들과 매우 흡사하다. 고대 중앙아시아 오아시스의 문명들은 모두 "도시의" 사람들이 이룩한 것이다. 유목민들과 경작인들은 매우 가깝게 연결되어 있었다.

노예제도는 농업종사자들이나 유목민들에게서 매우 발전했다. 이 사실들은 중국의 문헌이나 "고대 소그드의 기록"에 기록되어 있으며 중앙아시아의 아케메네스 왕조 시대에도 함축적인 증거가 있다. 그 예로는 대형 묘지인 오손 쿠르간의 망자들의 무덤에는 쇠사슬이 없는 것으로 봐서 그 무덤은 노예의 무덤이 아닌 것이다.

고고학적인 측면에서 중앙아시아에 노예제도가 없어서는 안 되는 중요한 사안이 있다. 그것은 바로 인공수로를 만들었다는 것이다. 만일 이 인부들을 시골이나 다른 지역의 농경인들을 불러서 한다면 이 일을 하기 위해서 그들의 본업은 할 수 없게 되었을 것이다. 우리에게 이미 잘 알려진 엥겔스(Engels)의 말을 빌려서 말하자면, 만일 노예제도가 없었다면 동방에서 이런 엄청난 관개시설의 발전도 없었을 것이다.

우리는 중앙아시아에서 사람들이 그저 모여 살다가 시간이 지나면서 기원전 1000년 즈음에 중앙아시아에 점차적으로 노예제도가 생겨난다는 것을 알 수 있었다. 로마의 멸망부터 고대 중국 국가들의 멸망처럼 노예제도 위에 건국된 국가들이 차례로 멸망했다. 그때에 중앙아시아도 예외는 아니었다. 쿠샨제국이 야만인들의 손에 멸망했다. 그 야만인들은 4세기에 중국의 사료에서 나오고, 4~5세기에는 유럽을 뒤흔든 '훈'족이다.[283]

톨스토브의 주장 중에 중앙아시아에 7~8세기까지 노예제도가 있었다는 것이 틀렸다는 것을 거의 모든 소련의 학자들이 중앙아시아의 고대 역사를 연구해서 밝혀냈다.[284]

톨스토브 이후에는 많은 학자들이 다시 중앙아시아의 사회-경제 제도에

---

283) Tolstov S.P., 1938 b, pp. 24-32, 47-49; 1938 a, pp. 182-187.
284) 하지만 노예들의 장례예식 등 몇몇 문제들은 아직 풀리지 않고 있다.

대해 연구하는 것으로 복귀했다.[285] 그들은 호라즘에 있는 인공관개 시설을 축조하는데 많은 수의 노예의 힘이 있었고 이러한 노예들은 농사와 같은 다른 노동에는 동원되지 않았다는 사실에 의견을 모았다.[286] 하지만 우리는 이것 또한 완전한 주장이라고 보지는 않는다.[287] 톨스토브가 주장했듯이 관개를 설치하는 데에 있어서 단 한 명의 노예도 동원되지 않았다는 것에 대해서 우리는 의심하지 않을 수가 없다. 25km에 이르는 잔바스칼린(Djanbaskalin) 수로를 건설하기 위해서 그 주위에 있는 농경인들을 동원했다고 가정하면 일 년에 20일씩 일한다고 계산하더라도 약 15~25년의 세월은 걸렸을 것이다. 그러므로 이 수로를 건설하기 위해서는 노예가 동원되었을 것이다. 노예가 동원되었다고 말하는 이유는 이 수로가 매우 빠르게 축조되었다는데 있다. 그리고 그 당시 중앙아시아에 살고 있던 농경민들은 일 년에 20일 정도의 시간밖에 낼 수가 없었다.

큰 수로를 건설하기 위해서는 몇 년의 시간만 있으면 되지만 전체를 관개하려면 수백 년의 시간이 필요하다. 그리고 호라즘을 포함한 중앙아시아의 농민들은 자신들의 본업이 있기 때문에 노역에 종사할 수 있는 시간은 일 년에 고작해야 2~3개월 정도이다.[288] 이렇게 계산한다면 이 잔바스칼린 운하 주변의 인구를 약 1000여 명으로 잡고 그 인구를 동원해서 그것을 축조했다면 약 4~5년의 시간이 소요되었을 것이다.[289]

마지막으로 만일 관개를 만드는 작업만 하는 엄청난 인부들이 존재한다면 농경사회에 불이익을 초래할 수 있다. 그들에게 최소한의 생계유지를 위한 식량을 지급하는 것도 농부들에게는 무거운 짐이었을 것이다. 19세기 호라즘의 농사기술을 살펴보면 한 명의 농부가 겨우 조그만한 땅을 경작할 수

---

285) Tolstov S.P., 1948a; 1948b.
286) Tolstov S.P., 1958, p. 115. Belenitsky A.M., 1955, p. 507.
287) ITN, Ⅰ, p475-476.
288) 19세기 말엽에 사람들이 운하를 청소하는 것에 동원 된 적이 있는데 일 년에 2개월 정도만 가능하였다. (Shkapski O., 1909, pp. 49-50).
289) Andrianov B.V., 1969, p. 128; Kruger E.V., 1935, p. 28.

있는 수준이었다.290) 그러나 고대에는 그 기술이 더 낮았다. 그러므로 경작할 수 있는 토지가 농사를 지을 수 있는 인구에 따라서 매우 제한적이었다.291)

19~20세기경에 중앙아시아에서는 1ha에 1.5~2톤 중량의 밀이 수확되었다.292) 그중에 150~200kg은 다음 해를 위한 종자로 남겨놓고 또 1/3은 그 당시 세금으로 나갔고293), 그러면 800~1100kg의 밀이 남는데 그중의 반은 같이 소작한 사람과 나눠야 한다. 그러면 한 사람에게 400~500kg의 밀이 남는데 이는 겨우 두 세 사람이 일 년 먹을 양식밖에 되지 않는다. 그 당시에는 가족이 매우 큰 대가족이었다고 한다면 이 양은 터무니없이 부족하게 된다.

이 이야기에서 벗어나서 인공관개에 관한 이야기를 하자면 이 인공관개는 한 번씩 청소를 해야 하는데 청소를 하기 위해서는 그 지역의 자유민들뿐 아니라 노예까지도 동원이 되었을 것이다. 리트빈스키(Litvinskiy)가 썼듯이 "이 인공관개는 그 국가의 모든 사람들뿐 아니라 지도자들에게도 큰 관심사항이었다. 왜냐하면 모든 국민들이 이 물을 식수나 농업용으로 쓰기 때문이다. 그래서 농경민들은 이 수로에 언제나 물이 흐르는 것을 좋게 생각했기 때문에 이것을 관리하는 것이 국가에서 가장 중요하게 생각했던 것 중의 하나이다."라는 말이 맞다.294)

이와 유사한 역사적 사실로는 아시리아의 것이 유명한데 당시 아시리아는 건축업에 있어서는 모든 민족들이 함께했고 황제까지도 국가를 대표하는 인물로서 이에 동참했다.295) 이러한 관습은 19세기까지도 히바에 남아 있었

---

290) Shkapsky O., 1900, p. 191.
291) S. P. 톨스토브의 계산에 의하면 당시 잔바스카린 운하 근방에 살던 인구는 대략 4~5천이었을 것이라고 한다. 이 중에 성인 남자가 1~1.5천 명이었다면, 경작할 수 있는 토지의 크기는 매우 제한적이었을 것이다.
292) Masalsky V.I. 1913, p. 442.
293) Brodovsky M., 1872, p. 240; Davidovich E.A., 1970, pp. 124-125.
294) ITN, Ⅰ, p476.

다. 매년 있는 이 수로의 청소를 마친 후나 큰 행사가 있은 후에는 왕이 직접 이곳에 와서 삽을 들고 일을 시작하는 행동을 취했다고 한다.[296]

랑(Rang)이라고 하는 수로를 건설하는 사람들의 사회적 지위는 매우 높은 것에 속했다. 수메르의 신화를 보면 신들 스스로가 땅을 갈고 흙을 나르며 수로를 건설하는 일에 참여한다.[297]

이집트에서는 수로나 그 외에 건설을 할 때에 그 지역의 사람들이 국가에 의해서 강제로 동원되었다. 이 일을 할 때에는 그 지역의 모든 인구가 동원되지만 몇몇 사람들은 그 노역에 상응하는 세금을 내고 면제를 받기도 했다. 이런 일을 할 때에는 지배층의 인구들이 장비들을 공급하고 일이 끝나면 다시 수거해 갔다.[298]

동방에서는 경제적으로 형편이 나을 때에는 농경민들이 나와서 수로 공사를 했다. 이런 일을 할 때에는 감독관이나 인부들을 통제할 사람들이 필요하다. 마르크스는 「인도를 지배하는 영국」에서 "동방에서는 기후의 조건이나 색다른 겉모습... 운하와 수로를 통한 인공관개가 동방의 농업에 있어서 매우 중요한 요소가 되었다. 여기서 다시 경제적인 문제에 대해 언급하자면 하나의 공동체로서 작업을 하는 문제는 아시아의 모든 국가들이 이루어 내야 하는 과제였다. 이렇게 하면 일의 능동성을 높일 수가 있고 땅은 더 비옥해진다. 하지만 이 모든 것은 통치자들에게 달려 있다. 여기도 통치자들이 무능해서 이 관개시설과 농민들은 생존하지 못했다. 이 어려운 문제에 대해서 말하자면 지금은 우리에게 그저 불모지로만 보이는 저 사막 지역이 다시 예전처럼 되기는 어려울 것이다."[299]

---

295) Dyakanov I.M., 1949, p. 27.
296) Gulyamov Ya.G., 1957, p. 262.
297) *"The Emergence and Development of Agriculture"*, Moscow, 1967, pp. 37-38.
298) Kruger E.V., 1935, pp. 27-30; Zelyin K.K., Trofimova M.K., 1969, pp. 74-75.
299) K. Marx and F. Engels, Works, V. 9, p. 132

소련의 학자들이 1940~60년대에 중앙아시아의 노예제도가 정확히 어떻게 발전을 했는지 많은 연구를 했다. 그리고 중앙아시아의 노예제도의 발전에 대한 도표도 작성했다. 이렇게 학계에서는 중앙아시아에 노예제도가 존재했었다는 것을 확신하고 있다. 역사적인 증거를 검토해본 결과 중앙아시아의 노예제도는 다른 지역의 것들과는 색다른 면이 있었다.[300] 예전에 나왔던 『타지크 민족의 역사』라는 책에 나와 있듯 중앙아시아 계급의 색다른 점은 이미 언급된바 있다. 이러한 견해는 이 책의 다음 판에서 더 발전하고 정확해졌다.[301]

이 『타지크 민족의 역사2』에도 리트빈스키가 유물들을 연구했는데 이 유물들은 중앙아시아의 인접 국가들의 사회-경제 시스템에 대한 연구에도 도움을 준다. 그리고 이 유물들은 연구에 더 많은 발전을 제공했다.

특별히 "아시아의 생산력" 부분에서 멈춰볼 필요가 있다.

1920년대 후반과 30년대 초반에는 이 '아시아의 생산력'이라는 문제로 수많은 토론과 토의가 있었다. 그 문제가 60년대 중반에 다시 토론의 주제로 부각되었다. 이는 외국에서 온 마르크스주의의 학자들에 의해서 인데,[302] 이 주제로 많은 잡지들의 기사가 게재되었고 많은 학자들이 자기의 주장들이 옳다고 하고 있다.[303]

이 아시아의 생산력에 관한 대부분의 주장들은 마르크스주의의 학자들에게서 나온 것이다. 19세기 80년대에 마르크스와 엥겔스가 서로 이 문제에 대해서 연구를 했을 때 그들의 얼굴은 변했다. 엥겔스의 저서 『가족의 탄생, 사유재산과 국가』에서는 아시아의 생산력 대신에 처음 계급, 그 후에는 노예

---

300) Bernshtam A.N., 1949; Tolstov S.P., 1938 b, pp. 417-419.
301) 몇몇 소련의 학자들은 위의 문제에 있어서 부정적인 견해를 가지고 있지만, 고대 중앙아시아에 노예 제도에 있어서는 부정하지 못한다.(I.I. Umnyakov, A.M. Belenitsky).
302) "아시아와 아프리카의 사람들" 1965.
303) Kachanovsky U.V., 1971; "Problemy", 1971.

제도가 기록되어 있었다. 엥겔스가 서술하기로는 "아직 중앙아시아에 계층과 계급이 존재하던 시기에는 노예가 억압을 받았었다. 그리고 부자가 소유한 만큼의 토지와 그에 상응하는 인원의 노예도 소유하고 있었다. 중세시대에는 사람이 토지로부터 자유로워질 수 없고 역으로 토지 역시 그렇다는 것을 우리는 알 수 있다."304) 반면 레닌은 『국가에 대하여』305)라는 자신의 저서에서 이와 반대되는 내용을 서술했다. 그러나 여기서도 아시아의 생산력에 대해서는 나오지 않는다. 마르크스와 엥겔스의 말을 인용하는 학자들의 관점은 분산되었다. 이렇게 마르크스, 엥겔스와 레닌의 아시아의 생산력에 관한 의견은 분분하다.

이런 것들과 함께 그 과정에서 노예제도에 관한 많은 것들이 밝혀졌다. 한 가지 더 알 수 있었던 것은 역사적 기록으로는 노예가 하나의 소유물이 아니라 그저 노동을 하기 위한 노동인구였다는 것이다. 그리고 노예의 생활수준은 각기 달랐다. 결론은 우리가 노예제도라고 하는 이 조직은 중앙아시아에 존재했다는 것이다.306)

이 모든 것은 중앙아시아의 사회계급을 알아보려면 꼭 검토해보아야 하는 문제이다.

---

304) K. Marx and F. Engels, Works V. 21, pp. 348-349
305) V.I. Lenin, Pol. Sob. Soch. V. 39.
306) Dyakonov I.M., 1966, pp. 47-52.

2. 고대 중앙아시아의 사회-경제에 대한 현대의 주장

사회적 지위와 재산의 차이

기원전 2~3천 년 전에 투르키스탄의 남부에는 이미 재산에 따른 신분의 차이가 형성되었다. 이란의 유적 중에 하나인 기싸르-테페(Gissar-tepe)는 그 당시 유명한 수장의 무덤이다. 투르키스탄의 남부 지방에는 이렇게 거대한 무덤은 없지만 다른 것들과 확실히 차이가 있는 것은 있다. 그 예로 한 귀족의 무덤에 시신과 함께 금제 장신구들과 아름다운 구슬들이 함께 매장된 알튼-테페(Altin-tepe)가 있다. 사회와 재산에 따른 신분의 차이가 있었다는 것을 인장의 사용 여부가 증거가 된다. 이 인장들은 한 가족에게는 보물과 같은 것으로써 그 집안의 가장이 차고 다닌다.[307] 이 외에도 집이나 건축물들을 건축하는 양식에서도 차이가 있다. 이것들을 보면 그 당시에 이미 신분의 차이가 있었다는 것을 짐작할 수 있다. 중앙아시아 남부, 더 정확히 말하면 투르키스탄 남부에 이런 신분의 차이가 발생한 것은 다른 지역들보다 더 이른 시기이다. 이렇게 중앙아시아가 다른 나라들보다 더 빨랐던 것은 여러 가지 이유가 있다. 그 이유 중의 하나로는 중앙아시아의 농업이 발달했기 때문이고 두 번째 이유는 투르키스탄의 남부 지방이 다른 동방의 도시들과 가까워서 그들의 문화와도 매우 인접했기 때문이다.

이 투르키스탄 남부의 신분의 차이는 처음에는 동방의 그것과 유사했으나 기원전 2천 년 초반까지 지속되다가 후반에는 점점 사라지기 시작했다. 이는 북부 인도와 연관성이 있다. 그 당시에 투르키스탄 남부 사회가 변화되었다는 것을 우리는 짐작할 수 있다. 무조건적으로 이 시기에는 사회에 신분의 차이가 있었고 궁전이 세워짐으로 인해서 이 신분제도가 굳어졌다. 이러한 현상은 중앙아시아뿐만 아니라 기원전 2천 년 후반과 초반에 박트리아에

---

307) Masson V.M., 1967 b, p. 187.

까지도 퍼져 있었다. 엥겔스의 말을 빌리면 이렇다. "새로 세워진 거대한 성벽이 그들의 도시들을 둘러싸고 있었으며 그들의 함성에 신분의 여신은 입을 크게 벌리고 그들의 탑들은 다른 도시들에까지 미쳤다."308)

이 새로운 힘으로 사회적 재산에 따른 신분의 차이와 계급의 차이는 기원전 1천 년으로 접어들게 된다. 이런 새로운 작용으로 신분의 차이는 거의 모든 중앙아시아 지역에 퍼지게 되는데 이에 관한 것은 아베스타의 고대 기록에서도 나온다. 아베스타의 저자들은 부의 상징을 황소의 수로 본다. 위대한 영웅인 이이마(Yima)는 매우 많은 수의 소를 소유했다고 나온다. 그리고 소를 많이 소유한 집들이 나온다. 자라투스트라(Zaratushtura)에게는 어떤 이름 모를 사람이 10마리의 암말과 망아지들, 그리고 한 마리의 낙타를 선물했다고 한다. 이 사람은 리브쉬츠(Livshits)의 말에 의하면 지방 자치단체의 수장일 것이라고 한다.309)

중앙아시아의 기원전 1천 년 후반의 사회적 신분의 차이에 관한 사료들은 매우 적다. 우리는 여러 가지 당시의 상황으로 보아 사회·계급 내에서 분화가 일어났다는 것을 추측할 수 있다. 박트리아나 소그드인들에게는 '귀족'이라는 단어가 존재했으며 노예라는 존재의 의미를 이 시대에 중앙아시아에서 이해하게 되었다. 노예에 관한 사료로는 고대 아케메네스 시대에 중앙아시아에서 노예를 데려갔다는 것과 박트리아에서는 그리스의 도시 중의 하나인 바르카(Barka)에서 노예를 데려왔다고 기록되어 있다. 박트리아에는 아케메네스국의 서방에서 온 노예들이 있었는데 그들은 황제의 노예들이었다. 이 시기 개인들의 노예들에 관한 것은 우리에게 알려진 것이 거의 없다. 한 가지 알려진 것은 소그드인인 스피타멘의 노예이다. 그리고 그 당시에는 혈통과 민족 사회가 형성되었다. 소그디아나 북쪽의 한 도시는 그 가문의 이름을 따서 메마켄(Memaken)이라고 지어졌다.

---

308) K. Marx and F. Engels, Works, V. 21, p. 164.
309) ITN, Ⅰ, pp. 145-146.

소그드와 박트리아의 귀족들은 알렉산더 시대에 엄청난 부를 소유하고 있었다. 그중의 한 예로 호리옌(Horien)이 있다. 그는 알렉산더의 군대에게 2개월간 식사를 제공했다. 또 다른 한 예로는 파르티아의 한 귀족으로 수레나(Surena) 혈통인 사람은 부와 명성이 황제의 다음이었고 또 그가 한번 여행을 할 때면 천 마리의 낙타와 200여 개의 수레와 그것에 탄 사람들, 천 마리의 말에 탄 군인들, 그리고 그 수보다 더 많은 경무장한 그의 호위대가 따라다녔다. 그의 기마대와 노예들의 수는 만여 명을 넘었다. 그 당시 한 외국인이 대완(Davan)에 대해 기록한 것을 보면 '부유한 가장' 등의 말들이 많이 나온다. 그 때에 부유한 사람들은 다른 사람들보다 포도주를 더 많이 보유하고 있었고 초원에는 말이 4~5천 마리에 이르렀다고 한다.

기원전 1천 년 후반~기원후 1천 년 전반까지 중앙아시아의 사회

그레코-박트리아의 동전과 그 후의 동전들, 그리고 쿠샨의 동전들에는 그리스어나 동부 이란어로 국가의 수장을 "지도자", "황제", "왕 중의 왕"이라고 기록하고 있다. 인도에서 한 동전에는 쿠샨어가 기록되어 있고 타이틀로는 "바조르그 프라마라르(Vazurg framalar)"[310]라고 기록되어 있다. 이 뜻은 모든 장관들의 우두머리인 국무총리이다. 이런 직위는 황족이거나 아니면 가장 세력 있는 가문에서 차지한다.[311] 한 가지 알아야 할 것은 이 직위를 뜻하는 말은 중앙아시아에서 여러 가지가 있다. 초기 중세 시대의 중앙아시아의 문서에는 프라만다르(Framandar)라는 것이 기록되어있다. 이는 "궁의 주인이 조종하는"이다.[312] 그리고 이 직위는 쿠샨 시대에 매우 높은 직위에 속했다.

국립 에르미타주[313]와 영국 박물관[314]에는 하자루흐트(Hazaruht)라는

---

310) Bivar A.D.H., 1961, pp. 320-322.
311) Dyakonov I.M., 1961, p. 299.
312) Livshits V.A., 1962 b, pp. 134-135.

이름이 새겨진 도장이 있다. 이 이름은 사산의 하자르파트(Hazarpat)와 같다.315) 이 도장이 언제 만들어졌는지는 확실하지 않다. 다만 추측하기로는 쿠샨시대 이후에 만들어졌을 것이라는 것이다. 우리는 그것이 어디에서 만들어졌는지도 알 수 없다. 하지만 우리는 3~4세기에 박트리아의 기구들이 발달했었다는 것에서 힌트를 얻을 수 있다.

수르흐코탈의 기록들에서는 노콘조크(Nokonzok)를 카랄라그(Karalrag)라고 표기하는 것을 알 수 있다. 헤닝이 보여준 카나랑(Kanarang)은 '국경을 지키는'이라는 뜻으로 사산 국가의 일부이자 중앙아시아의 국경을 지키는 사람이 지니고 있었다고 한다. 이 사람은 군인이라고 봐도 될 것이다. 이 이름은 매우 많은 수의 사람들이 가지고 있었고 또 중세 시대에도 사용했다. 예를 들면 사마르칸트에 있는 사령부에서 사용했다.316)

국립 에르미타주에 있는 도장에서는 헤닝이 아스바로비드(Asbarabid)라는 단어를 읽었다. 첫 부분은 페르시아어의 아스바르(Asbar)로 이 뜻은 기마병, 기사이다. 타지크어에서는 사보르(Savor)라고 쓴다. 그리고 그 다음에 오는 단어는 파티(Pati)로 이는 주인이라는 뜻이다. 이 명칭은 사람의 이름이라기 보다는 아마 "기마병의 대장"이라는 직위일 것이다.317)

쿠샨의 한 유물에서는 하르발란(Harbalan)이라는 주인의 명칭이 나온다. 이 뜻은 당나귀 탄 사람이다. 리브쉬츠가 찾아내었듯이 이 이름은 다른 곳에서도 두 개나 나왔다. 그 발굴 장소는 인도의 사르나트하(Sarnatha)이다. 그 중의 하나에는 카니슈카의 재위 세 번째 해라고 날짜도 적혀 있다. 여기에는 불교의 사원이 새로 세워졌다는 말과 기부자들 중 두 명의 지방 태수들의 이름이 나온다. 그 이름들은 바나스파라(Vanaspara)와 카라팔라노

---

313) Stavisky B.J., 1960, p. 107.
314) Bivar A.D.H., 1965, pp. 209-210.
315) Henning W. B., 1965b, p. 81.
316) Ibid., pp. 77-78.
317) Henning W. B., 1962.

(kharapallano)이다. 그중의 두 번째 것은 인도의 사료에서도 나온다. 인도의 기록으로는 위대한 태수였다고 기록되어 있다. 그리고 그 첫 번째 이름은 와나스파르(Wanaspar)라는 박트리아어로 그 뜻은 "싸움에 능한"이다.318)

여하튼 당시에는 두 개의 상반된 삶을 사는 이들이 있었는데 하나는 귀족으로써 많은 권력과 부를 함께 누렸던 사람, 그리고 그 모든 것을 자신의 힘으로 만들어낸 사람이 그것이다. 더 자세한 중앙아시아의 노동 계층에 관한 기록은 거의 없다. 어떤 사람이 건설현장에 투입되었는지, 어떤 노예가 노역을 했는지, 어떤 장인이 어떤 물건을 만들었는지, 우리는 알 수 없다. 하지만 중앙아시아에 노예와 특정인에게 귀속된 사람이 존재했다는 사실은 확실하다.319)

언어학자들은 인도-유럽에는 청동기 시대에 이미 족장들에게 속한 노예들이 있었다고 한다. 아베스타가 기록되던 시기에도 노예들이나 아니면 누구에게 속한 사람들이 있었다고 한다. 그 이후에는 파르티아와 소그드, 그리고 박트리아나 페르가나에서도 노예제도가 있었다고 한다. "고대 소그드의 기록"에는 반닥(Vandak)[노예]나 다야(Daya)[여종]이라는 단어들이 나온다. 소그드의 기록을 보면 누구에게 속한 종들은 4가지로 구분된다. 그중의 하나는 위에서 말했던 반닥이고 그 다음에는 빚을 져서 노예가 된 니팍(Nipak), 그리고 마지막으로 전쟁으로 포로가 된 바낙(Vanak)이다. 사산의 6세기 기록을 보면 반닥(Bandak)[노예들을 통칭하는 말]과 아나샤흐리키(Anashahriki)[전쟁으로 포로가 된 이들]가 나온다.320) 이와 동시대에 호라즘의 콕-칼라(Kok-kalla)에서는 후나닉(Hunanik)이라는 단어가 나온다. 이것 또한 노예를 뜻하는 말이다. 그리고 몇 가지의 자료들을 연구해 본 결과 호라즘에서 아랍과의 전쟁 이전에는 훈(Hun)이라는 단어가 외국의 노예들을 일컫는 말이었다

---

318) Livshits V.A., 1967, pp. 168-170.; Puri B.N., 1965, pp. 80-87.
319) 중앙아시아의 노예제도에 관한 자세한 사항은 1963년에 출판된 "타지크 민족의 역사"라는 책의 첫 권에 실려 있다.
320) ITN, Ⅰ, 1963, pp. 468-476.

는 것을 알았다.

토프락-칼라(Toprak-kalla)에서는 사회-경제의 형성이라는 문제를 해결하기 위한 분야에 있어서 예외적인 자료들이 발굴되었다.[이 토프락-칼라는 2~3세기경에 있었던 것이다] 여기서는 가족의 수, 더 정확히 말하면 가족 내에 있는 남자의 수에 대한 목록이 발굴되었다. 8번째 목록을 보면 한 집안에 21명의 사람들이 있는데 여기에서 두 아들과 두 명의 사위까지 포함해서 4명은 자유민이다. 그중의 17명은 종들이다. 그중의 12명은 집을 소유한 사람들이다. 그리고 2명은 아내이고, 2명은 아이들이다.[321] 이 역사서를 끝까지 번역해서 글을 쓰는 것은 자제하겠다.

거듭 말하지만 노동을 노예만 했던 것은 아니다. 노동은 농촌 주민들도 많이 했다. 루벤(Ruben)의 말을 빌리자면 "인도에는 노예의 수가 많았다. 하지만 그들은 농업이나 공업에는 종사하지 않았고, 그러므로 그들의 일은 그다지 많거나 중요하지 않았다"고 한다.[322] 소련의 학자들은 이런 상황은 인도에만 국한된 것이 아니라 고대에 물자 생산능력이 매우 발달하지 않았던 나라들에서도 그러했다고 한다. 드야코노브(D'yakonov)는 그 당시 아테네, 고린투스, 로마 등의 물자 생산이 많은 몇몇 지방에서만 노예제도가 국가적 차원이 아닌 개인들이 널리 사용했다는 것이다.[323]

우리가 생각하기로는 중앙아시아의 농업에 있어서 노예라는 것은 매우 낮은 비중을 차지하고 있다.

우리가 또 알아두어야 할 사실은 여러 가지 직접적인 사료들과 간접적인 증거들로 봐서 중앙아시아도 다른 동방의 국가들처럼 행정자치구가 매우 큰 비중을 차지했다는 것이다.[324] 고대에는 가문의 우두머리인 가장과 여러 가

---

321) Gudkova A.V., Livshits V.A., 1967, pp. 13-14; Bentovich I.B., 1969, pp. 304-305.
322) Ruben W., 1957, p101.
323) Dyakonov I.M., 1963, p. 18.
324) Tyumenev A.I., 1956; Dyakonov I.M., 1959; 1963

문들이 연합해서 행정공동체를 형성했다.[325]

중세 시대 초기의 소그드에는 행정자치구(Naf) 내에도 여러 가지 계급이 존재했는데 여기에는 귀족(Azatkar), 상인(Hvakar), 농경인이나 공업에 종사하는 자유민(Karikar) 등이 그러하다.[326] 그러나 아베스타가 기록된 시기부터 이란어에는 위와는 대조되는 내용이 보여 진다. 그중 하나로는 상술한 Azata[자유로운, 귀한][327]가 자유와 반대되는, 즉 노예라고 나온다.

엥겔스는 "동방의 전제 군주제는 공동 소유의 토대 위에 세워졌다."고 한다.[328]

노예제도로 인해서 중앙아시아에 사회-경제가 형성되었고 동방의 다른 국가들과의 연관성도 이로 인해 조성되었다. 하지만 중앙아시아의 농업이나 생산업들은 거의 모두 공동체 생활을 하는 사람들이 이룩한 것으로서 특히 농업이 그러했다.

이 공동체 농업은 자연 농업에서 물자 생산의 시대로 변화하면서 거치는 현상을 나타내고 있으며, 그래서 이 시기를 "재료에서 완성품으로 바뀌는 것이 공동체 농업 시스템의 쇠퇴만큼이나 값지다."라고 한다.[329]

위에서 알아봤듯이 중앙아시아에는 도시 생활이 매우 이른 시기에 이루어졌고 다른 나라와의 교역도 매우 활발했지만 농업 시스템은 그들에게 이미 익숙한 것으로 남아있었다. 그러나 어차피 이는 교역이 금전적으로 큰 이익을 준 것은 아니라서, 중앙아시아에 계급적인 우두머리가 노예를 갖는 것뿐만 아니라 노예제도 자체를 생산에 필요한 것으로 생각하게 만들었다.[330] 산악지대나 초원에 사는 사람들도 도시민들과 떨어져 살지 않았다. 아직 그

---

325) Dyakonov I.M., 1963, p. 33.
326) ITN, Ⅰ, p. 472.
327) 이와 관련된 문헌은 Beiley H. W., 1932, pp. 952-954 참조. 호타노-삭의 "아자타"에 관한 것은 Beiley H. W., 1960, p. 95참조.
328) K. Marx and F. Engels, Works, V. 20, p. 647
329) K. Marx and F. Engels, Works, V. 23, p. 89
330) K. Marx and F. Engels, Works, V. 25, Pt. Ⅰ, pp. 364-365

지역에서도 도시에서 사용하는 것과 동일한 농기구들을 사용하고 있었다.

유목민들과 농업에 의존하는 사람들이 수 세기 동안, 아니 천여 년 동안 동시대에 존재했었다는 것은 중앙아시아와 동방에 역사적인 발전을 가져다 주었다.331)

전제군주제가 존재하던 시기에는 언제나 전쟁이 있었고 군인들을 양성했다. 그 이유는 당연히 다른 나라들을 정복해서 더 많은 영토를 차지하기 위해서이다.

또한 우리가 알아야 할 것은 중앙아시아의 농업이 발달할수록 중앙아시아 모든 지역에 노예제도가 굳어졌다. 중앙아시아에서 경제적으로 발전을 한 곳으로는 소그드, 호라즘, 박트리아, 페르가나, 호라산 등이 있다. 그리고 이보다 약간 발전이 느린 지역으로는 파미르 고원 주변 지방들과 바다흐샨(Badahshan), 그리고 쿠히스탄(Kuhistan) 등이 있다. 이 지역들의 주변에는 초원이 펼쳐져 있다. 이 지방들은 아랄해 연안, 카스피해 지방, 그리고 지금의 카자흐스탄이 둘러싸고 있었다. 유목민들과 농경인들이 물이 있는 곳으로 모여들어서 큰 도시를 형성했다. 그리고 중앙아시아의 오아시스 주변 지방에서도 다른 것들과 함께 노예제도 또한 활발하게 발전했다.

중앙아시아의 노예제도는 고대의 다른 나라들처럼 그렇게 깊게 뿌리박지는 못했다.

중앙아시아의 계급은 몇 가지로 분류할 수 있는데 첫 번째가 군사와 노예들, 그리고 많은 땅을 소유했던 귀족들과 승려들이고, 그 다음으로는 많은 땅과 카라반을 거느렸던 상인, 그 다음이 가문의 우두머리이고 마지막으로 그들에게 속해있던 평민들이다.

국가의 모든 권력은 황제와 그의 군사를 등에 업고 있는 귀족들과 승려들에게 있었다. 권력을 잡은 자들은 국가의 모든 역량을 중앙으로 결집하기

---

331) Ghafurov B.G., 1968, pp. 7-8.에 자세하게 나와 있다.

위한 수단으로 노예자원과 평민들의 힘이 필요했다.

중앙아시아는 로마의 것과 비슷한 노예제도를 가지고 있었는데, 로마의 노예들에 대해서 마르크스가 기술하기로는 "고대 로마에서는 계급투쟁이 특권을 가지고 있던 소수의 사람들과 부유하거나 가난한 자유민들 사이에서 일어났다. 그 시기에 많은 인구를 차지했던 노예들은 수동적으로 귀족들에 의해 이용되었다."고 한다.[332] 중앙아시아의 상황도 이것과 비슷하게 노예와 자유민 그리고 귀족들이 존재했으며, 이 중에서도 귀족들과 자유민들 사이에는 투쟁이 있었다.

이런 상황은 중앙아시아에서 기원전 7세기부터 서기 3~4세기까지 이어졌다.

중앙아시아에 새로운 민족이 형성되기 시작되었을 때, 씨족 방식의 공동체가 사라지고 일반 공동체가 형성되었다. 그리고 가까이 사는 사람들이 서로 협력함으로 인해 그들 간에 민족적 의식이 생겨났다.

하지만 엥겔스의 말을 들어보면 고대 그리스에서는 이 민족적 의식이 더 발전하지 못하고 사람들이 얼마정도 서로 연관된 삶을 사는 것이 전부였다고 한다. 이때는 아직 공동체들이 하나의 커다란 민족을 만들어내지 못했다.[333] 그래서 이 엥겔스의 말의 증거 중의 하나로 중앙아시아를 들 수 있다. 그 당시 지방마다 그들의 중심지가 있었고 소그드, 호라즘, 박트리아, 호라산 등의 지방에 작은 민족들이 생겨나긴 했지만 소그드나 호라즘 등의 민족이 생겨난 것은 후대의 일이다.

---

332) K. Marx and F. Engels, Works, V. 16, p. 375.
333) K. Marx and F. Engels, Works, V. 22, pp. 482-483.

[셋째 단원]

중앙아시아 봉건 제도의 형성

주제 1

4~6세기 중앙아시아의 종족과 민족

1. 정치의 역사

사산조

서기 3세기에 있었던 로마와의 힘겨운 전쟁으로 인해서 쿠샨에는 매우 큰 혼란이 일어났고 점점 망조의 기미가 보이기 시작했다. 이 시기에 갑자기 노예를 부리는 귀족들에게 평민들과 노예들이 대항하여 봉기하였는데, 모든 땅의 경작권이 귀족들에게 있었기 때문이다.

귀족들은 이 국가에 존속해 왔던 제도를 지키기 위해, 왜냐하면 이 제도를 지켜야만 자신들의 권력과 부가 지속될 수 있기 때문에, 파르사(Farsa)의 귀족은 조로아스터교의 승려에게 협력을 요청한다.

220년에 파르사에 있는 제후국인 이스카르(Iskar)의 아르타쉬르1 파파칸 사산(Artashir1 Papakan Sasan)[1]이 파르사 전체의 지도자가 된다. 224년에 아르타쉬르는 아르샤키드(Arshakid)의 왕인 아르타반 5세(Artaban5)를 이기고 그의 나라를 빼앗았다. 그리고 그 나라들에 새로운 제도들을 세우고 이란

---

[1] 아르타쉬르1 파파칸의 할아버지의 이름은 사산으로서 그는 아니히트 신전의 사제로 있었다. 그의 이름에서 사사니드라는 왕조의 이름이 탄생했다.

전체를 정복했다.

당시 파르티아는 로마와의 전쟁으로 인해서 그 땅이 매우 황폐해 졌다. 그리고 동방과 서방으로부터의 연이은 공격으로 나라의 사회를 발전시키기 어려웠다. 하지만 사산은 그것을 달성했다.[2]

사산조는 400년 이상 존재했다[224이나 226~651년까지]. 사산조의 성격을 잘 보여주는 것으로는 다음과 같은 것이 있는데 첫 번째로는 국가의 더 강한 봉건제도의 발전, 두 번째로는 각 지방의 제후들이 이란의 중앙 집권 세력을 더 강하게 만들어 주었다. 그래서 엥겔스는 이 사산조를 "질서 있는 왕조"라고 부른다.[3] 세 번째는 조로아스터교가 사산의 국교가 되었고, 조로아스터교의 승려들이 매우 큰 영향력을 가지고 있었다는 점이다. 아르타쉬르 1세는 "왕좌는 신전의 버팀목이고, 신전은 왕좌의 버팀목이다."라고 했다.

아르타쉬르의 아들이자 그의 후계자인 샤푸르 1세(Shpur1) 때에는 사산이 로마를 이겼다. 한 번의 전투에서 로마의 집정관을 죽였고 다른 한 명의 집정관은 감금시켰다. 샤푸르 2세(Shapur2 309~379) 때에는 사산조가 더욱 강성해졌다. 그들은 동방이나 서방에서 모두 매우 성공적인 전투를 치렀고 그 지역에 많은 도시들을 세웠다. 예즈디게르드 1세(Yezdigerd1)는 당시 사산 인구의 많은 수가 믿었던 크리스트교에 기대를 걸고 귀족들이나 조로아스터교의 승려들을 견제했다.

사산이 세운 강한 규율은 그들이 정복한 땅의 주민들로 하여금 불만을 품게 했다. 그 불만 세력들은 중앙아시아에서 뿐 아니라 카프카스 지역의 사람들에게도 생겨났다. 이 불만세력들과 유목민족의 갑작스런 공격은 사산조를 흔들어 놨고 황제와 그의 아들들은 중앙아시아의 유목세력들에게 포로로 잡히거나 인질로 잡혀갔다. 예를 들면 황제 페로즈(Peroz 459~484)가 그러하

---

2) Dyakonov I.M., 1961, p.260.; Pigulevskaya N. V., 1956a, pp. 150-152. 아르타쉬르의 재위기간의 사료는 Lukonin V.G., 1961, pp. 9-24. 참조.
3) K. Marx and F. Engels, Works, V. 28, p. 222.

다. 이란에서는 사회적인 움직임이 있는 곳이 있었는데 예를 들면 마즈다키트(Mazdakit)인들이 그러한데 그들이 봉기했을 때 사산조는 힘겹게 그들을 제압할 수 있었다.

호스로브1 아누시르반(Husrov1 Anushirvan) 황제 시대에는 사산이 다시 강성해지기 시작했다. 아라비아의 예멘까지 정복한 매우 큰 정복 전쟁 이후에 호스로브 1세는 군사에 뿌리를 둔 봉건제도의 개혁을 실시한다. 이 개혁에서 세금, 군대, 국가 기관들이 매우 큰 영향을 미쳤다. 이 개혁으로 인해서 중앙 권력이 더 강해졌다.

사산의 황제는 중앙아시아의 모든 지방들을 하나로 묶으려고 했다. 하지만 이는 이루어지지 않았다. 그들은 5세기에 유목민들에 의해서 중앙아시아의 통제력을 잃고 만다. 하지만 투르키스탄의 남부 지방은 후에 다시 사산의 세력 안으로 들어온다. 사산조는 7세기 중반에 아랍의 군대에 의해서 멸망한다.

키다라(Kidarites)인

키다라인들에 관한 역사적 자료들로는 다음의 것들이 있다. 북사(北史)의 연대기에서는 월지인들의 지도자는 주자네(Zuzane)의 공격으로 인해서 자신의 궁궐을 볼로(Bolo)로 옮겼다고 한다. "이후에 용감한 월지의 지도자인 치돌로가 자신의 군대와 함께 큰 산을 넘어서 인도의 북부지방을 공격해서 간톨로(Gantolo) 북쪽 지방의 5개의 국가를 굴복시켰다." 이 전의 연대기는 424년에 대하여 기록한 것이다. 북사의 다른 사료들을 보면 치돌로가 월지를 통치하다가 훈족에게 쫓겨서 서쪽으로 피했다고 나와 있다. 그리고 그는 그 아들에게 모든 권력을 위임했다고 한다.[4]

우리에게 몇 가지의 동전들이 있는데 그것들에는 브라만어로 "키다라 쿠

---

4) Bichurin, II, pp. 264-266.

샤나 샤(Kidara Kushana Sha)"라고 기록되어 있었다. 이 글자체로 봐서 이는 남쪽 어딘가의 힌두쿠쉬(Hindukush) 쪽에서 제작된 것으로 보인다. 그리고 화폐학자들이 연구해 본 결과 이는 390~430년경에 만들어진 것이라고 한다. 비바르의 연구에 따르면 이는 아마 두 명의 지도자들에 관한 전설에 의해 제작된 것이라는 것이다.5) 에노키 역시 이 사실을 증명한다. 그는 키다라인들은 토하리스탄(Toharistan)과 간다라 두 지방으로 분리되어 있던 것을 412~437년 사이에 통합했다고 한다.6)

동방의 사료에는 "키다라라고 불리는 훈"과 이란의 사산 왕조 간의 456년부터 그 이듬해까지 이어진 전쟁에 관해 기록되어있다. 파니움의 프리스쿠스의 기록에는 파르티아(사산)의 황제가 훈-키다라와 전쟁을 했다고 기록되어있다. 사산의 통치자들이 "로마(비잔틴)가 훈-키다라와의 전쟁에서 페르시아를 재정적으로 돕는다면 페르시아는 전쟁에서 이긴 후에 로마에게 그만큼의 이득을 얻게 할 것이다. 훈이 로마로 쳐들어가지 않을 것이기 때문이다."라고 말했다고 프리스쿠스의 문서에 기록되어 있다.

키다라의 동전

치돌로에 관한 것은7) 중국의 사료와 키다르(Kidar)의 화폐에 같은 이름이 기록되어있어서 그가 존재했다는 것은 확실하다. 하지만 그에 관한 다른

---

5) Ghirshman R., 1948, pp. 78-79; Bivar A.D.H., 1956, pp. 26-27; Lukonin V.G., 1967, pp. 32-33.
6) Enoki K., 1959, p. 11.
7) Pelliot P., 1934, p43.

것은 확신할 수 없다. 만일 우리가 중국의 문헌들을 믿는다면 키다라인들은 쿠샨과는 형제국이었거나 쿠샨에 속한 나라였다는 것이다. 하지만 이를 뒷받침할 만한 사료들이 없다. 키다라인에 관한 것은 프리스키에 기록되어 있는 데로 그들이 정말로 사산과 전쟁을 했는지도 확실하지 않다. 하지만 키다라라는 민족이 실제로 있었다는 증거들은 있다. 그래서 우리는 이 민족을 키다라라고 부른다.[8] 그리고 477년에 키다라인들이 간다라에서 중국으로 대사를 파견했다는 증거도 있다.[9]

키오니테스(Chionites)인

346~47년에 사산조의 왕인 샤푸르 2세(Shapur2)는 자신의 왕국의 국경에 있었다. 아미안 마르체린(Amian Martselin)의 말에 의하면 거기서 그는 키오니테스와 예브세인(Yevsein)을 정복했다고 한다. 정확히 말하면 예우센(Yeusen)이다. 마르크와르트는[10] 이 명칭의 끝부분을 읽어서 쿠세니(Kuseni), 즉 쿠샨을 말한다고 주장한다. 만일 이 주장이 옳다고 하면[거의 모든 증거들은 이 주장을 가능하다고 보게 한다.] 키오니테스인들은 쿠샨과 같이 살았거나 아니면 쿠샨 자체일 수 도 있다. 또 아미안 마르체린은 샤푸르가 먼 곳에 있는 나라들과 동맹을 맺었다고 한다. 이 나라들은 키오니테스와 겔라나(Gelana)이다.

359년에는 키오니테스인들이 사산조와의 동맹으로 인해서 샤푸르 2세가 시리아의 아미드(Amid)라는 도시를 점령할 때 참전했다. 키오니테스의 지도자는 그룸바트(Grumbat)이다. 아미안 마르체린은 "새로운 키오니테스의 왕은 중년으로 벌써 주름이 많이 생겼고 많은 학식과 많은 승리를 거둔 사람이

---

[8] Mandelshtam A.M., 1958.
[9] Enoki K., 1959, p. 27. 그의 견해에 따르면 간다라의 키다라들은 에프탈인들에 의해서 477-520년 사이에 멸망했을 것이라 한다.
[10] Marquart J., 1901, p. 36.

다."

　60~70년대에 샤푸르 2세는 발흐에 수도를 둔 쿠샨과 이 전보다 두 배는 더 많은 전투를 했다. 아르메니아의 학자인 파브스트 부잔드(Fabst Buzand)는 이 전쟁에 관해 이렇게 말한다. "처음으로 전쟁을 시작한 것은 쿠샨의 왕이다. 샤푸르 2세가 스스로 군대의 지휘를 맡았다. 하지만 이는 별 도움이 되지 못했다. 쿠샨의 군대는 페르시아의 군대를 격파했다. 많은 페르시아인들을 죽이거나 사로잡았고 남은 사람들은 도망치기에 바빴다."라고 이 아르메니아의 학자는 말했다.11) 여기에서 나오는 쿠샨이라는 것은 아마 키다라나 키오니테스를 지칭하는 것이라는 것을 느낀다.

　알라하바드(Allahabad)에 기록되어 있는 사마드라굽타(Samadragupta)에 관한 기록에는 "다이바푸트라-샤히-샤하누샤히-샤바-마룬다(dayvaputra-shahi-shahanushahi-shaha-marunda)"라고 기록되어 있다. 그리고 섬의 주민들은 학식이 깊고 그 지방을 잘 다스리는 사마드라굽타와 관계를 유지하고 그의 통치권을 인정한다는 의미로 자신들의 딸을 사마드라굽타에게 시집보내고는 했다. 위에서 언급된 문장은 학자들이 서로 다른 뜻으로 해석한다. 인도의 학자인 부드하 프라카쉬(Budha Prakash)의 해석이 가장 매력적이다. 그는 이 글을 쿠샨의 역사인 "다이바푸트라-샤히-샤하누샤히(dayvaputra-shahi-shahanushahi)"와 같은 시기인 4세기 중반의 것으로 분류한다. 그리고 이는 이 문서가 기록된 시기와 일치한다. 이 외에도 다른 학자의 주장을 알아보지 않을 수 없다. 다른 주장을 하는 학자로는 알테카라(Altekara)가 있다. 그는 알라하바드의 기록이 뜻하는 사람은 키다르(Kidar)라고 한다.12) 그리고 많은 사람들이 인정하는 두 가지의 주장이 있다. 그중의 한 가지 주장을 내놓은 사람은 파브스트 부잔드(Fabst Buzand)가 있다. 그의 주장으로는 이것이 '쿠샨의 위대한 황제'13)라는 것이고 또 다른 하나는 인도의 사료에 적혀있는 '황제 중

---

11) Trever K.V., 1954, pp. 133-134.
12) Buddha Prakash, 1957; 1954, p135. 알란(Allan)은 이와는 반대로 이 글이 뜻하는 것은 삭인들과 쿠샨민족들이라고 한다.(Allan J., 1914, pp. 20-24.).

의 황제'이다. 하지만 아직까지도 많은 것이 알려지지 않았다. 특히 키다라와 키오니테스에 관한 것이 그러하다.

이제 중국의 문헌들을 살펴보면, 얼마 전까지만 해도 중국에 키오니테스인들에 관한 사료가 없다고 생각했었다. 하지만 일본의 학자인 에노키(Enoki)가 중국의 문헌에 "훈"이 수데(Sude)를 공격하고, 거기서 많은 사람들을 죽이고 그들의 땅을 빼앗았다고 기록되어있는 것을 발견했다. 그리고 이 부분은 소그드에 관한 것으로서 여기서 "훈"이라 함은 키오니테스인들을 의미하는 것이라는 것을 증명했다.14) 하지만 이 기록에서도 키오니테스에 관해 자세히 나와 있지 않다. 그나마 알 수 있는 것은 그들이 소그드를 언젠가 차지했었다는 것이고 그 연대표에서는 그들이 중앙아시아의 남방에 오기 전에 소그드를 차지했을 수도 있다는 것을, 즉 그들이 소그드를 거쳐서 중앙아시아의 남방으로 왔다는 것을 알 수 있다.

키오니테스의 역사가 키다라의 것과 함께 기록되어있다면 키오니테스와 에프탈의 국경선을 긋기란 어려운 문제이다. 이것들은 5세기 초반과 중반의 일인데 아마 사산의 왕좌에는 호라산에서 바라흐라나5 바흐람 구르(Barahrana5 Bahram Gur, 420~437)가 오른 뒤의 일일 것이다. 아랍의 작가인 타바리(Tabari)와 디나베리(Dinaberi)는 칸이 투르크로 진군하고 그들의 나라를 정복하기 시작했다고 한다. 그가 투르크를 정복하기 전에 그는 아제르바이잔으로 향하는 척했다. 그는 또 투르크에서 의심하지 않도록 메르브(Merv)에 있는 자신의 진영을 분리하면서 갔다. 그러다가 갑자기 군사들의 함성이 들리고 투르크의 군사들은 도망치기에 바빴다. 그리고 바흐람 구르는 투르크의 칸을 죽이고 그의 아내를 빼앗았다. 그 후 투르크는 아무다리아 지방까지 쫓겨났다. "바흐람 구르는 아물랴(Amulya) 지방에서 자신의 군대를 강 너머로 진군시켰다. 그때 투르크의 군사들이 와서 그에게 서로 국경을 정

---

13) Trevor K.V., 1954, p. 134.
14) Bichurin, II, p. 260; Enoki K., 1955 a; 1959, pp. 24-25.

하고 넘어가지 않기로 맹세하자고 제안을 했다. 그래서 바흐람 구르는 투르크 땅 깊숙한 곳에 국경으로 지정할만한 땅을 선택하고 그곳에 탑을 세워서 국경으로 정하라고 했다."라고 디나베리가 말했다.

타바리는 국경을 투르크와 국경지방[투르크에 가까운] 사이에 정했다고 주장한다. 그리고 그는 바흐람 구르의 전리품에 관한 이야기까지 한다. 그는 호라산과 왕이 사는 발흐의 왕궁을 요구했다고 한다.15) 그 후에는 전쟁의 승리와 상관없이 동방을 언제나 컨트롤해야 했다. 또한 이 사건에 피르도우시(Firdousi)의 말도 일리가 있다. 이 전쟁 이후에 투르크의 지방인 차가니안(Chaganian), 후탈란(Huttalyan), 발흐, 그리고 부하라의 귀족들은 이란에 통행세를 내야 했다.

여기서 "투르크"는 어디를 의미하는 것인가? 여기에는 시대적 착오가 발생하는데 마르크바르트(Markvart)는 이것에 관해서 두 가지의 상황을 주장한다. 첫 번째는 야드가르 자례란(Yadgar Zaryeran)에 기록된 이란의 비쉬타스프(Vishtasp) 황제와 키오니테스의 아르드쟈스(Ardjas)황제의 메르브에서의 전투이다. 전투 이후에 비쉬타프 황제는 군사를 거느리고 발흐로 돌아갔다고 한다. 이는 바흐람 구르에 관한 대부분의 기록과 일치한다. 그리고 두 번째로는 호라산에서 나온 '마르즈반-이 쿠샨(Marzban-i kushan)'이라는 명칭이다. 이는 '쿠샨과의 국경을 지키는 사람'16)이라는 뜻이다. 여기서 마르크와르트는 바흐람 구르가 키오니테스와 전쟁을 했다는 설득력 있는 주장을 한다.17)

발흐의 주민들은 왜 '마르즈반-이 쿠샨'이라는 명칭을 사용했나 하는 궁금증이 생긴다. 여기에는 두 가지의 설명이 있다. 첫 번째로는 타바리의 말대로 바흐람 구르는 아직 쿠샨의 힘이 미치는 인도 영토의 얼마간을 차지하려고 했다. 그리고 이 명칭을 사용함으로써 자신의 의중을 말한 것 같다. 하

---

15) Noldeke Th., 1879, pp. 98-102; Shmidt A.E., 1958, pp. 445-446, 474-475.
16) Noldeke Th., 1879, pp. 101-102.
17) Marquart J., 1901, p50-52.

지만 다른 이유들도 있을 수 있다. 이란에는 아직도 예전에 있던 쿠샨과 이제 생겨난 키오니테스 사이에 어떤 관계가 있었다는 것을 알았다. 이 마지막 문장은 '예즈드기르드 2세(Yezdgird2 438~457) 시대에는 아직도 북방 유목민들과의 전쟁이 계속 되고 있었다.'라는 그 시대의 환경으로 증명할 수 있다. 그리고 이 상황에 대해서는 아르메니아의 예기쉬 바르다페트(Yegish Vardapet)가 잘 설명한다. "사산조의 황제가 쿠샨이라고도 불리는 혼(Hon)의 땅을 공격했다. 그리고 그들과 2년간 싸웠다. 하지만 그들의 땅을 빼앗을 수는 없었다."[18] 이렇게 두 가지 사료들이 서로 완전히 다르게 키오니테스와 쿠샨과의 관계를 설명한다. 이는 키오니테스를 쿠샨과 분리해서 볼 수 없다는 사실을 더욱 확실하게 해준다.

예즈디게르드 2세는 자신의 궁궐을 북쪽으로 옮기지 않을 수 없게 되었다. 그들의 긴장된 상황은 수십 년간 지속되었다. 이것에 관해서도 아르메니아의 학자인 예기쉬 바르다페트는 450년에 "예즈디게르드는 군사를 모아서 에프탈의 영토까지 진군했다. 쿠샨의 황제는 이 상황을 지켜보고는 전쟁을 하지 않기로 했다. 그는 그의 군대를 이끌고 사막의 가장 강한, 들어올 수 없는 곳으로 도망쳤다." 그 후에 예즈디게르드는 쿠샨을 정복하고 많은 도시와 성들을 점령했으며 많은 인질과 제물을 가져갔다. 우리는 트레베르(Tryever)의 말에 동의 할 수 없다. 그는 이 시기에 '에프탈의 땅'에 대해서 언급한다. 하지만 '아직은 에프탈이 쿠샨의 위에 존재하지 않았다.'[19] 우리는 반대로 이 시기에 키오니테스가 멸망하고 에프탈이 들어섰다는 것, 그리고 그들의 땅까지도 차지했다는 것에 동의할 수 없다. 하지만 그들은 이란의 멸망에 아무 관계도 없다.

---

[18] Trever K.V., 1954, p. 136.
[19] Trever K.V., 1954, pp. 136-137.

에프탈(Ephthalites, 백훈족)인

아르메니아의 사료들에는 450년은 '에프탈의 나라'라고 기록되어있다. 예기쉬 바르다페트는 예즈디게르드 2세가 453~454년에 쿠샨을 다시 공격하려고 했다고 한다. 하지만 적들은 그것을 알고 적시에 페르시아인들에게 공격을 가했다. 그로 인해 이란의 많은 지방들과 마을들이 황폐해졌다.[20]

Y.Y.네라지크(Y.Y.Nerazik)는 사료들과 상관없이 설득력 있는 자신의 주장을 말했다. 그는 이번 원정은 전보다 훨씬 더 동방으로 갔고 그들은 이제 키오니테스인들과 전투를 치른 것이 아니라 에프탈인들과 전투를 치렀다고 한다.[21] 이 사건은 사산조 이란과 에프탈인들과의 첫 번째 충돌이라고 볼 수 있다. 이 사건으로 인해서 사산조 이란은 그들에게 새롭고 매우 강한 민족이 오고 있음을 알았을 것이다. 그러나 이는 시작에 불과하다.

5세기 50년대의 동맹은 매우 강했다. 그들은 중국으로 사신을 파견했고 중국에는 456년에 에프탈인들에 의해서 사신관이 세워진다.[22] 이 에프탈 동맹의 힘은 '훈-키다라'에 의해서 50~60년대에 확실히 드러난다.

페로즈(Peroz 459~484) 시대에 에프탈인의 전쟁은 절정에 이른다. 아랍의 글들에 의해서 알게 된 바로는 페로즈가 토하리스탄과 그 지방의 사람들에 의해서 권력을 잡게 되었다고 한다. 그는 "서로간의 국경을 침범하지 않기로 하고 에프탈의 힘을 강화시켰다." 페로즈는 바흐람 구르(Bahram gur) 시대에 국경에 세워진 탑으로 갔다. 타바리(Tabari)는 이후에 일어난 일로서 사료에는 없는 것을 기록했다. 그는 페로즈는 자신이 국경을 관찰하고 맹세를 저버렸다는 것을 황제 아흐슌바르(Ahshunvar)에게 숨겼다. "그는 탑 앞에 다다랐을 때 50마리의 코끼리와 300명의 사람들을 동원해서 탑의 위치를 이동시키도록 명령했다. 이렇게 그는 서로 국경을 침범하지 않겠다는 맹세

---

20) O Yegishe Vardapet, 1853, pp. 256-257.
21) ITN., Ⅰ, p410.
22) Enoki K., 1955 b, p. 234.

를 지키는 척하면서 아흐샤반(Ahshavan)이 모르게 국경을 넓혔다."라고 한다. 그는 전투에서 많은 군사들과 함께 함정에 빠져 죽었다. 그 후 에프탈인들이 호라산 전부를 통치했다.[23] 디나베리(Dinaberi)도 투르크의 왕을 아흐샤반이라고 주장하는데 그가 군사들과 함께 함정에 빠져 죽는다고 한다. 이 함정에서 황제는 돌에 맞아 죽었으며 그의 딸들과 많은 사람들이 에프탈인들에게 인질로 잡혔다고 한다.[24]

이런 사건들은 아랍에서뿐만 아니라 시리아와 비잔틴, 그리고 아르메니아의 사료들에서도 나타난다. 페로즈는 에프탈과 3번이나 전쟁을 했다. 첫번째 전투에서 그는 포로로 잡힌다. 비잔틴의 황제가 돈을 지불하고 그를 자유롭게 했다. 얼마 후 페로즈는 또다시 전쟁을 일으키고 또 포로로 잡혀간다. 그리고 그 때 그는 국경을 넘어오지 않겠다고 약속하고 배상금으로 30 물론(Mullon)이라는 거액을 지불했다. 여하튼 페로즈는 자신의 아들을 대신 인질로 주고 풀려났다. 세 번째 전쟁의 명분은, 만일 프리스크 파니이스키(Prisk Paniyski)의 자료들을 믿는다면, 페로즈가 에프탈인들을 속였다. 페로즈는 '훈' 족에게서 평화를 사기 위해 훈의 지배자에게 여인들을 아내로 보냈다. 이 여인들은 모두 페로즈의 누이들로 선택했다고 했다. 그러나 훈으로 보낸 여인들도 페로즈가 속였다. 이 여인들은 그의 누이들이 아니라 그의 여종들이었다. 이에 화가 난 훈의 왕은 페로즈의 요청대로 군인들을 보내기는 하지만 제대로 된 지휘자도 없는 오합지졸을 보낸다. 이 군사들을 페르시아의 군대를 훈련시키는데 사용하려 했으나 그들이 도착했을 때 에프탈인들은 그 군대의 일부를 해산시켰으며 나머지는 처형시켰다.[25] 이렇게 세 번째 전

---

23) Shmidt A.E., 1958, pp. 448-449; Noldeke Th., 1879, pp. 115-132.
24) Altheim R., 1960, pp. 51-52; 아랍이나 페르시아어로는 이 황제의 이름이 후쉬나바즈나 아흐슌바르라고 기록되어있다. 이와 유사한 발음의 이란어 단어로 '권력을 행사하는'이란 뜻의 ahsondar와 ahsonwar가 있다. 그러므로 이 이름은 이름이 아니라 타이틀일 수 있다.
25) Pigulevskaya N. V., 1941, pp. 56-59. 프리스크 파니이스키의 자료들을 보면 쿤흐를 훈-키다라의 황제라고 부른다. 이 자료는 다양한 방식으로 해석이 가능하지만 에프탈과 동시대에 이란으로 유입된 키다라인들에게 적용하는 것이 옳다고 본다.

쟁도 페로즈에게 안 좋은 결과만을 가져왔다.[26]

이런 엄청난 전쟁은 이란에게서 힘을 빼앗아 갔고 그 주민들에게 슬픔을 주었다. 이란의 사료에는 "평화의 시기에도 아무도 에프탈인들을 똑바로 쳐다보지 못했고 그들의 말을 두려움 없이 듣는 이도 없었다."라고 한다.

어떤 페르시아의 지식인이 에프탈과의 전쟁에서 페로즈가 패한 후에 적은 기록을 보면 "....페로즈는 전쟁 후에 많은 땅과 독립권을 내주었다. 그래서 아직 아리아인들의 나라[이란]는 남겼지만 힘없는 나라로써 종의 신분에서 벗어날 수 없을 것이다."[27]

사산조의 이란은 로마의 침략에도 자신의 머리를 숙이지 않았던 나라가 5세기 후반에 중앙아시아의 유목민인 에프탈인들이 두려워서 스스로 머리를 조아리고 그들에게 통행세를 지불했다.[28]

우리는 전에 에프탈인들이 소그드를 정복했다는 것을 알아보았다. 그 후에 그들은 동부 투르키스탄을 공격하기 시작했다. 투르판(Turfan) 지역은 479년에 굴복시켰고 우룸치(Urumchi)는 490~497년에, 카라샤라(Karashara)는 497과 507년 사이에 복속시켰다.[29] 에프탈인들의 힘과 명성에 관한 이런 사실이 동부 투르키스탄에 존재했다. 522년에 하라 호토(Hara Hoto)의 한 지방인 쟌쟌(Juajuan)의 지배자는 중국에 대항해 봉기하여 에프탈인들에게로 도망갔다. 거기서 그들의 힘을 빌려 자신의 적을 치려했다.[30] 만일 호탄(Hotan)과 카쉬가르(Kashgar) 지방이 5세기 후반에 에프탈인들의 손에 들어갔으면 6세기 초반에는 동부 투르키스탄의 거의 모든 지역이 에프탈인들의 손아귀에 있었다고 해도 과언이 아니다.

---

26) 비잔틴인인 페오판은 "에프탈의 황제인 에프타란이 페로즈를 굴복시켰고 페르시아인들은 이 땅을 잃었다."라고 기록한다.
27) Trever K.V., 1954, p. 138.
28) Masson V.M., Romodin V.A., 1964, p. 204.
29) Enoki K., 1955 b, p. 235.
30) Enoki K., 1959, pp. 25-26.

중국의 연대기에 에프탈인들의 제국에 관한 기록이 있다. 이를 아랍의 기록과 비교해 보면 에프탈인들이 중앙아시아의 거의 모든 지방을 통치했다고 할 수 있다. 그리고 그 국가의 가장 중요한 지방 중의 하나가 토하리스탄이었다고 한다. 에프탈인들은 그 외에도 남쪽 지방에서도 전쟁을 했다. 5세기 후반에는 간다라 지방을 비롯한 인도의 북부 지방도 그들이 차지하게 되었다.31)

인도에서도 에프탈에 관한 것들은 중앙아시아의 것과 마찬가지로 명확하게 설명하는 것이 없다. 인도의 문헌에서는 에프탈인들이 후나(Huna)라는 명칭으로 불린다고 한다. 이런 사실도 있다. 인도의 굽타 왕조의 마지막 왕인 스칸다굽타(Skandagupta)[어떤 사료들은 그가 435~467까지32) 재위에 있었다고 하고 또 다른 것들은 455나 456년부터 470년 정도까지 왕위에 있었다고 한다.33)]가 에프탈인들에 대항해서 저항해야 한다는 걸 알고 그들을 습격해서 승리했다고 한다.34) 이는 간다라 지방을 빼앗긴 다음이다. 아마도 이 습격이 에프탈인들이 당한 첫 번째 공격일 것이다.

이제 우리는 서로 다른 인도의 사료와 중국의 사료들을 살펴볼 것이다. 이 사료들을 비교해 보면 이러하다. 5세기 후반과 6세기 초반에 인도의 훈족의 수장은 토라마나(Toramana)였다. 이 사람에 대해서 인도의 한 문헌은 "유명한 토라마나, 무한한 명예를 가진 땅의 지배자"라고 표현한다. 그의 다음 왕위 계승자는 그의 아들인 미히란쿨라(Mihirankula)였다. 이 미히란쿨라는 나중에 인도의 모든 지방을 하나의 예외도 없이 정복했다. 미히란쿨라 시대에 에프탈인들은 인도의 북방에서 가장 강한 통치를 하고 있었던 것 같다. 그때 많은 사건들이 있었는데 특히 불교의 박해로 인해서 인도인들이 대항

---

31) 에노키의 말에 의하면 이 사건은 서기 477-520년 사이에 일어났을 것이라 한다. (Enoki K., 1959, p. 27)
32) Sinha N.K., Bannerji A.C., 1954, p. 89.
33) "the Yakataga-gupta age", 1954, p161, 169; Majumdar R. C., 1954, pp. 25-28.
34) 위의 책, 1954, pp. 163-164; Majumdar R.C., 1954, p. 26.

하고 나선 것이 그러하다. 에프탈은 그때 굽타 왕조와 전쟁을 하고 그 후에는 또다시 카쉬미르 지방을 빼앗았다.

6세기 중반부터는 인도의 북쪽에 백훈, 즉 에프탈의 세력으로부터 자유로워진 도시들이 많이 있었다. 이 사건의 이유에 관한 것은 인도의 학자인 마드줌다르(Madjumdar)의 말이 완전히 옳다. 인도의 훈이 힘을 잃은 것은 인도의 문제들 때문이 아니라 중앙아시아에서 6세기의 60년대에 전쟁으로 힘이 약화됐기 때문이라고 한다.[35] 그래서 배후를 비우게 된 인도의 에프탈인들은 그 새로운 힘에 의해서 무너져갔다. 이는 또 중앙아시아와 인도의 연관성을 보여준다. 이후에도 인도에는 에프탈인들이 남아있었고 그들의 나라들이 있었지만 이제는 이미 에프탈은 인도의 역사에서 그리 중요한 존재가 되지 못했다.[36]

에프탈인의 동전

정치적인 면에서의 화폐학적인 측면을 우리는 아직 살펴보지 않았다. 이 키다라-에프탈의 화폐학에 관한 것은 교블(Gyobl')[37]이 정성들여 쓴 네 권짜리 책인 『이란 훈의 역사에 관한 인도와 박트리아의 자료들』이라는 책에 기록되어 있다. 이 책에는 에프탈의 화폐학의 자료들이 매우 훌륭하게 정리되어 있다. 교블은 297종의 화폐를 연구했다. 그리고 그들은 각기 다른 뜻을 가지고 있다. 동전에서는 그 당시의 생각들과 역사적인 사건들을 알 수가 있

---

35) Majumdar R.C., 1954, p. 26.
36) "the Yakataga-gupta age", 1954, 174-185; Majumdar R. C., 1954, p26; McGovern W. M., 1939, p414-417.
37) Gobl R., 1967.

다. 그리고 교블의 책이 나오기 전에는 잘 몰랐던 부분들이 그의 책이 출판된 후에 많은 문제들이 풀렸다.

에프탈은 중앙아시아뿐만 아니라 동방의 많은 나라에 영향을 미쳤고 그들은 사산조 이란에 군대를 주둔시켰을 뿐 아니라 그 황제를 굴복시키기까지 했다. 그들의 군대는 이란 곳곳에 퍼졌고 그들의 지도자들은 이란의 황제 중의 황제라는 칭호를 쓸까 말까하는 고민에 빠졌다. 이란인들의 세금이 이란의 많은 지도자들에게는 가장 중요한 것이었다.

사산조로부터 박해를 당하던 사람들은 카프카스 지방에서 봉기했다. 그들은 사산조의 박해에 대항해 일어나서 점점 싸움을 확산시켰다. 483~484년에는 이베리아(Iberia), 아르메니아, 카프카스의 알바니아 지방도 사산조에 대항해서 싸웠다. 이 대항으로 인해서 에프탈에게 이미 패한 페로즈는 또다시 패함으로써 사산조는 완전히 힘을 상실했다.[38] 하지만 사산조에 대항해서 일어난 카프카스 지방의 민족들도 중앙아시아의 에프탈의 공격으로 모두 에프탈에 병합되었다. 그리고 에프탈은 인도와 아프가니스탄, 특히 중앙아시아의 역사에서 큰 비중을 차지하게 되었다.

---

38) Dyakonov I.M., 1961, p. 277.

2. 인종학적 문제와 계급간의 투쟁

키오니테스와 에프탈의 기원의 문제

4세기에 살았던 시리아의 작가인 이예쉬 스틸리트(Iyesh Stilit)는 키오니테스에 대해서 이렇게 기록한다. "훈에 근본을 둔 키오니테스"라고 말이다.39) 이 말의 의미가 분명하지 않던 시기가 있었다. 왜냐하면 서방의 사람들은 중앙아시아의 모든 유목민들을 '훈'이나 아니면 '백훈'이라고 칭했는데, 이는 그들은 자신들이 믿는 대로 기록하기 때문이다.

지금의 몇몇 학자들은 키오니테스를 아베스타에 나오는 히이아오나(Hiyaona)와40) 같은 종족으로 분류하는 사람들이 있다. 그들은 조로아스터의 적이었고 조로아스터를 보호하는 황제인 비쉬타스파(Vishtaspa)의 적이었다. 아베스타에 따르면 그들은 '악한', 그리고 '신뢰할 수 없는'이들이었다. 알트하임(Al'thaim)의 말에 의하면 그들은 뾰족한 투구와 방패를 사용했다고 한다. 그래서 확실하지는 않지만 동일하게 뾰족한 투구와 방패를 사용하는 삭-티그라하우드(Sak-Tigrahaud)와 연관이 있지 않을까 생각한다. 그는 또 히이오나는 오스크(Osk)와 야크사르트(Yaksart)와 거의 같은 시기에 생겨났다고 말한다.41) 그리고 이 주장은 유명한 이란학자인 베일리(Beyli)의 관심을 끌었다.42) 끝내 베일리는 이 모든 의문점들을 거의 모두 깨닫는다. 이 학자는 처음에 비쉬파스파 시대에는 그 민족이 옥서스(Oksus) 지방에 있었다고 한다. 그러나 그 후에 무슨 일이 있었는지 그들은 북동쪽으로 이동을 했고, 이후에 남쪽으로 내려오거나 아니면 그 곳에 남아서 훈과의 어떤 관계를 형성했다고 한다. 하지만 이 학자는 왜 그들을 예전에는 히이아오나 라고 불

---

39) Marquart I., 1901, p. 5; Pigulevskaya N.V., 1941, p. 36.
40) Marquart J., 1901, p50; Herzfeld E., 1930, p. 19.
41) Altheim F., 1959, pp. 52-53.
42) 이 문제에 관한 그의 견해는 Bailey H. W., 1932, p. 946에 나와 있다.

렀는지는 이해하지 못했다.43)

실제로 아직까지는 이 문제에 대하여 우리는 확실히 밝힐 수 없다. 그리고 히이아오나와 키오니테스와의 관계도 확실하지 않다. 베일리의 말에 의하면 어떤 조로아스터에 반대하는 아주 강한 세력의 민족이 야쉬트(Yasht)에서 살다가 역사의 시야에서 사라졌다고 한다. 멘첸-헬펜(Menchen-Helfen)은 "이들이 어디서 생겨났는지는 미스터리로 남아있다"고 말했다. 그들이 북동쪽에서 생겨났다는 주장은 완전히 틀린 것이다. 그리고 모르겐스티예르네(Morgenst'yerne)는 그들이 존재하지 않았을 것이라고 한다.44)

이렇게 두 가지의 서로 다른 주장을 볼 수 있다. 키오니테스가 비쉬타스파 시대인 기원전 4세기에 살았는가? 이 문제에 관해선 마르크베르트(Markvert)의 주장이 설득력이 있다. 또 20세기 초반에 키오니테스와 에프탈이 이란을 정복한 것에 대해서 이런 말도 있다. "이들이 이란인들에게 얼마나 공포를 주었는지 그들의 이름이 아베스타에도 기록되었다. 아베스타에는 자라투쉬투라의 보호자인 황제 비쉬타스파의 적이라고 나와있다.45)"라는 말은 헤르츠펠드(Hertsfeld)46)와 기르쉬만(Girshman)47)에 의해서 사용되었다.

키오니테스에 관해 아케메네스 이전이나 아케메네스 시대에, 그리고 아케메네스 이후의 사료들에는 그들이 어디서 생겨났는가에 대한 사료들이 없다. 그래서 이에 대해서는 아베스타 이후의 것으로 주장하는 학자들이 옳다. 이런 것들은 키오니테스의 역사 전체가 얼마나 증명하기가 어려운 것인가를 다시 한번 일깨워 준다.

키오니테스의 황제인 그룸바타(Grumbata)의 이름이 이란에서 표현되는 "바흐람을 지키는"이라는 표현에서 설명될 수도 있다.48) 그리고 그의 아들

---

43) Beiley H. W., 1954, p. 20-21.
44) Maenchen-Halfen O. J., 1959. pp. 227-228; Ghirshman R., 1948. p. 116.
45) Marquart J., 1901, p. 50.
46) Herzfeld E., 1947, pp. 771-774.
47) Ghirshman R., 1948, p. 116.

에 대해서 아미안 마르체린(Amian Martselin)은 "다른 또래들에 비해서 키가 크고 외모가 출중했다"고 했다. 사료들에는 훈의 생김새에 대해서 "못생긴, 혐오스러운"등의 표현이 사용되는데 이 키오니테스의 왕자에게는 서방의 사료들이 "아름다운, 잘생긴" 등의 표현이 사용되는데 만일 키오니테스가 훈과의 연관성이 있었다면 그런 말을 듣기는 힘들었을 것이다.[49)]

그리고 키오니테스인들의 장례의식은 이러하다. 아미안 마르체린은 황제의 아들의 장례식에 대하여 기록했다. "죽의 사람을 꼭 전투에 나가는 사람처럼 입히고 높은 무덤을 만들었다고 한다. 그리고 그의 주변에는 10개의 막사에 죽은 사람에 대한 그림이 그려져 있다고 했다. 그것들은 죽은 사람을 표현한 것이었다. 장례가 진행되는 10일 동안 사람들이 와서 고인을 위한 노래를 부르고 이 황제의 젊은이를 위해 울었다." 그 후에 시체는 불에 던져지고 뼈들만 모아서 그 청년이 왔던 땅으로 다시 돌려 보내려고 은으로 만든 함에 넣었다.

이런 것들은 호라즘 지방의 칸가-칼라(Kanga-kala)와 쿠냐-우아즈(Kunya-Uaz)의 발굴 작업에서 얻어진 자료에 근거해서 서술한 것이다. 여기서는 뼈가 담긴 함이 발굴되었고 사람의 형상이 그려져 있는 그림과 사람 모형이 고인의 방 안에 있었다.[50)] 이런 것들은 많은 소련의 학자들이 키오니테스는 아랄해 부근에서 생겨났다고 주장하는 이유가 된다.[51)] 하지만 우리가 알아야 할 것은 이 키오니테스의 장례의식은 다른 중앙아시아의 것들과는 다르다는 것이다. 중국의 문헌에 따르면 시(Shi)[타쉬켄트 오아시스]에는 어떤 건물이 있는데 그 건물의 안쪽에는 제단이 있고 해마다 사람들이 와서 장례식을 하는데 그 제단 위에 금으로 된 고인의 유골함을 올려놓고 그것과 함께 향기 나는 꽃과 산물들을 올려놓았다고 한다.[52)]

---

48) Andreas F.가 이러한 견해를 주장했다.
49) Pigulevskaya N.V., 1941, p. 36.
50) Rapoport Iu.A., 1958, p. 61.
51) ITN, I, pp. 413-414.

페르가나에서는 고인의 무덤에 우상을 새긴 조각들을 함께 두었다.53)

여하튼 시리아의 학자가 4세기경에 기록했듯이 키오니테스가 훈에게서 파생했다는 말은 옳지 않다. 하지만 아직은 그것을 완전히 부인할 수는 없다. 그러나 한 가지 알 수 있는 사실은 아마 키오니테스는 중앙아시아에서 생겨나서 이란의 언어를 사용한 민족일 수 있다는 것이다.

에프탈이 어디서 생겨났는지, 그리고 그들의 제도가 어떻했는지는 매우 광범위한 문제이다. 그래서 이 문제는 아무리 풀어도 풀리지 않는 것처럼 보이는데, 왜냐하면 사료들에 서로 다르게 기록되어 있기 때문이다. 카이사르의 기록에는 에프탈을 "하얀 훈[백훈]"이라고 한다. 그리고 "에프탈이 민족적으로는 훈족이라고 부르지만 그들은 우리가 아는 훈과의 연관성도 없고 그들과 국경을 마주하거나 그들과 가까이에 살지도 않는다. 에프탈는 훈족처럼 유목민족이 아니다. 하지만 너른 평야에 근거지를 두고 있다... 그들은 훈의 일족으로 하얀색 피부를 가지고 있고 못생기지도 않았으며 그들만의 질서가 있고 야만인들처럼 살지 않고 한 명의 왕을 뽑아서 그의 통치아래 법적인 국가를 이루고 있다. 그리고 주변 국가들에게 정당하게 행하는 것이 로마나 페르시아인들보다 조금도 못하지 않다."54)

이렇게 카이사르의 기록은 에프탈을 훈과는 다른 민족으로 분류한다. 하지만 그는 이와 같이 에프탈의 기원에 대해서는 기록하지 않았다.

중국의 문헌에는 에프탈의 탄생에 대해서 여러 가지의 설이 존재하지만 그 중에는 한가지의 공통점도 없다. 중국의 문헌에 나오는 것은 다음과 같이 분류할 수 있다.

    a) 에프탈은 월지의 한 부류이다.

---

52) Bichurin, II, pp. 272-282.
53) Davidovich E.A and Litvinsky B.A., 1955, pp. 51-62; Levina L.M., 1968.
54) 다른 비잔틴의 역사학자인 아가피(Agafiy)는 "에프탈은 훈 민족이다."라고 짧게 기록한다.

b) 에프탈은 투르크의 하나인 가오규이(Gaoguy)의 하나이다.

c) 에프탈은 췌시(Cheshi) 민족에서 생겨났다.

d) 에프탈은 강거의 후손이다.

중국의 이 많은 설들을 근거로 서방 유럽의 학자들은 에프탈의 시초에 관한 주장들을 많이 발전시켜 나갔다. 하지만 이러한 정황들만 가지고는 정확한 판단을 내리기가 어렵다.[55] 이러한 부분에 대해 연구한 일본의 학자인 에노키는 에프탈인들의 기원을 고대 중국의 학자들은 정확히 몰랐고 그들의 기록 또한 문헌적 가치만 있을 뿐 사실을 증명하지는 않는다고 한다.[56]

어떤 학자들은 에프탈이 월지의 후손이라고 하고, 어떤 이들은 훈이나 투르크, 몽골에서 생겨났다고 한다. 그들이 이란어를 사용하는 민족에게서 나왔다는 것이 있다. 몇몇의 사료들은 에프탈을 키오니테스와는 완전히 다른 민족으로 보고, 또 다른 사료들은 에프탈이 키오니테스와 같은 민족으로써 키오니테스의 지배층을 부르는 말이라고 한다.[57]

언어학자들은 오랜 기간 동안 여러 방면으로 에프탈과 관련된 명칭들과 시기들을 조사했다.

여러 사료들에 있는 에프탈에 관한 말 중에 '하얀 훈'이라는 것 외에도 여러 가지가 있다. 시리아의 사료에는 아브델(Abdel)과 eptalit ; 그리스에서는 아브델과 eftalit ; 아르메니아에서는 헤프탈(Heptal), 이단(Idan), 테탈(Tetal) ; 중앙아시아에서는 에프탈(Eftal), 헤프탈(Heftal) ; 아랍에서는 하이탈(Haytal), 야프탈(Yaftal) ; 타지크-페르시아에서는 헤탈(Hetal), 하이탈(Haytal) ; 중국에서는 예-단(Ye-dan)[58][고대발음으로는 Iep-tat 가 된다.]과 예-디엔(Ye-dien)[고대 발음으로는 Iep-tien)이 된다.],[59] 그 외에도 아랍에서는

---

55) Enoki K., 1959, p. 7.
56) Enoki K., 1959, pp. 1-14 ; 1955, pp. 232-235.
57) Ghirshman R., 1948. p10-21. 115.
58) Altheim F. and Steihl R., 1953, p276 ; Altheim F., 1959, I, pp. 41-42.
59) Enoki K., 1959. p. 7.

가끔 그들을 투르크라고 잘못 부르기도 했고 또 아르메니아에서는 그들을 쿠샨이라고 부르기도 했다.

F.알트하임(F.Althaim)은 이 민족 명칭의 어원을 투르크어의 "하다", "실행하다"에서 찾으려고 했지만 그의 이러한 주장은 믿을 만한 것이 못된다.60) 또한 어원에 관한 다른 주장이 있는데, 이란어에서 숫자 칠을 뜻하는 '한타(hanta)'에서 나왔다는 주장이다.61)

10세기에 이미 발라미(Balami)는 "hayatila 라는 명칭은 haital의 복수형으로서 이는 부하라(Buhara)어로 '강한 사람'을 뜻한다.62) 부하라어로 힘을 뜻하는 말인 haital이 아랍어에서 haital이 되었다."63)

우리들의 흥미를 끄는 에프탈의 동전들의 기록에는 자신들 에프탈을 히온(Hion)이라고 한다. 이 뜻은 에프탈이 키오니테스에서 나온 민족이라는 것이다. 화폐로 봐서는 토하리스탄에 사는 그들의 국어는 박트리아어였다. 그리고 그들 동전의 전설도 박트리아어로 기록되어 있다.64)

에프탈이 두 개로 나뉘었다는 것에 대해서도 우리가 알아볼 필요가 있다. 이 문제에 관해서는 G.베일리(G.Beyli)가 다방면에서 연구를 했다. 쟈마스팜(jamaspam)에는 이란의 "하얀 훈"과의 전투에 관한 글이 있다. 그리고 승리에 관해 서술한 것이 있다: "악을 가져오는 이들인 데브(Dev)와 히온(Hion)인들은 우리 앞에서 모두들 겨울바람에 낙엽 떨어지듯 무너져갔다."65) 하지만 바흐만 야쉬트(Bahman Yashit)에는 반대로 사산조가 패배한 것으로 기록되어 있다: "황제와 고위 관료들은 이란 사람들의 손이 아닌 히온, 투르크, 하프탈(Haftal), 티벳, 중국, 소그드, 비잔틴, 붉은 히온, 하얀 히온인들

---

60) Altheim F., 1959, I, p. 44.
61) Maenchen-Helfen O. J., 1959, p. 231.
62) Bal'ami, p. 128.
63) Livshits V.A., 1969, p. 67.
64) Ghirshman R., 1948; Henning W.B., 1960, p. 51; Livshits V.A., 1969, pp. 67-71.
65) Bailey H.W., 1931, pp. 585-586.

이 되었다."66) 전에는 하얀 히온에 대해서만 언급했던 반면에 이번에는 히온, 붉은 히온, 하얀 히온이 있다. 여기서 붉은 히온은 바흐만 야쉬트의 해설에 따르면 그들은 붉은 갑옷과 붉은 모자, 그리고 붉은색을 즐겨 사용해서 붙여진 이름이라고 한다. 인도의 사료에도 붉은 훈과 하얀 훈이 나온다. 그러다가 7세기에 호타노-삭(Hotano-Sak)인들에 의해 서술된 글에서 붉은 모자의 민족에 대해서 나온다. 베일리는 그 민족이 붉은 키오니테스라고 한다. 이것을 근거로 서방의 사료들에서 자주 말하는 하얀 훈에 대해서도 알아볼 수 있다. 이와 같이 비잔틴의 사료에는 케르미히온(Kermihion)이라는 민족이 나오는데 베일리는 이 민족이 페흘레브(Pehlyev) 기록에 나오는 카르미르 히온(Karmir Hion)이라고 한다.67)

우리는 이 두 가지의 민족이 원래 하나였던 것이 두 가지 다른 종족이었는지, 아니면 인류학적으로 원래 서로 다른 민족이었는지 하는 문제에 대해서 아직 확실하게 말하지는 못한다. 하지만 얼마 전에 아프로시얍(Afrosiab)에서 발굴된 각국의 사신들이 그려져 있는 벽화에 두 명의 서로 다른 피부색[하얀색과 붉은색]을 가지고 있는 사신의 형상이 그려져 있었다. V.A.리브쉬나(V.A.Livshina)의 말로는 적 키오니테스와 백 키오니테스를 구분하기 위해서 그렇게 한 것이라고 한다.68)

에프탈의 문자는 쿠샨의 것, 즉 박트리아의 것을 따라했는데 글씨체는 더 발전을 했다. 현장은 에프탈어에 대해서 이렇게 말한다. "그들의 언어는 다른 언어들과는 다르다. 그 언어의 주요 알파벳은 25개이고 그들은 좌측에서 오른쪽으로 읽으며 그들의 문학적 작품은 날이 갈수록 많아지고, 곧 소그드의 것을 따라잡을 것이다."69)

지금은 이들의 문학적 작품들 중에 남아 있는 것은 매우 적다. 에프탈의

---

66) Bailey H.W., 1932, pp. 945-946.
67) Bailey H. W., 1954, pp. 13-20.
68) Livshits V.A., 1965 a, p. 6.
69) Beal S., 1906, I, p38; Pelliot P., 1934, p. 50.

기록은 그 일부만 동투르키스탄 지방에 남아있을 뿐이다.[70] 그들 중의 일부는 7~8세기경의 것으로 추정된다. 하지만 그 글들의 의미를 이해하면서 읽기란 쉽지 않다. 어떤 언어학자들은 이 언어가 사카인들의 언어라고도 하고 어떤 사람들은 박트리아어라고도 한다.

파키스탄의 북서쪽 지방 토치(Tochi) 강 유역에서 글이 기록되어 있는 세 개의 돌조각이 발굴되었다. 하나에는 아랍어와 산스크리트(Sanskrit)어가, 다른 것에는 박트리아어와 산스크리트어, 마지막 세 번째 돌에는 박트리아어와 두 줄의 아랍어가 기록되어 있다.[71] 박트리아어는 사체(斜體, 이탤릭체)로 기록되어 있었다. 이 문장들을 해석하기란 매우 어려운 일이다. 이 글들이 기록된 시기는 꽤 늦은 9세기경이다.

중앙아시아에서 에프탈의 기록이 나온 것은 장-테페(Zang-tepe)에서 발굴된 두개골에 기록된 문장으로, 겨우 6줄만 남아있다.[72] 그리고 카라-테페(Kara-tepe)에서 발굴된 글과, 아프라시압에서 다른 소그드의 기록들과 함께 발굴된 2줄의 글이 있다. 이 글은 에프탈의 표준어라고 볼 수 있다.[73] 그리고 카피르-테페(Kafir-tepe)에서 발굴된 잘 보존되어 있지 않은 벽에 새겨진 기록이 있다.

이 에프탈의 동전들에 관해서는 많은 풀리지 않은 문제들이 아직 남아있다. 이 동전들의 언어는 주로 이란의 언어학자들이 해석을 했다. 그리고 이것을 동부 이란의 언어라고 한다.[74] 지금은 학자들이 에프탈의 언어는 이란어라고 하지만 그들이 처음에 사용했던 언어는 투르크나 몽골의 언어였을 것이다. 그러다가 이란인들이 유입되어 살게 되면서 바뀐 것이라고 주장하

---

70) Hansen O., 1951; Gershevitch I., 1967; Livshits V. A., 1967, p. 163.
71) Dani A.H., Humbach H., Gobl R., 1964, pp. 125-135.
72) Livshits V.A., 1969, pp. 73-74.
73) Livshits V.A., 1967, p. 164. 아프라시압에는 이 외에도 몇몇 에프탈의 기록들이 있다.
74) Bailey H. W., 1937, p892-893; Enoki K., 1959, pp. 39-45; Ghirshman R., 1948, pp. 67, 117-118; Maenchen-Helfen O. J., 1959, pp. 227-231.

는 지금의 학자들이 일부 있다. 예를 들면 알트하임(Al'thaim)과 풀레이블렌크(Pulleyblenk)가 그러하다.[75] 이 외에도 많은 주장들이 있는데 중국의 문헌에도 에프탈의 언어에 관한 기록이 조금 있다.

에프탈의 언어가 투르크나 몽골 계통이라는 증거는 거의 없다. 주로 동부이란어였다는 증거들이 나온다. 언어학자들이 에프탈의 얼마 안 되는 기록을 연구해서 어느 정도는 그들에 관해서 파악했지만 상당 부분은 아직도 궁금증으로 남아있다.

우리는 에프탈이 살았던 지역에 대해 알아볼 필요가 있다. 이 중앙아시아와 이란, 아프가니스탄, 그리고 인도와 동부 투르키스탄에까지 영향을 미쳤던 미스터리한 민족은 어디서 생겨났는가? 이 문제에 대해서는 증거들보다 학자들의 주장들이 더 많다. 이런저런 자료들과 또 중국의 문헌들을 참고로 해서 학자들은 이 민족이 알타이나 동부 투르키스탄 등의 지역에서 생겨났을 것이라고 한다.

새로운 설은 에프탈 민족이 바다흐샨(Badahshana) 지방에서 생겨났다는 것이다. 1951년에 베른슈탐(Bernshtam)은 에프탈의 기원과 번영이 이루어진 곳으로 두 지역을 꼽았는데 그 지역들은 시르다리아 중부와 남부, 아무다리아 북부이다.[76]

1955~1959년도에 이 베른슈탐의 주장은 일본의 학자인 에노키(Enoki)에 의해서 뒤집혔다. 에노키는 한 가지만을 본 것이 아니라 발굴된 것들 전체를 보고 중국의 문헌에서 몰랐던 기록을 찾아내었다. 에노키의 주장은 이러하다:

a) 에프탈 민족이 처음 태동된 곳은 동방의 바다흐샨 지방이다.

b) 그들 문화 중에서 일부는 이란의 것과 비슷한 성격을 가지고 있다.[77]

---

75) Altheim F., 1959, I, p41-54; Pulleyblank E. G., 1962, pp. 259-260.
76) Bernshtam A.N., 1951, p. 197.
77) Enoki K., 1955, 1959a.

에노키의 에프탈이 바다흐샨 지방에서 생겨났다고 하는 주장을 이어가는 사람으로는 L.N.구밀레브(L.N.Gumilev)가 있는데[78] 그는 에노키의 주장에서 새로 더하지도 않고 그의 주장을 계속해서 발전시켜 나갔다. 여기서 한 가지 더 알아야 할 사실은 이 주장은 모두 중국의 사료, 아니 그들의 전통인 바다흐샨(Badahshan) 국의 왕으로 많은 땅을 정복한 현장에 대해서 기록한 기모탈로(Gimotalo)[이는 산스크리트어로 에프탈이거나 아니면 그와 관련된 단어이다.]에서 가져온 것이다.[79] 그러나 이 전통은 네라직(Nerazik)의 말에 따르면 월지인들에 관한 것일 수도 있기 때문에 이것을 가지고 에프탈이 바다흐샨 지방에서 번성했다고 할 수는 없다. 네라직은 에노키의 주장에서 다른 허점들도 찾아내었는데[80] 그의 비판은 동의할 만한 것이다. 하지만 그렇다고 해서 에노키의 노력이 무용지물이 되는 것은 아니다. 이 바다흐샨 지방에서 에프탈이 번영했다는 설을 확실히 하기 위해서는 더 많은 증거들이 있어야 한다.[81] 그 것을 연대기에서 해결할 수도 있다.[82]

러시아의 혁명 이전의 학자인 K.I.이노스트란체브(K.I.Inostrantsev)는 에프탈의 석제 안치실인 무그하나(Mughana)와 몽골의 건축물에 관심을 가졌다.[83] 리트빈스키도 무그하나의 무덤들과 그 외의 다른 쿠르간식의 무덤들을 조사해보고 다양한 경우를 검토해 본 후 에프탈의 구성원들 중에는 이런 방식의 무덤을 만드는 페르가나 산악지대에 살던 사람들도 있었다는 결론에 이르렀다.

소련의 또 다른 기록들에도 에프탈에 관한 것들이 있다. 톨스토브는 에프탈이 아랄해 부근에서 발생한 민족이라고 한다. 그는 그의 논문 마지막 구절에 이렇게 기록했다. "4~5세기경의 아무다리아는 키오니테스와 에프탈이

---

78) Gumilev L.N., 1959.
79) Enoki K., 1959, p. 35.
80) ITN, I, pp. 553-554.
81) Gumilev L.N., 1967 b.
82) Babaev A.D., 1965, pp. 16-18.
83) Inostrantsev K.I., 1909, pp. 116-120.

라고 하는 '야만인들' 국가의 중심지였다. 이들은 삭-마사게트를 실질적으로 멸망시킨 아주 강력한 동방 투르크-훈의 일족이다."84) 위의 글에서 볼 수 있는 톨스토브의 주장으로 키오니테스와 에프탈의 중심지로 아랄해가 있었다는 것은 사실이 아니라는 것이 밝혀졌다. 그리고 아랄해에서 발굴된 에프탈의 유물의 수도 많지 않다.

우리가 다른 학자들의 논문들을 평가하고 비판을 한다고 해서 우리는 어느 지역에서 에프탈이 번성했는지 확실하게 밝힐 수 없을지도 모른다. 하지만 그래야만 더 신뢰할 수 있는 답이 나오기 마련이다. 그들의 어원에 관해서는 조금 더 명확하게 알려져 있는데, 그들의 언어는 중앙아시아나 동부 이란 민족들의 것과 비슷한데 특히 투르크어와 어원학적으로 많이 유사하다.

에프탈 사회

카이사르의 기록에 백(白) 훈인 에프탈에 관해 기록한 것으로는 그들이 오래전부터 유목 생활을 했고, 하나의 왕이 나라를 다스렸으며 국가의 법률이 있었다고 기록되어 있다. 메난드르(Menandr)는 투르크 사절의 기록을 보관했는데 그 기록에는 "에프탈은 도시에 정착해 사는 사람들로써 투르크가 그들을 정벌하자 그들의 도시들이 투르크의 수중에 들어왔다."라고 기록되어 있다.85) 페오판 비잔티네츠(Feofan Vizantinets)는 말하길 에프탈이 페르시아와의 전쟁에 승리한 후에, 전에 페르시아가 통치하던 도시들을 통치했다고 한다. 하지만 중국의 사료들은 이것들과 다르게 말한다. 중국의 예-다(Ye-da)에는 "에프탈인들은 도시에서 살지 않고 물과 풀이 있는 곳으로 이동하며 살았다."라고 한다.86) 그리고 또 여행가인 손유(Son Yu)는 "에프탈인들은 요새화된 도시들을 가지고 있지 않고 유목민들처럼 떠돌아다니며 생활했

---

84) Tolstov S.P., 1962, p. 244.
85) *"Byzantine Historians"*, 1860, p. 374; Bichurin, II, p. 268.
86) Beal S., 1906.; Enoki K., 1959, p. 50

다."라고 한다.87) 이 두 사료들은 현장의 "에프탈인들은 천막에서 유목생활을 하며 살았다."는 주장을 뒷받침해 준다. 이렇게 서방의 학자들이 주장하듯이 에프탈이 도시에 살았고 또 도시들을 통치했다는 것은 옳지 못한 주장이다. 그들은 후에야 그들의 귀족들에 의해서 도시로 이주하였다.

칠렉(Chilek)에서 발굴된 은제 그릇

에프탈의 사회에는 확실하게 계급간의 차이가 있었다. 그 사실을 우리는 그들의 장례방식에서 알 수 있었다. 이러한 고대의 장례방식은 양서(梁書)88)와 북사의 연대기에서 알 수 있다. 그 사료들은 "부자들의 무덤은 돌로 만든 것이고 가난한 자들의 것은 땅을 파서 만든 것이었다."라고 한다.89) 귀족들은 좋은 옷을 입었다. 손유는 계급간의 의복들에 대해서 설명한다. "부자들과 가난한 이들의 의복에는 분명한 차이가 있었다."90) 그리고 재산에 대한 범죄의 처벌은 매우 엄했다. "강도는 그 약탈한 금액에 상관없이 목을 배었고, 도둑질은 훔친 금액의 열배로 갚아야 했다."91) 이러한 글들로 알 수 있

---

87) Enoki K., 1959, p. 35.
88) 위 문헌 p. 49.
89) Bichurin, II, p. 269.
90) Beal S., 1906.
91) Bichurin, II, p. 269.

는 것은 에프탈인들의 사회는 계급간의 차이가 명확했다는 것이다. 그리고 그들은 이미 그들만의 국가 통치제도를 가지고 있었을 것이다. 에프탈의 군대는 매우 강력했는데 군인들은 곤봉으로 무장을 했고 중국의 문헌에서는 그들이 활을 잘 다루었다고 한다.[92] 이후의 기록에는 그들의 주 무기 중 하나가 칼이었다고도 한다.[93]

우리는 그들의 군대의 성격에 대해서도 알아볼 필요가 있고, 그들의 기마부대가 얼마가 강력했는가에 대해서도 알아볼 필요가 있다. 이 문제에 대해서는 알트하임(Altheim)[94]과 그와는 반대 의견을 내놓은 구밀례브(Gumilev)의 주장에 동의가 간다.[95]

에프탈 민족의 남자의 수는 매우 많았다. 그래서 형제들이 한 명의 부인과 살았고, 형제가 없는, 즉 남편이 하나인 여자는 방이 한 칸 뿐 이지만 형제들이 많이 있는 집의 부인은 그 남자 수대로 방이 있었고 그 형제들의 수대로 옷에 뼈들을 달고 다녔다고 한다.[96] 중국의 사료들은 이렇게 남자들이 너무 많은 것이 그룹형태의 혼인을 불러왔다고 전한다.[97] 그리고 티벳 등지의 여러 지방에서는 아직도 이러한 전통이 남아있다.[98]

에프탈인들은 처음에는 불교를 받아들이지 못했다고 사료들에는 기록되어있다. 그들은 그들만의 종교인 불의 신을 섬겼으며 매일 아침 그들은 자신들의 천막에서 나와 신에게 기도를 올렸다. 그들은 태양신을 섬겼을 가능성도 있다.[99] 하지만 시간이 지나면서 점차적으로 에프탈인들 사이에서 불교도 퍼져나가기 시작했으며, 기독교도 에프탈인들 사이에 확산되었다.

---

92) Pigulevskaya N.V., 1941, p. 64; Altheim F., 1960, II, pp. 17-18.
93) ITN., I, p419.
94) Altheim F., 1960, II, p. 269.
95) Gumilev L.N., 1967 b, p. 94.
96) Bichurin, II, p. 268.
97) Miller R. A., 1959, p12.
98) Ghirshman R., 1948, pp. 125-128; Enoki K., 1959, pp. 51-56.
99) Enoki K., 1959, pp. 45-49, sees, also; Ghirshman R., 1948, pp. 120-124.

마즈다크(Mazdak)의 움직임

5세기에서 6세기로 넘어가는 시기에 이란은 쿠바드(Kubad 488~531)가 통치했는데, 이 시기에 많은 사람들이 봉건사회에서의 계급간의 차별에 대항해서 일어났다.100) 이 세력의 중심에는 마즈다크가 있었다.101) 이 세력도 그 당시 다른 곳에서도 그러하듯이 농민들과 피지배층이 지배층에 종교적인 성향으로 대항한 것이었다. 이 종교 세력을 만든 사람은 자라두쉬트 벤 후라이(Zaradusht ben Hurrain)이다. 어떤 사람들은 그가 3세기 초반에서 4세기까지 살았다고 하지만 그가 5세기에 살았다는 것이 더 믿을 만한 주장이다. 그의 이름을 따서 이 종교 학문을 "자르두쉬타칸(Zardushtakan)"이라고 명명했다. 마즈다크는 그의 제자이자 계승자였다.102)

마즈다크는 이 종교를 설파하면서 "모든 사람은 평등하기 때문에 우리는 부자들의 땅과 재산을 빼앗아야 한다."라고 말했다. 타바리(Tabari)는 중기 페르시아어로 기록되어 있는 마즈다크와 그의 사람들의 어록을 번역했다. 그는 "신은 땅에 있는 선물을 인간들에게 주면서 똑같이 나누어 가지라고 했다. 하지만 사람들은 신의 선물을 분배하는 과정에서 서로를 노엽게 했다. 마즈다크의 추종자들은 가난한 사람들을 위해서 부자들의 재산을 빼앗고 누군가에게 남을 만큼의 재산이나 부인이 있다면 그는 그 모든 것의 소유권을 주장하지 못한다."103)라고 했다. 그리고 아랍의 기록에는 마즈다크가 사람들에게 "부자들에게서 재물을 빼앗아서 꼭 가난한 사람들에게 주어야 하며, 그렇게 해서 모든 사람들의 소유가 같아야 한다."라고 가르쳤다고 기록되어

---

100) 가장 디테일하고 다양한 관점에서 연구를 한 자료로는 (Shristensen A., 1925)가 있고, 이 분야의 권위 있는 연구서로는 (Klima O., 1957)이 있다.
101) Altheim F. and Stiehl R., 1953에 보면 마즈다크는 호라즘이나 그 주변 국가 출신이라고 한다. 하지만 Klima O., 1957에는 마즈다크의 출신지가 어디인지를 단정 짓기에는 사료들이 부족하며 그가 메소포타미아 출신일 수도 있다고 한다. 또한 마즈다크가 사람의 이름이 아니라 그 무리를 이끄는 사람의 타이틀일 수도 있다고 한다.
102) Klima O., 1957. 마즈다크에 관한 자세한 사항들은 우리들의 주제 밖에 있으므로 사산조 이란과 발굴작업에 관한 사항만 알아볼 것이다.
103) Shmidt A.E., 1958, pp. 450-451.

있다.104)

살인과 살생(동물까지도)은 마즈다크의 추종자들에게는 가장 큰 죄악이다. 마즈다크교는 피를 흘리는 것이 허용되는 것은 악한 힘과의 전투에서만 가능하다고 한다. 이렇게 모든 사람은 평등하고 모든 재물은 똑같이 소유해야 한다는 마즈다크의 교리는 농민들과 시골의 사람들에 의해서 확산되어 갔다.

위대한 시인인 피르다우스(Firdaus)는 자신의 시인 '샤흐-나메'에 마즈다크의 말을 기록하고 있다.

마즈다크가 말하길 부자나 강한 자는
가난하거나 천하게 태어난 자보다 높지 않고
부는 사치를 위한 것이 아니다
일은 가난한 자들이 하고 결실은 부자들이 갖는다.
세상에 평등은 꼭 이루어져야 할 것이며
사치스러운 삶은 영예가 아니라 죄악이다. 105)

마즈다크의 교리 설파는 엄청난 성공을 거두었다. 타바리는 이렇게 말했다: "서민들은 이 좋은 상황을 이용했다. 그들은 마즈다크의 편에 서서 그와 함께했다." 베루니는 "무수한 사람들이 그의 뒤를 따랐다."고 했다.106) 마즈다크의 세력들은 이란의 수도에서 배고픈 사람들에게 영향을 미쳤는데 그들은 곡식이 저장되어 있는 창고를 털었고 부자들의 재산을 빼앗았다. 짧은 시간 안에 이 봉기 세력들은 온 나라에 가득 차게 되었다. 마즈다크가 부자들의 재산을 몰수해서 가난한 사람들에게 나누어 주었기 때문에 많은 수의 지주들이 죽어나가고 또 많은 지주들은 이웃나라로 도망갔다.

---

104) Pigulevskaya N.V., 1956 a, p. 296.
105) 러시아 번역본- *"Vostok"*, II, p. 152.
106) Shmidt A.E, 1958, p. 451, 490; Biruni, 1957, p. 213.

쿠바드 1세는 위협을 느끼고 그동안 귀족들이 가졌던 나라의 모든 세력을 중앙으로 모으기 위해 자신은 마즈다크의 편이라고 했다. 쿠바드의 이러한 행동을 학자들은 서로 다르게 해석한다. 하지만 중세 시대에 살던 사람들이 쓴 글에는 쿠바드가 마즈다크의 추종자들에 반대하는 것이 아니라 그들의 주장에 귀 기울여 주고 그동안 추진하려 했던 귀족들의 권력을 빼앗고자 할 때 그들의 힘을 이용하려 했으며 이로써 귀족들의 편에 서 있는 성직자들 또한 견제하려 했다.107) 하지만 이 글에 반하는 주장을 펴는 요즘의 학자들도 있다.108) 그 예로는 크리스텐센(Kristensen)이 주장하는 "쿠바드는 마즈다크교의 추종자들을 이용하려던 것이 아니라 원래 그도 그 교리를 신봉하는 사람이었다."는 것인데 대다수의 소련 학자들은 이 크리스텐센의 주장을 옳지 않다고 여긴다. 쿠바드가 하려 했던 것은 마즈다크교를 신봉하는 것이 아니라 그것을 믿는 대중을 정치적으로 이용하려 했던 것이다.109)

쿠바드 왕은 귀족들에 의해서 왕위에서 물러나고 496년에 감옥에 갇혔다. 그리고 그의 다음 왕위는 평생을 귀족으로만 살 뻔 했던 그의 아우에게로 돌아갔다. 그러던 어느 날 쿠바드는 도망갈 기회를 잡았고 탈출을 해서 에프탈로 발길을 향했다. 에프탈의 왕은 쿠바드의 누이와 결혼한 사람이었다. 쿠바드도 에프탈에 와서 왕의 딸과 결혼했다. 이에쉬 스틸리트(Iesh Stilit)는 이 사건에 대해서 이렇게 설명한다. "쿠바드는 에프탈의 왕에게 매일 찾아와서 자신의 국가에서 귀족들을 몰아내기 위해 왕의 군대를 달라고 간청했다. 그리고 그의 장인 되는 사람이 그에게 군대를 주었다. 그가 군대와 함께 페르시아의 국경에 다다랐을 때 그 소식을 들은 그의 아우는 도망을 갔고 쿠바드는 자신의 소원대로 귀족들을 몰아낼 수 있었다."110) 쿠바드는 499년에 에프탈의 힘으로 다시 왕이 되었다. 그가 왕이 된 후 그에 대항했

---

107) Noldeke T.H., 1879, pp. 142-143,461.
108) Frye R. N., 1963, p. 212.
109) Tolstov S.P., 1948 b, p. 216.
110) Pigulevskaya N.V., 1940, p. 136.

던 귀족들을 모두 진압했다.

그가 에프탈의 힘으로 왕의 자리에 다시 오른 후에 마즈다크교의 사람들과의 관계가 점차적으로 바뀌었다. 처음에는 보이지 않게 마즈다크교를 반대하더니 나중에는 대놓고 그들을 억압하기 시작했다. 그리고 이 사건은 528년과 529년도에 마즈다크를 죽이면서 끝났다. 이 외에도 그는 세력을 가지고 있는 모든 사람들을 견제했고 마즈다크의 계승자들까지도 죽이기 시작했다.

마즈다크교가 망한 것은 마즈다크가 대항한 세력들이 그 당시의 역사에서 필요한 존재였던 봉건제도였기 때문이다.

마즈다크교가 그렇게 큰 세력을 이룰 수 있었던 것은 그 종교의 성격이 억압받고 노동에 시달리던 평민들에게서 호응을 얻어 귀족들에 대항했기 때문이다.

마즈다크의 봉기를 제압한 후 이란에서는 봉건제도가 발전할 수 있도록 만든 일련의 사건들이 있었는데 이러한 개혁은 마즈다크교에 적대적인 쿠바드1세의 아들 호스로브1세 아누쉬르반(Hosrov1 Anushirvan)에 의해서 행해졌다.

> 주제 2

6~8세기 초반 중앙아시아의 민족

1. 정치적 주요 사건인 계급간의 투쟁

중앙아시아로 세력을 확장하는 투르크 제국

6세기에 중앙아시아와 알타이 접경지대에서 중앙아시아 역사에서 큰 비중을 차지하는 투르크 제국이 탄생한다[551~744]. 투르크는 많은 사료들에서 서로 다르지만 연관성있는 이름으로 기록되었다. 중국에서는 그들을 투트쥬에(Tutszue)[이것의 고대 발음은 t'u t kiwat 이다.]라고 불렀다. 그리고 몽골의 쥬자네(Zuzane)에서는 튜크큐트(Tyurkyut), 그리고 투르크인들의 기록에 보면 그들은 자신들을 튜르크(Tyurk)라고 불렀고 소그드나 페르시아인들은 투르크(Turk)라고 불렀다. 이 말의 뜻을 많은 학자들이 서로 다른 방식으로 연구를 했다.111)

투르크의 왕인 부민(Bumin)은 먼저 텔레(Tele) 민족을 정복했고 그 후에는 자신들을 다스리고 있던 쥬자네(Zyuzane)를 공격했다. 쥬자네를 공격해서 정복한 후에 투르크는 몽골과 알타이 지방에서 매우 강한 세력을 형성하게 되었다. 그리고 그들의 영토 확장은 이 부민과 그의 후계자인 무한(Muhan

---

111) Kononov A.N., 1949, pp. 40-47, Klyashtornyi S.G., 1964, pp. 18-19.

553~572) 시대에 이루어졌다. 서방 정복군의 대장은 그의 아우인 이스테미(Istemi)가 맡았다. 555년에 그는 서해(西海)에[이 서해는 아마 아랄해일 것이다.]까지 이르렀다. 큰 기록인 큐-테긴(Kun-tegin)에는 "그들[무한과 이스테미]은 그들의 백성들을 테미르-카폭(Temir-kapog)까지 이동시켰다.112) '테미르 카폭'을 해석하면 '철문(鐵門)'이다. 이 철문은 중세 시대에 붙여진 이름으로써 소그드부터 토하리스탄과 박트리아의 일부분까지의 지역의 산악 지대를 통과하는 길을 지칭하는 말이다. 이제 투르크는 이란에까지 이르렀다. 그들의 서쪽 국경은 흑해 연안까지 다다랐고, 그들은 고구려부터 흑해까지의 영토를 차지하면서 유목민의 대제국을 건설했다. 중국은 그들에게 매년마다 조공을 바치는 신하국이나 다름없는 국가로 전락했다. 그 당시 투르크를 제외한, 세계에서 가장 강력한 나라들로는 이란과 비잔틴이 있었다.

하지만 이 강한 투르크 제국도 하나의 국가로 존속하지 못했다. 제국 내에서 내분이 일어나고 7세기(600~603)에는 기어이 나라가 두 동강 나고 말았다. 동투르크와 서투르크로 나뉘었는데, 중앙아시아는 서투르크의 영토에 속했다. 630~682년에 동투르크의 칸은 힘이 미약해지고 후에는 존재하지 않는 것처럼 되었다. 7세기 후반에 동투르크의 두 번째 칸은 중국과 전쟁을 치르면서 권력이 다시 강해지기 시작했다. 제국의 전성기는 모취조(Mochzo), 또는 카파간-칸(Kapagan-khan 691~716) 시대에 이루어진다. 투르크의 기치는 북경을 무대로 다시 떠올랐다. 카파간-칸의 군대는 황하강으로 진군했다. 투르크는 중국의 북쪽 지방을 정복하고 그 지방에 살던 수천, 수만의 주민들을 죽이거나 초원으로 이동시키면서 엄청난 부를 축적했다. 이제 그들은 중앙아시아로 진군을 해야 했다.

그리고 6~8세기경에 투르크는 중앙아시아 거의 모든 지방을 정복했다.

투르크와 에프탈인들

---

112) Malov S. E., 1951, p. 36.

투르크가 중앙아시아로 진출하기 위해서 에프탈과의 전쟁은 피할 수 없다는 것을 투르크의 칸이 중앙아시아에서의 주도권을 잡았을 때 깨달았다.

에프탈의 당시 상황은 매우 안 좋았다. 그들은 두 명의 적을 동시에 맞았다. 하나는 투르크이고 다른 하나는 사산이다. 이란은 이 시기에 호스로브 아누쉬르반(Hosorov Anushirvan 531-579) 왕의 통치 시기로 그 군대의 힘도 강력했다. 그는 에프탈인들에게 자신에게 세금을 바치도록 했다.[113]

그리고 6세기의 50년대에는 투르크가 에프탈과 중앙아시아의 북쪽 지방에서 전투를 벌였다. 에프탈은 자신들이 얼마나 강한 적들과 싸워야 하는지 깨닫지 못했기 때문에 에프탈의 지도자는 자신이 먼저 투르크를 치려고 했다. 하지만 그의 이 무모한 생각을 그의 신하인 카툴프(Katulf)가 막아주었다. 그는 에프탈이 자신들의 땅에서 싸우는 것이 다른 지역으로 가서 싸우는 것보다 유리할 것이라고 생각했다. 전쟁은 매우 길어졌다. 아마 중간 중간에 휴전이 있었던 것 같다. 투르크의 지도자인 실지불(Silzibul)은 자기들이 에프탈을 굴복시킨 뒤에 다른 적들도 정복할 것이라고 아바르(Avar)인들을 협박했다.

호스로브와 투르크는 서로 외교로 관계를 맺었고 상호간의 동맹이 형성되었다. 이 동맹의 목적은 에프탈을 멸망시키는 것이다. 이 사건에 대해서는 피르도우시(Firdousi)가 더 자세히 설명한다. 투르크의 칸은 호스로브에게 사절을 보냈다 이 사절들은 하이탈(Haytal), 즉 에프탈의 땅인 소그드와 아무다리아 지역을 통과해야 했다. 하이탈의 왕인 가티파르(Gatifar)는 투르크와 이란의 동맹과 그들의 관계를 틀어지게 하기 위해서 투르크의 사절을 죽이라고 명령한다. 하지만 이 사절 중에 한 사람이 살아남아서 투르크의 칸에게 사실을 전했다. "칸의 마음은 고통스러웠지만 머리는 보복할 생각을 했다." 칸은 매우 많은 군사들을 모아서 하이탈을 공격했다. 처음에는 파라크(Parak)[치르칙(Chirchik)]에 있는 차취(Chach)를 빼앗았다. 그 후 칸은 굴자리윤(Gul'zarriyun)[시르다리아]

---

113) Dyakonov I.M., 1961, pp. 309-315, 321.

으로 진군했다.

그때에 가티파르도 군사를 모았다. 그리고 부하라 지역으로 발흐, 슈그난(Shugnan), 후탈란(Huttalyan), 바쉬기르드(Vashgird)[타지키스탄의 남쪽], 테르미즈(Termiz), 아물야(Amulya)와 젬마(Zemma)에서 모은 군사들이 집결해 있었다.

> 부하라는 철퇴와 곤봉으로 가득 찼다.
> 이곳은 하이탈 왕의 군대가 거쳐 가는 역이었다.
> 이곳을 가티파르는 자신의 군대와 함께 슬픈 듯이 진군했다.
>
> 하이탈의 대군을 모아놓고
> 모든 방향으로 적을 맞아 싸우기 위해 갔다.
> 그들이 가는 곳은 바람 통할 구멍도 없이 빼곡했다.

전투는 8일 동안 계속되었다. 에프탈인들은 패했고 그 군대는 남쪽으로 도망갔다. 그곳에서는 파가니쉬(Faganish)가 차가니안(Chaganian)의 새로운 지도자가 되어있었다. 그러나 호스로브는 그 때 군사를 휘몰아쳐서 그들을 공격했다. 파가니쉬는 그의 힘을 인정하고 호스로브와 이란은 협상에 들어갔다.[114]

디나베리(Dinaberi)는 호스로브가 군대를 보내서 토하리스탄, 자불리스탄(Zabulistan), 카불리스탄(Kabulistan), 차가니안(Chaganian)을 정복했다고 한다. 그리고 당시 투르크의 칸인 신드지부(Sindjibu)는 자신의 군사들을 모아서 호라산의 땅으로 갔다. 그는 차취, 페르가나, 사마르칸트, 케쉬(Kesh), 그리고 네세프(Nesef)를 정복하고 부하라 지방까지 이르렀다.[115]

---

114) Mohl J., 1866, VI, pp. 308-316; Firdausi, 1966, pp. 220-227.

두 동맹국들은 서로 더 빨리 공격하려고 했다. 에프탈인들은 한 번에 두 명의 강한 상대와 싸워야 했다. 이 등장인물들의 이름을 한번 살펴보자. 아랍의 글들은 이 신드지부를 실지불(Silzibul, 즉 Istämi)로 쓴다.116) 그리고 에프탈의 왕인 뇰덱(Nyoldek)은 바르즈(Varz)로 쓴다.117) 만일 이렇게 읽는다면 이는 이란어로 '돼지'라는 뜻이다. 이 명칭은 이 외에도 여러 동부 이란의 메르브(Merv), 헤라트(Herat), 니싸(Nisa)118)의 지도자들도 사용했었다. 그들은 한결같이 대우가 좋았다.

이 역사적 사건의 시기를 한번 알아보자. E.샤반(E.Shavan)은 에프탈이 멸망한 시기가 563~567년도라고 본다.119) A.M.만델샤탐(A.M.Mandelshatam)은 이 시기는 563년 정도라고 하고120) G.모라브취크(G.Moravshik)는 560년 정도로 본다.121)

이 전쟁으로 인해서 중앙아시아에는 농민들과 시골 지방 사람들의 고난이 더욱 증대되었다. 이에 대해서 피르도우시(Firdousi)는 이 사건과 관련하여 이렇게 적고 있다. "차취, 테레크(Terek)[타라크-치르칙], 사마르칸트, 그리고 소그드 지역에는 어둠이 계속되었다. 차가니안(Chaganian), 바미(Bami)[바미아나(Bamiana)], 후틀라나(Hutlana), 그리고 발흐 지방에는 힘들고 어려운 시기가 계속되었다."122)

동맹국들의 관계에도 금이 가기 시작했다. 그들은 자신들의 이익만을 위해서 동맹을 이용하려고 했다. 타바리는 이렇게 말한다. "이 당시에 투르크는 더 공격적이었다. 그들은 이란이 전에는 에프탈인들에게 내던 세금을 투

---

115) Noldeke T., 1879, pp. 158-159; Shmidt E.A., 1958, p. 453.
116) Noldeke T., 1879, p. 158, ; Chavannes E., 1903, p. 226.
117) Noldeke T., 1879, p. 159.
118) Maenchen-Helfen O., 1959.
119) Chavannes E., 1903, p. 226.
120) ITN, II, p. 43.
121) Moravcsik G., 1958, I, p. 76.
122) Mohl J., 1866, VI, p. 354; Firdausi, 1966, pp. 264-265.

르크 자신들에게 내야 한다고 했다."라고 한다. 하지만 디나베리(Dinaveri)는 그 반대의 주장을 편다. "투르크가 부하라, 케쉬, 네세프까지 진군했다는 말을 듣고 호스로브는 자신의 군대를 투르크를 막기 위해 보냈다. 하지만 투르크는 그들과 전쟁을 하고 싶지 않아서 물러났고 그 지방들은 사산인들의 손에 들어갔다."고 한다. 하지만 디나베리의 이러한 주장은 틀렸다. 많은 사료들에 그의 주장과는 다른 글이 기록되어 있고 또 중요한 것은 부하라와 그 외의 투르크가 정복했던 지방들은 나중에 투르크의 중심지가 된다.[123] 하지만 확실한 것은 이 두 나라의 동맹 관계가 틀어졌다는 것이다.

이 두 나라의 긴장상태가 에프탈인들에게는 유리하게 작용했다. 중앙아시아의 남쪽, 즉 타지키스탄, 우즈베키스탄, 투르크멘의 남쪽 지방은 사산조 이란이 차지했고 중앙아시아의 북쪽 지방은 투르크가 차지했다. 당연히 이들 간의 국경의 표시는 없었다. 그리고 그 근접한 지방들은 한 번에 두 나라에 세금을 바쳐야 했다. 자라프샨 지방에 남아있던 에프탈인들은 투르크에 세금을 냈다. 하지만 중앙아시아 남쪽의 에프탈은 아직 반은 독립적인 국가로 남아있었다. 마수디(Masudi)는 호스로브 1세가 발흐강 저편에 있는 지역인 아무다리아 지방을 이용한 것 같다고 한다. 에프탈의 왕은 살해를 당하고 그가 통치하던 땅은 호스로브가 차지하게 되었다.[124]

이렇게 에프탈인들의 국가는 종말을 고했다. 에프탈에 관한 글의 끝을 역사의 한 구절로 설명할 수 있다. "에프탈은 투르크가 멸망시켰다. 그리고 에프탈이라는 민족은 흩어졌다."[125]

투르크-사산의 대립. 경제와 정치

에프탈인들을 멸망시킨 후에, 전에는 동맹국이었던 두 나라가 서로 대립

---

123) Noldeke 1879, p. 159.
124) Altheim F., 1960, pp. 57-58.
125) Bichurin, II, p. 269; Miller R.A., 1959, p. 12.

하는 관계가 되었다. 그 갈등의 이유는 정치적인 면도 있었지만 날이 갈수록 서로 경제적인 측면 때문에 다투게 되었다.

이미 알려진 바와 같이 중앙아시아에는 쿠샨 시대에 이미 실크로드가 중앙아시아에 걸쳐 있었는데 이 길은 중앙아시아와 로마를 연결해 주었다. 후에는 중앙아시아에도 실크를 만드는 기술이 발달했다. 로마나 서방의 나라들에는 실크가 없었고 그들은 대부분 중앙아시아로부터 수입을 했는데 이 무역의 중개는 페르시아의 상인들이 맡아서 했다. 비잔틴의 상인들은 인도에서 수입을 하려고 했으나 이란인들의 제재를 받았고 그 시도는 성과 없이 끝났다. 이 일로 많은 이익을 얻은 페르시아인들은 한편으로는 그들이 서로 직거래 하지 못하게 하려 했으며, 비단의 가격을 인상했다. 비잔틴 정부는 실크의 가격을 통제하려고 했으나 이것도 헛수고였다. 비잔틴 사람들은 누에고치를 구해왔으나126) 비단 기술이 발달하려면 많은 시간이 필요했다.

소그드인들은 자신들이 누에를 키워서 실크를 만들기 시작했지만 그들의 실크는 중앙아시아에서는 사람들이 구매하지 않았다. 그래서 이란으로 팔려고 했지만 이란에서도 소비자들의 선호도에 맞게 제작해야 했다.

아직 그래도 좋았던 시기에, 다르게 말하면 투르크와 이란의 동맹이 완전히 깨지지 않았을 때 소그드인들은 이란에 사절을 보냈다. 그 이유는 소그드의 실크를 비잔틴으로 팔기위해 그 지역을 통과하는 것을 허락받기 위해서였고 사절단의 대표는 마니아흐(Maniah)가 맡았다. 메난드로스는 "투르크의 왕은 자신들이 직접 사절을 보내는 것을 허락했다."고 한다. 이는 투르크의 왕이 소그드를 하나의 국가로 인정하지 않고 자신의 속국으로 여기고 있었다고 해석한다. 우리는 이러한 해석에 대해서 동의한다. 하지만 현대에 들어서 여러 가지 다른 해석들이 나오기 시작했는데 이는 투르크인들이 상업에 관심이 없었던 것이 아니라 그들에게는 "상업에 대한 소질이 없었다."고 N.V.피구레브스카야(N.V.Pigulevskaya)는 주장한다.127) 실제로 소그드의 귀

---

126) Pigulevskaya N.V., 1947, pp. 184-196, 1951, pp. 83-95, 184.

족들은 실크를 포함한 상업 활동을 통해서 이익을 얻고자 했으며 소그드인들의 이러한 상업적 활동은 투르크 귀족들의 지지를 받았다.

마니아흐의 사절은 완전한 불운을 맛보았는데 그들은 긴 여행 끝에 이란에 도착했지만 호스로브가 그 사절의 요구를 거절했다. 그들의 요구를 거절해야 한다고 강력히 주장한 사람은 에프탈인인데, 투르크의 공격을 받고 이란으로 도망친 카툴프(Katulf)라는 대신으로서 왕의 총애를 받고 있었다. 왕은 카툴프가 말한 대로 사절들의 실크를 모두 사들여서 소그드의 사절들이 보는 앞에서 불태웠다. 피구례브스카야(Pigulevskaya)는 "이는 소그드인들한테 그들의 물건이 필요 없다는 것을 강하게 부각시켜준 행동이었다."고 한다.[128]

이 소식을 들은 칸은 이번에는 자신이 직접 사신을 보냈다. 이 사신들은 정치적으로 협력하자는 말을 전하라는 임무를 맡았다. 그들은 사산조의 이란에게 자신들과 평화를 유지하면서 살던지 아니면 전쟁을 하자고 했다. 첫 번째 사신들의 제안을 거절했던 이 나라는 그들과 협상을 하지 않을 수 없었다. 이란의 왕은 당시 가장 강력했던 자신들의 옛 동맹국 칸의 제안을 거절할 수 있었겠는가? 답은 페르시아인들의 행동에서 볼 수 있다. 파견된 사신들 중에 돌아온 자들은 몇 안 되었으며 이 모든 것들은 이란과 투르크의 사이를 갈라놓았다. 두 국가들은 모두 곧 전쟁이 다가 올 것이라는 것을 예감했다.

이때 투르크의 칸은 비잔틴과 서로 정치적인 교류를 통해 공동의 적인 사산조의 이란과 대적하고자 했다. 이 사절의 대표도 소그드인인 마니아흐가 맡았는데 그에게는 전해야 할 편지와 실크로 만든 많은 선물들이 있었다. 이란을 통과할 수 없다는 것은 명확했기 때문에 그들은 카스피해 북쪽 연안과 카프카스를 지나서 갔다.

---

[127] Pigulevskaya N.V., 1951, p. 203.
[128] Pigulevskaya N.V., 1951, p. 203.

비잔틴에 도착해서 사절단은 황제에게 문서와 선물들을 바쳤는데 이 편지를 비잔틴사람들은 '스키타이의 국서', 또는 '소그드의 편지'라고 했다. 이렇게 해서 전쟁의 성향을 띤 계약이 체결되었고 그 칼날은 이란을 향했다. 같은 해인 568년에 사절단은 돌아갔다. 그 돌아가는 길에 비잔틴의 사절도 함께 동행했는데 비잔틴 사절의 대표는 제마르쿠스이다. 이 시기에 비잔틴과 투르크의 군사적 동맹은 거의 성사되었는데 이는 단 한 번의 사절을 보낸 것으로 결정이 났다.[129]

사료들은 581년에 호탄(Hotan), 페르시아, 에프탈인들이 투르크에 대항해서 일어났다고 한다.[130] 에프탈에 관한한 이 사실을 뒷받침 해줄만한 증거는 없다. 한 가지 설명하기 어려운 것은 호탄과 페르시아가 대항해서 싸운 것은 큰 세력이었음에도 불구하고 사료들에서는 그것을 대수롭지 않게 다룬다는 것이다. 이 시기에 대하여 한 가지 알려진 것은 호스로브가 죽었다는 것이다. 그래서 이란이 혼란한 틈을 타서 투르크가 그들을 견제하기 위해 에프탈인들을 이용했고 이들은 6세기 7~80년대에 독립적인 국가가 됨으로[131] 인하여 투르크는 남쪽 국경에서 이란뿐만 아니라 에프탈과도 싸우게 되었다. 투르크의 승리가 어떠했는가는 다음과 같은 사료의 글에서 알 수 있다. "그들은 토하리스탄 오른쪽 국경에 있는 에프탈을 인정해야 했고 좌측 경계에 있던 에프탈은 독립국으로 남았다."

몇 년이 지나고 588년에 투르크는 사베(Save)[또는 샤바(Shaba)]를 대장으로 사산조 이란의 국경을 공격했다. 그들을 맞아 싸운 것은 이란의 유능한 장수인 바흐람 츄빈(Bahram Chubin)인데 그의 인기는 그가 살아있을 때나 죽어서까지도 엄청났다. 페흘레비(Pehleviy)[역주: 팔라비 왕조] 문학에는 그에 관한 소설도 있었는데, 그의 업적과 그의 어록들이 기록되었으며 현재 그 기

---

129) 가장 정확한 비잔탄과 투르크와의 상호 교류에 관해서는 피구레브스카야의 글에 나와 있고; 가장 근래의 외국학자가 이에 관해 작성한 글로는 (Moravcsik G., I-II, 1958)이 있다.
130) ITN, II, p. 43.
131) Mandelshtam A.M., 1957, p. 133.

록들은 모두 사라지고 우리에게 남은 것은 피르다우시(Firdousi)와 아랍의 기록뿐이다. 여하튼 투르크의 군대는 아무다리아를 건너서 토하리스탄 전체를 빼앗았고 서쪽에 있는 헤라트(Herat)로 진군했으며 바흐람 츄빈과의 전투에서 투르크의 선봉은 많은 수의 전력을 상실했다. "이를 지켜본 투르크의 칸은 바흐람이 그를 볼 수 있는 곳에서 멈췄는데 투르크의 칸을 본 바흐람은 그를 향해 활을 겨누고 시위를 놓자 칸은 그대로 쓰러졌다. 이 일로 투르크의 군대는 퇴각했다."132) 그 후 죽은 투르크 칸의 아들인 바르무다(Barmuda)[어떤 사료에는 엘-테긴(El-tegin)이라고 나와 있다.]는 새로 군대를 조직해서 일전에 자신들에게 패배를 안겨 주었던 곳으로 진군했다. 그러자 페르시아인들은 아무다리아를 건너와서 전투를 벌였다. 서로 밀고 당기는 싸움이 계속되다가 아무다리아 강변에서 평화 조약이 체결되었다.133)

역사적으로 매우 중요한 글을 쓴 아르메니아의 주교인 세베오스(Sebeos)는 바흐람 츄빈이 에프탈을 치고 순식간에 발흐와 쿠샨 땅 모두와 아무다리아까지 정복했다고 한다. 그리고 발흐에서는 마스쿠트(Maskut)의 왕과 전투를 벌여서 전투에서 왕을 죽이고 그의 땅과 금고들을 모두 빼앗았다고 한다.134) 이 글을 통해 우리가 알 수 있는 것은 투르크가 사산조 이란을 공격하려고 아프가니스탄 땅 북쪽에 있던 에프탈과 손을 잡았다는 것이다.

616~617년도에 사산조 이란은 에프탈과 그의 종주국인 투르크를 공격하려고 했다. 이란의 지휘관인 슴밧 바그랏투니(Smbat Bagratuni)는 두 번에 걸쳐 투르크의 지배하에 놓인 발흐의 통치자가 다스리는 에프탈인들의 땅을 공격했다. 세베오스의 말처럼 그 당시 헤라트, 바드기스(Badgis), 발흐 지방에 에프탈인들이 살았다. 그 지역들을 사산조 이란이 공격해서 승리했고 많은 것을 빼앗아 왔다.135) 이곳에는 투르크에 의해서 에프탈인들이 쫓겨난

---

132) Shmidt A.E., 1958, p. 480.; Noldeke T., 1879, pp. 270-272.
133) Noldeke 1879, p. 272, 474-478; Altheim F., 1962, p. 234.
134) Trever K.V., 1954, p. 140.
135) Trever K. V., 1954, pp. 142-143.

상태였기 때문에 에프탈인들은 거의 살지 않았다.

투르크의 칸과 그 지역 세력들과의 관계.
중앙아시아-투르크의 연합.

초기 투르크의 정치 체제는 에프탈의 것과 별반 다를 바가 없었다.136) 그들은 똑같은 방식으로 지방 수령들을 통해서 세금을 거뒀고 많은 제도들을 그대로 두었다. 하지만 그들은 전쟁에 대비해서 자신들의 연합관계를 잘 지켜야 했는데 그 이유는 그 당시의 상황은 매 시간 변하고 있었기 때문이다. 또한 투르크는 중앙아시아의 정치 제도를 터득했는데 관점에 따라서는 그들은 중앙아시아 생활을 매우 열심히 하고 있었다고 볼 수도 있다. 투르크의 귀족들은 자신들이 전체 국가 이익의 일부밖에 차지할 수 없는가?라는 문제를 스스로 제기하기 시작했다. 그리고 605년에 투르크는 차취 지방의 통치자를 죽이고 그 자리에 투르크인인 델레(Dele)를 세웠다.137)

서돌궐에서 툰-셰흐(Tun-Sheh 618~630)에 의해서 618년에 개혁이 있었는데 각 지방에 그 지방 출신 통치자들을 투르크의 신하처럼 투르크 식의 지위를 부여하는 것이었다. 또한 그들을 조종하기 위해서는 그들의 충성을 얻어야 했다. 하지만 실제로 그가 이런 개혁을 할 수 있었을까? 여하튼 이 일을 이루기 위해서는 각 지방의 영토를 통합해야 했는데 툰-셰흐의 손에는 그것을 이룰만한 막강한 군사력이 있었다. 툰-셰흐 자신도 "용기와 그것을 이행할 수 있는 무장한 군사들이 있다."라고 했다.138) 그 결과 말을 듣지 않던 중앙아시아의 몇몇 영토가 그의 손에 들어갔고 툰-셰흐는 예방 차원에서 중앙아시아의 통치자들 중 세력이 강한 사마르칸트의 지도자에게 자신의 딸

---

136) 톨스토브가 주장하는 중앙아시아의 에프탈인들의 정치 체제와 투르크의 그것이 달랐다는 것은 동의 할 수 없다. (Tolstov S.P., 1948 d, p. 278)
137) Bichurin, II, p. 313.
138) Bichurin, I, p. 283.

을 시집보냈다. 그리고 툰-셰흐가 이란의 장수인 슴밧 바르가투니(Simbat Bargatuni)를 치러 갈 때에는 에프탈인들이 그를 도와주었다. 그리고 이란의 군대가 패해서 도주할 때 툰-셰흐는 아무다리아를 건너가서까지 이란의 수비대를 공격했다. 토하리스탄 전부가 사산인들로부터 해방되었다. 이 사건으로 툰-셰흐가 "페르시아를 굴복시켰다"라고 말할 수 있게 되었다. 또한 그는 기빈(Gibin')을 굴복시킴으로써 남부 아프가니스탄과 현재 파키스탄의 북서부를 장악했거나 최소한 어느 정도의 힘을 행사할 수 있게 되었다고 볼 수 있다.[139]

툰-셰흐(630년)가 죽은 후에 서돌궐은 힘의 균형을 잃게 되었다. 중앙아시아의 귀족들과 농민들 사이가 나빠져서 도적들의 수가 늘어났고, 그들의 약탈이 빈번해졌다. 또한 페르가나의 통치자가 죽었고 그 자리에 투르크의 총독이 부임했다.

내부와 외부의 상황은 처음에는 서돌궐의 내분을 초래했고 그 후에는 멸망을 가져왔다. 이러한 상황들과 함께 알아두어야 할 것은 오아시스에 자리잡게 된 투르크인들은 이주 후에 농경과 목축도 병행하며 살았다는 것이다. 그들은 그 지역에 살던 원래의 주민들과 서로 돕기도 하고 그들을 부리기도 하면서 살았다. 이는 사료에도 기록되어있다.

투르크가 중앙아시아의 수공업에 미친 영향은 대단하다. 역사 유물에서도 볼 수 있듯이 투르크는 중앙아시아로 진출하기 이전에도 이미 매우 발달한 수공업 기술을 가지고 있었다. 그들의 금속을 다루는 기술, 특히 장신구들의 품질은 매우 우수했고 특별했다.[140] 투르크의 이런 요소들은 7~8세기에 중앙아시아에 자리 잡게 된다. 투르크의 이러한 명성은 다른 나라에도 확산되었는데, 당시 만들어진 예술품들 중에 투르크의 것을 매우 많이 볼 수 있다. 투르크는 중앙아시아에 와서 그들의 종교적인 부분을 많이 수용했고

---

139) Chavannes E., 1903, p. 24.
140) Marshak B.I., 1961.

예술 작품들을 많이 창조해 내었으며 이것들은 후에 중앙아시아의 민족들에게 예술적 자원이 되었다.141) 이러한 현상들이 시작된 시대는 자연적으로 시작되는 것이 아니라 종합적으로 이란어를 사용하는 나라와 투르크어를 사용하는 나라의 문화와 종교가 융합해서 발생한 현상이다.

아브루이(Abrui)의 활동

중앙아시아 평민들의 삶은 매우 힘들었다. 이것과 관련된 흥미로운 일은 아브루이가 주도한 활동이다.142) 이 사실은 아브드 아르-라흐마나 무하마드 니샤푸리(Abd ar-Rahmana Muhamad Nishapuri)가 쓴 "하지낫 알-울룸(Hazinat al-ulum)[과학의 보고]"라는 책에 기록되어 있다. 나르샤히(Narshahi)도 부하라에 관한 이야기에서 사람들의 삶에 관한 글을 썼다. 니샤푸리도 나르샤히처럼 부하라 지역 사람들의 삶에 관해 말한다. "많은 사람들이 부하라로 이주해 와 살기 시작했는데, 그 이유는 이곳에는 물과 나무가 풍부했고 사냥감이 충분했기 때문이다. 그들에게 이 지방이 만족스러웠으므로 이곳에 정착해 살기 시작했다. 처음에 그들은 유르타[역주: 중앙아시아에서 목동들이 쓰는 이동식 가옥]나 천막을 치고 살았으나 나중에 인구가 증가함에 따라 건물을 짓고 살기 시작했다. 사람들이 많아져서 그들은 한 사람을 선택하고 그를 '아미르(Amir)'라고 불렀다. 그 선택된 사람의 이름이 아브루이(Abruy)이다." 왕은 페이켄트(Peykent)에 있는 칼라-이 다부시(Kala-i Dabusi)에 거주했다. "시간이 지나고 아브루이의 힘이 강해지자 그는 가혹하게 나라를 통치했다. 사람들은 그의 통치에서 벗어나려고 했다. 부유한 사람들과 지식인들은 자

---

141) Bertels E., 1960, pp. 84-87; Stebleva I.V., 1965, pp. 65-68.
142) 구밀료브(L.N. Gumilev)는 "소그드인들의 태수나 상인들은 서투르크의 칸에게서 많은 감명을 받았다."그는 또한 7세기 중앙아시아의 문화적 발전을 "소그디아나가 투르크의 통치하에 들어가면서 시작되었다"라고 말한다. 하지만 역설적이게도 그의 이러한 주장은 역사적 사실과는 반대로 흐르고 있다. 구밀료브는 역사적 사실을 정확하게 판단하지 않았으며 당시의 역사적 현상에도 주목하지 않는 실수를 범했다.

신들의 출신지인 투르키스탄으로 가서 그곳에서 마을을 이루었는데 이 마을의 이름은 하무카트(Hamukat)이다. 왜냐하면 이주민들의 대표의 이름이 하무크(Hamuk)였기 때문이다. 또한 부하라에 남아있던 사람들은 그들의 귀족들에게 사람을 보내서 아브루이의 억압으로부터 구해달라고 요청했고 귀족들은 도움을 요청하기 위한 사람으로 투르크의 카라-츄린-투르크(Kara-Churin-Turk)를 선택했다." 이 사람은 자신의 아들인 시리 키쉬바라(Shiri Kishvara)와 함께 그들을 돕기 위해 군대를 파견했다. 이 군대는 부하라를 거쳐서 페이켄트에 당도했고 그곳에서 아브루이를 생포했다. 시리 키쉬바라는 큰 통에다 벌을 가득 넣고 그곳에 아브루이를 넣어서 죽이라고 했다. 그 후에 시리 키쉬바르는 부하라 지역의 왕이 되었고 이 전에 도망갔던 이 지역의 부유한 이들, 지식인들을 다시 불러 들였다.[143]

이 사료들을 학자들이 연구해 본 결과 이는 아마 전설 같은 것이었을 수도 있지만 이것이 역사적인 사실일 수도 있다는 것이 밝혀졌다.

중앙아시아 고대 역사의 권위자인 E.자하우(E.Zahau)와 K.A.이노스트란체브(K.A.Inostrantsv)는 위의 이야기와 같은 것이 중앙아시아 설화의 대표적인 것이라고 한다. I.마르크와르트(I.Markvart)는 처음으로 자신의 논문에[144] 이 이야기가 역사적인 사실을 근거로 기록된 것이라고 했다. 그가 제시한 증거로는 이것이 6세기 중반에 투르크가 에프탈인들과 소그드를 놓고 벌인 전쟁이라고 한다. 그리고 그는 아브루이가 아마 에프탈의 마지막 왕이었을 것이라고 추측한다.

S.P.톨스토브도 매우 재미있는 주장을 편다. 그의 주장대로라면 이 사건이 6세기 후반에 투르크가 인구의 증가로 이주할 곳을 찾다가 부하라 지방으로 이주한 것 이라고 한다.[145] 톨스토브와 마르크와르트의 주장은 매우

---

143) 쉐페르(Shefer) 1892. 러시아어 번역본: Narshakhi, 1897, pp. 12-13). 영어 번역본: "The history of Bukhara" 1954, pp. 6-8.
144) Marquart J., 1901, p309; 1938, pp. 147-148.
145) Tolstov S.P., 1948 a, p. 248.

매력적인 것이지만 아직 증명되지 않은 것으로 남아있다.[146]

가능성이 있는 주장은 아니지만 톨스토브가 내린 결말에 대한 이야기도 빼 놓을 수 없다. 투르크의 이주민들 중에 경작을 하고 있던 이들이 소그드인들의 빈민들과 같은 천막에서 살았다. 그러자 소그드의 귀족들이 투르크 칸의 귀족들을 공격했다. 이렇게 니샤푸리나 그 외의 다른 사람들의 글에서도 볼 수 있는 것은 당시 계급간의 투쟁이 매우 심각했고 서로 주도권 쟁탈 전쟁이 치열했다.

서기 10~11세기 경 투르크 민족의 의복
1- 호조의 벽화 참고한 이미지
2- 리 루아-만의 그림을 참고한 이미지

---

146) Mandelshtam A.M., 1964, p. 48.

2. 6~8세기의 토하리스탄

6~8세기 토하리스탄에 관한 역사적 사료

토하리스탄이라는 명칭은 383년의 기록에서 최초로 사용되었다.147) 중국의 사료는 이 나라를 투홀로(Tuholo)라고 칭한다.148)

토하리스탄의 영토는 지금의 타지키스탄 남부, 우즈베키스탄의 수르한다리오 지방, 그리고 아프가니스탄이다. 중세시대 초기 토하리스탄에는 박트리아 옛 영토의 대부분이 그들의 영토에 속했다.

토하리스탄의 6~7세기 당시 정치는 매우 혼란스러웠다. 에프탈과 함께 투르크에 대항해서 싸웠고 사산도 그들을 가만히 놔두질 않는데다 내부 반란까지 일어났었다. 이 모든 상황은 토하리스탄을 어렵게 했다. 우리는 이 나라에 관해서 어느 정도는 자세히 말하겠지만 이것들은 토하리스탄에 관한 기록의 일부분일 뿐이고 그 국가의 내부 상황이나 각 지방의 상황들은 우리에게 잘 알려져 있지 않다. 그리고 사료들에는 이 나라에 관한 것들이 매우 조금씩만 묘사된다. 화폐 유물로는 아지나-테페(Ajina-tepe)와 카피르-칼라(Kafir-kala)에서 발굴된 것이 있지만 아직 그 화폐들을 완전히 해석해 내지는 못했다.

사료에 기록된 토하리스탄에 관한 기록들을 한번 살펴보자. 여행자인 손유는 보호(Boho)[바하(Vaha)]라는 지역에 왔었다. 그는 이 지역에 대해서 산이 다른 곳보다 높고 골짜기는 매우 깊으며 황제는 그들이 세운 도시에 살고, 복장은 아름다웠으며 그 중의 어떤 것은 가죽으로 된 것도 있었다고 한다. 날씨는 추웠고 보통 서민들은 굴속에서 살았다. 그리고 눈보라가 많았고 이 지역의 남쪽에는 눈으로 덮인 거대한 산이 있다고 한다.

---

147) Muller T. W. K., 1918, p. 575.
148) Chavannes E., 1903, p. 155.

그리고 그는 더 나아가서 예-다(Ye-da)라는 지방에 이르렀다고 한다. 이 지방은 에프탈인들의 땅으로 지금의 바다흐샤나(Badahshana)이다. 그는 에프탈인들의 땅에 관해서 이렇게 설명한다. "그들의 지방에는 산에서 뿜어져 나오는 물이 충분했고 이 물은 온 나라의 사람들이 사는 곳으로 확산되었다. [이 말은 산에서 나오는 샘과 농경에 사용되는 운하에 관한 것이다.] 사람들은 주로 동물 가죽으로 된 옷을 입었고 귀족들과 부자들은 온몸을 덮는 옷을 입었다. 이 나라에는 [아마 황제의 궁궐에는] 큰 카펫들이 많았고 보석들이 매우 많았으며[149] 많은 말과 낙타도 있었다. 수도는 바디얀(Badiyan)[150][이것은 아마 바다흐샤나를 이렇게 기록한 것 같다.]이었다." 사료에는 590년에 보도차나(Bodochana)가 통치했다고 기록되어 있다. 그러니까 이 시기에는 이미 수도의 이름이 바다흐샤나였던 것이 확실하다.[151]

7세기 초반의 수서(隋書)의 기록에 토하리스탄의 투홀로(Tuholo)에 관한 기록이 있다. 거기에는 이 도시의 사람들은 에프탈인들과 혼합되었고 그들은 10만의 정예병이 있었다고 기록되어 있고 일처다부에 관한 기록도 있다.[152]

7세기의 여행가인 현장은 토하리스탄의 영토에 대해서 기록했는데 그는 토하리스탄의 북쪽에서부터 '철문'[바이순(Baysun) 산맥]을 넘어갔다. 또 그의 말에 따르면 토하리스탄의 동쪽에서 서쪽까지의 길이가 북쪽에서 남쪽까지의 길이보다 3배 더 컸다고 한다. "거대한 강[여기서는 아무다리아를 뜻한다.]은 나라를 가로질러 서쪽으로 흘렀다." 그리고 그의 말에 따르면 이 나라는 27개의 각기 다른 영토로 나뉘었으며 그들은 모두 투르크와는 별개의 독립적인 국가였다. 이 지역의 날씨는 여행자에게는 따뜻하고 습기가 많은 것처럼 느껴졌다. 주민들은 주로 면으로 된 옷을 입었고 어떤 이들은 동물 가죽으로

---

149) Beal S., 1906.
150) Bichurin, II, pp. 268-269.
151) Mandelshtam A.M., 1957, pp. 101-107.
152) Bichurin, II, p. 286.

된 것들도 입었다. 언어는 다른 나라의 언어와는 조금 달랐는데 그들 언어의 알파벳은 25개이다[중국 사람인 이 여행자는 모든 것이 이 25개의 알파벳으로 표현된다는 것에 놀랐다]. 토하리스탄의 사람들은 좌측에서 오른쪽으로 읽는다. 그리고 문학 작품들은 날이 갈수록 많아져서 소그드의 것과 그 수가 비슷하게 되었다. 거래할 때에 그들은 금과 은을 사용했으며 그들의 화폐들은 그들만의 방식으로 만들어져 있어서 다른 나라의 것들과는 다르다.[153]

현장 또한 토하리스탄의 각기 다른 영토들을 소개했다. 그중에 다-미(Da-Mi)는 테르미즈를 다스리고, 취-오-얀-나(Chi-o-Yan'-Na)는 차가니안-수르한다리오 북서쪽과 기싸르 서쪽을 다스렸는데 차가니스탄의 수도의 면적은 테르미즈의 것보다 두 배는 작았다. 그리고 여기에는 슈만(Shuman) 지방에 대한 기록도 나와 있는데 기록에는 이 지역이 기싸르 지방의 동쪽과 중심부를 차지했었다고 한다. 7세기경에 이 나라는 남쪽으로 영토를 확장해 갔는데 이 때문에 카피르니간(Kafirnigan)은 슈만의 왕이 투르크 사람이라고 한다. 슈만은 츠쥬이-헤-얀-나(Tsztuy-he-yan-na), 즉 카바디안(Kabadian)과 국경을 마주하고 있었으며 이 나라의 수도의 이름은 알려져 있지 않지만 그 면적은 차가니안의 수도와 비슷하다. 카바디안의 동쪽 국경에는 호샤(Hosha)[바흐쉬(Bahsh)]가 있었는데 이 지방은 북쪽에서 남쪽까지의 길이가 동쪽에서 서쪽까지의 길이보다 두 배는 더 컸다. 수도는 테르미즈의 것과 그 면적이 비슷하다. 또한 바흐쉬의 동쪽에는 케돌로(Kedolo)[154][옛날에는 후탈(Huttal)이라고 불렸다]라는 지방이 있는데 그 동쪽에는 춘린(Tsunlin)이라고 불리었던 파미르 고원이 있다. 이 나라는 다른 어느 영토보다도 더 컸다. 수도의 크기는 테르미즈의 것과 같다.[155] 이 후탈에 관해서는 두 개의 지역을 설명해야 하는데 하나는 현장이 말하는 오-리-니(O-li-ni)라는 곳인데 이곳은 판지(Panji) 지방에 걸쳐 있고 이곳의 중심 도시는 그 규모가 어마어마했다.[156] 그리고

---

153) Beal S., 1906, I, pp. 37-38.
154) Bailey H.W., 1937, p. 887.
155) Beal S., 1906, 1, pp. 38-41.

다른 지방은 포-리-호(Po-li-ho)이다. 앞에 언급한 지방과 마찬가지로 이 지역도 투홀로(Tuholo)에 속해 있다. 이 지방의 중심도시도 매우 컸다. S.빌(S.Bill)은 이 포리호 지방을 파르하르(Parhar)지방과 동일하다고 본다. 마르크바르트(Marquart I.) 또한 이 지방이 그곳과 동일하다는 것에 동의한다.[157] 하지만 이 주장이 틀렸다는 것을 벨레니츠키(Belenitskiy)가 밝혀냈다. 그는 파르하르는 판지 지방에 있다고 결론을 내렸다. 오-리-니는 중세시대의 문헌을 보면 강의 오른쪽에 위치해 있었다고 한다.[158] 이 외에도 추이-미-토(Tsuy-mi-to)[쿠메드(Kumed)로서 현재의 카라테긴(Karategin), 다르보자(Darvoza), 반취(Vanch)지방이다], 시-치-니(Shi-tsi-ni)[슈구난(Shugnan)], 바보추안나(Babochuanna)[바다흐샨(Badahshan)], 그리고 다모시테디(Damositedi) [바한(Bahan)]에 대한 기록도 있다. 마지막 명칭의 수도는 훈토도(Hun'todo)[159]인데 이 지방은 매우 황량했으며 각기 다른 높이의 산으로 이루어져 있다고 한다. 이 산들의 꼭대기는 흙이나 바위로 이루어져 있었고 기후는 차가운 바람이 매섭게 불었다. 현장의 말로는 바한에서는 소량의 밀과 콩이 재배되었다고 한다. 특히 현장은 이 지역의 말에 대해서 기록했는데 이 지역의 말은 그 크기는 작았지만 매우 강했고 장거리를 가볍게 달렸다고 한다. 이 지역의 주민들은 동물 모피로 만든 옷을 입었다.

슈그난(Shugnan)에 대한 설명에도 이곳에서 밀과 콩 뿐만 아니라 벼도 어느 정도 자랐다고 한다. 그리고 슈그난인들의 복장은 가죽과 짐승 털로 만든 것이라고 한다. 그들의 기록은 토하리스탄의 것과 비슷하지만 언어 자체는 다르다.[160]

현장은 토하리스탄의 수도인 포호(Poho)[발흐]는 토하리스탄 주변의 다른 나라들처럼 매우 번성한 도시로 인구도 많았다고 한다[지금의 아프가니스탄 북

---

156) Beal S., 1906, II, p. 289-290.
157) Marquart I., 1901, p. 234.
158) Belenitsky A.M., 1950a, p. 110.
159) Mandelshtam A.M., 1957, p.109.
160) Beal S., 1906, pp. 291-296.

쪽].161)

당나라의 기록을 봐도 7세기 후반과 8세기 초반에는 토하리스탄인들이 에프탈인들과 함께 살았고 그들의 민족성은 기마 민족이었다고 한다.162) 슈그난의 왕궁은 처음에는 쿠한(Kuhan)이라는 곳에 있었다. 그러나 나중에 산악 지대로 옮겨졌다고 베루니가 기록했다.163) 이것을 샤반은 "처음에는 수도가 쿠한이라는 도시에 있었는데 나중에 주민들이 산악지대로 이주했다."라고 해석한다. 그리고 그들은 "5개의 쉬나(shina)"로 자치영토를 나누었다. 그들의 역사기록에는 농경이라는 것이 없다.

바하나(Bahana)에 관한 것은 당의 기록에도 현장의 기록과 같이 푸른 눈 등과 같은 이야기들이 기록되어 있다. 하지만 여행자의 기록에는 왕궁의 명칭에 대한 기록이 조금 다르게 나와 있다. 그것의 이름을 샤이가네쉬(Shayganesh)라고 하고 이게 판지강 아래에 있다고 한다.164) 마르크브라트는 이 고대 기록을 연구하고 그와 비슷한 명칭을 찾아본 결과 이것이 이쉬카쉬마(Ishkashma)을 말하는 것이라고 주장한다.165)

그리고 후탈랸(Huttalyan)에 관한 기록도 있다. 이 땅은 매우 크다고 한다. 이 지방의 수도는 세츄-캰(Sechu-kyan')이고 왕국도 여기 있다. 이 지역에는 좋은 말과 노란 표범[아마 호랑이나 오소리를 뜻하는 것 같음]이 있었다. 그리고 네 개의 큰 소금산이 있었다고 한다. 이 소금산의 지금 명칭은 호자-무민(Hodja-mumin)이다.

불교의 승려인 혜초(Hyecho)는 726년에 중앙아시아를 방문하고 토하리스탄에 대해 이렇게 기록했다. 나라는 아랍인들이 다스리고 황제는 도망가서 바다흐샨에 살고 있다. 주민들의 언어는 다른 나라의 것들과 다르지만 카

---

161) Beal S., 1906, pp. 42-48, II, pp. 285-292.
162) Bichurin, II, p. 321.
163) Bichurin, II, p. 333.
164) Bichurin, II, pp. 323-324; Chavannes E. 1903, pp. 162-165.
165) Marquart I., 1901, p. 224.

피스(Kapis)어와 비슷한 점이 있다. 복장은 모피나 면화로 만들어졌다. 이 나라에는 낙타, 말, 노새가 많았고 목화경작지나 포도원이 많았다.166) 주식으로는 곡식 가루 말린 것을 먹었다. 남자들은 머리카락과 수염을 민 반면 여자들은 긴 머리카락을 가지고 있었다. 사람들은 불교를 믿었고 많은 사원과 승려들이 있었다. 그리고 형제가 열이거나 다섯이거나 셋이거나 둘이거나 그 모두가 한명의 부인과 살았다. 이런 현상은 에프탈인들에게서 볼 수 있는 일처다부현상이다.

또한 혜초의 말에 따르면 후탈란의 황제는 투르크 족이고 그 나라의 인구도 반은 후(Hu)인, 즉 원주민이고 다른 반은 투르크인들이라고 한다. 나라는 아랍인들이 통치했다. 그 나라에서는 어떤 이는 토하리스탄어를 사용했고 어떤 이는 투르크어를 썼으며 다른 이는 그들 원주민의 언어를 사용했다. 그 나라에는 당나귀, 낙타, 말, 노새 등이 많았고 농업은 목화, 포도농사를 지었고 모피를 많이 사용했다. 옷은 털과 면으로 만들었다. 황제와 귀족을 비롯한 주민들은 불교를 믿었고 많은 사원과 승려가 있었다.

바한(Vahan)에서 황제의 힘은 약했고 아랍인들이 그들을 통치했다. 그래서 그들은 매년 비단을 조공으로 바쳐야 했다. 바한인들은 산에서 살았다. 그들의 집들은 작고 불편했다. 가난한 이들 중에는 굴속에서 사는 사람도 있었다. 옷은 모피로 만들었고 그 위에 펠트로 덮었다. 황제는 비단과 면으로 된 옷을 입었다. 음식은 반죽을 해서 구운 빵만을 먹었다. 그들의 언어는 다른 나라의 언어와 달랐다. 산에는 어떤 나무나 식물도 없었다. 그리고 아주 적은 수의 조류, 말, 그리고 당나귀가 있었다. 종교는 후탈란과 마찬가지로 불교를 믿었다.

이 여행자는 "슈그난의 9개 영토"에 대해서도 쓴다. 각 영지에는 통치자가 있었고 그에게는 군대도 있었다. 이 영토를 모두 통치하는 왕은 바한의 왕에게 복종했다. 이 지역에는 말, 당나귀, 양, 조류 등이 있었다. 황제와 귀

---

166) Fuchs W., 1938, p. 449.

족들은 면과 모피로 된 옷을 입었다. 평민들은 펠트로 된 옷을 입었다. 그들의 언어는 다른 나라의 것들과 달랐다. 그러나 종교는 다른 지방들과 달리 불교가 널리 퍼지지 못했다. 그리고 왕은 카라반을 공격하기 위해서 군대를 보냈다고 한다.167)

정치의 역사

서돌궐의 칸인 툰 셰흐(Tun Sheh)가 토하리스탄을 정복했다는 것을 우리는 이미 살펴보았다. 이 일이 있은 후에 현장은 투르크의 부섭정관168)을 만나 이 지방에 머물렀다. 아랍-페르시아의 기록들로 봐서 그는 쟈부야(Jabuya), 쟈브구야(Jabguya), 나의 생각으로는 야브구(Yabgu)라는 명칭을 얻었다. 토하리스탄 통치에 관한 사료의 기록은 매우 짧다.

토하리스탄에서 가장 강한 영토 중의 하나가 후탈랸(Huttalyan)이다.169) 거기에는 7~8세기에 자체적인 왕조가 있었다. 그중의 한 명으로는 타바리(Tabari)의 말에 따르면 아스-사발(as-Sabal)170)이 있었다. 이 이름은 투르크어를 아랍식으로 발음한 샤보로(Shabolo)일 것이다.171) 혜초는 아스-사발의 시대에 중앙아시아에 몇 년간 살았다.172) 그런 그가 직설적으로 후탈랸의 왕은 투르크 사람이라고 했다. 아스-사발은 7세기 후반부터 8세기 초반까지 후탈랸을 통치했다. 아랍의 사료들은 그를 황제라 부른다. 어느 정도의 질서 있는 왕위가 있었다고 한다.173)

이 나라가 투르크계임에도 불구하고 그 왕들은 이란 쪽의 명칭을 사용했

---

167) Fuchs W., pp. 452-453.
168) "The Life of Hsuan-Tszang", 1959, pp. 48-49.
169) Stavisky B.Ya., 1957b, p. 89.
170) Tabari II, p. 1040, 1152, 1583.
171) Marquart I., 1901, p. 303.
172) Fuchs W., 1938, p. 452.
173) Tabari, II, p. 1618. 러시아 번역은 Belenitsky A.M., 1950 a, p. 115.

다. 예를 들면 후탈랸-샤흐(Huttalyan-shah)나 쉐리-후탈랸(Sheri-huttalyan) 이 그러하다. 그렇지만 그들은 토하리스탄의 다른 나라들과 연관성도 있었다. 그 당시 아랍의 총독이었던 쿠테이브 이븐 무실라(Kuteib ibn Musila)는 토하리스탄의 영주들을 보고 그들에게 입 맞추고 그들보다 낮은 자리에 앉게 해달라고 청했다고 한다.174)

8세기 초의 사료들은 후탈랸의 왕에게 5만의 정예병이 있었다고 한다. 이 수는 슈만, 카바디안, 슈그난, 바한의 통치자들이 보유하고 있던 군사의 수와 비슷하다.175)

또한 이런 증거가 있다. 아프로시읍에서 발굴된 매우 흥미로운 증거인 그것은 사마르칸트에 그들의 사절이 왔었다는 것이다. 사절은 자신이 투란 타쉬(Turantash)[차가니안에 있는]에서 왔다고 했다. 역사학자인 리브쉬츠(Livshits)는 아프로시읍에 있는 이 벽화는 당시 소그드의 공식적인 역사 자료이지만 민속적인 작품일 수도 있다고 한다. 하지만 이것이 사실일 것이라는 증거가 있다. 바로 7세기 후반에 벌어진 일이 기록되어 있다는 것이다.

자료에 의하면 에프탈인은 차가니안을 소유하고 있었다고 한다. 정확히 말하면, 서기 719년에 차가니안의 통치자 티쉬는 외눈박이였다. 아랍어 자료에 의하면, 그는 Tokharistan의 Yabgu. 그의 이름은 의심할 여지없이 다음과 같다. 이란의 하나[그래서 박트리아어로 키루스의 별]. 통치자들 차가니안은 "차가니-쿠다트"라는 칭호를 가지고 있었다.176)

토하리스탄은 모든 힘이 한 곳으로 집중되지 못했고 각기 다른 영토를 차지했으며 그 영토들에는 서로 다른 영주들이 있었다. 그리고 이 나누어진 영토들은 거의 독립적인 국가라고 볼 수 있다. 그들이 각기 독립적인 국가라는 것을 증명하는 것은 그들이 자신들의 사절을 주변 국가와 먼 국가에까지

---

174) 관련 자세한 자료는 Belenitsky A.M., 1950 a, pp. 112-113. 참고.
175) Chavannes E., 1903, pp. 200-201; O.I. Smirnova, 1969, p. 218.
176) Marquart I., 1901, p. 226.

보냈다는 것이다. 그들의 내부에서 관직을 어떻게 부여했는지는 아무것도 알려지지 않았다. 하지만 소그드의 기록에서 그것을 조금이나마 볼 수 있었다. 거기서는 차가니안의 사절이 왔는데 그는 '디피르팟(Dipirpat)'라는 명칭을 사용했다고 한다. 이 뜻은 사절단의 장(長)이라는 뜻이다. 이때에 사절단의 일원들은 모두 높은 관작을 가졌던 사람들이다.177)

관개와 농업

매우 많은, 거의 모든 토하리스탄의 사람들은 농업에 종사했다. 손윤(Son Yun)의 기록에는 인공관개의 이용에 대해 기록되어 있다. 발전된 형태의 큰 인공관개는 아마 강의 유역이나 골짜기에 있었을 것이다. 그리고 고지대에 있는 땅에서 많은 양이 수확되었다. 고고학자들은 이 관개가 얼마나 거대했는지 생각해보라고 한다. 바흐쉬에는 중세에 세워진 네 개의 거대한 수로가 물을 운반했다고 한다. 카피르(Kafir) 운하는 그 시기를 알아보는 것이 매우 중요하다.

이것들은 바흐쉬 좌측에서 칼리니아바드(Kaliniabad)로부터 2.5km 떨어진 곳으로 흘렀다. 상류에서는 물이 미끄러지듯이 흘러갔다. 이후에 운하는 마르닷(Mardat)을 향해 흐른다. 여기서부터는 다시 남측으로 골짜기 동쪽의 고지대 가까이로 흘렀는데 바로 이곳에서 많은 유물들이 발굴되었다. 이것의 중심부는 초르굴-테페(Chorgul-tepe)이다. 중세시대 초기에 세워진 것으로 불교의 사원인 아지나-테페(Ajina-tepe)가 있었다. 남쪽으로는 아크가진(Akgazin)고원이 있다. 그보다 더 남쪽에서는 운하가 크즐-툼슉(Kzil-tumshuk) 쪽으로 방향을 바꿔서 흘렀다. 여기에는 중세시대 초기의 번성했던 도시의 유적이 남아 있다. 운하의 깊이가 1.5~2m에 이르고 그 넓이가 6m에 이르렀다. 그리고 남서쪽에 있는 베쉬-카프(Besh-kap)까지 4~5km의 길이로 이어져 있었다.

---

177) Livshits V.A., 1965 b.

여기서는 운하가 저지대를 지나가야 했는데, 여기에 고대에 건축가들이 거대한 제방을 쌓았다. 그 깊이가 8m에 이르고 그 넓이는 넓은 곳이 50m에 이르고 가장 좁은 곳도 13~15m에 이르렀다. 우리가 지금 이런 거대한 건축물을 보아도 아마 놀랄 것이다. 여기를 지나서 운하는 다시 남쪽으로 지금의 쿰산기르(Kumsangir) 지방까지 흘렀다. 이렇게 이 운하는 바흐쉬 골짜기 거의 전체를 가로질러 흘렀다.

여기서 이 운하에 대해 두 가지 더 알아야 할 것이 있다. 첫째는 이 운하가 이 골짜기에서 거의 숭배의 대상이 되었다는 것이다. 이 운하는 어느 곳으로나 흐를 수 있었다. 둘째는 이 운하가 고대 관개의 예술적 발전이라는 것이다. 요즘 건축가들과 관개를 만드는 이들, 그리고 엔지니어들이 만들어낸 운하도 이 고대의 운하와 상당히 유사하다.[178]

이렇게 고대에도 생활에 매우 필요한 이런 거대한 건축물이 만들어졌다. 특히 카피르라는 이름의 운하는 매우 거대하고 실용적이었다.

농업은 매우 기초적인 도구들을 사용했다. 땅을 파는 일에는 나무로 만든 기구에다 끝에 철을 박아서 사용했다. 그 외에 다른 기구로는 철로 만든 삽 등이 있다. 이런 철기들이 문챤-테페(Munchan-tepe)에서 발굴되었는데 그곳에서는 밀을 베는 낫 등이 발굴되었다. 이런 것들은 중앙아시아의 다른 지방에서도 발굴된다.

농업에 관해서는 우리는 비교적 상세히 알 수 있다. 대부분의 농지에서는 곡식을 경작했고 콩을 심기도 했다. 그리고 한 가지 더 알아야 할 것은 매우 발달한 목화 재배이다.[여기서는 목화 재배뿐만 아니라 그것으로 만든 천이나 종이 등의 것도 포함된다.] 이 나라에는 많은 포도농장이 있었고 얼마정도의 쌀도 있었다.

647년에 보면 투르크의 야브구(yabgu)가 어딘가에서[토하리스탄일 수도 있

---

178) Zeimal T.I., 1962; Litvinsky B.A. and Zeimal T.I., 1964; Zeimal T.I. 1971, pp. 39-47.

다.] 특별한 종류의 포도를 가져왔다고 한다. 토하리스탄에서 약재도 가끔 가져왔다고 한다.

고고학적인 유물들이 이런 사실들을 증명한다. 예를 들면 낫의 크기나 농기구들은 이 시기에 얼마나 많은 양의 곡식이 수확되었는가를 말해 준다. 발랄락-테페(Balalak-tepe)에서는 마른 포도 열매가 발견되었다. 여기서는 포도 열매 외에도 밀, 복숭아씨, 살구, 딘야(Dinya)[역주: 중앙아시아에서 생산되는 길쭉한 멜론]와 수박, 그리고 호두 껍질, 아몬드 등이 나왔다.[179]

토하리스탄의 말(馬)들은 매우 유명하며, 여러 가지의 종류가 있었던 것으로 보인다. 그중에는 멋있는 것도 있고 작은 것도 있었다. 이 말들은 산을 잘 타고 평지를 잘 달리는 말들과 여러 종류의 말이 있었다. 이 말들에 대해 내려오는 전설도 있으며 신화처럼 종교화된 말도 있었다. 이 이야기들은 조상들에 의해서 지금까지 전해져 온다.[180]

말 외에도 낙타에 관한 이야기들이 많이 나온다. 당시 교통수단으로는 낙타, 말, 노새, 당나귀 등이 있었다. 당시의 나라에는 대단위의 넓은 땅에 가축들이 살았다. 이것은 혜초의 기록에서 뿐만 아니라 당시 사료에 짐승의 가죽이나 털로 옷과 카펫을 만들었다는 것이 이를 증명해 준다.

수공업과 상업

토하리스탄에서는 광업이 발달했다. 여기에는 많은 보석들이 있었다. 그중에서도 바다흐샨의 루비가 유명했다. 그 외에도 수정 같은 저가의 보석들과 진귀한 보석들도 많았다.[181] 이런 사실들은 사료들과 여행자들에 의해서 기록되었다. 손유는 토하리스탄에 보석들이 매우 풍부했으며 여기에 마노(瑪瑙)가 있었다고 한다. 이곳에는 소금이 생산되었는데 암염(巖鹽)으로 여러 가

---

179) Albaum L.I., 1960, pp. 67-68, 101.
180) Schafer E.H., 1963, p. 76.
181) Schafer E.H., 1963, pp. 222-230, 235.

지를 만들었다고 한다. 발랄릭-테페(Ballalik-tepe)에서는 암염으로 만든 낙타 모형이 발굴되었다. 여기서 소금이 어떤 의식적인 의미를 가지고 있었을 수도 있다. 사산에서는 소금의 이런 의식적인 부분이 확실히 있었다. 알바움(Al'baum)은 소금이 중앙아시아에서 일종의 상징물 같은 존재였다고 한다. 특히 에프탈인들에게 있어서는 더욱 그러했다.[182]

역사에서 직설적으로 확실히 말하지는 않지만 이런 것들로 봐서 우리는 토하리스탄에 금을 비롯해서 여러 가지 보석과 많은 생필품과 무기까지 만들 수 있었던 철에 이르기까지 많은 자원이 있었다고 본다. 그리고 당연히 이런 광물들을 다루는 기술도 존재했다고 본다. 그 당시는 전쟁이 끊이지 않았던 시기라 무기제조는 매우 중요한 일중 하나였다. 우리는 전에 5~7세기 시대에는 군인들이 활과 창, 곤봉으로 무장했다고 언급한 바가 있다. 여기서 한 가지 더 말하고 싶은 것은 그들이 '발흐의 쇠비늘 갑옷'을 입었다는 것이다.

고고학적인 측면에서 이런 것들을 더 자세히 살펴보자면 이렇다. 그들은 활을 가지고 다녔고 화살의 끝에는 삼각형의 철이 박혀 있었으며 허리띠에는 단도를 차고 있었다.[183] 지도자급이나 귀족들 또한 칼을 착용했다. 하지만 더 자세한 것은 알 수 없다.

귀족들의 생활에는 금이나 은으로 만든 술잔이나 컵들이 매우 널리 사용되었다. 이 그릇들을 설명하자면 잘 세공된 가늘고 긴 다리와 그 외부에는 홈이 패어져 있는 것이 있다. 그리고 줄무늬 모양이 원을 그리며 있는 것도 있다. 하지만 어떤 것들은 설명하기 매우 어려운 것도 있다.

발랄릭-테페 사람들의 장신구도 여러 종류가 있다. 손목에는 금으로 된 팔찌, 손가락에는 반지가 있다. 그리고 귀에는 서로 다른 모양의 많은 귀걸이들이 있었다.[184] 고고학자들이 이런 종류의 유물들을 다량 발굴하였다.

---

182) Albaum L.I., 1960, pp. 79-81.
183) Litvinsky B.A., 1965.

발랄릭-테페에서는 동으로 만든 아름다운 코끼리 상도 발굴되었다.[185] 우리에게 있는 또 다른 토하리스탄의 유물로는 7세기 후반에 만들어진 '세 개의 가지를 가진 나무 모양의 촛대'가 있다.[186]

토하리스탄에는 유리제조술도 매우 발달했다. 이를 증명하는 것은 중국인들이 와서 유색의 유리제조술을 배웠다는 기록에 있다[중국에는 고대에도 유리를 만드는 기술이 있었지만 아마 그 제조술이 상당히 뒤떨어졌었나 보다.]. 중국의 문헌에는 424년에 대(大)월지, 즉 토하리스탄에서 상인들이 왔다고 기록되어 있다. 그들은 자신들이 돌에서 유리를 뽑아낼 수 있다고 했고 그 서방의 유리 제조 기술을 전수해줬다. 이런 고대의 유리 제조는 시리아와 알렉산드리아로부터 전해진 것으로써 고대에는 최고의 수준이었다. 그 후에 중국의 문헌에는 중앙아시아에서 기술자들이 와서 그들에게 기술을 전수해 주었다고 기록했다. "유리는 매우 빛이 났고 매우 투명했다." 그리고 많은 세월이 지난 후인 8세기에 토하리스탄에서는 놀랍도록 아름다운 붉은 유리를 중국으로 보냈다.[187]

발랄릭-테페에서는 유리로 만든 비교할 데 없는 예술적 작품이 발굴되었다. 이는 부어서 만든 메달 모양으로써 초록색 유리로 만들었다. 그 표면에는 아이를 먹이고 있는 여자가 그려져 있다. 은으로 만든 대형메달도 있다.[188] 이런 것 외에도 많이 볼 수 있는 그릇들은 주로 컵인데 그것들에는 물결무늬를 새겨 넣은 것을 많이 볼 수 있다. 유리구슬들도 발굴되었다.

직물제조를 한번 살펴보자. 이 또한 매우 발전한 것으로, 털이나 목화로 만든 천 등이 있었다. 후탈란에서는 다양한 색깔로 되어있는 아름다운 실크가 제작되었다. 이에 대한 고고학적 설명은 말할 것이 많다. 발랄릭-테페에

---

184) Mandelshtam A.M. and Pevzner S.B., 1958, p. 313.
185) Albaum L.I., 1960, Litvinsky B.A., and Zeimal T.I., 1968.
186) Bichurin, II, p. 321.: Schafer E.H., 1963, p. 259.
187) Bichurin, II, 1950 b, p. 322; see also: Schafer E.H., 1963, pp. 235-236.
188) Albaum L.I., 1960, pp. 76-78.

서는 세 종류의 상이한 직물이 발굴되었는데, 노랑, 빨강, 얼룩무늬가 있는 털로 만든 것, 노란 배경에 푸른 무늬가 있는 털로 만든 것, 그리고 파란색과 노란색의 실크로 만든 천이 그러하다. 이렇게 털과 목화로 제작한 직물들이 토하리스탄에서 만들어졌다는 것에는 아무런 의심도 없다. 이것을 증명하는 것은 토하리스탄에서 발굴된 물레이다. 이 물레의 가락은 나무로 되어 있었다. 이 물레는 토하리스탄 곳곳에 퍼졌고 이것으로 많은 직물을 만들었다. 아마 이것으로 목화와 털로 만든 이 모든 천을 짰을 것이다.

실크에 대한 고고학적인 유물은 예전에는 중국에서 수입해 왔다는 증거만 있었다. 하지만 가장 최근 발굴된 유물들은 중세시대 초기에 이미 중앙아시아는 실크 제조법을 완전히 익혔다고 밝혀졌다. 지금 우리는 6~8세기 시대의 건물인 장-테페(Jang-tepe)[수르한다리오 지방]에서 누에고치가 발견된 것을 알아볼 것이다.[189]

발랄릭-테페의 유물에서는 토하리스탄의 귀족들은 다양한 색상의 무늬를 그려 넣어 만들어진 옷을 입었다. 이 무늬들 중에는 마름모 모양이 새겨져 있는 평범한 것도 있고 식물의 모양이 그려져 있는 것 등이 있다. 어떤 것은 물고기 모양을 새겨 넣은 것도 있고 뿔을 새긴 것도 있다. 그리고 특이한 형상의 그림도 있었는데 그 중에는 상상 속 동물이 그려져 있었다. 이 동물은 혀를 내밀고 있었고 독아(毒牙)를 가지고 있었다. 그리고 원이 그려져 있는 직물도 있었다. 하지만 이들의 하인은 무늬가 없는 옷을 입었다.

발라륵-테페의 벽화에 나타난 토하리스탄 지방의 천 장식 문양

---

189) Albaum L.I., 1963, p. 81.

발랄릭-테페의 남자들은 좁고 긴 카프탄을 입었고 소맷부리는 세모 모양으로 접어 뒤집었다. 카프탄은 허리띠로 단단히 조였다. 여자들의 첫 번째 옷은 소매 없이 두르는 옷이고 두 번째 옷은 긴 소매, 세 번째 옷은 소맷부리이다. 아지나-테페(Ajina-tepe)에서 발굴된 남자의 옷에 대한 설명은 허리에서 허리띠로 꽉 조이기는 하지만 소맷부리가 없다. 이 허리띠는 겉 표면이 노란색[금으로 된]과 검정색[철로 된]으로 되어 있다고 한다. 그리고 신발은 굽이 없는 장화를 신었다.[190]

이렇게 그 당시의 발전된 수공업뿐만 아니라 일반인의 손으로 만든 것들이 예술의 경지에 도달했다고 할 수 있다.

이외에 도기에 대해서 알아보자. 6~8세기에는 쿠샨의 세라믹보다 더 발전된 기술을 가지고 있었다. 이렇게 되기까지는 많은 실패들이 있었다. 그리고 많은 종류의 세라믹 도기들이 만들어졌다. 소형의 램프로 시작해서 대형 항아리에 이르기까지 많은 것들이 발굴되었다. 가정용 그릇이나 행사용 그릇들의 품질은 매우 우수했다. 이 그릇들은 금속으로 만든 그릇들과 유사한 형태를 지녔으며 가죽으로 만든 것, 나무로 만든 것, 뼈로 만든 것[191] 등이 있었다.

이러한 외부와의 상업은 토하리스탄의 상인들이 멀리 다른 나라까지 가서 교역을 했다는 것을 증명한다. 토하리스탄에서는 특히 후탈랸으로 매우 뛰어난 말들을 수출했다. 중국의 사료에는 681, 720, 748년에는 토하리스탄에서, 그리고 729, 733, 746, 750년에는 후탈랸에서 말들을 들여왔다고 기록되어 있으며 다량의 보석들도 들여왔다. 그중에는 가공된 것도 있었고 가공되지 않은 것도 있었다. 이 모든 것을 일일이 나열하지는 않겠다. 청금석에 관해 몇 마디 언급하겠다. 후일에 이것은 중국에서 "호탄의 돌(Stone of Hottan)"이라고 불렸고 이것으로 고대와 중세에 귀족들의 많은 물품들을 제

---

190) Litvinsky B.A. and Zeimal T.I., 1968.
191) Mandelshtam A.M., Pevzner S.B., 1958, pp. 313.

작했다. 이 호탄은 그저 바다흐샨에서 중국으로 넘어가면서 거치는 곳으로써 보석들을 가공하는 곳이었다.[192]

그리고 약재들도 수출했다. 알약과 향기가 나는 마시는 약과 약재들, 외국인들에게는 특이하게 여겨졌던 약 등을 수출했다. 그중에서 특히 'citragandha'[193] 라는 약이 잘 팔렸다. 이는 향기 나는 어떤 물질이 포함된 약이었다. 이 약은 상처와 지혈에 큰 효과가 있었다. 이 약에 대해서 중국에서는 전설이 생겨났다. 이 약을 쓰면 잘려나간 부분도 다시 자라난다는 것이다.

토하리스탄과 다른 중앙아시아와의 상업적 교류도 매우 대단한 것이었다. 아지나-테페에서는 소그드의 화폐가 발굴되었는데, 토하리스탄 자체의 화폐는 7세기 후반이나 8세기 초반에 소그드의 것을 모방해서 만들어졌다.[194] 이 화폐들은 토하리스탄의 북쪽 지방에서도 발굴되었다. 이는 그 당시 크고 작은 상업이 국민들 전체에 영향을 끼쳤다는 것을 뜻한다.

건설업과 건축물

토하리스탄의 도시와 마을들의 성을 발굴한 결과 집과 신전들을 찾아낼 수 있었다. 1936~1938년에 M.Y.마쏜(M.Y.Mason)의 지휘 하에 테르미즈에서 발굴된 큰 도시들은 그 도시의 건물들이 언제 건축되었는지 확실한 답을 얻을 수는 없었다. 그런 반면 비교적 작은 발랄릭-테페(Balalik-tepe), 장-테페(Jang-tepe)와 카프르-칼라(Kafir-kala) 등의 도시들에서는 많은 것을 찾아낼 수 있었다.

카프르-칼라는 바흐쉬 지방의 중심부였다고 현장도 언급했다. 이 도시는 칼호자바드(Kalhozabad)에 위치해 있고, 정방형이며 그 크기는 360×360m이

---

192) Schafer E.H, 1963, pp. 230-234.
193) 산스트리어로 유황(yellow orpiment)을 뜻한다.(역자)
194) Schafer E.H, 1963, p. 159, 183, 184, 191.

다. 이 성의 복동쪽에는 궁전이 있었다. 그 위에 60×60m 면적의 정방형 공터에서 1968~1970년도에 많은 발굴 작업이 진행되었다. 이 궁전은 매우 강한 벽으로 되어있고 각 모서리에는 망대가 세워져 있었다. 이 벽은 파흐사(Pahsa)[역주: 중앙아시아 전통 진흙 벽돌]와 벽돌로 건축되었으며 이 요새에는 20×10m의 큰 홀이 있었는데 접견실로 추정된다. 실내로 들어가면 높은 부분이 있는데 이곳에는 한때 의자가 있었고 이 지역의 영주가 좌정해 있었을 것이다. 맞은편에는 종교의식이 행해지던 제단이 있었다. 이곳에서는 벽화와 모형들이 남아 있다. 이 요새의 한쪽 벽에는 불교의 사원이 있었는데 이 사원은 가운데에 둥근 지붕의 홀과 통로가 있었다. 가운데 홀에는 불교 벽화와 부처의 그림이 있었고 벽에는 부처가 그려져 있는 벽화가 있다. 아마 이 궁전은 세 번 정도 재건축된 것으로 보여진다.

발랄릭-테페[수르한다리오 지방의 안고르(Angor)에서 가까운]는 그리 크지 않고 높지도 않은 성이다. 여기를 발굴하면서 이 성의 건축 역사를 알 수 있었다. 이 성의 면적은 30×30m이고 높이는 6m이다. 이 성의 북쪽에는 가옥들이 있었고 중심부에는 집무실이 있었다. 이 집무실의 각 벽에는 문이 하나씩 있었는데 이것들을 모두 하나의 통로가 연결해 주었다. 이 건물은 방어용으로 건축되었으므로 각 모서리에 탑이 세워져 있었고 모든 곳에 수성에 효과적인 총안(銃眼)을 만들어 놓았다. 이 성안으로 들어가는 길은 학자들의 말로는 탑을 통해서 지하통로로 들어갔다고 한다. 얼마 가지 못해서 이 성은 멸망하게 되었다. 궁터에는 여러 채의 건물들이 들어섰는데 가운데에는 퍼레이드용 홀이 있었고 그 옆에는 벽을 따라 사람들이 구경할 수 있도록 마련된 자리가 있었다. 어떤 벽면에는 둥그렇게 돌출된 부분이 있었는데 아마 이는 화로였을 것이다. 이 성에는 홀이 있었고 이 홀은 신전이었을 것으로 추정된다. 거기에는 제단도 있었고 불을 피워 놓을 수 있도록 되어 있었고 벽에는 벽화가 그려져 있었다. 얼마 후에 이러한 건축물은 다시 재건되었다. 알바움(Al'baum)은 이 건물이 5세기 초에 건축되었다고 하며 거기서 발굴된 기록들은 5세기 후반이나 6세기 초반의 것이라고 한다. 이 발랄릭-테페가 완전히 멸망한 것은 7세기 초반이라고 한다.195)

수르한다리오 안고르(Angor) 지방의 발랄릭-테페(Balalik-tepe)에서 멀지 않은 곳에 장-테페(Jang-tepe)도 있다. 이 크지 않은 성도 외부의 적을 방어하기 위해 건축되었는데 이 성의 북서쪽에는 큰 요새가 있었다. 이 방형의 성은 도시가 멸망한 후 장시간이 경과한 현재도 그 높이가 20m에 이르는 곳이 남아 있다. 이 요새는 그 자리에 아마 1세기경에 건축되었으며 멸망한 후에는 빈터만 남아 있다. 이는 매우 강한 요새였다. 각 모서리에 사각형의 강한 탑들이 세워져 있었고 벽에는 총안(銃眼)이 있었으며 평지의 상부에는 홀이 있었다. 이 홀이 처음 건축된 것은 5~6세기경으로서 건축 초기에는 발랄릭-테페와 유사한 형태로 지어졌다. 6~7세기경에 이곳에 매우 중요한 재건축이 있었다. 새로운 건축물은 확실히 처음의 것과는 달랐으며 여기서는 매우 많은 유물들이 발굴되었는데 그중의 하나가 자작나무의 목피(木皮)에 기록한 불교 서적이다.196)

농부들의 가옥도 발굴되었는데, 가옥들은 작고 방들은 생활에 불편하게 설계되었다. 이런 가옥에서 농부들의 가족 전체가 생활했을 것이다.

종교적인 건축물로는 아지나 테페에 있는 7~8세기경에 건축된 불교 사원이 있다. 이 건축물은 바흐쉬 골짜기에 있고 쿠르간-튜베(Kurgan-tube)에서 동쪽으로 12km 지점이다. 그렇게 크지 않은 건축물로, 넓이가 100×50m이고 현재까지 남아있는 벽면의 높이는 6m 정도이며 두 개의 사각형으로 구성되어 있다. 그중의 한 곳에는 사면이 둘러싸인 공터가 있고 각 면의 중심부에는 홀이 있었으며 홀의 정면에는 문이 있었다. 이 문들은 복도로 연결되었는데 이 복도들은 궁으로 들어가기 위해 거쳐야 하는 곳이었다. 이 홀의 뒤쪽에는 복도와 네모난 형태의 방이 있었으며, 그 가까이에 그와

---

195) Albaum L.I., 1960, pp. 114-125; Nilsen V.A., 1966, pp. 154-163.
196) Albaum L.I., 1963; Nilsen V.A., 1966, pp. 163-172.

동일한 크기의 방이 하나 더 있었다. 마당의 중심부에는 계단들이 있었는데 이 계단들은 각각 하나의 돌로 만들어진 것이다. 이 계단들은 각 두 걸음씩의 간격을 두고 있었다. 이 계단을 설계한 방식은 다른 건물들의 설계방식과 크게 차이가 나지 않는다. 이는 16~17m에 이르는 매우 큰 복도이다. 하지만 아래에서 언급할 것은 그렇게 크지 않다. 좁은 부분에는 7개의 방이 있는데 이 방들 중 일부에는 작은 계단들이 있고 다른 곳의 진열장에는 조각상들이 있었다. 복도의 벽감에는 매우 큰 부처상이 있고, 벽에도 부처의 그림과 불교와 관련된 것들이 많았다. 그 복도 중의 한 곳에는 12m 크기의, 열반에 이른 불상이 있었다.

이런 불상과 불교의 벽화가 있는 것으로 볼 때 아지나-테페에 불교의 사원이 있었다는 것을 우리는 의심의 여지없이 받아들일 수 있다. 이 건축물은 거기서 발굴된 화폐로 계산해 본 결과 7~8세기경에 세워진 것이다. 이 건물은 크게 두 가지로 나눌 수 있는데, 수도원[승려가 생활하거나 종교적 물건을 보관하는 곳]과 사원으로 구성되어 있으며, 사원에는 중앙 계단이 있었고 불교의 벽화나 조각상들이 있었다.

아지나-테페의 건축물은 균형이 잡혔을 뿐만 아니라 네 개의 회랑으로 이루어져 있다. 이 네 개의 회랑으로 되어있는 건축물은 중세시대에 중앙아시아 건축물과는 상반된 모습을 보여주는 것이다. 그러나 이 양식은 이슬람이 중앙아시아에서 승리한 뒤에도 남아서 중세시대 불교의 사원이나 이슬람 사원의 건축양식에 영향을 준다.[197]

토하리스탄의 건축양식은 약간 상이하기는 하지만 여타 중앙아시아의 것들과 대체적으로 유사하다. 건축하는데 중요한 재료로 사용된 재료는 장방형의 진흙벽돌이다.

크지 않은 홀들은 지붕이 둥근 돔형이다. 가장 기본적인 돔은 기둥 없이

---

197) Litvinsky B.A., 1968, pp. 57-63, 69-73; Litvinsky B.A. and Zeimal T I, 1971.

벽을 타고 올라가면서 쌓는 것인데 이러한 형태는 문착-테페(Munchak-teoe), 샤아르투제(Shaartuze)에서 볼 수 있다. 돔을 축조할 때 트롬프(Tromp)를 이용하는 것은 매우 발전된 형태이다. 종종 원형 돔을 벽돌과 함께 파흐사로 축조하기도 하는데 이러한 형태는 카피르칼라(Kafirkala)에서 볼 수 있다.

이러한 아치형의 건축물들은 여러 가지가 있다. 원형 돔을 축조하는 것도 지방마다 서로 다른 부분들이 존재했다. 돔 외에도 평지붕이 발견되기도 했는데 이러한 건축물에서는 벽이나 기둥이 지붕을 지탱해 준다. 그리고 응접실에는 벽화가 매우 많이 그려져 있다.[198]

벽화

발랄릭-테페나 아지나-테페의 벽화들은 잘 보전되어있다. 발랄릭-테페의 벽화는 정방형의 4.85×4.85m의 벽에 푸른 바탕에 빈틈없이 그림이 그려져 있다. 이 방은 남녀가 앉아서 연회를 베풀던 공간이었는데 그림에는 앉아있는 사람이 있고 서서 시중드는 사람이 그려져 있었다. 시중드는 사람은 앉아있는 사람보다 그 수가 절반 밖에 안 된다. L.I.알바움(L.I.Al'baum)은 이 벽화를 "이 벽은 예식을 그린 것이지만 중세시대에는 예식이 생활의 일부분이었기 때문에 이 그림을 풍속화라고 할 수 있다."고 한다.[199] 그는 자신의 주장에 대한 증거를 덧붙였지만 그것을 증거라고 볼 수는 없다. G.A.푸가첸코브(G.A. Pugachenkov)[200]와 B.A.리트빈스키(B.A.litvinski)[201]의 주장이 옳다고 볼 수 있는데 그들은 이 벽화가 그 당시 생활화된 귀족들의 연회라고 한다. 당연히

---

198) Nilsen V.A., 1966; Litvinsky B.A. and Zeimal T.I., 1971.
199) Albaum L.I., 1960, p. 198. 벽화의 목적에 대해서는 언급하지 않은 닐슨(Nilsen V.A.)은 전제 자체가 종교적인 연회를 위한 것이라고 단정적으로 결론지었다.(Nilsen V.A.,1966, p. 162).
200) Pugachenkova G.A., Rempel L.L, 1965, pp. 137-138.
201) Litvinsky B.A. and Zeimal T.I., 1971.

고대에 그려진 이 벽화에 대해서 자세히 설명하기란 어렵다. 하지만 이 벽화가 그 지방의 영주나 귀족의 연회라는 점은 충분히 추측할 수 있다. 발랄릭-테페의 벽화는 매우 예술적인 것으로서 여러 가지의 밝은 색상으로 그려진 이 그림은 매우 생동감이 넘친다. 그림 속의 얼굴들은 서로 다르지만 잘 접대받고 있으며 그들의 얼굴에는 근심이 없다. 그림은 평면에 그려져 있다. V.A.닐슨(V.A.Nilsen)이 말하길 "사람들의 얼굴은 귀족의 생김새를 형상화 했다"고 하면서 "그림 속

발라륵-테페 벽화에 그려진 귀족 여성

얼굴들이 실제 얼굴과 차이가 있으며 몇 가지 사실들이 빠졌다."라고 한다. 복장과 장신구들에 대한 설명도 있는데 매우 아름다웠고 섬세했다고 한다.

알바움이 발랄릭-테페 벽화의 연관성과 그것의 의미를 제시해주었다. 여기서 한 사람의 말을 더 살펴봐야 하는데, 동방 예술의 권위자인 M.부쌀이(M.Bussali)[202]가 발랄릭-테페에 대하여 말하기를 "5세기에 이미 중앙아시아의 서쪽 지방은 사산조 이란의 영향을 받아서 그들의 문화와 예술 등이 이란화 되어있었다는 것은 확실한 사료가 없어도 알 수 있다. 그래서 우리는 세린디야(Serindiya)의 중심은 이란 동부의 영향을 많이 받았다는 사실을 고백해야 한

발라륵-테페의 연회장 남쪽 벽화를 개략적으로 그린 이미지(일부 복원함)

다." 이러한 현상이 생긴 이유로 부쌀이는 상업적 교류의 발달을 든다. 발랄릭-테페의 그림은 아프가니스탄 중부지방에 영양을 미쳤고 그 외에도 발랄릭-테페의 벽화는 중세 시대 초기 중앙아시아 벽화의 전형이 된다. 또한 이 발랄릭-테페의 벽화의 발전된 형태가 7~8세기의 펜지켄트(Pendjikent)와 바라흐쉬(Barahsh) 벽화라고 할 수 있다.

아지나-테페(Ajina-tepe)의 벽화는 세 가지로 구분할 수 있는데 하나는 부처의 그림이고 다른 것은 일반인들, 그리고 다른 부분은 장식용 그림이다. 중심에 있는 그림은 좌정한 부처의 그림이다. 부처는 여러 가지 자세로 그려져 있으며 이는 서로 다른 '영적인 상태'를 표현한 것이다. 복도에도 매우 큰 부처의 그림이 있는데 그 옆에 속인의 그림이 아주 작게 그려져 있었다. 이 건물로 들어오는 문 옆에 작은 방이 있는데 그곳에 두 명의 사람이 그려져 있다. 이 사람들은 무장한 상태로 꿇어 앉은 상태였으며 각각 꽃이 담긴 그릇을 받쳐들고 있었다. 한 사람은 금으로 만든, 다른 한 사람은 은으로 만든 것이다. 이는 불교를 주제로 그려진 것으로 이런 종류의 그림은 체일론(Tsilon)에서 투르키스탄 동부까지의 지방에서 만나볼 수 있다. 이 그림들은 발랄릭-테페의 것과 매우 유사하지만 이 그림의 화가가 불교를 더 잘 표현했다.[203]

조각상, 목재와 그 외의 재료들로 제작한 예술품들

각각의 유적지에서 서로 다른 조각상들이 나오는데 아지나-테페에서는 불교적 성격을 띤 것들이 발굴되었다. 아지나-테페의 조각상은 점토로 만들어졌고 속에 나무로 된 뼈대가 없으며 세부적으로 표현할 부분은 틀로 찍어서 만들었다. 중간크기의 조각이나 작은 조각들의 머리도 찍어서 만들었는

---

202) Bussagli M. 1963, p. 36, 39.
203) *Litvinsky B.A.* and *Zeimal T.I.*, 1968.

데 모든 조각들에는 각기 다른 색을 칠했다. 부처의 옷은 빨강색으로, 팔과 다리는 하얀색, 그리고 머리카락은 파란색이나 검정색으로 칠했다.

가장 큰 조각상으로는 열반에 이른 부처의 상이 있다. 이 길고 큰 상은 서 있는 것이 아니라 누워있고 몸체가 오른쪽으로 기울었으며 좌측 팔은 펼쳐진 상태로 옆구리에 올려져 있었고 오른쪽 팔은 접힌 상태로 머리 밑을 받치고 있었다. 이 상의 크기를 보자면 그 사리탑의 크기가 1.7~1.9m에 이르렀고, 부처상의 크기는 원래 12m였다. 부처의 발에는 신발이 신겨져 있고 가죽끈으로 다리와 연결되어있다. 머리는 일부분만 남았는데 헤어스타일도 흥미로운 것이, 곱슬머리에 복잡하게 가르마가 타져있다. 이 거대한 상이 당시 불교의 존재를 확인시켜 준다.

열반에 든 부처상. 아지나-테페

벽감에 세워진 부처상은 위에서 알아본 것보다 훨씬 그 크기가 작다. 하지만 보통 사람들보다는 1.5배 정도 더 크며 여기서는 부처가 파드마산 (padmasana 가부좌) 자세를 취하고 있다. 즉, 다리를 앞으로 굽히고 있는 자세를 말이다. 그리고 부처의 뒤에는 후광이 비치는 듯이 그려졌다.

최근에 실제 사람 크기의 3/4나 1/2배가 더 큰 조각들도 발굴되었다. 이 조각들은 예술적 가치가 있는 것으로써 머리도 보존되어 있었다. 그리고 부처의 머리 위에 우쉬니샤(ushnisha)를 썼다. 이 모든 조각상들은 모두 상당한 걸작으로, 이 조각들의 부드러운 촉감이 그것을 증명해 준다. 이 외에도 여러 가지의 인물상이 있는데 그중의 하나는 신상 같은데 주인공은 청년의 몸매를 가지고 있고 그 허벅지는 천으로 덮였다. 몸통과 다리는 서로 다른 쪽을 향하고 있다. 그 외에 어떤 상들은 역학적으로 우아하게 제작되었다. 이는 아무 종교적 관련이 없기 때문에 현실적이라고 볼 수 있다. 그중의 한 조각상은 늙은 노인으로서 이마와 눈가에 주름이

보살상의 머리. 아지나 테페

있어서 지금의 타지크 노인들과 매우 비슷하게 생겼다. 이렇게 아지나-테페에서는 여러 조각상들이 발굴되었다.

다른 불교의 유적들과는 달리 아지나-테페의 조각상은 매우 독창적이다. 여기에는 여러 문화가 혼합되었다. 원래의 박트리아-토하리스탄의 문화 위에 간다라 후기의 문화와 인도 굽타왕조의 문화가 혼합되었다.[204]

건물의 벽들은 아치 모양과 벽감을 만들고, 벽화를 그려 장식을 했다.

발랄릭-테페와 주말락-테페[수르칸-다리아 지역]에 조각된 나무들이 발견되었다. 그것은 주말락-테페에서 특히 많이 발견되었다. 여기 사각형 부분의 막대는 나뭇잎이나 큰 장식원으로 장식된 보드 판넬의 둘레는 복잡한 둥근 꽃 모양의 장식들로 구성되어 있다. 이들 외에도 아주 흥미로운 나무 조각들이 있다. 아치들은 장식적인 줄무늬들에 의해 나누어져 있으며 아치 안에 둥근 모양의 장식이 인간의 허리까지를 묘사하고 있다.[205]

---

204) Litvinsky B.A. and Zeimal T.I., 1971, pp. 76-109.
205) Nilsen V.A., 1966, pp. 303-307.

토하리스탄에서는 춤과 악기도 발전했다. 후탈랸과 쿠메드(Kumed)에는 멋진 무희들이 있었고 이 나라의 왕들은 이 무희들을 다른 나라의 왕에게 선물로 보내기도 했다. 이 악기들은 자국의 궁에서는 사용하지 않았지만 그 나라의 민중들에 의해서 발전했다. 특히 쿠메드의 악사들은 지금의 파미르 음악의 선구자들이었다. 그 악기들 중에 아직까지 내려오는 것은 목전(木栓)인데, 이는 발랄릭-테페에서 발굴되었다.206)

종교

5~7세기 토하리스탄의 주민들은 여러 가지 종교를 믿었다. 역사적 사료들을 보면 토하리스탄인들이 가장 많이 믿었던 종교는 고대부터 믿어왔던 조로아스터교이다. 그 종교가 어디서 어떻게 태동하고 발전했는지는 잘 모른다. 하지만 여러 지방에서 그들 방식의 무덤이 발견되었다. 특히 항아리에 뼈를 담아 장사지내는 방식은 소그드, 차취, 호라즘 등의 지방에서 발굴되었는데 그 중에서 가장 유명한 것이 단가라(Dangara), 기싸르(Gissar) 지방의 것이다.

불을 숭배하는 종교가 확산되었다는 것을 증명하는 것으로는 발랄릭-테페의 유물이 있는데 이는 원뿔 모양의 장식이 있는 향로이다. 이런 향로는 또한 하이라바드-테페(Hayrabad-tepe)207)와 타지키스탄의 남부지방에서도 발굴되었고 콜호자바드에 있는 카프르-칼라에서는 '움직이지 않는' 성스러운 화로가 발굴되었다.

불교 또한 매우 큰 세력을 형성하고 있었다. 에프탈인들은 처음에는 불교를 믿지 않았다. "에프탈의 통치자들은 각지의 지방에서 서로 다르게 불교를 대했고 전쟁 때에는 불교를 박해했다. 에프탈의 지도자들은 주로 불교를

---

206) Albaum L.I., 1960, pp. 99-100.
207) Albaum L.I., 1960, pp. 71-76.

축출했지만 일부 에프탈의 지도자들은 불교를 지지했다."208) 불교의 포교와 투르크의 발전은 상관관계를 보였고 후에 서돌궐의 지도자들은 불교를 지지하고 중앙아시아의 남부, 아프가니스탄, 인도와 같이 불교 사원을 건축하기 시작했다. 8세기의 여행자는 토하리스탄에서 '왕, 귀족, 민중들이' 불교를 믿었다고 한다. 그는 후탈란(Khuttalan)에 대해서도 이렇게 말한다.

7세기 토하리스탄의 수도인 발흐에는 수백여 개의 불교 사원이 있었고 테르미즈에는 수십 개, 슈만(Shuman)에는 두 개, 카바디아나(Kabadiana)에는 세 개의 불교 사원이 있었다. 그 외에도 여러 지역에 불교 건축물이 있었다. 각 사원에 승려들이 있었는데, 한 사원에 있는 승려들의 수는 주로 2~50여 명이었다. 불교는 파미르와 바한(Vahan)에도 확산되었는데 거기에도 불교의 사원과 승려가 있었다. 우리가 가지고 있는 사료들로 알 수 있는 것은 당시 불교 사원이 매우 부유했다는 것이다. 그들은 많은 토지와 재산을 소유하고 있었다. 아지나-테페와 카프르-칼라를 발굴하면서 얻은 가장 값진 유물은 바로 당시의 기록물들이다. 타지키스탄 남부의 키즐-수(kizil-su) 지역의 중심인 파르하르(Parhar)를 언어학자들은 산스크리트어의 비하라(Vihara)에서 나온 말로 '불교 사원'을 뜻한다고 한다.

장 테페에서는 나무껍질에 기록된 불교의 서적이 발굴되었다. 기록된 언어는 불교의 언어와 산스크리트어가 결합된 형태를 띠고 있다. 여기서 발굴된 많은 불교 서적 중에서 비나야(Vinaya)라는 기록이 있다. 여기서는 사람들이 이승과 저승을 통제하는 불교의 승려들에게 어떻게 대해야 하는 지에 대하여 기록되어 있다. 이런 종류의 기록은 카프르-칼라에서도 발굴되었다.

이런 모든 사료들은 토하리스탄에서 불교가 번성하였음을 증명한다.209)

이 종교들 외에 중앙아시아 토하리스탄에 뿌리내린 종교는 마니교(Manichaeism)이다. 8세기 초반에 마니교 교주의 사저가 토하리스탄에 있었

---

208) Litvinsky B.A., 1968, pp. 33-34.
209) Litvinsky B.A., 1968, pp.55-57

고 719년에 차가니안의 사신 자격으로 "위대한 스승"이라는 명칭을 사용했던 마니가 파견되었다. 마니교는 초창기에 중앙아시아에서 그 지방의 귀족들과 통치자들 사이에서 확산되었다.210)

마지막으로 또 다른 종교 하나가 매우 널리 확산되었는데, 그 종교는 바로 기독교이다.211) 정확하게 말하자면 네스토리안교이다. 기독교가 에프탈인들에게와 토하리스탄의 투르크인들에게 퍼질 수 있었던 것은 토하리스탄에서 그들에게 사람들을 파견했기 때문이다.

이렇게 6~8세기에 토하리스탄에는 여러 가지의 종교가 있었다. 이 종교들 때문에 지식인들과 종교인들이 서로 대립하게 된다. 그리고 여러 종교가 서로 혼합되는 현상도 발견된다.

---

210) Belenitsky A.M., 1954; Litvinsky B.A. and Zeimal T.I., 1971, pp. 120-121.
211) Barthold V.V., 1893; Litvinsky B.A. and Zeimal T.I., 1971, pp. 122-123.

3. 6~7세기의 소그드

전체적인 특징

'소그드'라는 이름은 오랫동안 광범위하게 많은 나라의 기록에 나타난다. 유명한 학자인 토마쉐크(Tomashek)는 소그드라는 말이 이란어에서 파생된 말로써 그 뜻은 '반짝이는', '빛나는', 그리고 '불을 쬐는'이라는 의미를 갖는다고 한다. 그러나 타지크-페르시아의 사전에는 다른 설명이 나온다. 거기서는 '저지대로 흘러서 물이 고이는 곳으로 간다.'라는 뜻으로 기록되어 있다.[212] 타지크인들은 수구드(Sugud)라는 말을 저지대, 습기가 많은 지역을 지칭할 때 사용한다.[213]

소그드의 땅은 얼마나 되나? 라는 질문에 7세기의 여행자인 현장은 소그드는 북동쪽으로는 추(Chu)강과 남서쪽으로는 바이순(Baysun) 끝자락까지 이르렀다고 한다. 여기서 볼 수 있는 것은 그가 기록한 것은 소그드의 정치적 영토가 아니라 소그드인들이 확산되어 있는 지역이라는 것을 알 수 있다. 이후에, 즉 10~13세기에 아랍어와 타지크어로 쓰인 기록에 그 당시까지 여전히 남아있던 이야기들이 있는데 이 기록에서 알 수 있는 것은 소그드란 이름은 장기간 사용되었다는 것이다. 소그드의 영토는 자라프샨 지방 전체와 카쉬카다리오 지방까지이며 사마르칸트와의 연관성에 대해서도 기록되어 있다. 중세시대의 작가들은 "사마르칸트의 소그드"에 대해 자주 거론한다. 또 "부하라의 소그드"도 있는데, 야쿠트(Yakut)는 "말하기로는, 두 개의 소그드가 있다고 한다. 그 하나는 사마르칸트의 소그드요, 다른 하나는 부하라의 소그드다."라는 기록을 남겼다.[214] 카쉬카다리오 지방을 소그드의 영토의 일부였다고 보고, 일부 학자들은 케쉬(Kesh)가 소그드의 수도였다고 한다.

---

212) Tomaschek W., 1877, pp. 74-75.
213) Smirnova O., 1963, pp. 24-25.
214) Yaqut, III, p. 394

이 모든 것은 학자들이 자세하게 연구를 한 문제들이다.215)

현장과 혜초의 소그드에 관한 기록

현장은 629년에 소그드에 왔다. 그가 기록하기를, 사모키엔(Samokien)이나 사모츠잔(Samotsan)[이는 사마르칸트를 일컫는 말이다.]은 그 땅이 동쪽에서 서쪽으로 길다. 그 수도의 크기는 테르미즈와 비슷하다. 사모키엔의 모든 영토는 자연지형으로 봉쇄되어있으며 인구는 매우 많다. 이 지역에는 각 지방에서 온 진귀한 보물들이 모여 있다. 농토가 끝없이 펼쳐져 있어서 많은 양의 곡식이 수확되고 나무들이 잘 자라며[그는 이 나무들을 목재라고 한다.] 여러 가지 화초와 과수들이 많이 재배된다고 한다. 이 나라에서 자라는 말이 매우 좋다고 한다. 기후는 부드럽고 좋으며 민족은 용맹하고 힘이 넘친다. 이 영토는 "야만인들"의 나라의 중심부에 있어서 주변 나라들이 이 나라에서 많은 것들을 가져가고 배워간다. 이 나라의 황제는 매우 용맹해서 주변국들이 그의 명령 하에 움직인다. 그는 기병을 포함한 많은 군사를 가지고 있는데 군사들의 지위는 매우 높은 위치에 있다. 여행자는 이 군사들을 "차카르(chakar)"라고 하며, 그들은 매우 용맹해서 죽을 자리에 기쁨으로 나아가는데, 만일 그들의 공격을 받으면 한 사람도 살아남지 못한다고 한다.

그리고 현장은 미모키아(Mimokia), 미모헤(Mimohe)[마이무르그(Maymurg)]와 츠제부다나(Tszebudana)[카부단(Kabudan)], 츄이슌니츠쟈(Tsuyshunnitszya)[쿠샤니아(Kushania)], 그리고 부헤(Buhe)[부하라]와 츠세슈안나(Tseshuanna)[케쉬(Kesh)]라는 도시들의 크기와 특징에 대해서 말한다.216)

혜초(726년)는 간단하게 요약해서 후(Hu)라는 나라를 설명했다. 그는 이 나라에 안(An')[부하라], 차오(Tsao)[이쉬티한(Ishtihan)], 쉬(Shi)[케쉬], 쉬-로

---

215) Barthold V.V. 1965 b, pp. 477-478.
216) Beal S., 1906, pp. 32-36.

(Shi-lo), 미(Mi)[마이무르그], 그리고 칸(Kan)[사마르칸트]이 모두 포함된다고 했다. 각 지역마다 그들만의 통치자가 있기는 하나 그들을 통칭해서 아랍이라고 할 수 있다. 이 영지들은 그렇게 강하지 않고 각 지방마다 그들만의 군대가 조금씩 있다. 이곳에는 말, 양, 노새, 낙타 등이 있다. 이 도시의 사람들은 하얀 면으로 만든 옷을 즐겨 입고 그들의 수염과 머리칼은 면도를 했다. 언어는 다른 나라의 언어들과는 다르다. 그들의 문화는 매우 이상한데, 남자들은 그들의 어머니나 그들의 여동생들을 자신의 아내로 취할 수 있었다. 이란에서도 남자가 자신의 어머니에게 장가들 수 있었다. 이들 여섯 개 나라에는 조로아스터교가 확산되어 있었고 불교는 오로지 사마르칸트에만 하나의 사원이 있을 뿐이었다.217)

정치의 역사

아직 소그드와 그에 속한 나라들의 정치의 역사를 말할 만큼 많은 사료들을 우리는 갖고 있지 않다. 역사적 사료는 그저 어림잡아 추측할 만큼의 증거 밖에 없다.

7세기의 어떤 사료를 보면 사마르칸트의 소그드인들이 자신들은 월지인들에게서 나왔다고 하는데, 그렇다고 하면 그들이 나라를 건국한 것이 기원전과 기원후 사이의 시기일 것이라고 추측한다. 그들 왕의 명칭은 취쟈오우(chjaou)이다. 소그드의 지도자는 사람들이 많이 사는 도시인 알루디(Aludi)에서 살았다. 그리고 그 나라는 매우 강성했다고 한다. 그래서 투르크의 칸인 다토이(Datoi 575~576, 603년)는 소그드의 왕과 매우 친밀하게 지냈고 자신의 딸을 그에게 시집보내었다.

사마르칸트의 소그드 칸은 그 당시 미(Mi)[마이무르그], 차오와 헤[이쉬티한과 쿠샤니아], 소(小) 안[부하라의 동쪽], 나쉐보(Nashebo)[네세프(Nesef)] 등 여덟

---

217) Fuchs W., 1938, pp. 451-452.

개의 영토를 차지했었다. 이렇게 사마르칸트의 소그드 왕에게 가장 동쪽을 제외한 자라프샨의 모든 지방과 카쉬카다리오[네세프] 지방에 속했었다. 하지만 이러한 연합이 언제 시작되었는지, 또 연합 과정이 어떻게 진행되었는지 등에 대해서는 알려져 있지 않다.

왕궁에는 조상들의 사원이 있었다. "이곳에서는 매년 여섯째 달마다 제물을 바쳤다. 이 제사에는 나라의 모든 지도자들이 참석했다."218) 여기서 알아보아야 할 것은 소그드의 지도자들이 이 조상들과 어떤 혈연관계가 있는가이다. 실제로 관련이 있다고는 한다. 하지만 그들이 자신들의 종주권을 인정받기 위해 하는 행사라고도 한다. 여기서는 이 두 가지 견해를 다 신뢰하는 것이 좋다.

이 나라가 어떻게 구성되었는가, 그리고 그 나라의 실질적인 영토가 얼마나 되었는가 하는 것은 아직 풀리지 않는 의문으로 남아있다. 부하라 지방도 그들의 영토에 완전히 속했거나 부하라의 일부분이 속했을 수도 있다. 이에 대한 문제는 마수디(Masudi)의 기록에서 알아볼 수 있는데, 그의 말로는 부하라 성벽을 소그드의 한 왕이 건축했다고 한다.219)

어떤 시대에는 소그드의 수도가 케쉬(Kesh)였다. 이는 좀 늦은 시기인 9세기에 야쿠비(Yakubi)에 의해서 기록된 사료에 나타난다.220) 케쉬가 강성해지기 시작한 것은 8세기 초반부터인데 티초(Ticho)라는 왕[이는 다른 나라인 이란의 기록에서 나오는 이름인 티쉬(Tish)와 비슷하지 않은가?]을 매우 강한 왕이라고 평가한다. 그는 다른 나라들에 사신을 파견했고 주로 케쉬(Kesh)라고 불리는 키-셰(Ki-she)라는 도시를 세웠다. 또 다른 사신들에 관한 기록을 보면 그들은 642년에 많은 선물들과 함께 출발했는데 그때 왕의 이름이 샤세피(Shashepi)이다. 이 이름은 다른 어떤 사료에도 나와 있지 않다. 하지만 이

---

218) Bichurin, II, pp. 281.
219) Mas'udi, 1894, p. 65.
220) "The King of Kesh" (Kabanov S.K., 1961, p. 137; Livshits V.A., Lukonin V.G. 1964, p. 110,170).

왕은 화폐를 주조했다. 펜지켄트(Penjikent)에서 발굴된 화폐를 보면 거기에 "이흐쉬드 시쉬피르(ihshid Shishpir)"라고 기록되어 있다. 여기에는 아랍의 표의문자(表意文字)로 황제라고 기록되어 있고 이것을 소그드의 언어로 번역하면 소그드 전체의 왕이라는 뜻인 이흐쉬드가 된다. 이 모든 것을 정리해서 볼 때 가장 적합한 것은 시쉬피르가 케쉬에서 소그드 전체를 통치했다는 것이다.221) 당연히 이는 그저 가능성이 있는 주장일 뿐 확실한 답은 아니다.

소그드는 케쉬의 지배권을 오랫동안 장악하지 못했다. 656~670년 사이에 즉위한 쉬아기예(Shiagiye)[샤반은 이 왕의 이름을 체-아-호(Che-a-ho)라고 한다. 이 왕이 즉위한 후 그는 사마르칸트의 황제와는 다른 독립적인 국가의 통치자가 됐다. 사마르칸트 소그드의 황제는 이 일이 일어나기 얼마 전인 650~655년 즈음에 모든 연합국가의 최고 통치자가 되었다. 사마르칸트는 얼마간 케쉬에게 자신을 군주로 인정하라고 강요했다. 아마 이 시기에 5년간 전쟁이 있었던 것 같다. 그러다가 시쉬피르를 축출하고 케쉬의 왕 자리를 쉬에하오(Shiehao)라고도 불리는 쉬아기예가 차지했던 것이리라.

소그드의 이흐쉬드라는 명칭을 사마르칸트 궁전의 지도자인, 다른 나라에서 푸후만(Fuhuman)이라고 부르는 사람이 차지하게 되었다.222) 소그드의 화폐는 많이 발굴되었는데 그 동전들은 전설을 가지고 있으며 이를 O.I.스미르노바(O.I.Smirnova)는 "이흐쉬드 바르후만(Varhuman)"이라고 한다.223) 그리고 '푸루만'은 소그드의 바르후만을 다른 나라 식으로 읽으면 푸루만이라는 발음이 된다고 한다. 이 왕의 이름은 아프로시읍의 벽화에도 나와 있다.

하지만 소그드 전체 국가의 연합은 지속되지 못했다. 케쉬의 왕은 자신들의 명칭인 이흐리드(ihrid)를 사용하기 시작했다.

부하라에 대해서 중국의 문헌은 안, 네우미(Neumi)라고 불렀다. 그들은

---

221) Smirnova O.I., 1963, pp. 140-141, 62-63.
222) Bichurin, II, p. 316; Chavannes E., 1903, p. 135.
223) Smirnova O.I., 1963, p. 28.

부호(Buho)라는 부하라라는 이름을 알았고 또 그들의 왕을 취쟈오우(Chjaou)라고 칭하는 것도 알았다. 부하라의 지도자들은 자신들이 사마르칸트와 혈통이 동일하다고 여겼다. 7세기 초반에는 부하라의 지도자들이 사마르칸트의 사람들과 관계가 그렇게 활발하지 않았다. 7세기 중반에는 부하라의 지도자가 알링가(Alinga) 사람이었다고 한다. 중국의 문헌에는 부하라의 왕족이 22대를 통치했다고 한다.224) 그러니까 수백 년을 통치했다는 것이다.

부하라 지방에서 소그드어로 "지배자 아스바르(Asvar)"라고 새겨진 화폐가 발굴되었는데 이 화폐는 아마 4~5세기에 주조된 것으로써 왕의 이름은 이란어로 '말에 탄 사람'이라는 뜻이다. 타지크에서는 아직도 아슾(Asp)은 말을 뜻하고 사르바르(Sarvar)는 기마병을 뜻한다.225)

독립된 그러나 아주 중요한 국가로는 펜지켄트(Penjikent)가 있다. 이 국가의 구성은 이렇다. 그들의 영토는 당시 판챠(Pancha)라고 불리던 펜지켄트

7~8세기 소그드의 병사들
1- 펜지켄트에서 발굴된 그림을 참고, 2- 쿨리그쉬의 은제 그릇에 새겨진 형상을 참고한 그림

---

224) Bichurin, II, p. 282.
225) Livshits V.A., Lukonin V.G., 1964, pp. 169-170.

[셋째 단원] 중앙아시아 봉건제도의 형성

와 8세기 초반에는 자라프샨지방 북쪽까지 차지했다. 무그(Mug) 산에 있는 성에서 발굴된 문서에는 마기안(Magian), 파르가르[Pargar; 지금의 팔가르(Falgar)], 크쉬투트(Kshtut), 마르투쉬카트[Martushkat; 지금의 마트챠(Matcha)] 등의 도시들에는 인구가 많았다고 기록한다. 여기서는 또 마듬(Madm)과 쿰(Kum), 그리고 제로바드크[Zerovadk; 지금의 제로바트(Zerovat)], 에스코타르[Eskotar; 지금의 이스코타르(Iskotar)], 흐쉬칸드[Hshikand; 지금의 흐쉬카트(Hshikat)], 바르즈[Varz; 지금의 바르지-미노르(Varzi-minor)], 쿠루트[Kurut; 지금도 쿠루트라고 한다.], 파트미프[Patmif; 지금의 파트메브(Patmev)], 파후트[Pahut; 지금의 포후드(Pohud)], 에프트마우트[Eftmaut; 지금의 팔모우트(Falmout)], 샤브카트[Shavkat; 지금의 샤바크트(Shavakt)] 등의 지역들이 펜지켄트에 속했다고 한다. 야그노브(Yagnob) 지역도 펜지켄트의 땅이었다. 또한 무그의 기록에는 지금의 안조브(Anzob) 지방도 어느 정도는 펜지켄트에 속했다고 한다.226)

펜지켄트에 어떤 왕조가 들어섰는데 그 왕조에 대해서는 다양한 설들이 있지만 아직 확실히 밝혀진 것은 없다. 아랍의 공격을 받고 소그드는 8세기

7~8세기 중앙아시아 민족들의 의복
1- 토하리스탄인들(발라릌-테페의 그림 참고),
2- 소그드인(펜지켄트의 그림 참고)

초반에 그 상황이 매우 어려웠다. 당시 텐지켄트가 큰 업적을 달성했는데, 그들이 아랍을 공격한 것이다. 이 일로 펜지켄트는 더욱 강성해졌다. 펜지켄트의 지도자인 데바쉬티취(Devashtich)는 소그드의 왕가 출신이 아니다. 무그에서 출토된 사료를 보면 그의 아버지인 요드흐세타카(Yodhshetaka)에게 왕이라는 명칭이 따르지 않는다. 여하튼 이 데바쉬티취가 사마르칸트의 왕좌에서 자신이 왕 행세를 했다. 그리고 실제로 얼마간은 그가 사마르칸트를 통치했다. 이 이야기는 다음 이야기에서 계속하기로 하자.

많은 작은 국가들이 큰 국가들과 합쳐졌는데 그 작은 국가들도 자신들의 화폐를 주조했다. 소그드의 마을인 사미탄(Samitan)[이 마을은 쿠샤니아에 위치해 있었다. 지금으로 말하면 미탄(Mitan), 파이-아륵(Pay-Arik) 그리고 칠렉(Chilek) 지방에 위치해 있는 것이다.] 이 마을은 여러 지방의 중심지였는데 그 영토의 지배자가 자신의 이름으로 동으로 된 화폐를 주조했다.[227]

사료들과 고고학적 연구, 그리고 화폐학으로 보면, 소그드의 연합 안에 있던 각 지방 세력들이 강해지면서 소그드의 황제의 힘이 약화되었고 국가적 연합의 크기가 매우 작아졌다. 이 작아진 연합의 크기에 대한 것은 여러 가지 사료가 증명해 준다. 712년의 사료를 보면 아랍이 소그드 왕의 아들을 왕으로 세우고 그에게 케쉬와 네세프를 포함한 소그드인들 원래의 땅을 찾아주기로 구렉(Gurek)에게 약속했다고 한다. 그리고 이 소그드의 연합에는 미(Mi)[마이무르그(Maimurg)] 와 차오(Tsao)[카부단(Kabudan)이나 이쉬티한(Ishtihan)][228], 그 외의 여러 영토들이 속했다고 한다. 여기서 가장 강력한 세력인 부하라는 독립을 쟁취했다. 부하라를 통치하는 부하르-후다트(Buhar-Hudat) 왕조가 건설되었다.[229] 이 왕조의 왕에게는 "부하라의 지배자, 황제"라는 칭호가 붙었다.[230]

---

226) Smirnova O.I., 1960.
227) Smirnova O.I., 1967, pp. 36-39.
228) Bichurin, II, p. 311.
229) Narshakhi, "The History of Bukhara", 1954, p. 108.
230) Livshits V.A., Lukonin V.G., 1964, p. 170.

소그드는 중앙아시아의 다른 나라들과 외교적인 관계를 맺고 있었는데 그들은 서로 사신들을 파견했다. 아프로시욥의 벽화 역시 사신단을 영접하는 모습이다. 이 벽화와 함께 이런 기록이 있다. "아바르후만이…. 황제가 다가가자 사신이 입을 열었다. '저는 차가니안의 사신단장인 부카르-자테(Bukar-Zate) 입니다. 저희 왕이신 투란타쉬(Turantash)께서 황제께 보내셔서 제가 왔습니다. 저는 저에 관한 혐의에 대해서 사마르칸트의 신들을 걸고 맹세하건데 왕께 누가 되려고 온 것이 아닙니다.' 그러자 아바르후만이…. 왕이 그를 풀어주었다. 그러자 사신이 입을 열었다…" 안타깝게도 기록은 여기서 찢어졌다.

무그의 기록은 소그드가 중앙아시아의 다른 나라들과 서로 외교적인 관계를 맺고 있었다고 한다. 특히 챠취, 우스투르샨(Usturshan), 페르가나와 좋은 관계를 유지했고, 중앙아시아를 넘어서 먼 곳의 국가들과도 서로 사신들을 파견하는 관계를 맺고 있었다.

관개 시설과 농업

관개는 사마르칸트의 남부지방에서 바라그세르(Varagser)[지금의 라밧-이호자(Rabat-i Hodja)] 지방으로 뻗어있는 세 개의 큰 관개시설이 있었다. 아랍이 정복했을 때의 기록을 연구한 결과 바르톨드(Bartol'd)는 이 관개가 아랍이 공격하기 이전인 6~7세기에 이미 존재하고 있었다고 한다. 이 시기에 운하가 하는 일은 사마르칸트 안으로 물을 공급하는 것이다.[231]

아랍 시대 이전의 가장 큰 운하들로는 쿠샤니아에 있는 나프라이(Napray)와 자라프샨 남쪽 부하라와 가까운 지역에 있는, 중세시대에는 샤푸르크(Shapurk)[나중에는 샤피르크(Shafirk)]라고 불렸던 운하가 있는데 이 운하에는 사산의 왕인 샤푸르(Shapur)가 건설했다는 전설이 있다.[232] 이 운하는

---

[231] Barthold V.V., 1965 a, pp.186-188.

부하라의 가장 북쪽 지역에 위치해 있고 바르단(Vardan) 영지에 속해 있었는데 이 영지의 지배자는 부하르-후다트에 대항한 사람이다. 이 운하의 역할도 다른 운하들과 같다.[233] 관개의 발전은 또한 카쉬카다리오(Kashkadario) 지방에서도 이루어졌다.[234]

사마르칸트에는 관개가 잘 되어있어서 넓은 땅을 농경지로 사용할 수 있었다. 그래서 아랍인들은 이 지역을 정복한 후에 이 땅을 "성군[칼리프(Khalif)]의 밭"이라고 불렀다.[235]

소그드의 농경은 물을 끌어들여서 경작하는 것이므로 그들은 관개가 없는 곳의 땅은 사용하지 않았는데, 그들의 농경에 관한 사실은 다음과 같이 사료에서 알아볼 수 있다. "날씨는 따뜻해서 밀을 키우기에 적합했다. 주민들은 농장에서 일했고 이 지역의 나무들은 매우 무성하게 자라있다. 여기에는 말, 낙타, 양 등의 동물들이 많다."[236]

무그를 발굴할 때 그곳에서 농업에 관한 많은 유물들이 발굴되었다. 여기서는 곡물과 씨앗 그리고 목화가 나왔다. 무그의 기록에는 자라프샨 북쪽 지방의 특산물은 밀과 포도라고 하며 보리와 호두 또한 많이 재배했다고 한다. 곡물에 대한 소그드어의 용어는 어원적으로 'winnowed'의 의미와 연관되어 있다.[237]

밀은 맷돌로 갈았는데 이에 관한 기록은 "어떤 사람이 세 개의 맷돌을 빌렸고 그 값을 밀가루로 지불했다."고 하는 기록에서 볼 수 있다.[238]

이 문서에는 곡식과 과일, 포도주를 판매했다는 기록도 있다. 포도 농사

---

232) Barthold V.V., 1965 a, pp. 198-199.
233) 부하라 오아시스의 고대 관개시스템에 대한 설명은 Shishkin V.A., 1963, pp. 22-25. 참조.
234) Kabanov S.K., 1956 a, p. 164.
235) Barthold V.V., 1965 a, p. 196.
236) Bichurin, II p. 281.
237) Livshits V.A., 1962 b, p. 136.
238) Livshits V.A., 1962 b, p. 136.

도 가장 많이 하던 재배 품목 중의 하나이다. 펜지켄트에서 포도를 짜는 틀이 발굴되었는데 이는 구덩이처럼 생겼고 그 밑은 일부러 깊게 팠다. 구덩이 옆에는 작은 통이 있었는데 구덩이와 이 통의 사이는 작은 파이프로 연결되었고 구덩이와 통의 벽은 석고가 발라져 있었다. 통 위에는 판자가 빽빽하게 깔려있고 그 위에 낙타 가시풀[중앙아시아에서 많이 자라는 가시가 많은 풀로서 낙타가 좋아해서 낙타가시풀이라 불림]을 깔고 그 위에 포도를 놓았다. 포도에 압력을 가하면 즙이 처음에는 통으로 갔다가 조금씩 구덩이로 가는데 이 구덩이에 있는 것을 꺼내서 저장통에 담는다. 지금도 타지크의 전통 포도주 공장은 이와 같은 방식으로 포도주를 만든다.[239]

사료에서도 사마르칸트 포도주에 관한 이야기가 나온다. 포도주는 주로 귀족의 집에서 몇 년간 보관되었는데 이 말을 증명해 주는 사실은 고고학적인 연구나 무그에서 발굴된 기록들이다. 그 기록들에 보면 "포도주는 봉인을 해서 보관했는데 그렇게 하지 않으면 종들이 다 마셔버린다." 이런 기록에서 볼 수 있듯이 당시에는 포도주를 보관하는 곳이 따로 있었다.[240]

포도농사를 짓는 사람들에게는 여러 개의 포도원이 있었다. 무그의 기록에도 "대농장의 관리자"라는 말이 나온다. 또한 포도 알맹이가 얼마나 컸으면 포도알을 거위 알에 비교하고 색은 금빛이었다고 한다. 외국에서 와서 포도를 사가면서 포도를 가리켜 "금빛 자두"라고 했을 정도이다.[241] 또 수출 품목으로는 하얗거나 노란색의 앵두가 있었다.[242] 이 모든 것은 현장이 말한 소그드 농업의 발전을 증명해 준다.

외국의 사람들이 말한 대로라면 사마르칸트의 말을 수출한 것은 페르가나의 말을 수출한 것과 연관이 있다. 사마르칸트, 부하라, 케쉬, 마이무르그에서 624, 724, 726, 727, 744, 750년에 중국으로 말들을 수출했다고 한

---

239) Bolshakov O.G. and Negmatov N.N., 1958, pp. 187-188.
240) Livshits V.A., 1962 b, p. 140.
241) Schafer E.H., 1963, p. 1, 117.
242) Bichurin, II, p. 311.

다.243) 또한 외국인들은 사마르칸트 양의 꼬리에 달린 기름덩어리에 흥미를 가졌다. 이 양은 그 유명한 쿠르듀크(Kurdyuk, Tail fat)종의 양이다.244)

무그의 기록에는 크고 작은 소와 말과 같은 타는 동물인 노새와 당나귀들이 기록되어 있다. 일부 계곡과 평원에서는 낙타도 사용되었다.245)

소그드에는 실크 제조술도 발달했다. 이렇게 실크, 면, 모피 제품은 수입에 의존하지 않고 그들이 자체적으로 생산했다.

수공업과 산업

소그드를 둘러싸고 있는 산에는 자원이 풍부하다. 거기서 나오는 것들 중에는 사료에 나온 유명한 것들도 있다. 금과 염화암모늄이 산출되는데 금은 단순히 채굴할 뿐만 아니라 케쉬와 마이무르그 지방에 수출도 했다.246)

마이무르그에서는 합금을 들여왔는데 그 합금은 황동으로, 구리와 아연을 혼합한 것이다. 소금도 이 지역에서 생산되었다. 이 소금은 식용으로도 사용하고 공예품도 만들었다. 사료에는 특히 마이무르그와 케쉬에서 들여온 유색의 소금에 대해서 나온다.247)

이들 자원의 대부분은 국가 안에서 소비하고 여분을 국외로 수출했다. 이 자원들은 고고학적으로 많은 연관성을 갖고 있다. 자원은 주로 펜지켄트에서 생산되었으며 이 지역의 많은 건물들이 대장간이었다. 여기에는 두 개의 방이 있었는데 여기서는 두 개의 파이프가 출토되었다.248) 소그드에서는 금속을 연단할 때 사용하는 풀무에 통풍을 위한 두 개의 통풍구를 만들었다.

---

243) Schafer E.H., 1963, p. 61.
244) Schafer E.H., 1963, p. 64, 296.
245) Bichurin, II, p. 281.
246) Schafer E.H. 1963, p. 754.
247) Schafer E.H. p. 217.
248) Belenitsky A.M., 1958, pp. 117-119.

또 다른 곳에서도 대장간이 발굴되었다. 이 또한 두 개의 방으로 구성되었고 작업장은 정확하게 구분되어 있었다. 여기에도 화로와 두 개의 통풍구가 있었다. 이 화로에는 융해된 금속의 슬래그(slag)들이 남아 있었다. 제작소 안에도 철과 금속 슬래그들이 있었다. 여기서는 화로용 부삽뿐만 아니라 대장간에서 사용하는 다양한 도구들이 발굴되었다. 모루부터 망치에 이르기까지 발굴품들은 매우 다양했다.249)

금속제품들은 여러 가지가 있다. 무기들을 제외하고도 그 종류가 다양한데 이 금속들로 삽, 톱, 낫, 쇠와 동제 버클, 장식품들, 철제 칼, 열쇠 등의 많은 것들이 제작되었다.250)

금속은 무기와도 매우 밀접한 연관성을 갖는다. 무기만을 전문으로 제작하는 기술자들이 있었지만, 무기들도 일반 생활용품과 동일한 장소에서 제작되었다.

소그드의 무기들로는 원거리와 단거리 전투용 무기들이 있는데 그들은 여러 재료를 혼합해서 만든 활, 검, 단도 등이 있고 방어용은 방패, 철제 비늘 갑옷과 투구가 있었다. 발굴 작업을 통해 확인할 수 있었던 것은 무그에서는 방패와 활이 많이 발굴되었고251) 펜지켄트에서는 화살촉과 활 제작에 필요한 재료들이 발굴되었다는 것과 사료에 기록되어 있듯이 소그드의 산업 중의 상당 부분을 무기 제조가 차지하고 있었다는 것이다. 이 무기들을 제작하는 것은 매우 힘든 작업이다. 이를 완성하기 위해서는 많은 시간과 장인정신을 필요로 하는데 예를 들면 여러 재료를 사용해서 활을 제작하기 위해서는 사료에 기록되어 있는 바와 같이 1년에서 2년의 시간이 필요하다. 펜지켄트에서 화살촉과 활을 만드는데 필요한 기구들이 발굴된 것으로 봐서 활은 펜지켄트에서 많이 제작되었을 것이다. 귀족들의 무기는 칼과 단도인데 이것들은 매우 정교하게 제작되었을 뿐 아니라 장식도 훌륭했다. 많은 예에

---

249) *"History of Technology"*, 1957, p. 643.
250) Belenitsky A.M., 1958, pp. 135-140; 1961 a, pp. 84-85; 1961 b pp. 88-90.
251) Jalilov A., 1958, pp. 81-95.

서 볼 수 있듯이 소그드의 무기들은 매우 발달했고 예술적인 멋스러움까지 가지고 있었다. 특히 칼이나 단도의 손잡이는 귀금속으로 제작했고 그 새겨진 모양이 용의 머리 모양 등이 있었으며 이는 매우 아름다웠다.

소그드 무기의 완성품은 매우 강력하고 아주 유용하게 사용되었다. 소그드의 갑옷과 방패들은 멀리 동방과 서방에까지 그 명성을 떨쳤다. 718년에 소그드인들은 중국에 철제 비늘 갑옷을 선물했다. 그 후 중국의 기술자들이 그것을 모방해서 갑옷을 제작하여 중국에도 철제비늘갑옷이 출현하게 되었다.[252]

사마르칸트의 소그드 예술품들은 그 아름다움이 매우 대단해서 아직까지도 사료들을 통해 그 이름이 전해지는 것들이 있다. 그들 중 하나가 바로 보석으로 만든 안약(眼藥)을 담는 작은 용기이다.[253] 사마르칸트, 마이무르그(Maymurg), 케쉬(Kesh) 등의 지방에서 외국의 왕에게 보석들과 보석으로 만든 귀중품들을 선물로 보냈다.[254]

벽화를 보면 다양한 식기, 찻잔들이 보석으로 만들어졌다는 것을 알 수 있다. 사마르칸트에서는 다른 중앙아시아 지역에서는 볼 수 없는 외국의 유물과 같은 은으로 제작한 대형 그릇 등이 발굴되었다. 이는 쿨라그쉬(Kulagish)에서 발굴되었고 지금은 국립 에르미타주 박물관에 소장되어 있다. 소그드의 보석 세공품으로는 달려오는 사자를 활로 쏘는 기마 무예가 새겨진 용기(容器)가 있지만 이것이 확실히 소그드의 것인지는 알 수 없다.[255] 이 용기에 기록된 글이 소그드의 언어가 아니기 때문이다. 언어학자들은 이 용기를 사산조 이후 이란의 것이라고 추정한다.[256]

---

252) Schafer E.H., 1963, p. 261.
253) Bichurin, II, 1950, p. 310.
254) Schafer E.H., 1963, p. 259.
255) Zabelina N.N. and Rempel L., 1948; Pugachenkova G.A., Rempel L., 1965, pp. 149-150.
256) Livshits V.A., Lukonin V.G., 1964, pp. 162-163.

발굴 작업에서 금으로 제작한 타원형의 귀걸이가 다량 발굴되었는데 이는 스피넬(spinel)과 손질된 진주, 터키옥으로 장식되어 있다. 금, 은, 동으로 제작된 반지에 보석이 박힌 것도 있다. 구슬도 많이 발굴되었는데 이 구슬들은 무지갯빛, 햇빛을 머금은 이슬과 같다고 할 만큼 아름답다.

소그드의 수공업은 매우 발달했다. 이러한 사실을 증명해주는 것은 유물들과 역사적 사료들이다. 무그 성에서는 150여 개의 옷감이 발굴되었는데 그 옷감들은 대부분 찢겨진 채로 발굴되었지만 소그드 수공업의 발전상을 반영하고 있다. M.P.비노쿠로브(M.P.Vinokurov)가 연구한 135개의 무그에서 발굴된 옷감 중에 90개가 면직물이고 44개는 실크로 제작한 것이며 오직 하나만이 모피로 만든 것이다. 실들은 약했고 그 굵기가 들쭉날쭉했다. 실이 얼마나 촘촘하게 짜여 있는 가를 봐서 그 옷감의 품질을 가늠할 수 있다. 1㎠에 8~10바늘, 10~12바늘, 10~14바늘, 15~20바늘을 꿰맨 옷감이 있다. 이렇게 옷감의 품질을 크게 네 종류로 분류할 수 있다.

명주[명주 明紬]도 네 개의 그룹으로 분류할 수 있는데 명주는 면직물에 비해서 훨씬 촘촘하게 꿰매져 있다. 39~40바늘을 꿰맬 수 있는 실크 제조공은 좋은 대접을 받았다. 형형색색의 실을 가지고 실크에 무늬를 낼 수도 있었는데 그 무늬들은 주로 마름모 문양에 가운데에는 꽃무늬를 새겼다. 이와 유사한 실크는 펜지켄트의 벽화에도 묘사되어 있다. 또 다른 문양으로는 갈지자 문양도 있고 매우 난해한 문양도 있었다. 무그에서 나온 실크 중에는 중국과 지중해 부근에서 유입된 것도 일부 있다. 그러나 주로 소그드 지역에서 제작한 것이다.

모피로 제작한 원단은 짙은 색 바탕에 하늘색에 가까운 푸른 줄무늬가 있다.

그 당시에 이 옷감들을 제작하는 작업대가 있었던 것으로 보인다. 무그에서는 실을 꼬는 빗이 발굴되었다.[257] 하나는 온전한 형태를 유지하고 있

---

257) Vinokurova M.P., 1957, pp. 17-32.

었고 다른 것들은 훼손되어 있었다.

펜지켄트의 벽화에는 사자, 코끼리, 새 문양이 새겨져 있는 옷감이 그려 있는데, 잘 장식된 옷들은 아프로시욥의 벽화에도 그려져 있다.

유럽 서부의 박물관에도 사자, 양과 장미꽃 문양이 새겨진 명주가 보관되어있다. 이것들은 자주색, 진황, 진청의 실크들이다. 초기에는 밝은 색을 주로 사용했지만 후기로 갈수록 짙은 색으로 변했다. 발굴된 밝은 색의 실크로는 연두색, 하늘색, 분홍색, 주황색, 하얀색 등이 있다. 이들 중에는 완전한 형태로 보존된 것도 있다. 그것에 새겨진 무늬는 사각형 문양이다.

상기한 〈벨기에〉에 있는 실크에는 그 뒷면에 먹으로 글이 기록되어 있다. 이것을 헤닝은 "61뼘 잔다네치(zandanechi)"라고 읽었다. 직물에 대해 정통한 셰파르드(Shepard)가 이 실크를 다른 박물관들이 소장한 것들과 비교했을 때, 이는 중국산이며 소그드 방식으로 길이를 측정한 것이라고 한다. 중국의 사료 중에 아랍의 전쟁에 관한 기록에는 실크에 대해 많은 이야기가 나온다. 그중의 하나가 잔다네치라는 실크이다.[258]

이제 소그드의 남녀 의복에 대해서 알아보자. 남성의 옷과 여성의 옷의 차이는 벽화에 명확하게 묘사되어 있다.[259]

소그드인들 사이에서는 모피 제품도 유명했는데 모피로 만든 얇고 하얀 천은 글을 쓰는데 사용했다. 이런 얇은 모피에 기록된 것으로는 매우 유명한 아랍어로 기록되어 있는 역사기록이 있다. 여기에 예술적인 그림이 그려져 있는 것도 있다. 모피로 제작한 신발도 있는데 이는 타지크에서 아직도 현대인들 사이에서 산에 오를 때 사용되는 것으로 무키(Muki)라고 한다.[260] 무그의 기록으로 봤을 때 마구들도 가죽으로 만들었다고 한다. 무그의 기록에서

---

258) Belenitsky A.M., Bentovich I.B., 1961; Belenistsky A.M. and others, 1963.
259) Beal S., 1906, I, p. 27
260) Bentovich I.B., 1958, p. 362, 371-372. See also: Ivanov S.V., 1952, pp.49-52.

는 또 산양의 가죽과 물소 등 담황색 가죽에 대한 이야기가 나온다. 또한 다양한 색상의 가죽에 관한 이야기도 나타난다.261)

간략하게 설명을 하더라도 모든 종류의 세공품에 관한 이야기를 다 할 수는 없다. 하지만 한 가지 알아 둘 것은 동물 뼈, 목재, 세라믹 세공품이 매우 발전했었다는 것이다.

도시의 발달된 세공품과 시장의 규모가 그 국가 자체의 상업뿐 아니라 다른 나라와의 교역에도 기여했다. 소그드인들이 상업에 얼마나 소질이 있었는가는 사료에 나와 있다. 그들은 자신들의 자식들을 다섯 살 때부터 가르치기 시작한다. 그리고 자녀가 충분한 교육을 받은 후에는 그들에게 상업기술을 가르치는데 스무 살이 된 청년은 외국으로 상업적인 여행을 보낸다. 사료에는 "거의 모든 국민들이 이익을 중시한다."고 적혀있다.262)

매우 많은 외국과 교역을 했다. 동방, 서방과 북방 초원에 사는 민족들과도 교역했다. 가장 큰 규모는 중앙아시아와 비잔틴과의 교역이었는데 그 상단의 일부는 이란을 지나갔지만 주로 카프카스 북쪽 지방을 거쳐 갔다. 소그드는 비잔틴의 견직물을 들여왔다. 그리고 이를 모방해서 만든 비단을 서방의 나라들에게 팔았다. 소그드의 비단들은 이렇게 비잔틴의 것을 모방했지만 그들만의 특성을 살렸다. 이런 유의 비단은 카프카스 북쪽에서 발굴되었다.263)

카프카스 북쪽의 '실크로드'는 실크 뿐만 아니라 많은 물품들이 오고가던 길이었다. 여기서 한 가지 알아볼 것은 쿤구라(Kungura) 지방에서 비잔틴의 그릇이 발굴된 것이다. 이것이 비잔틴의 것이라는 것을 알 수 있는 부분은 비잔틴 장인의 인장이 찍혀 있다는 점이다. 이 그릇은 확실히 비잔틴에서 6세기 후반에 제작되었던 것인데, 이 그릇에는 세 단어가 기록되어 있었다.

---

261) Smirnova O.I., and Bogolyubov M.N., 1963, p. 11.
262) Bichurin, II, p. 310; Chavannes E., 1903, p. 133.
263) Ierusalimskaya A.A., 1967 a, 1967 b.

"부하라의 왕인 누구누구." 실제로 6세기 후반~7세기 초반에 만들어진 이 그릇은 생산된 지 얼마 되지 않아서 부하라의 소그드에 들어왔다.[264] 보석부터 아름다운 옷감과 약품까지, 소그드의 물품들은 중국에까지 수출되었다.

소그드의 외국과의 교역 시장은 매우 컸는데 다른 나라와의 상업과 함께 국내의 상업도 발달했다. 이는 동으로 만들어진 매우 많은 수의 소그드 화폐가 어느 정도는 증명해 준다.

5~7세기의 소그드 화폐에 관한 것은 상세하게 알려져 있지 않으며 어떤 동전들을 사용했는지 그 종류가 모두 발굴되지도 않았다. 소그드의 동전들은 주로 바라흐샤(Varahsha)에서 발굴된 것들이다. 5세기부터는 이란 사산조의 페로즈 1세[Peroz1, 459-484]의 것을 모방해서 소그드의 동전들을 은으로 주조하기 시작했다. 자라프샨 지방에서도 페로즈 1세의 화폐를 모방한 은화들이 출토되었다. 이것들과 함께 사산의 바라흐란 5세[Varahran5' 420~438]의 동전들을 모방한 것들도 발굴되었으며 이후에 이 동전들은 부하라 소그드에 주로 사용하는 화폐가 된다. 이것을 "부하르후닷의 드라크마" 또는 "부하라의 화폐"라고 부른다. 이 화폐들을 러시아의 동양학자인 P.I.레흐르(P.I.Lyehr)[265]가 최초로 연구했고 이후에는 화폐학자들인 D.우오케르(D.Uoker)[266]와 R.프라이(R.Fry)[267]가 연구했으며, 언어학자들은 이 화폐에 담겨 있는 전설을 연구했다. 헤닝은 이 화폐에 "부하라의 지도자—황제"[268]라고 기록되어 있다고 했다. 화폐학자들이 이 화폐의 연대를 언급했지만 그 주장이 여러 갈래로 나뉜다. 그러나 아직까지 확실한 답을 찾지 못하고 있다.

사마르칸트의 소그드에서 발굴된 화폐 중에는 소그드 자체에서 동으로

---

264) Livshits V.A., Lukonin V.G., 1964, pp. 165-167.
265) Lerkh P.I., 1875, 1909.
266) Walker I., 1941.
267) Frye R.N., 1949, pp. 24-31.
268) Henning W.B., Frye R.N., 1949, pp. 28-29.

주조한 화폐가 있다. 이 화폐는 글귀가 있고 각 면에 한 명씩, 즉 두 명의 초상이 새겨져 있다. 하지만 주를 이루고 있는 화폐는 이것이 아니라 7세기 후반에 주조된 사각형의 화폐이다. 펜지켄트에서 수천여 개의 이런 화폐가 발굴된 것이 이 화폐가 얼마나 널리 사용되었는가를 보여주는 것이다. 이 화폐의 한쪽 면에는 왕의 형상이 있었고 다른 면에는 왕의 명칭과 이름이 기록되어 있다. 이 화폐의 무게와 크기를 통해 보았을 때 시간이 지나면서 그 가치가 변했을 것으로 추정된다.

금화는 발굴 작업 중 출토되지 않았다. 소그드의 기록을 보면 "데나르(denar)"라고 물건의 가치를 측정하는 금화가 있었다고 한다. 하지만 우리는 이것을 발견하지 못했다.

무그의 기록에는 드라크마라 불리는 은화와 동전에 대한 일부 언급이 있다. 이 기록은 펜지켄트에서 동으로 주조한 화폐가 다른 화폐들보다 훨씬 많이 발굴된 것과 대조를 이룬다. 이는 아마 시장에서는 주로 동전을 사용하고 더 큰 물건이나 계약할 때에는 은화를 사용했었다고 이해할 수 있게 한다.

소그드의 화폐가 멀리 외국에서도 발굴된다는 것은, 소그드의 당시 경제력을 보여주는 좋은 예이다.

소그드의 식민지화

당시 소그드의 식민지화 정책은 어떤 면에서는 경제-상업과 다른 면에서는 정치와도 연관이 있는데, 이 정책은 소그드의 사회 내부에도 확산되기 시작했다.

소그드의 식민정책의 목표 중의 한 지역은 세미례취예이다. 7세기 현장의 말에 따르면 세미례취예는 수-리(Su-li)라고 하는데, 이는 소그드이다.[269] 11세기에 마흐무드 카쉬가리(Mahmud Kashgariy)는 세미례취예에 관

---

269) Beals S., 1906, p. 26.

해서 매우 값진 기록을 전했다. 그는 그 지방에 사는 민족을 소그닥(Sogdak)이라고 하고 그들은 발라사군(Balasagun)에 정착했으며 민족은 사마르칸트와 부하라 소그드 중간에 위치한 지방에서 온 소그드이지만 복장은 투르크의 것을 입었다고 한다. 이러한 의미에서 세미례취예에 관한 10~11세기 기록에서는 소그드에 관한 내용이 많이 발견된다.270)

베른쉬탐(Bernshtam)은 역사적 사료들을 연구해본 결과 소그드가 세미례취예를 식민화 하려고 두 번에 걸쳐서 그 땅을 공격했다고 한다. 첫 번째 원정은 3~4세기에 있었고, 두 번째는 7세기에 있었는데 두 번째 원정에는 아랍의 정복자들과 사만 왕조(samanid)의 군대의 진군과 연관이 있다. 그는 소그드의 문화와 유목민들의 문화의 연관성에 많은 관심을 기울였다. 실제로 고고학적으로 발굴을 해본 결과 추이(Chuy) 지방에서 발달된 도시의 유물이 나왔는데271) 이는 소그드인들이 이 지역에서 공업, 상업과 농업에 종사한 까닭이다.

이전 시기에는 소그드의 식민지가 중앙아시아를 넘어서 다른 나라에도 존재했다. 이것을 연구한 풀레이블렌크(Puleyblenk)는 우리 모두가 동의할 만한 주장을 내놓았다. "상인들뿐만 아니라 수공업자들, 예술가들과 새로운 종교를 가진 소그드의 여행가들이 중앙아시아를 넘어 중국 깊숙한 곳과 초원의 민족들에게까지 흘러 들어갔고 그 지역의 사람들을 문명화시켰다. 예를 들면 투르크인들을 문명화시키는데 소그드인들의 공이 컸다는 사실은 이미 모두가 알고 있는 것이다."라는 것이 그의 주장이다. 이러한 관계는 위구르와도 맺고 있었다. 투르크가 중앙아시아를 정복한 후에 이미 전부터 존재해 오던 서로 간의 관계는 더욱 친밀해졌다. 소그드인들은 서돌궐뿐만 아니라 동돌궐과도 매우 친밀해서 지금의 몽골에 있는 동돌궐 칸의 궁에 살던 소그드인도 있었다. 수나라가 멸망한 후에 소그드인들은 하미(Hami) 지방을 정복

---

270) Barthold V.V. 1964, pp. 466-467.
271) Kozhemyako P.N., 1959, pp. 168-169.

했다. 후에는 동돌궐에 복속되지만 그들은 여기서 자신들의 세력을 유지했다. 7세기 중반에 사마르칸트의 귀족인 칸-얀-탼(Kan-yan-tyan)을 중심으로 한 세력이 봉기해서 로브-호라(Lob-hora)라는 도시를 불태우고 하나의 빈 도시를 찾아서 그 지역에 세 개의 마을을 세우고 이주해서 살았다.[272] 그 마을 중의 하나가 "포도의 마을"이라는 이름을 갖고 있는데 그 이유는 그 마을의 중심부에 포도원이 있었기 때문이다. 8세기 중반의 기록을 연구해본 결과 그 당시 둔황 지방은 사마르칸트인, 부하라인, 차오(Tsao)[당시에는 두 개의 차오가 있었다. 하나는 카부단(Kabudan)이고 다른 하나는 우스트루샤네(Ustrushane)이다], 토하리스탄, 쿠샤니안, 마이무르그, 케쉬 출신의 사람들이 지배하고 있었다.[273]

소그드인들, 즉 소그드의 상인들, 수공업자들, 장인들, 군인들 등이 티벳의 라닥(Ladak)[여기서는 사마르칸트의 소그드인인 노쉬파르나(Noshfarna)가 적은 기록이 발굴되었다. 이 기록은 티벳에 관해서 쓴 것이다.]에서 몽골에 이르기까지 아시아의 중심부에 미친 영향은 대단하다. 동부 투르키스탄을 예로 들어보자면, 이 지방에서는 소그드의 유물과 기록들이 발굴되었는데 이는 소그드의 영향이 얼마나 지대했는가를 보여준다. 그리고 그들의 문화에 소그드 풍의 것들이 매우 많이 남아 있다.

무그 산에 있는 성과 고대 도시 펜지켄트의 발굴

어느 것도 소그드의 초기 중세 시대에 대해 알아가는 것만큼 중요하진 않다. 우리는 이미 고고학적인 증거들을 다수 인용했다. 지금 여기서는 무그와 펜지켄트에서 발굴된 가장 중요한 것들을 몇 가지 자세하게 알아보자.

하이라바드(Hayrabad[지금의 아이닌(Aynin) 지방]의 사람들은 칼라-이 무그(Kala-i Mug), 즉 무그 성이라고 불리는 오래된 장소를 알고 있었다. 지금은

---

272) Pulleyblank E.G., 1952, pp. 317-354.
273) Chuguevsky L.I., 1971

이 성을 "무그 산에 있는 성"이라고 한다. 30년대 초반에 사람들은 산책하러 그곳에 자주 갔었다. 그러다가 양치기인 주르 알리(Jur Ali)라는 사람이 이상한 그림과 그가 알지 못하는 글이 실크에 기록되어 있는 것을 발견했다. 그와 그 지방의 사람들, 그리고 우라튜베(Uratube)의 지식인들도 거기에 뭐라고 기록되어 있는지 알 수 없었다. 그러다가 고대의 역사와 유물들에 관심이 많았던, 당시 그 지방 관리인 압둘하미드 풀로티(Abdulhamid Puloti)가 그 소식을 들었다. 그는 이 유물을 감정하고는 그 자료를 듀샨베에 보냈는데 우연의 일치인지 1932년에 타지키스탄에서 소련 학술위원회가 열렸다. 이 행사의 첫 대표는 세계적으로 유명한 동양학자인 C.F.올덴부르그(C.F.Oldenburg)이다. 이곳에 모인 전문가들이 이 유물을 연구해 보고 그것을 위구르으나 소그드어라고 판단하고 1933년에 유명한 이란학자인 프레이만(Freyman)에게 이 유물의 사진을 촬영해서 보냈다. 프레이만은 이 글이 소그드의 글을 필기체로 쓴 것이라고 했다. 한 양치기의 이 발견은 역사적으로 매우 큰 의미가 있는 발견이다. 소그드의 글은 이미 이 전에도 동부 투르키스탄에서 발굴된 적이 있다. 하지만 1932년에 발굴된 것은 소그드 땅에서는 최초로 발굴된 것이다. 소그드의 땅에서 발굴된 소그드의 글은 학자들을 흥분케 했다.[274]

    프레이만이 듀샨베에 와서 이 글의 원본을 보고 그에 관한 연구를 더 정확하게 했다. 그리고 그는 더 많은 글들이 있지 않을까라는 생각이 들었고 그의 주장에 동의한 타지키스탄 과학 아카데미의 동료들과 함께 출발했다. 국가의 전 국민이 이 긴 발굴 작업을 기다려야 했다. 그리고 1933년 여름에 풀로티(Puloti)는 발굴 작업에 착수했다. 그렇다, 풀로티는 고고학 전문가가 아니었기 때문에 이 작업에서 제외시켜야 했지만, 그의 열정과 활력은 이 일을 충분히 가능하게 만들었다. 그해 7월에 20개 이상의 기록과 유물들이 발굴되었고 타지키스탄 정부는 이 유물들을 후일에 찾기 쉽게 잘 구분해서 보관했다.

---

274) Krachkovsky I.Iu., 1945, p. 94.

무그 산에서 발견된 소그드 문서. 결혼계약서

    그해 가을에 타지키스탄 과학 아카데미의 A.I.바실리예브(A.I.Vasil'ev)가 그의 발굴팀과 함께 발굴 장소를 향해 떠났다. 하지만 진정한 발굴 작업은 그때부터가 시작이었다. 그 후에 A.V.바실리에브가 21점의 유물을 더 발굴한 것이다. 10월에 타지키스탄 정부에서 프레이만을 대표로 조직한 발굴팀이 발굴 장소에 도착했다. 1933년 11월에 A.I.바실리예브가 다시 발굴을 시작했다. 1947년에 V.L.보로닌(V.L.Voronin)에 의해서 무그성에 대한 발굴 작업이 종료되었다.

    이 성이 위치해 있는 산은 80m정도 높이의 구릉으로서 자라프샨강 동쪽 지방에 있다. 이 구릉에는 쿰(Kum)이라는 작은 강이 흐르는데 이 성의 3면은 강이 둘러싸고 있고 다른 한 면은 경사가 있다. 위쪽에 있는 공터는 바위 성벽으로 둘러싸여 있었는데 이곳에 언젠가는 이층짜리 건물이 있었을 것으로 추정된다. 발굴 작업 당시에는 아래층은 남아있었다. 이 건물의 구조는 이러하다. 매우 큰 홀이 전체 건물의 대부분을 차지하고 있고 아주 작은 방이 하나 있으며, 북쪽으로 좁은 복도가 하나 있었다. 이 복도는 큰 홀과 작은 방을 연결해 주었다. 벽은 주로 돌로 되어있었고 나머지 부분은 진흙으로 만든 벽돌로 되어 있었다. 성은 크지 않았으며 전투용으로 건축되었다.

무그산 성채에서 발굴된 기병 그림이 새겨진 방패

발굴을 통해 알려진 바로는 이 자료들은 50~70cm 정도 높은 곳에 있는 건물의 아치형 골격 위에 있었다고 한다.[여기서 발굴된 기록은 80여 개가 넘는데 그중에 74개가 소그드의 것이다.] 이에 관해서 A.I.바실리예브가 올바른 주장을 폈는데, 그는 이 건물이 2층으로 되어있으며 기록물 보관소는 2층에 있었다고 한다. 이 발굴 작업에서는 기록물들뿐만 아니라 다른 종류의 유물들도 400여 점 이상이 발굴되었다. 여기서는 도기들과 수놓아진 그림들도 있었다. 이 유물들은 매우 아름다웠으며 그림들은 매우 꼼꼼하게 수놓아져 있었는데 만든 기술이나 모양이 파미르 방면의 타지크의 것과 유사하다.

다음과 같은 유물들도 발굴되었는데 잘 꾸며진 그릇, 단추, 삽, 숟가락 등의 것이 그러하다. 또한 나무로 된 보석함이 있다. 이것의 상부는 장미꽃 문양이 새겨져 있고 함의 모양은 전체적으로 팔각 별 모양으로, 붉은색이 칠해져 있다. 매우 흥미로운 것은 방패다. 이 방패는 가죽으로 덮여 있고 무장한 기마병이 그려져 있다. 소장 가치가 있는 면, 실크, 모피로 만든 옷감들이 있으며 매우 아름다운 머리장식용 레이스가 발굴되었다. 이는 중앙아시아 터번의 극치를 보여주는 유물이다.275) 이곳에서 발굴된 무기로는 위에서 말한 방패[이 방패는 꼭 전쟁용이 아니더라도 장식용으로 사용되었을 수도 있다.] 외에도 칼, 활과 화살 등이 발굴되었다. 그 외에도 유리, 동전 등 다양한 유물들이 발굴되었다.

발굴된 것들 중 가장 값진 유물은 바로 기록물들이다. 이를 해독함으로써 많은 새로운 사실들을 알아냈다. 프레이만의 노력으로 이 기록들을 해독해내기 시작했고 이 작업을 완성한 것은 그의 제자들인 M.N.보고류보브(M.N.Bogolyubov), B.A.리브쉬츠(V.A.Livshits), O.I.스미르노바(O.I.Smirnova) 등이며, 아랍어 기록은 I.Y.와 V.A.크라취코브스키(Krachkovski)에 의해서 완성되었다.

이 기록들을 연구한 결과 무그 성의 건축 시기를 알 수 있었고 그에 따라 발굴 작업도 수월해졌다. 작업의 진행 방향을 제시해 준 것은 아랍의 기록을 해독해낸 두 명의 크라취코브스키이다. 그들은 그 자리에서 바로 '디바스티(Divasti)'라는 단어를 읽었다. 이를 소그드 식으로 발음하면 '데바스티취(Devastich)'가 된다. 이 단어는 아랍이 중앙아시아를 정복할 때의 기록에 나와 있는데, I.Y.크라취코브스키는 이 일이 발생한 지 10년 후에 『아랍의 기록』이라는 책에 그 모든 상황들을 정확하게 설명했다. 그는 에필로그에 이렇게 기록했다. "실제로 이 디바스티라는 이름은 이 기록이 아랍의 것이라는 것뿐만 아니라 소그드의 기록들을 발굴해내는데 그 토대가 되었다. 디바스티는 소그드의 지배자로써 그가 통치하던 지방 안에 무그도 속해 있었으며 그가 아랍의 왕에게 쓴 편지를 연구해 본 결과 이 편지가 718~719년에 기

---

275) Schafer E.H., 1963, p. 202.

록된 것이라는 기대하지도 않았던 그 편지를 기록한 날짜가 정확하게 확인되었다." 1934년 2월에 레닌그라드에서는 소련 학술 아카데미가 열려서 당시 무그의 발굴현장의 상황과 무엇을 알아냈는지 등을 보고했다. Ⅱ.Y.크라취코브스키는 이 아카데미에서 이렇게 말했다. "이 발굴은 지금까지 없었던 위대한 발견입니다. 많은 새로운 것들을 알게 되었고 우리의 지식의 단계를 한층 높여주었습니다." 그리고 한 가지 더 말하자면 이 아카데미에는 많은 동양학자들과 지방 관리들이 참석해서 자신들의 주장을 발표하는 자리였다.

이 모든 것들은 학자들의 관심을 자라프샨강의 북쪽 연안으로 돌리게 했다. 당시에 타지키스탄에는 고고학회가 없었지만 자신들의 조국의 과거 역사에 흥미를 갖고 있는 사람은 많이 있었다. 그런 사람들 중의 한 명으로는 매우 큰 열정을 지닌 B.R.체일르트코(B.R.Cheylitiko)라는 사람이 있었다. 이 사람에 의해서 1934~1937년에 자라프샨강의 북쪽 연안과 펜지켄트 지방의 일부분이 발굴되었다. 신문은 이 발굴 작업의 성과가 있었음에도 불구하고 이 사실에 대해서 자세히 알리지 않았다. 그리고 체일르트코는 고대에 펜지켄트가 어떤 존재였는지 알아냈는데, 그의 기록을 통해 아랍의 정복전쟁 이전에 존재했던 도시가 깨어났다. 이 도시는 아랍이 멸망시킨 8세기 초부터는 아무도 거주하지 않았다. 이 발굴 작업에서 예술품들, 화폐, 도자기들이 발굴되었다.

그러나 펜지켄트를 본격적으로 발굴하기 시작한 것은 이로부터 10년 후인 1946년의 일이다. 1946년에 소그드-타지크의 고고학 발굴팀이 조직되었다. 이 발굴팀에는 3개의 조직이 참가했는데 하나는 '소련 역사, 문화유산 학술연구 대학교'이고, 두 번째는 '소련 학술연구원 타지키스탄 지부', 세 번째는 국립 에르미타주 박물관이다. 이 발굴팀의 대표는 소련의 유명한 동양 학자이자 고고학자인 V.V.바르톨드(V.V.Bartold)이고 통신원은 소련 학술 연구원의 A.Y.야쿠보브스키(A.Y.Yakubovskiy)이다. 이들이 발굴팀과 함께 1946년에 펜지켄트를 방문했는데 야쿠보브스키는 체일르트코를 불러서 대 발굴

"루스테미아드" 이야기를 형상화한 그림의 일부. 펜지켄트

작업을 시작하기 전에 이 도시를 자세히 검토했다. 학자들은 이 도시가 '이슬람 도시가 아니라는 것'을 밝혔다. 야쿠보브스키는 여기서 아랍이 정복하기 이전의 중앙아시아의 기록을 발견하기를 원했다. 그는 소련의 학계에서는 아직 모르는 것을 찾고 싶어했는데, 1953년에 사망하기 직전까지 펜지켄트의 발굴 작업을 지휘했다. 그의 후임은 M.M.드야코노브(M.M.D'yakonov)가 맡았는데 그도 1954년에 사망했다. 그 다음으로는 A.M.벨린츠키(A.M.Belintski)가 그 임무를 이어받았다.

펜지켄트 유적은 사마르칸트의 동쪽으로 60km 지점에 있는 지금의 펜지켄트 외곽에 위치해 있으며 자라프샨강 연안의 고지대에 이 고대 도시가 세워졌다. 이곳이 발굴되기 이전에는 인공관개가 되지 않은 경작지였으며 고지대의 평평한 곳에 성곽과 망대가 세워져 있었다. 이 성곽 위에 올라가면 곧지 못한 성벽을 볼 수 있는데 이는 성의 경계를 표시한 것이다. 이곳이 후일에 도시를 뜻하는 말인 샤흐리스탄(shahristan)의 대부분을 차지한다. 이 땅의 면적은 19ha에 이르며 둘레는 1750m이다. 이 샤흐리스탄의 북쪽과 동쪽의 성벽은 곧지만 다른 쪽은 그렇지 못하다. 이 샤흐리스탄의 서쪽에는 왕궁이 있었는데 높이 30m 정도의 언덕에 위치해 있었다. 또한 샤흐리스탄의 동쪽과 동남쪽에는 농지와 외부의 도시들과 교역을 하는 시장이 있었다. 도

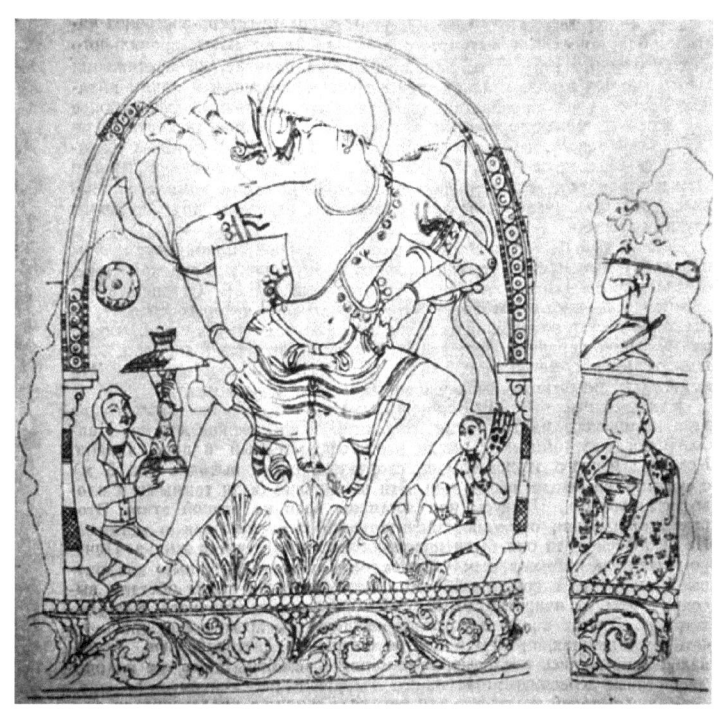

펜지켄트의 시바신

시의 남쪽에는 많은 언덕들이 있는데 발굴을 해본 결과 이는 조로아스터교에서 사체를 놓았던 곳이었다고 추정한다. 여기서 조로아스터교 방식의 무덤이 발굴되었다.

샤흐리스탄 도시 곳곳에는 도로가 있었는데 이 도로의 너비는 3~5m이다. 이 도로들은 평행하게 이어지다가 합해진다. 이 도로 주변에서는 가옥들과 생활, 상업, 수공업 공간이 있으며 임시로 만들어진 No1의 길을 중심으로 각 구역을 XIII, VI 그리고 다른 곳은 III, XX, VII, 그리고 XVI로 구분했다. 이 숫자들에는 10채부터 수백여 채의 집이 속해 있다.

III구역은 도시의 북동쪽에 위치해 있고 그 지형이 장방형에 가까운 형태를 하고 있으며 면적은 190×35m이다. 성의 서쪽 면은 100m 정도이고 매우 매끄럽게 되어있다. 이곳에는 여러 개의 출입문과 회랑이 있다. 동쪽 성

황금알을 낳는 새의 우화를 그린 그림.

벽은 더 오래된 것으로써 여기에도 출입문을 위한 열린 부분이 있고 회랑이 있다.

Ⅵ과 ⅩⅢ지역은 Ⅲ지역보다는 더 규칙성이 있다. 이 지역의 결함은 큰 대문인데, B.Y.스타빈스키(B.Y.Stavinski)는 이 지역에는 복합 건물이 4~10여 개의 층으로 이루어져 있다고 한다. 이 건물 중에는 행사용 건물이 여러 개 있었으며 그 건물 중에 가장 중요한 것은 아치형의 복도와 두 번째 건물로 들어가는 계단이다. 이는 위에서 알아본 Ⅲ구역과도 비슷하다.

V.L.보로닌(V.L.Boronin)은 이 모든 복합건물들이 두 가지로 구분된다고 한다. 하나는 행사용이고 다른 하나는 사람들의 거주용이라는 것이다. 큰 복합 건물들은 회랑처럼 큰 대문이 있었다. 주로 일층 건물은 아치형을 띤 5m에 이르는 높은 천정이 있다. 이 공간은 어둡고 빛이 잘 들어오지 않는 곳이며 이층으로 가려면 계단을 타고 올라갈 수 있다. 이층은 일층과 비교해서 매우 환하고 밝은 곳이다. 이 층에서는 아마 사람들이 여름에 거주했을 것이다. 건물들의 중앙에는 큰 홀이 있었다.[이 홀들은 50X50m에 이르렀다.] 이 홀에는 네 개의 원형 나무기둥이 있었고 기둥의 가운데에 촛대가 있었다. 홀의 벽에는 벽화들이 있고 기둥에는 조각들이 있으며 목재 조각상도 발굴되었다.

이 모든 복합 건물은 귀족들의 주택이었을 것이다. 왜냐하면 이곳에는 가족이 사는 방과 하인들이 사는 방이 구분되어 있고 행사용 홀인 응접실도 별도로 있기 때문이다. 이런 응접실은 19~20세기 타지크 부자들의 집에서도 볼 수 있다.

Ⅵ 지역에 있는 건물로는 매우 특별한 계획하에 건축된 것이 있다. 여기에는 장방형의 응접실(12.7×7.9)을 포함해서 네 개의 행사용 홀이 있다. 여기서는 100여 개의 주사위가 그려진 벽화가 발굴되었는데 이는 도박판의 주사위에 관한 그림이다. 보로닌은 이런 점으로 추측하건데 이곳이 도박장이었을 것이라고 한다.

펜지켄트에서 발굴된 그림이 새겨진 나무판.

이 도시에 있는 집들은 모두 동시대에 건축된 것이 아니다. 어떤 것들은 여러 차례 확장한 것도 있고 재건축한 것도 있다.

이 도시의 도로에서 나팔과 쇳조각이 발굴되었다. 광석을 제련한 후 남은 것을 건축 자재로 사용한 것도 있고 그 외에도 아름다운 건축 자재들이 있다. 무엇보다도 이 모든 곳에서 화폐들이 다량으로 발굴되었다. 그래서 A.M.벨레닌츠키는 이곳을 대장간이나 상점, 아니면 그 둘 모두가 있었던 곳으로 추정한다.

한 건물에는 방들이 많이 있었고 넓은 마당이 있었으며 도로변의 11개의 작은 방들이 이 건물에 속해 있었다. 이 건물을 따라서 도로가 뻗어있었는데 발전한 중세의 다른 건물들처럼 이곳도 생산과 판매를 병행하던 곳이었다.

A.M.벨레닌츠키는 "발굴 작업의 마지막 해는 그 목적이 도시의 도로들을 파악하는 것으로 완전히 변경된다. 우리 앞에는 수차례 재건된 도로가 펼쳐져 있다. 이 도로들은 각 블록을 나누고 있으며 많은 건물들도 각기 다른 크기로 우리 앞에 펼쳐져 있다."라고 했다.276)

도시의 북쪽에는 매우 큰 공터가 있으며 그 서쪽에는 두 개의 언덕이 있고 그 위에 각각 비슷해 보이는, 공공건물로 보이는 건축물이 세워져 있다. 그 건물들은 아마 사원이었을 것이다. 하나는 북쪽 사원No2, 다른 하나는 남쪽 사원No1 이라고 임시로 이름을 붙였다. 사원 건물은 두 종류로 구분되는데 하나는 사원이고 다른 또 하나는 담장을 두른 건물로써 사람이 거주하기도 하는, 생활에 필요한 건물이다. No2의 중앙에는 마당이 있고 그 주변을 담장이 두르고 있다. 이 마당의 크기는 동에서 서쪽으로 75~80미터 정도이고 북쪽에서 남쪽으로 60m이다. No1의 건물에는 마당이 동쪽에 있고 사원은 마당의 위쪽에 있다. 이 건물에서는 담장을 지나 들어가면 여섯 개의 기둥이 있는 테라스를 볼 수 있다. 그 뒤를 문을 열고 들어가면 마당이 나오는데 이것이 동쪽에 있는 홀이다.[한 사원에는 7.8×8.1m이고 다른 사원에는 8.1×10.3m이다.] 이곳을 지나면 건물 깊숙한 곳에 있는 성소로 갈 수가 있었다. 중앙 건물의 벽에는 벽화가 그려져 있었고 진흙을 구워 만든 조각상도 있었다. No2의 건물 입구에는 벽화가 그려져 있는데 이 벽화를 벨레닌츠키는 종교 의식과 사원의 역사에 대한 것이라고 한다.

---

276) Belenitsky A.M., 1956, pp. 179-106; 194-195.

이 사원에서 지금까지 남아 있는 부분도 매우 큰 의미를 갖는다. 건축가는 장인들이 동의한 문제를 자신에게 적용했다. "공터에 있는 주랑(柱廊)이 사원의 건물을 반영한다. 다져진 터 위에 세워진 사원은 마당을 내려다보고, 그 방들은 행사용으로 지어진 것처럼 그 건물에는 창이나 뚫린 벽과 많은 성물(聖物)들, 조각상이나 그림들 등이 있었다. 그리고 이 모든 것은 태양을 맞이할 수 있게 활짝 열려 있었다."[277]

이 모든 발굴 작업을 통해 샤흐리스탄의 7~8세기를 확인해볼 수 있었다. 그러나 그 이전 시기에 대해서는 아직 자세히 알지 못한다.

이 시기는 도시가 멸망해 가는 시기였는데, 이 도시는 아랍의 정복자들에 의해 멸망했으며 일부 구역들에는 대형 화재가 있었다. 이는 722년에서 738~739년 사이에 발생했다. 대략 738~740년 정도에 이 도시는 다시 호흡하기 시작했다. 8세기의 70년대에 무칸나(Mukanna)의 반란과 연관되어서 아랍의 군대가 재침공해 왔다. 그리고 이후에는 이곳에 다시는 도시가 재건되지 못했다.[278]

다른 지역에는 더 아래의 유적층이 발굴되었는데 이는 샤흐리스탄과 동일한 성이다. 이 성은 5~6세기경에 건축된 것으로써 이 시기에 도시가 발전했고 형태를 갖추기 시작했다.[279]

초기에는 A.I.테레모쥐킨(A.I.Teremojkin)이 성의 발굴 작업을 시작했고 이후에는 A.이사코브(A.Isakov)라는 매우 젊고 유능한 사람이 이 작업을 성공적으로 진행했다.

그들이 확인한 바에 의하면 성은 지하 감옥과 평지로 구성되어 있고 그 하단에는 건물들의 터가 남아 있었다. 이들은 샤흐리스탄을 향하도록 축조

---

277) Voronina V.L. 1957, p. 131. 사찰의 발굴에 대한 자세한 설명과 거기서 발견된 것들 자료는 Belenitsky A M.; 1950 b, 1958, pp. 105, 113. 참고.
278) Bolshakov O.G., 1964, pp. 118-120.
279) Belenitsky A.M., 1967, pp. 8-9; Marshak B.I, 1964.

되었으며 건물들은 행사용 건물과 대형 홀이 있었고 이 홀에는 무대도 있었다. 이 건물의 중앙에는 베란다식 복도가 있는 대형 홀(10×12.5)이 있었다. 복도 방향으로 들어가면 세 개의 층이 있는데 여기에서 왕좌의 일부분이었던 나무 조각이 발굴되었고 벽에는 불에 그을린 매우 아름다운 벽화가 그려져 있었다. 이것이 데바쉬티취(Devashtich)의 궁이었다는 주장이 매우 신빙성이 있다.280)

도시의 외곽의 면적은 20~25ha이다. 많은 건물들이 건축되어 있지는 않았고 대저택의 농경지로 사용되었다. 1951~1953년에 이곳에서 9채의 지주의 저택을 발견했다. 이곳은 발굴 전에는 구릉의 형태를 하고 있었는데 구릉 중의 하나는 면적이 22×16m에 높이는 16m였다.

발굴 작업을 통해 이 건물의 구조를 알게 되었는데 이 주택에는 복도, 출입문, 판두스(pandus)[계단 대신 사용하는 경사로 -역주-], 이렇게 세 가지로 분류할 수 있다. 이 장소들은 비교적 잘 보존되어 있었고 주택의 가장 안쪽 건물에는 포도주 틀이 있었다. 이를 통해 알 수 있는 것은 이 주택의 가족이 포도주 만드는 일을 주업으로 삼았다는 것이다.281)

간혹 주택에서 조금 떨어진 곳에 나쑨(nasun), 즉 교외에 거주하는 사람들이 망자(亡者)들을 매장하는 무덤이 발굴된다.

일부 대형 묘지들은 남쪽 성벽에서 500m도 떨어지지 않은 지점에 있었다. 이곳에 지금은 70여 개의 구릉이 남아 있는데 예전에는 이것의 두 배는 더 되었다. 이 중 30여 기는 발굴이 되었다. 이는 망자의 인골이 들어있는 함을 보관하는 곳으로서 각각 별도로 분리된 방이었다. 내부의 면적은 보통 4~5㎡이나 큰 것은 10㎡에 이르는 것도 있다. 벽에는 벽장이 있었고, 이곳에 유골함을 보관했다.282)

---

280) Terenozhkin A.I, 1950 a; Stavisky B.Ya., 1950; Isakov A, 1971.
281) Bolshakov O.G, and Negmatov N.N, p.195; Voronina V.L, 1958, pp. 203-209.
282) Voronina V.L, 1957, pp. 133-135; Stavisky B.Ya and others 1953.

이 발굴 작업에서 당시 건축, 고고학, 예술, 그리고 수공업에 관한 많은 자료들을 얻을 수 있었다.[283]

사마르칸트, 바라흐샤(Barahsha)와 그 외의 도시들

소그드의 수도는 사마르칸트이다. 이 도시는 아프로시욥[284] 언덕에 위치해 있다. 도시의 크기는 219ha이다. 이 도시의 발굴 작업은 N.I.베셀로브스키(N.I.Veselovski), V.V.바르톨드(V.V.Bartold), 그리고 V.L.뱌트킨(Vyatkin)이 진행했다. 현재 우리가 알고 있는 아프로시욥에 대한 지식의 연구는 대부분 A.I.테레노쥐킨(A.I.Terenojkin)이 진행한 것이다. 1958년에 실시된 아프로시욥의 발굴 작업은 우즈벡의 고고학자들과 그들을 지도한 V.A.쉬쉬킨(V.A.Shishikin), Y.G.굴랴모브(Y.G.Gulyamov)에 의해서 최초로 진행되었다. 하지만 이 발굴 작업에서는 사마르칸트의 6~8세기에 관한 많은 의문점들이 다 해소되지 않았다.

테레노쥐킨은 이 기간이 사마르칸트의 전성기라고 했다.[285] 도시의 북쪽에는 궁성이 있었고 남쪽에는 마을이 있었으며 성의 남쪽에는 두 겹의 성벽이 둘러져 있었는데 그 둘레가 2km에 이르렀고 북쪽, 즉 시욥(Siyob) 강이 흐르는 쪽에는 절벽이 있었다. 두 겹의 성벽은 서로 8~10m의 간격을 두고 평행하게 건축되었고, 그 둘 중에서 내부의 성벽이 훨씬 튼튼했다. 이 두 겹의 성벽은 이 전 시대인 4~5세기에 도시를 방어하기 위해 지어진 것이지만 6~7세기에는 도시의 크기가 이 성벽을 넘어서까지 확대되면서 운하에까지 이르렀다.

6~8세기 사마르칸트는 매우 강한 방어력을 가지고 있었다. 어떠한 증거

---

283) 발굴 및 발견된 자료에 대한 자세한 설명은 A.Iu. Yakubovsky, M.M. Dyakonov, A.M. Belenitsky의 출판물에서 확인할 수 있다.
284) Livshits V.A, 1965, p. 5.
285) Terenozhkin A.I., 1950 b, p. 161.

없이도 성벽이 두 겹이라면 방어하기가 훨씬 유리할 것이라는 점은 모두가 다 안다. 남쪽 성문 부근에서는 두 겹의 성벽 사이가 더 넓었고 이곳에서 두 개의 성벽이 만났으며, 적들이 첫 번째 성벽을 뚫고 침입하더라도 길이 막히는 구조였다. 동쪽 벽은 더 강했는데 여기에는 두 개의 탑이 세워져 있었고 성벽의 안쪽에는 비밀 통로가 있었다.286)

1965년에 아프로시욥의 두 번째 성벽 부분에서 한 건물이 발굴되었는데 이곳의 일부 장소에는 조각난 기록들이 일부 남아 있었으며 어떤 홀에는 동 강나고 보존 상태가 좋지 않은 조각상이 발굴되었다. 그러나 가장 흥미로운 것은 두 개의 행사용 홀에 그려진 벽화이다.287)

부하라 소그드의 중심 도시 중 하나로는 바라흐샤가 있다. 이 도시는 1938~1939년, 그리고 1949~1954년에 쉬쉬킨(Shishikin)에 의해서 발굴 작업이 진행되었다. 바라흐샤 도시의 가장 많은 부분을 차지하는 것은 구릉지인데 그 면적이 9ha이고 높이가 10m이다. 이 구릉지 위에 9.5m 높이의 성이 있다.[처음 이 성의 높이는 30m였다.] 이는 매우 큰 건축물이었다. 성의 서쪽에는 부하르-후닷(Buhar-hudat)의 궁전이 있었는데 이 궁은 매우 많은 방들로 이루어져 있고 서쪽에는 왕좌가 안치한 장소가 있다. 행사용 홀들은 서로 이어져 있었는데 그것들 중 일부는 매우 컸다. 궁전의 벽들은 많은 조각품들과 벽화로 장식되어 있다. 또한 궁전의 맞은편에는 사원 건물이 있고 그 외에도 북쪽, 동쪽, 서쪽에는 가옥들이 있었다.288)

부하라의 다른 도시들 중에는 그 면적이 20ha에 이르는 도시인 파이켄트(Paykent)가 있는데 이 도시의 성벽도 매우 강했다. 사마르칸트 지방에서 우리가 알아야 할 도시로는 카피르-칼라(Kafir-kala)와 탈-이 바르주(Tal-i Barzu)가 있다.

---

286) Pachos M.K., 1967.
287) Shishkin V.A., 1966; Albaum L.I., 1971.
288) Shishkin V.A., 1963; Nilsen V.A., 1966, pp. 35-36.

자라프샨강의 북쪽 연안은 B.Y.스타빈스키(B.Y.Stavinski)가 열심히 발굴 작업을 한 결과 많은 도시와 성들을 발견할 수 있었다. 무그에서 12km 떨어진 지점에 마듬(Madm)이라는 마을이 있는데 스타빈스키와 야쿠보브는 이곳에서 가르돈-이 히소르(Gardon-i Hisor)라는 도시에 있는 궁궐과 유사한 형태를 지닌 거대한 건축물을 연구했다. 이는 언덕 위에 위치해 있으며 건물은 오래전에 화재로 인해서 폐허 상태이다. 궁궐과 유사한 이 건물에는 10여 개의 각기 다른 방들이 있었는데, 행사용 홀, 가정용 예배당 등이 있었다. 이곳에서 매우 잘 다듬어진 나무 장식이 발굴되었다. 매우 많은 수의 유물이 마기아나(Magiana) 골짜기에서 발굴되었다. 자라프샨 북쪽에서는 50여 개 이상의 중세시대 초기의 유물들이 발굴되었다.[289]

소그드의 남쪽인 카쉬카다리오 지방에서는 S.K.카바노브(S.K.Kabanov)의 수고로 많은 도시들이 확인되었다.

건축물

우리는 이 전 단원에서 건축물들에 대한 문제를 알아보았다. 소그드의 주 건축자재로는 파흐사(pahsa)[점토로 만든 블록]와 사이즈가 큰 장방형으로서 진흙을 가공하지 않고 만든 벽돌이다. 구운 벽돌은 건물의 기초 공사에도 사용했다. 건물의 기둥으로는 주로 목재를 사용했으며 목재를 아치형으로 활용할 수 있었다.

기초공사를 튼튼히 한 후 건물의 벽은 매우 두껍게 만들었다. 이렇게 기초 공사가 잘 되어있는 건물의 예가 여러 개 있는데 예를 들면 바라흐샤에 있는 왕궁 하단에는 2m에 이르는 매우 깊은 곳에서부터 구운 벽돌과 진흙으로 기초 공사를 했다. 펜지켄트의 사원에도 이런 기초 공사가 되어 있었다. 바닥은 주로 어도비(adobe) 벽돌로 되어 있었다. 하지만 일부에서는 구운 벽

---

289) Stavisky B.Ya., 1957 a; 1961 b; 1961 c; 1964 a.

돌이나 진흙 벽돌로 된 곳도 있다. 산악지대에서 기초 공사에 사용되는 재료는 석재이다.

건물들의 벽에서는 네 종류의 건축 자재가 보인다. 이는 파흐사, 벽돌, 파흐사에 벽돌을 혼합한 것, 그리고 벽들에 파흐사를 혼합해서 만든 것이다. 벽돌로 축조된 벽의 두께는 보통 1~1.6m에 이르렀다.

방들 사이의 통로들은 주로 아치형으로 열려 있었는데 이 아치 모양은 진흙 벽돌로 만들어졌다. 통로의 문들은 나무로 되어 있었으며 어떤 곳은 문이 두 겹으로 되어있는 곳도 있었다. 이런 것들은 타지키스탄에서 혁명이 있기 이전의 가옥들과 유사하다. 문의 두 모서리에는 돌쩌귀(樞機)를 박아서 문이 잘 회전되게 제작했다. 좁고 넓지 않은 장방형의 방에는 바닥에서 천정까지 높이가 3m 정도로서 이 천정은 진흙 벽돌로 덮었다. 이는 동방에서 많이 이용되는 전형적인 동방의 고대 건축 양식이다. 작은 장방형의 건물은 지붕을 돔 모양으로 만들었다. 아프로시욥에서도 4.3×4.3m짜리 작은 건물에 천정이 돔으로 되어 있는 것이 있다. 더 큰 곳에서는 나무로 지붕을 덮고 이를 기둥으로 받친 것도 있다. 펜지켄트의 방형의 가옥들에는 지붕을 받치는 네 개의 기둥들이 있었는데 이것들은 대들보와 연결되어 있었고 대들보는 벽과 연결되어 있었다. 건물의 중심부에 있는 정방형의 천정은 아직도 파미르 지방에서 사용하는 방식으로써 나무로 되어 있으며 그 각도가 45도로 되어 있어서, 꼭대기로 갈수록 간격이 좁아진다. 그 중앙에는 통풍구가 있었다.

타다 남은 많은 것들로 봐서 이곳에 나무로 만든 넓은 의자가 있었을 것이다. 타지크의 민속학자들이 말하는 카트(Kat)나 더 많은 의미를 포함하는 단어인 타흐타(Tahta)[역주: 등받이 없는 의자] 같은 것 말이다.[290] 다양한 가구들의 종류는 벽화를 통해 알 수 있었다.

---

290) Voronina V.L., 1964, pp. 78-87.

벽화

소그드의 벽화들은 펜지켄트, 바라흐샤, 그리고 사마르칸트에 남아있다.

펜지켄트의 벽화는 60여 개의 방에 그려져 있다. 이렇게 많은 수는 우리에게 당시 소그드에 기념 예술이 얼마나 널리 퍼져있었는지 보여준다. 우리가 알아야 할 것은 당시의 많은 수량에 비해 지금 발굴된 것은 소수에 불과하다는 것이다.

최초로 펜지켄트의 벽화를 발굴한 것은 A.Y.야쿠보브스키(A.Y. Yakubovski), M.M.드야코노브(M.M.Dyakonov), AA.M.벨레니츠키(A.M. Belenitski) 등이다. 야쿠보브스키는 이 벽화들의 역사적인 의미가 무엇인지 알아보았고, 드야코노브는 이 양식의 독창성을 연구했으며 벨레니츠키는 이 벽화의 주제를 파악하는데 힘썼다. 이 벽화는 발굴된 지 1년 반이 지난 후에 벨레니츠키에 의해서 책으로 출판되었다. 하지만 아직 완벽하게 의문점들이 해소된 것은 아니다.

다수의 행사용 건축물의 벽의 크기는 100㎡ 이상이었다. 이 그림들의 주제는 다양한데 자주 볼 수 있는 주제는 서사적 이야기이다. Ⅵ번 구역 41번째 홀에서 발굴된 벽화의 크기는 40㎡이다. 이 벽화는 보존상태가 매우 양호하며 벽은 가로로 여러 개의 층으로 구분되어 있고 각 층은 일정한 틀로 그림들이 구분되었다. 한 면에는 네 개의 층이 있었는데 그 중 아래에서 두 번째 층의 그림이 가장 잘 보존되어 있다. 이 그림은 푸른 바탕에 그려진 것으로써 그 길이가 15m[이는 벽 전체 길이의 절반이다.]에 달했다. 벨레니츠키가 이 그림에 대해 언급한 내용을 들어보자. "벽화는 6개의 그림으로 구성되어 있다. 이 그림의 주인공은 짙은 붉은 색의 말에 탄 군인이다. 가장 앞부분의 그림에는 이 사람이 진군하는 기마대의 대장으로 나타난다. 두 번째는 그가 전속력으로 적군의 기마대에게 돌진하는 그림이다. 세 번째에서는 영웅이 갑자기 출현한 뱀의 형상을 한 괴물, 즉 용을 잡는 그림이다. 다음에서는 그가 다시 괴물을 공격하다가 자신의 부하의 말의 다리에 기대여 있는 그림이 그려져 있다. 다섯 번째 그림에는 영웅이 적들과 전투를 벌이는 장면이 그려져 있다. 그때 그의 부하들은 악마와 사투를 벌인다. 그리고 마지막 그림에는 우리의 영웅이 적의 기마대와 싸우는 그림이다." 여기에서 세 번째와 네 번째 그림에 나오는 괴물은 똬리를 틀고 있는 뱀의 몸에 상체는 여자의 형상을 하고 있고 그 머리는 암사자의 머리를 하고 있다. 그 괴물에 날개가 달렸을 수도 있다. 타지크의 어르신들은 이 괴물을 "아쥐다호르(Ajdahor)"라고 부른다. 이 괴물의 상처에서는 불이 뿜어져 나오는데 악마는 사람의 몸과 사람의 머리를 하고 있고 얼굴은 매우 사납게 생겼으며 머리에는 뿔이 있었고 염소의 다리를 하고 있었다. 두 악마는 전차에 의해 죽는다.

벨레니츠키가 이 벽화에 대해서 이렇게 잘 설명할 수 있었던 것은 루스탐(Rustam)에 관한 설화 덕분이다. 샤흐-나메(Shah-name)에는 루스탐의 영웅담이 나온다. 그가 용과 싸우는 장면도 거기에 기록되어 있다. 그리고 그가 밧줄로 두 개의 데바(Deva)를 사로잡았다는 말도 나온다.[291] 이런 루스탐의 영웅담을 소그드의 글에서도 인용한다.

영웅담에 대해서 벨레니츠키는 여전사가 그려져 있는 벽화에도 주의를 기울였다. 중앙아시아에서 여전사는 실제로 전쟁에도 참가했으며 그들에 관한 이야기가 중앙아시아에는 많이 전해진다. 예를 들면 투마리스(Tomiris)와 자리나(Zarina) 등이 그러하다. 이런 영웅담은 이란의 이야기나 설화에도 많이 나타나고, 다양한 유물들도 남아 있다. 이러한 설화들은 샤흐-나메에도 기록되어 있다.

또한 제사와 제사 의식에 관한 묘사도 있다. 여기서는 죽은 사람을 애도하는 장면이 있다. 야쿠보브스키는 이것이 중앙아시아의 전설에 나오는 시야부샤(Siyavusha)라고 한다. 이와 함께 네 개의 손이 달린 신도 있는데 벨린스키와 다수의 학자들은 나니(Nani)[나나이(Nanayi)]라고 한다. 펜지켄트의 화

---

291) Belenitsky A.M., Stavisky B.Ya. 1959, pp. 62-68; Belenitsky A.M., 1967, p. 23.

폐에도 이 신이 새겨져 있는데 이러한 것으로 알 수 있는 바는 당시 펜지켄트의 지도자들이 이 신을 숭배했다는 것이다.

벽화들은 영웅담 등의 많은 이야기들을 포함하고 있다. 벨린츠키는 "벽화 중에는 영웅이 여자들을 나무에서 구해 주는 이야기가 묘사되어 있다"고 말한다. 이런 유의 이야기는 지금도 '행복의 새' 같은 설화를 통해 전 세계적으로 유명한 이야기로 전해진다. 한 동물에 관한 것도 있는데 이는 토끼에 관한 것으로서 꾀 많은 토끼가 무섭게 그려진 사자의 굴에 들어가는 장면이다. 벽화에 묘사되어 있는 설화들은 인도의 "판챠탄트라(Panchatantra)"292)라는 책에도 기록되어 있다. 이 외의 다른 많은 벽화들도 화가들이 그린 것으로써 생활에서 흔히 볼 수 있는 장면들이다. 이 그림들에는 귀족들의 연회 장면, 스포츠 경기 등이 그려져 있고 단순히 장식용 그림들도 있다.

학자들은 펜지켄트의 벽화를 그려진 시기에 따라서 다양하게 분류한다. 우리는 펜지켄트 벽화의 아름다움을 느끼지 않을 수가 없는데 우리는 소그드인들이 어떤 의도로 이 그림들을 그렸는지는 알 수 없지만, 한 가지 분명한 사실은 이 그림들이 우리를 소그드의 예술 세계로 인도한다는 것이다.

바라흐샤의 벽화도 매우 중요하고 또 흥미롭다. 바라흐샤 궁의 아름다운 홀에 벽화가 그려져 있는데 이 벽화의 그림은 하나의 상황으로 연결되어 있다. 이 그림에는 많은 코끼리들이 있고 그 위에 사람이 타고 있다. 많은 괴물[어떤 때는 사자를 뜻하기도 한다.]들과 붉은 날개를 가진 그리핀(Griffin)[독수리의 머리와 날개에 사자의 몸을 한 신수(神獸)]이 코끼리들을 향해 여러 방향에서 전진하고 있다. 동쪽 홀에 있는 벽에는 완전히 다른 종류의 그림이 그려져 있는데 바로 기마행렬이 묘사되어 있다. 이 행렬 한 가운데에는 보좌에 앉은 왕이 매우 크게 그려져 있다. 그의 다리에는 날개 달린 낙타가 그려져 있고 그의 좌우에는 시중드는 사람들이 묘사되어 있다. 이 외에도 많은 벽화들이 이 궁전에서 발굴되었다.293)

---

292) Belenitsky A.M., 1967, pp. 24-25

궁궐 벽화. 바라흐샤

 이미 말했듯이 아프로시욥에서 매우 아름다운 벽화가 발굴되었는데 한 곳에서는 아치형 틀에 남자들과 여자들이 그려져 있는 그림이 있고 중앙이라고 할 수 있는 홀의 다른 동쪽 벽에는 물에서 수영하는 듯한 그림이 있다.

 이 그림에는 푸른색의 파상문(波狀紋)이 그려져 있고 그곳에서 사람들과 새들, 그리고 물고기들이 수영하고 있었다. 남쪽 벽에 있는 그림에는 어떤 형체가 사람들이 모여 있는 성 쪽으로 움직이는 그림이 있다. 이 형체는 코끼리, 낙타, 말들에 타고 있는 사람들이고 가장 선두에는 하얀 코끼리에 타고 있는 공주나 왕비로 보이는 아주 중요한 사람이 있었다. 이 사람 옆에는 시종이 따라 다녔고, 그 뒤에 세 명의 말 탄 여인이 묘사되어 있다. 그 손에는 '마님에게 가까이'라는 소그드의 글이 기록되어 있었다. 이 사람들 뒤에는 두 명의 무장한 남자들이 낙타를 타고 있었으며 그 사람들 옆에는 입이 묶여 있는 거위가 네 마리 있었고 그 뒤를 따르는 행렬에는 지금까지의 사람들보다 2배 정도 많은 사람이 뒤따랐다. 이는 사신의 부인의 행렬이다. 이를 통

---

293) Shishkin V.A., 1963, pp. 150-165.

해 알 수 있는 것은 맨 앞 코끼리에 대사의 상징이 그려져 있다는 것이다. 다른 벽에는 사절로 보이는 사람들이 있는데 그 사람들의 얼굴은 각기 다르다. 이 그림 중에 기록에서 나타나는 차가니안의 사절도 있다. 이 벽화들은 소그드 예술의 초기 작품이다. 이 작품은 매우 아름답게 표현되었고 색상도 매우 밝았다.

이런 소그드 초기의 벽화는 유물적 존재로만 남아 있을 뿐만 아니라 당시 역사와 사람들의 생활들을 알 수 있는 중요한 자료가 된다.

펜지켄트의 벽화를 발굴한 드야코노브도 이 벽화가 소그드와 중앙아시아의 문화 이상의 가치라고 언급함과 동시에 그는 많은 벽화들이 그려진 시기를 연구하기 시작했다.[294]

그는 소그드의 문화가 동부 투르키스탄의 문화에까지 영향을 미쳤다고 한다. 이것을 중앙아시아를 연구하는 이탈리아의 학자인 M.부쌀리(M.Bussali)가 흥미를 갖고 연구하기 시작했다.[295] 한 가지 여기서 우리가 알아야 할 것은 이렇게 흥미로운 사건에 대한 연구는 이제 겨우 시작에 불과하며 앞으로도 이 일을 이어가기 위해서는 엄청난 열정과 노력이 필요하다.

조각상, 음악 그리고 춤

소그드의 예술품 중에서 벽화와 함께 가장 많은 수를 차지하고 있는 것이 조각상이다. 조각상을 만드는 재료로는 점토, 설화석고, 그리고 목재가 사용되었다.

펜지켄트에서 점토로 만든 조각상이 발굴되었는데 이 조각상은 궁의 두 번째 복합 건물의 회랑을 장식하고 있었다. 여기에는 벽을 따라서 8m의 패널(panel)이 있었는데 이곳에 환상적인 풍경이 묘사되어 있다. 파상문이 조각

---

294) Dyakonov M.M., 1954 a, pp. 89-90.
295) Bussagli M., 1963, pp. 42-51.

사마르칸트에서 발굴된 중세 초기의 도기상.

되어 있고 그 안에 많은 상상 속 동물, 물고기들이 묘사되어 있다. 이 조각의 중심부에는 사람의 형상이 있는데 이 형상은 물 밖으로 나와 있고 상상 속 물고기들과 동물들이 이 사람을 향해서 가고 있다. 패널 중심부의 세 번째 벽에는 사람 형상에 두 개의 꼬리가 달린 형상이 있으며 괴물의 형상도 있다. 벨레니츠키의 말에 의하면 이는 자라프샨 강의 전설을 조각으로 표현한 것이라고 한다.

펜지켄트에는 매우 아름다운 나무 조각상도 있는데 이는 실제 춤추는 여인의 3/4크기 정도 되며 허리는 묶여있고 여인의 좌측 손은 허리 위에 올려져 있으며 오른쪽 다리는 접혀서 좌측다리를 향해 있었다. 여기에 있는 목걸이, 띠, 그리고 하체를 감싸고 있는 옷 등은 모두 여인의 큰 키와 맵시 있는 몸매와 잘 어우러져 있다.[296] 이 조각은 한 작가가 중앙아시아의 무희에 관해 쓴 시를 연상케 한다.

　　무희여, 무희여

---

296) Belenitsky A.M., 1959, pp. 78-86.

가슴이 현악과 어우러지고, 손은 북을 향해있네

현과 북이 부르고, 그 소리가 하늘에 울려 퍼지네,

눈이 돌며 땅에 떨어지듯이 그대의 춤 또한 아름답게 도네

왼편과 오른편으로 돌며 지치질 않고

천 바퀴, 만 바퀴를 돌았지만 아직 끝나지 않는

이 세상의 어떤 사람과 어떤 동물도 그와 같을 수 없으니

마차의 바퀴가 돌아가듯 그녀도 도는 것을 멈추지 않네.[297]

펜지켄트의 이 무희상은 외국인들이 '물레같이 돌아가는 무희'라고 부르는 조각상이다. 당시에는 차취(Chach), 쿠메드(Kumed), 케쉬(Kesh), 마이무르그(Maymurg), 특히 사마르칸트의 무희들이 유명했다. 그녀들은 붉은 옷에 무늬가 새겨져 있는 장갑, 사슴 가죽으로 만든 구두로 장식했다. 춤이 절정에 다다르면 무희는 겉옷을 벗어 던졌다. 그러면 구경꾼들은 무희를 반나체의 상태로 관람할 수 있었다. 춤의 리듬이 너무 빨라서 시인에게 "한 순간에 무희는 구름처럼 하늘을 날아올라 태양에 닿을 것이다"라는 말처럼 보였다.[298] 판자켄트 조각상은 춤의 정점에 이르는 순간을 묘사하고 있다.

소그드 민족과 소그드의 국가는 춤뿐만 아니라 음악으로도 유명했는데 그들의 다양한 악기도 유명했다. 그들의 음악은 노래와 춤을 위한 것도 있었으며 각 노래에 따라 하나의 악기만 사용할 때도 있고 여러 가지의 악기를 함께 사용할 때도 있다. 부하라의 배우들도 매우 유명했는데, 중국의 인형극장도 7세기에 중앙아시아에서 유입된 것이다.

펜지켄트의 나무 조각에 대한 이야기로 돌아가자. 조각은 타원형 테두리가 감싸고 있고 어떤 것은 금속으로 싸여 있는 것도 있었는데, 나무 조각상은 매우 복잡한 문양이 새겨져 있는 것이 많았다. 예를 들면 사람이 왕좌에

---

297) Riftin B.L., 1960, p. 128.
298) Schafer E.H., 1963, pp. 55-56.

앉아 있는 형상, 전차에 올라탄 사람의 형상 등이 그러하다.[299] 이 조각상들은 쿠샨 문화의 영향을 많이 받았다.[300]

바라흐샤의 궁은 그 활용도를 더 높이기 위해 벽을 설화석고로 건축했다. 그 벽에 붙어 있는 설화석고의 두께는 1.5~20cm에 이르며 벽은 조각으로 장식을 했다. 이 장식의 주제는 모두 달랐는데 어떤 곳에는 그냥 장식용으로 세모나 네모 문양을 새긴 것도 있었고 네모 문양과 별모양, 그리고 식물 문양 등도 있었다. 이 무늬들은 모두 장식용이었는데 식물 문양의 장식이 매우 발달했었다. 특히 많이 쓰였던 것이 포도덩굴 문양이다. 그 외에도 두꺼운 나무와 가지들, 잎사귀들이 매우 세밀하게 묘사되어 있는 것들이 많았다. 그리고 이런 풍경을 표현한 것에는 샘과 그 안에 있는 물고기들이 조각되어 있기도 하다. 풍경을 담은 그림 중에는 동물들과 사람이 그려진 것도 있고 멧돼지나 산양 등을 사냥하는 장면을 조각한 것도 있다. 말에 탄 사람의 크기는 실제 크기와 거의 동일한 것도 있다. 몇몇 말에는 날개가 달린 것도 있었으며 신화에 나오는 많은 형상들이 있었는데 그 중에 새의 형상을 한 여인은 중앙아시아에서 많은 물품들에 새겨져 있고 중세시대를 거쳐 지금까지도 내려오고 있다.[새 형상을 한 여인상은 얼마 전 발굴된 사마르칸트의 도기에도 새겨져 있었다.] 이 외에도 많은 종류의 조각들이 발굴되었다.[301]

소그드의 기록과 문학

우리는 소그드의 기록들이 아람어에서 나왔다는 것을 알 수 있다. 이에 대한 연구를 통해 발견한 사실들은 이 글이 필기체로 기록되었다는 것과 글에는 18-19개의 문자가 사용되었다는 것이다. 1965년에 펜지켄트에서 A. 이스코브(A.Iskov)가 최초로 소그드의 알파벳을 확인했다. 항아리의 표면에

---

299) Voronina V.L., 1959.
300) Belenitsky A.M., 1962.
301) Shishkin V.A., 1963.

알파벳과 단어를 익히기 위해 연습한 것이 기록되어 있었다. 이 알파벳들은 23개로 되어 있으며 아람의 것과 동일하다. 이것이 발굴되면서 왜 현장이 18~19개가 아니라 "스무 개 이상"이라고 말했는지 이해가 간다. 중앙아시아 소그드의 글들은 서로 조금씩 다른데 예를 들면 부하라의 소그드와 사마르칸트의 소그드는 각각 차이가 있다.302)

예전에 소그드의 기록들은 동부 투르키스탄에서만 발굴되었었다. 이 기록들은 시리아어와 마니교, 세 번째 것은 위구르의 문자와 매우 유사한 것이었다. 이 모든 글들은 하나의 언어로 기록되어 있으며 이 중의 몇몇 글은 베루니(Beruniy)가 지은 "지난 시대의 유물들"이란 글에서 확인되었고 세 번째로 언급한 글은 바로 소그드의 알파벳이었다.303)

이 글들을 해독하는 데 야그노브(Yagnob)[역주: 타지크에 거주하는 민족으로서 현존하는 민족으로는 유일하게 소그드어에서 파생된 언어를 사용하고 있다.]어가 상당한 역할을 했다.

야그노브어가 최초로 발굴된 것은 소련의 동양학자인 A.L.쿤(A.L.Kun)과 그를 배웅하던 타지크인인 미르조 물라 압두라흐만(Mirzo Mulla Abdurahman)이 1870년에 야그노브(Yagnob)로 향하는 길에서 발굴했다. 후에 이 언어에 관한 정보를 수집한 것은 Sh.아킴베토브(Sh.Akimbetov), Y.F.칼(Y.F.Kal), N.G.말린츠키(N.G.Mallintski), K.L.잘레만(K.L.Zaleman) 등이다. 소련의 학자로서 야그노브어를 연구한 사람들은 다음과 같다: M.C.안드례예브(M.C.Andreev), Y.M.폐세바라(Y.M.Peshevara), S.I.클림취츠키(S.I.Klimchitski), L.A.헤타굴로브(L.A.Hetagulov), M.N.보고류보브(M.N.Bogolyubov), A.L.흐로모브(A.L.Hromov)이다. 이 외에 야그노브를 방문한 외국의 언어학자로는 R.고티오(R.Got'o)와 G.윤케르(G.Yunker)가 있다. 그리고 독일의 학자인 V.게이게르(V.Geyger)와 프랑스의 학자인 E.벤베니스트(E.Benvenist)는 야그노브어를 연

---

302) Pelliot P., 1934, p.48.; Beal S., 1906, pp.26-27.
303) Gauthiot R., 1914-1923; Benveniste E., 1929; Livshits V.A., 1966.

구하는데 있어서 매우 큰 영향을 주었다. 이 언어는 동부 이란의 언어로써 소그드의 방언이 발전한 것이다. 오지에 위치해 있던 야그노브 골짜기에서 발굴된 소그드어에 근본을 두고 있는 이 언어는 소그드의 언어를 연구하는데 있어서 상당한 기여를 했다.304)

위에서 우리는 펜지켄트에서 소그드의 알파벳이 발굴되었다는 것을 알아보았다. 글을 연습하는 것은 잘 배운 사람이 이용했던 것이다. 소그드의 글을 공부했던 곳은 중앙아시아의 메르브(Merv)[지금의 투르크메니스탄 마리-역주-]에도 있다. 메르브의 성에서 마루셴코(Marushenko)는 두 개의 아랍 알파벳과 아랍의 글들, 그리고 중앙아시아의 언어[페흘레빈(Pehlevin)어]와 소그드의 언어도 발견했다.

이곳은 아마 다비리스탄(dabiristan)이었을 것이다. 다비리스탄은 8세기 이란에서 시작된 것으로서 이곳에서 아랍어와 중앙아시아어, 그리고 소그드어를 배우던 학교 같은 곳이다.305)

무그의 기록이 증명하듯이 소그드에는 기록을 전문으로 연구하는 사람이 있었다. 이를 증명하는 것으로서 소그드의 기록들에서 자주 볼 수 있는 "누구누구의 명령으로 이것을 기록했다."라는 말을 통해 알 수 있다. 아스파낙 데브곤(Aspanak Devgon)이라는 필명의 사람도 유명했다. 가장 유명한 작가는 8세기 사마르칸트 소그드인, 브가쉬파르나(Bgashfarna)의 아들 람티쉬(Ramtish)이다. 그는 "혼인계약서"를 작성했다.

무그의 기록들은 당시 소그드의 일상생활에서 사용된 기록들이다. 예를 들면 법률에 관한 기록, 일반 편지, 생활 기록 등이다.

현장은 소그드에 몇 개의 '문학작품'이 있다고 했다. 이는 '여러 개의 역

---

304) Zaleman K.G., 1888; Geiger W., 1901, Mallitsky N.G., 1924; Andreyev M.S., 1928; Klimchitsky S.I., 1940b; 1940a; Bogolyubov M.N., 1956; Andreev M.S. and Peshchereva E.M., 1957; Khromov A.L., 1966b; 1966a; 1968.
305) Pevzner, S.B., 1954; Livshits V.A., 1962b, pp. 67-68.

사 문학'이나 '여러 개의 책으로 엮어진 역사문학'일 수도 있다.

실제로 소그드에는 종교적, 영적인 것과 세속적 것 등 매우 광범위한 문학이 존재했다. 소그드의 언어로 기록된 소그드의 불교 문학도 있다. 소그드어로 번역된 "베싼타라-쟈타키(Bessantara-jataki)"도 매우 중요한 기록이다. 이 쟈타키는 티벳어와 중국어로도 번역되었다. 소그드어를 가장 잘 아는 사람인 벤베니스트가 이 1,513행에 이르는 기록을 번역했다. 이 기록은 첫 부분과 끝 부분의 몇 행만 제외하고 보존상태가 매우 양호했다.

쟈타키의 기록은 이러하다. 황제가 오랫동안 기다리던 아들을 얻었는데 그 아들의 이름은 수다샨(Sudashan)이다. 그는 장성해서 한 아름다운 여인과 혼인을 해서 2명의 아이를 갖는다. 그가 어떤 죄를 저질러서 그의 아버지가 그를 야생동물과 사람을 잡아먹는 악마가 사는 사막으로 추방했는데 그의 아내가 자신의 아이들과 함께 그에게로 갔다. 이는 황제가 원하던 일이 아니었지만 말이다. 추방자들은 길을 걷는다. 길을 가면서 자신이 가지고 있던 모든 재산을 소비했고 가난해졌다. 그와 아내, 자녀들은 걸어서 험난한 사막을 지나는데 이들을 불쌍히 여긴 신들이 그들을 위해 전설 속 궁전을 만들어 준다. 왕자는 거기서 얼마간 휴식을 취한 후에 아버지의 명령을 따라서 다시 걷기 시작한다. 그리고 그는 아버지가 명령한 곳에 도착한다. 거기서 그는 나뭇가지로 오두막집을 만들고 거주하기 시작한다. 그는 여행자에게 자신의 아이들을 내어 주는데 이때 그의 착한 마음씨를 알아보기 위해서 신들은 그에게 한 노인을 보낸다. 이 노인은 수다샨에게 그의 아름다운 아내를 달라고 하고, 수다샨은 이를 허락한다. 노인은 후일에 다시 와서 그녀를 데려가겠다고 하고는 떠났다. 왕자가 여행자에게 주었던 아이들이 나라의 수도에 도착했다. 그리고 황제는 이들을 샀다. 이 아이들이 그들의 할아버지에게 자신들의 아버지가 한 모든 착한 일들을 이야기하고, 끈질기게 권유한 끝에 왕자는 자신의 아버지에게 돌아왔다. 그리고 황제는 자신의 왕좌를 그의 아들에게 물려주었다. 이 이야기의 마지막에는 수다샨이 부처의 전생이라고 한다.[306]

쟈타키는 인도의 불교 문헌에서 매우 중요한 문학이다. 이 글에는 신들의 대담형식도 취하고 있다. 베르텔스(Bertel's)는 "소그드의 글들은 예술성이 떨어진다. 하지만 우리가 알아야 할 것은 이 글들이 번역된 것이라는 것이다. 그리고 이런 글들을 통해서 소그드의 언어는 당시 매우 발전한 언어였던 인도의 산스크리트어와 동등한 위치에까지 이르게 된다."[307] 이 글들이 번역되는 과정에서 원본에 있던 설명들이 일부 빠졌다. 소그드의 번역가들이 이 글들을 빼고 여기에 소그드인들이 알아듣기 쉽게 소그드의 방식으로 설명을 덧붙였다.[308]

나르샤히의 글에서 알 수 있는 점은 당시 부하라에는 신화속의 왕인 시야부쉬(Siyavush)에 관한 이야기가 있었다는 사실이다. 이 글은 서사시 형식으로 기록된 것도 있고 노래로 만들어서 부르는 것도 있고, 구전으로 내려오기도 했다. 이 시야부쉬는 사마르칸트의 소그드인들에게 숭배의 대상이 되었을 뿐만 아니라 모든 중앙아시아에서도 그의 이야기가 확산되었다.[309]

또 다른 서사시인 부자 루스탐(Rustam)과 그의 말인 라흐쉬(Rahsh)에 관한 이야기는 소그드어로 기록된 두 개의 글을 통해 지금까지 전해져 내려온다. 이 이야기는 루스탐이 많은 괴물들을 물리치고 많은 사람들을 구했다는 설화를 기록한 것이다. 여기서 루스탐은 매우 만족스러운 승리를 취한 후에 어느 초원에 멈춰서 그의 말인 라흐샤의 안장을 풀고 풀을 뜯어 먹게 하고는 자신은 갑옷을 벗고 음식을 먹은 후에 누워서 휴식을 취했다. 그때 악마들이 도시에서 나와서 루스탐을 죽이려고 찾고 있었다. 여기에서 괴물들에 관한 설명이 나온다. 괴물들은 전차와 코끼리를 타고 있었고 그들의 위에는 하늘을 나는 괴물들이 있었다. "이 괴물들은 물, 불, 안개, 우박 등을 다스릴 줄 알았다." 하지만 용감한 루스탐은 이 사실을 알지 못하고 자고 있었다. 영웅

---

306) Benveniste E., 1946.; Bertels E.E., 1960, pp. 69-71.
307) Bertels E.E., 1960, p. 72.
308) Livshits V.A., 1962 b, p. 42.
309) Dyakonov M.M, 1951.

을 살린 것은 그의 믿음직한 말인 라흐쉬이다. 이 말이 루스탐을 깨웠다. 루스탐은 자신의 갑옷을 입고 무기를 챙겨서 전쟁터로 갔다. 괴물들이 도착했을 때 그는 겁먹어 돌아서서 도망가는 척했다. 그러다가 괴물들이 그를 잡으려고 달려들 때 "루스탐이 돌아서서 맹수처럼 맹렬하게 달려들었다."

이야기의 맨 끝 부분은 지워져 있다. 이 이야기 이외에도 소그드의 재미있는 이야기로는 "칼릴라(Kalila)와 딤나(Dimna)"라는 제목의 설화가 있다.310)

종교

소그드의 종교에 관한 이야기는 많은 문헌들이 말하고 있다. 소그드의 문헌, 중국의 문헌, 아랍, 그리고 타지크-페르시아의 문헌에도 나와 있다. 하지만 이 문헌들이 각기 다른 이야기를 하고 있어서 아직까지도 종교 문학에 관한 이야기를 다루지 않는다.

소그드의 동쪽 끝인 카스피해부터 서쪽 끝까지의 소그드인들은 데시(Desi)를 숭배한다. 이는 15피트에 이르는 금으로 된 신상인데 매일 이 우상의 사제에게 5마리의 낙타, 10필의 말, 100마리의 양을 제물로 바쳤다고 한다. 사제의 수는 많을 때는 1,000여 명에 이르렀다.311) 현장의 기록을 보면 사마르칸트의 왕과 사람들은 부처에게 절하는 것이 아니라 물에 절한다고 했고 "악한 땅의 신"도 숭배한다고 한다. 혜초의 말에 따르면 8세기 초 소그드인들은 "하늘의 신"을 섬겼다고 한다. 또 소그드 왕의 궁전에는 "조상들의 신전"도 있었다.312)

11세기 중앙아시아의 위대한 학자인 베루니가 지은 "지난 시대의 유물

---

310) 6 Benveniste E., 1946; Henning W.B., 1940; 1945; 1946; Braginsky I.S., 1955, pp. 129-131, 207-215, 413-415.
311) Bichurin, II, p. 313.
312) Bichurin, II, p. 281.

들"에 보면 "소그드인들의 기념일에 관한 글"이라는 것이 있다. 첫 번째 달 28일은 "부하라 마법의 기념일"이라고 불리는 라무쉬-아감(Ramush-Agam) 이라는 명절이다. 이날에는 라무쉬라는 지역에 있는 불의 신전에 사람들이 모인다. 아감(agam)이라는 것은 가장 잘 지켜지는 지방 명절 중의 하나이다. 이날에는 많은 사람들이 모여서 먹고 마시는데 해마다 순서대로 돌아가면서 기념한다. 소그드의 달 중의 한 달간의 금식 기간이 있는데 이달에는 불에 닿은 모든 먹을 것과 음료들을 마시면 안 되지만 과일과 야채는 허용된다. 그다음 달이 시작되는 날에는 모두 불의 신전에 모여서 수수가루와 기름, 그리고 설탕으로 만든 음식을 먹는다. 1년에 한번은 "소그드인들 모두가 자신들의 죽은 조상들을 위해서 통곡하는 날이 있다. 그들은 자신들의 얼굴에 상처를 내고 죽은 사람들을 위해 먹을 것과 마실 것을 준비한다." 이와 비슷한 전통은 호라즘이나 페르시아에도 있다. 이것에 관해서 더 자세한 것은 베루니가 기록했다.313)

베루니의 말에 따르면 소그드에는 죽은 사람에 대한 제사가 널리 확산되었다고 한다. 이런 사실은 나르샤히의 이야기에서 시야부쉬(Siyavush)에 관한 내용에 이렇게 기록되어 있다: "부하라의 주민들은 새해 첫날 시야부쉬에게 바치려고 닭을 들고 사제에게 갔다." 백조(百傑)에 있는 사마르칸트에 관한 이야기에는 "신의 종이 일곱째 달에 죽고 그 뼈가 흩어졌다고 사람들이 믿는다. 이것을 믿는 사람들은 매년 일곱째 달만 되면 검은 옷을 입고 울면서 자신들의 가슴을 치며 통곡한다. 이 의식은 일곱째 날에 끝난다."314) 하지만 시야부쉬의 것은 그저 죽은 사람에게 제사를 지내는 것이 아니라 이 민족 가운데 고대부터 내려온 종교라고 한다.315)

우리는 또 나우스(Naus)에 관해서도 알아보았는데 나우스는 사마르칸트 근교에 있는 카피르-칼라(Kafir-kala)에서도 발굴되었다. 사마르칸트에서는

---

313) Biruni, 1958, pp. 236, 255, 258.
314) Dyakonov M.M., 1951, pp. 36-37
315) Tolstov S.P., 1948 a, pp. 202-204.

오수아리(ossuari)도 많이 발굴되었다. 오수아리에 예술성을 접목시켜 만든 조각들은 카타쿠르간(Katakurgan)에서 가까운 지역인 비야-나이만(Biya-naiman)에서 많이 제작되었다.316)

오수아리가 최초로 발굴된 것은 1871년에 타쉬켄트에서다. 그리고 1886년에 베셀로브스키(Veselavski)가 아프로시욥을 발굴하면서 오수아리의 파편을 찾는데 이것을 그 학자는 "이슬람 시대 이전의 점토인간"이라고 부른다. 그리고 1900년에 그

오수아리 상단을 장식한 조각상

는 학계에 "오수아리[오쑤아는 라틴어로 ossuarium이라고 하며, 이는 죽은 사람의 뼈를 담아놓는 단지이다.]"에 관한 논문을 발표한다. 오수아리에 관해 혁명 이전시대에 연구를 한 학자들은 이러하다. N.I.베셀로브스키, V.V.바르톨드(V.V.Bartol'd), K.A.이노스트란체브(Inostrantsv). 그리고 소련시대에 연구자들은 A.Y.보리소브(A.Y.Borisov), Y.A.라포포르트(Y.A. Rapoport), B.Y.스타빈스키(B.Y.Stavinski) 등이 있다.

오수아리에 관해 아직까지 남아 있는 기록은 다음과 같다. 아베스타와 조로아스터교의 후기 기록에는 조로아스터교를 믿던 사람이 죽으면 그 시체를 다흐마(dahma)라는 장소로 운구해 갔다고 한다. 이곳은 언제나 "시체를 먹는 개와 새들"이 있었던 곳인데[이 장소에 관한 설명은 비데브닷(Videvdat)에도 나와 있다.] 이런 풍습은 아직도 인도의 파르스(pars)인들 사이에 남아 있다. 그들은 이란에서 이주한 이들로 아직도 조로아스터교의 신앙을 지키고 있다. 여하튼 이 장소에서 짐승들이 시체의 살점을 다 발라 먹으면 그 남은 뼈를

---

316) Kastalsky B.E., 1909.; Borisov A.Ya., 1940 a; Stavisky B.Ya., 1961 b; Rapoport Iu.A., 1971.

가지고 특별한 건물로 간다. 이 건물은 유골함을 저장하는 곳으로 아스토단(astodan)이라고 불린다. 또 아랍의 정복전쟁에 대한 기록이 담긴 사료를 보면 아랍인들이 중앙아시아에서 본 이런 종류의 건물을 "나우스(Naus)"라고 부른다는 것을 알 수 있다.[317]

이런 것에 관한 역사적 사료를 우리는 가지고 있다. 7세기 초반 소그드를 방문한 중국의 사신단은 이렇게 기록했다. "도시에는 200여 가구의 장례를 책임지는 가족이 살고 도시에는 특별한 건물도 있는데 여기에서는 개를 훈련시켜서 사람이 죽으면 개가 그 시체를 끌고 가서 그 살점을 모두 먹고, 개가 먹고 남은 뼈를 함에 담아서 장례를 치른다. 하지만 무덤은 없다."[318] 타바리와 나르샤히는 죽은 사람의 뼈에 남아있는 고기를 어떤 때는 사람이 직접 치우기도 했다고 한다. 이노스트란체브의 말에 의하면 사람이 처리하는 일은 거의 없다고 한다.[319] 펜지켄트의 나우스에서 나온 뼈들은 거의 손상되지 않았고 척추의 일부는 아직도 연결되어 있었다. 하지만 만일 시체를 개들이 먹었다면 이는 있을 수 없는 일이다. 그리고 나우스에는 오쑤아리 외에도 도기와 동전 등의 부장품들이 있었다.[320]

위에서 알아본 것들은 소그드의 풍습들이다. 무그의 B-8 기록을 보면 소그드인들은 토지를 구입해서 그곳에 자신들의 조상들을 안치시키고 후손들은 그곳에서 조상들을 기릴 수 있었다.[321] 이런 장소는 "샤흐-나메"에도 나와 있다. 이와 같은 의식들은 소그드의 그림에도 묘사되어 있다.[322] 조상들을 기리고 그들을 위해 통곡하는 것은 조로아스터교에서 반대하는 바이다. 중앙아시아에서처럼 이란에도 그 지역 주민들의 고대 신앙이 새로운 종교의

---

317) Barthold V.V., 1966a, 1966b; Inostrantsev K.A., 1907b; 1907a; Borisov A.Ya., 1940b; Stavisky B.Ya., 1952; Rapoport Iu.A., 1971.
318) Chavannes E., 1903, p. 133.
319) Inostrantsev K.A., 1909, p. 115.
320) Stavisky B.Ya. and others, 1953.
321) Livshits V.A., 1962b, pp. 47-48, 52-53.
322) Belenitsky A.M., 1954, p. 82.

교리보다 강했다. 이러한 상황 때문에 후에는 이슬람을 믿는 지역과 매우 긴 전쟁의 시기를 맞이하여 모든 지역, 즉 메소포타미아와 이란, 그리고 중앙아시아는 황폐해졌다.323) 하지만 어떤 방식으로든지 이 의식은 얼마 전까지도 남아 있었다. 죽은 사람을 위해 통곡하는 것이나 그들을 위해 춤을 추는 것은 아직까지 타지크인들의 삶에 남아 있다.

사료에는 "불의 신전"과 "우상의 신전"이라는 기록이 남아 있다. 이런 기록들을 찾아내고 연구한 것은 벨레니츠키이다. 이런 기록들 중에 샤흐나메를 통해 알 수 있는 것은 부하라와 파이켄드(Paykend)에 "불의 신전"이 있었다는 것이다. 페흘레빈(Pehlevin)의 지리적 문헌인 '샤흐리스탄하이-이 이란(Shahristanhai-i Iran)'에 보면 사마르칸트에 "신비의 불꽃"이 있다고 기록되어 있다. 여기에 사람들은 금과 아베스타가 보관된 곳을 사칸다르(Sakandar)[알렉산더]가 '신전을 더럽혔다'는 기록을 함께 기록했다. 중국의 문헌에 따르면 쿠샤니아에도 어떤 신전이 있었는데 거기에는 한 고대의 왕이 여러 사람과 함께 앉아 있는 그림이 있다고 한다. 이 왕은 매일 이 신전에서 예배를 드렸다고 한다. 나르샤히에 나오는 불의 신전은 전설이 아니라 실제로 있었던 것이다. 타바비스(Tavavis)[타바리(Tabari), 벨라주리(Belazuri)]의 말에 따르면 아랍이 사마르칸트를 침공했을 때 사마르칸트에는 '불의 신전'과 '우상의 신전'이 있었다고 한다. 사료는 이 우상들에 관해서 적지 않은 자료를 제공한다. 우상들은 목재와 은, 그리고 금으로도 제작했다. 그리고 우상이 불에 타버렸을 때 그 재에 남아 있던 금의 양이 50,000미스칼[miskal, 페르시아의 중량단위 1미스칼=4.64g]에 이르렀다. 그 외에 다른, 은으로 만든 우상은 그 무게가 24,000졸로트니크[zolotnik, 러시아의 옛 무게단위 4.266g]. 페이켄드에 대한 나르샤히의 기록에는 아랍인들이 그곳을 점령했을 때 은으로 된 4,000드라크마의 우상이 있었다고 하고 50,000미스칼의 금으로 된 우상도 있었다고 한다. 이런 우상을 섬기는 것은 부하라나 사마르칸트 모두 이슬람이 점령

---

323) Widengren G., 1965, pp. 329-330, 339-340.

한 후에도 계속되었다. 이 사원들은 매우 부유했는데 거기에는 금과 은 그리고 보석들이 많았다. 그 보석 중에는 달걀만한 크기의 진주도 있었다고 한다.

이 모든 것을 연구하고 벨레니츠키는 '우상의 신전'과 '불의 신전'은 서로 다른 것이라는 결과에 이르렀다.[324] 하지만 우리가 보기에 이 새로운 학설이 논리와 타당성은 있지만 아직 확실히 증명되지는 않았다는 생각이 든다. 벨레니츠키가 주장하는 또 다른 설은 조로아스터의 '불의 신전' 사제들이 조로아스터에서 나온 '우상의 신전' 사제들과 언제나 대립하고는 했는데 우상의 신전을 추종하는 이들이 더 많았다고 한다. 하지만 이 주장은 의심의 여지가 있다. 왜냐하면 벨레니츠키는 중앙아시아의 조로아스터에도 이란의 표준을 적용했다. 하지만 이란과 중앙아시아의 것은 서로 다르다. 그래서 이 문제는 아주 조심성 있게 접근해야 한다. 이미 바르톨드는 "중앙아시아의 종교는 이미 조로아스터의 교리와는 차이가 있다."고 했다. 야쿠보브스키는 "페르시아의 조로아스터처럼 중앙아시아의 소그드, 박트리아, 그리고 호라즘인들은 어떤 전체적인 공통점을 가지고 있다. 그들은 모두 선과 악 간의 전쟁을 믿는다. 페르시아에서는 조로아스터교가 국교로써 많은 교리와 승려들을 거느렸다. 또 그 힘은 국가의 정책에까지 미쳤다. 하지만 중앙아시아에서 조로아스터는 그 운명이 달랐다. 그들은 강한 교세를 가지고 있지도 않았고, 국교가 되지도 못했으며 승려들 또한 막강한 권력을 갖고 있지 않았다. 하지만 이 종교는 일반인들 사이에 확산되었고, 그래서 '불의 신전'도 생겨난 것이다." 라고 했다. 유명한 이란학자인 헤닝은 "조로아스터교가 일정 기간 동안 신을 섬기는 소그드인들의 성격에 반응한 것이다."라고 했다.[325]

바르톨드가 이미 이슬람 이전의 이 지역 종교의 특징에 대한 의문을 제기했지만 아직도 풀리지 않고 있다. 특히 유능한 두 명의 학자인 벨레니츠키

---

324) Belenitsky A.M. 1954, pp. 52-62.; Smirnova O.I., 1971, pp. 103-106.
325) Henning W.B., 1965a, p. 250

와 야쿠보브스키가 서로 이 지역의 종교와 조로아스터에 관해서 완전히 다른 주장을 하기 때문이다. 문화학자와 고고학자들은 어느 정도 언어학자의 증거들을 인용한다. 그래서 언어학자들은 아직 풀리지 않은 많은 의문점들에서 고고학자들에게 조금이나마 영향력이 있다.

언어학자들은 많은 값진 증거들을 제공했었다. 무그산에서 발굴된 사료에도 바가(Baga)와 미트라(Mitra)라는 신의 이름이 나왔다. 바가는 미트라와 함께 리그베드(Rigved)에도 등장한다. 바가는 낮은 등급의 신이지만 헤닝이 말하길 무그의 기록에서는 바가가 미트라와 동등한 위치나 그 이상의 자리에 있는 것처럼 기록되어 있다고 한다.[326] 이제 미트라에 관해 한번 알아보자. 미트라는 상업을 상징하는 신이다. 그리고 이 모든 무그의 거래 기록을 상징하는 신은 최고신, 즉 아후라 마즈다(Ahura Mazda)이다. 하지만 소그드인들은 아후라 마즈다의 이름을 기억하지 않았다.

자르바나(Zarvana)라는 이름의 신에 관해서도 알아보자. 이 신의 이름은 소그드의 불교 기록을 보면 인도의 라마신과 동등한 위치에 있다. 그에게 붙는 수식어로는 "위대한", "신들의 왕" 등이 있다. 이 외에도 베레트라그나(Veretragna)[바세근(Vashegn)], 나나이야(Nanaiya), 흐바레나흐(Hvarenah)[파른(Faran)], 티쉬트리아(Tishtriya)[티쉬(Tish)-시리우스(Sirius) 별] 등의 선한 신들의 이름이 오늘까지도 알려져 있다. 소그드인들에게서 우리는 아베스타에 기록되어 있는 많은 것들을 확인해 볼 수 있다.

신전은 바근(vagn)이라 불린다. 중세시대의 작가들은 소그드의 마을 중의 상당수의 이름에 파근(fagn)[바근]이 들어있다고 한다. 그 예로는 바브켄드(Vabkend)에 있는 미얀바그나(Miyanbagna), 차바비스(Tavavis)와 가까운 곳에 위치한 바누파그(Vanufag(n)), 아스타바그나(Astavagna), 기쥐두반(Gijduvan)에 있는 후르바그나(Hurvagna), 루스트파근(Rustfagn), 크라수스바근(Krasvagn),

---

[326] Henning W.B. 1965; pp. 248-250.; Klyashtornyi S.G., Livshits V.A., 1971, pp. 133-134.

사마르칸트와 카타쿠르간에서 가까운 후슈파근(Hushufagn), 우르굿(Urgut)에서 가까운 쿡쉬바근(Kukshivagn) 등이 있다. 후슈파근은 '여섯 개의 신전'이라는 뜻이다. 이렇게 소그드에는 신전이라는 단어를 지역의 명칭으로 많이 사용했다. 하지만 여기에는 현대의 작가들이 이해하지 못한 것이 있는데, 그것은 이 명칭을 직접적으로 이해해서 이 명칭들이 소그드 신정의 명칭이라고 오해하는 경우가 있다. 실제로 이런 명칭에 관한 것은 분간하기가 힘들다.

'신전의 우두머리', '승려'라는 말은 바근파트(vagnpat)이다. 이 단어는 '고대 소그드의 편지 기록'에서도 볼 수 있으며 무그의 기록에도 나와 있다. 쿠르취(Kurchi)라는 승려는 외교적으로 매우 중요한 사안들을 해결했다. 이 외에도 무그의 기록에 보면 마구팟(Magupat)이라는 단어가 나온다. 이는 '승려들의 우두머리'라는 의미이다.

소그드의 종교들은 고대로부터 내려온 것 외에도 여러 가지가 있다. 불교는 이 시기에 그렇게 많은 세력을 형성하지 않았으며 그 종교를 믿는 사람의 수도 많지 않았다. 하지만 기독교는 당시 매우 성장해 있었다. 6세기 초에는 사마르칸트에 이미 기독교[네스토리안]의 주교가 있었고 8세기에는 대주교가 생겼다.[327] 이 외에도 마니교가 소그드인들에게 깊게 뿌리내리고 있었다.

마니교는 소그드에서 많은 문제가 있었는데 벨레니츠키의 말에 따르면 그들은 서로 분열하기 시작했다고 한다. 그리고 펜지켄트의 벽화 중에서도 마니에 관한 것이 있는데 이는 마니를 연구하는데 꼭 필요한 자료이다.

이 외에도 언급해야 할 부분이 아주 많지만 이렇게 짧게 말하는 것으로 끝내야겠다. 6~8세기 소그드에는 많은 문제들이 혼재했다. 그리고 서로 다른 여러 종류의 종교가 존재했다.

---

327) Barthold V.V., 1964, p. 275.

4. 중앙아시아의 다른 지방들

우스트루샤나(Ustrushana)

중국의 문헌에는 이 지방의 이름이 차오(Tsao)[동쪽 차오]나 수두이샤나(Su-dui-shana)라고 나와 있다.328) 이 지방에 관한 기록은 매우 적다. 『당서』에는 이 지방의 수령이 보시(Bosi)[포시(Posi)라고 부르기도 한다. 이는 아마 투르키스탄 지방에 있었을 것이다.] 산 북쪽 지역에 거주했다고 한다. 이 지역은 고대에 에르쉬(Ershi)라는 도시가 있었는데 이는 페르가나이다. 쉬(Shi)[타쉬켄트]와 칸(Kan)[사마르칸트]까지의 거리는 같았다. 하지만 투홀로(Tuholo)[토하리스탄]까지의 거리는 더 멀었다. 예-챠(Ye-cha)라는 도시가 있다. 여기에는 동굴이 있는데 이 동굴에는 매년 두 차례 승려들에게 제물을 바치러 온다. 사람들은 이 동굴에 와서 얼굴을 동굴 쪽으로 향하게 한다. 이 동굴에서는 연기가 나오는데 이 연기는 가장 가까이 있는 사람을 죽인다고 전해진다. 여하튼 618~626년에 수두이샤나에는 젊은 통치자가 있었다. 그는 사마르칸트와 중국에 사신을 보냈다. 샤반(Shaban)은 기록하길 수두(Sudu)라는 도시도 이 지방에 속해 있었을 것이라고 한다.

현장은 이 도시를 수툴리셴(Sutulisen)이라고 하며 도시의 둘레는 1400~1500m라고 한다. 이는 차취의 크기보다 1.5배 더 큰 것이지만 사마르칸트보다는 작다. 그 동쪽 국경에는 강이 있다고 한다. [여기서는 현장이 틀렸다. 현장이 말한 강은 시르다리오인데 시르다리오는 우스트루샤나(Ustrushana)의 국경이다.] 물품들과 생활 문화는 차취의 것과 비슷하다. 당시에 수툴리셴에는 왕이 있었는데 이 왕은 투르크의 지배를 받고 있었다. 이 지방의 북서쪽에는 모래사막이 있는데 이 사막에는 물도 없고 풀도 없다.329)

---

328) Belenitsky A.M., 1954; pp. 39-52, 62-81; Belenitsky A.M., 1959, pp. 61-64.
329) Beal S., 1906, 1, pp. 31-32.; "The Life of HsuanTszang", 1959, p. 47.

이런 것으로 봐서 우리는 6~8세기 이 지방의 영토를 알 수 있다. 이 지방의 중심지는 우라튜베-샤흐리스탄(Uratube-Shahristan) 분지이다. 남쪽에는 자라프샨 강의 상류와 기싸르(Gissar) 지방이 있다. 북쪽에는 시르다리오가 흐르고 동쪽에는 호젠트(Hojent) 지방이 있으며 북서쪽에는 사마르칸트가 있다.330) 이 지방의 명칭에 관해서는 중국의 기록에 수두이샤나라고 전하는 것이 꽤 정확하게 기록되어 있는 것이다. 현대의 학자들은 이 지방을 우스루샤나(Usrushana)라고 한다.331) 이 명칭은 무그의 기록이 증명을 해 준 것이다. 이 지방의 수령은 '아프쉰(afshin)'이라는 명칭을 가지고 있었다.332)

우스투르샤나 지방에서 고고학적 발굴이 진행되었다. 우스투르샤나 지방의 수령이 살던 곳은 지금의 샤흐리스탄에서 멀지 않은 곳에 위치해 있으며, 이곳 샤흐리스탄-사이(Shahristan-sai) 강의 서쪽 구역에는 언덕이 있다. 이 언덕에는 아직도 성벽이 그대로 남아 있는 칼라-이 카흐카하(Kala-i Kahkaha)가 있다. 이 도시의 면적은 5ha 정도 된다. 이 성은 두 구역으로 구분되는데 하나는 성의 서쪽에 있으며 다른 곳보다 약 8~10m 정도 높은 곳에 있는 궁성이다. 샤흐리스탄 지방에서는 병영과 유사한 건물이 발굴되었다. 요새 안에 궁이 있는데 궁의 중앙에는 행사용 홀(18×12m)이 있으며 이 방에 왕이 앉는 왕좌가 있다. 그 외에도 '작은 방'이라는 사당과 여러 가지 다른 건물들이 있었다. 건물들에는 벽화가 그려져 있으며 건물의 기둥은 나무로 되어 있고 나무에 문양들을 새겼다. 중앙 복도에는 6m 크기의 그림이 있는데 이 그림에는 암 늑대와 그 젖을 빨고 있는 두 어린아이가 나온다.

네그마토브(Negmatov)의 말에 의하면 이는 5~7세기 중앙아시아에 들어왔으며, "중앙아시아에는 서방의 기독교와 함께 신화들도 많이 전해졌다. 소그드인들은 이를 일정 정도는 믿었다."고 한다. 실제로 중앙아시아에서는 로마의 신화들을 여러 가지 볼 수가 있다.333)

---

330) Negmatov N. 1957, p. 16.
331) Livshits V.A., 1962 b, p. 87.
332) Barthold V.V., 1964 a, p. 497.

'작은 방'은 매우 화려한 벽화들로 꾸며져 있다. 이 방에는 갑옷을 입고 무기들을 들고 전쟁터에 나가는 기마병들의 그림도 있고 머리가 세 개 달리고 네 개의 팔을 가진 신도 있다. 또한 눈이 세 개 달린 괴물과 동물들의 그림도 있는데 이 벽화들은 벽을 여러 개의 층으로 구분해서 그려져 있다.

매우 많은 수와 많은 종류의 목재 조각상들이 발굴되었다. 여러 개의 인물상과 새 모형이 있고 여러 종류의 많은 형상들이 있다. 특히 흥미로운 것은 여기서 발굴된 타악기인 갈고(羯鼓)이다. 이 모든 것은 장인들이 만든 것이고 이 갈고는 특히 샤흐리스탄의 역사를 연구하고 알아 가는데 있어 매우 흥미롭고 의미 있는 발견이다. 이는 당시 중앙아시아의 예술성과 신화 등을 잘 보여준다.

위에서 말한 것과 가까운 곳에 칼라-이 카흐카하2(Kala-i Kahkaha2)가 발굴되었다. 이 도시의 설계는 이전의 것과는 완전히 다르다. 방형의 도시(210×230m)는 성벽으로 둘러싸여 있다. 도시의 한쪽에는 높지 않은 언덕이 있고 여기에 삼단으로 이루어진 성의 집무실이 있으며 그 안에는 행사용 홀과 숙소가 있었는데, 이 건물은 궁궐이었으며 이 궁궐은 여러 가지 나무와 벽화로 장식되어 있었다.[334]

칠후주르(Chilhudjur)는 샤흐리스탄의 유적으로 그 보존 상태가 엉망이다. 이 도시는 쿨쿠탄(Kul'kutan)과 샤흐리스탄-사이 강과 가까운 위치에 자리 잡고 있다. 이것도 두 개의 층으로 이루어진 성의 형식을 띄고 있으며, 성벽은 매우 파란만장한 역사를 가지고 있다. 수차례 파괴되고 재건되었다. 이 도시의 첫 번째 층과 두 번째 층의 일부분은 그래도 아직까지 남아 있기 때문에 당시에 건물들이 어떠했을지 알아 볼 수 있다.[335] 그리고 매우 흥미로운 것은 칠후주르에서 멀지 않은 곳에 위치한 우르타 쿠르간(Urta Kurgan)이라는 성이다.

---

333) Binder G., 1964
334) Negmatov N.N. and Khmelnitsky S.G., 1966.
335) Pulatov Iu.P., 1968.

우리는 이미 우스투르샨의 벽화와 목재 조각상들에 대해서 알아보았다. 여기에서 출토된 예술적 유물들이나 기록들은 우스투르샨인들과 그들의 종교에 대해서 알아볼 수 있는 좋은 자료가 된다. 하이다르(Haydar 9세기)의 말에 의하면 이 지방에는 고대로부터 내려오던 종교와 중앙아시아 식의 조로아스터교가 있었다고 하며336), 여기에서도 조로아스터 방식으로 죽은 사람의 유골을 담는 오쑤아리가 널리 퍼졌었다고 하는 기록도 있다.

우스투르샨의 언어는 소그드의 지방 방언이다. 칠후주르에서는 먹으로 나무판자에 글을 쓴 문서도 발굴되었다. 그중의 하나는 온전히 보존되어서 V.A. 리브쉬츠(V.A.Livshits)가 판독해 냈다. 이 문서는 소그드의 것과 유사한 양식이며 내용은 이러하다. "내가 취이우스(Chiyus)에게 바가니취(Vaganich 8번째 달)달 밧(vat 소그드 달에서 22일)으로부터 31일이 지난 날에 부탁을 했다. 파르나르취(Farnarchi)가 나에게 아트레파즈막(Atrepazmak)에서 이것들을 보내왔다. 이것들 중에 질이 안 좋은 것은 없었다." 이 기록의 형식이 무그에서 나온 문서들과 매우 비슷한 양상을 띠고 있다.337) 소그드에서도 그러하듯이 우스투르샨에도 필기를 전문으로 하는 사람이 있었다. 우리는 그런 사람의 이름을 이미 하나 알고 있는데 이 이름들은 어떤 면에서 보면 조로아스터교의 성격을 띠고 있다.

우리는 또한 농업과 수공업들이 발전했다는 기록도 얻었다. 이 모든 것을 통해 우스투르샨의 중세시대 초기 높았던 자신들만의 문화와 때로는 소그드의 문화도 엿볼 수가 있다.

페르가나

6~8세기에 외국에서는 페르가나를 페이한(Feyhan), 보한(Bohan), 파하

---

336) Henning W.B., 1965 a, pp. 250, 253-254.
337) Pulatov Iu.P. 1968, pp. 20-21.

나(Pahana) 등으로 불렀다.338) 이것 말고도 소그드 식으로 페르가나를 발음하자면 Far(a)gana, 또는 Fragana라고 불린다.339)

현장의 말대로 페르가나는 사방이 산으로 둘러싸여 있다. 여행자들이 페르가나에 대해서 쓴 글을 보면 페르가나는 비옥한 땅이어서 그 땅에는 화초과 과수들이 잘 자랐다고 한다. 그 외에도 페르가나는 가축들과 말로 유명했다. 혜초는 페르가나에 낙타, 노새, 그리고 양이 있었다고 하며 주민들은 빵을 먹고 옷은 동물 가죽이나 면으로 만들었다고 한다.340)

전체적으로 볼 때 페르가나에는 수백 년 동안 왕이 없었다.341) 630년경에도 10여 년 동안 지배자가 없었다.342) 720년경에는 페르가나를 매우 강한 왕이 통치했다.343) 아랍의 문헌에서는 이 왕의 이름을 알루타르(Alutar)라고 한다. 페르가나의 지도자는 "이흐쉬드(Ihshid)"나 "이흐샤드(Ihshad)"라는 명칭을 사용한다. 726년에는 페르가나를 두 명의 왕이 다스린다. 강의 남쪽은 아랍의 왕이 다스렸고 북쪽은 투르크 계통의 왕이 통치했다.344) 739년에는 페르가나를 투르크 사람인 아르슬란 타르한(Arslan Tarhan)이 통치했다.345) 당시 페르가나의 수도를 어떤 사료는 카산(Kasan)이라고 하고, 또 다른 기록은 아흐시케트(Ahsiket)라고 한다.346)

아랍의 정복 전쟁의 기록을 보면 그 당시 페르가나는 매우 강한 나라였으며 당대에 페르가나의 힘이 중앙아시아에서 매우 큰 역할을 했고 이것을 가능하게 한 것은 강한 경제력과 군사력이다. 위에서 이미 농업과 목축업의 발전에 대해서 이야기 했었지만 이 외에도 페르가나의 수공업 또한 매우 성

---

338) Chavannes E., 1903, p. 148.
339) Livshits V.A., 1962 b, p. 85.
340) Fuchs W., 1938, p. 452.
341) Bichurin, II, p. 319.
342) Fuchs W., 1938, p. 452.
343) Livshits V.A., 1962b, p. 85.
344) Fuchs W., 1938, p. 452.
345) Chavannes E., 1903, p. 149.
346) Barthold V.V., 1965 b, p. 529.

공적이었다. 그들은 내수시장뿐만 아니라 외국과의 무역에서 말, 물감, 약품 등의 상품들을 팔았다.

카산은 두 가지로 나눌 수 있는데 하나는 도시이고 다른 하나는 성이다. 도시는 사다리꼴[160, 180 그리고 80m] 모양을 띄고 있고 성벽은 구불구불하고 각 모서리마다 탑이 배치되어 있다. 성의 남서쪽에는 궁궐이 있는데 이는 성벽에서 15m 정도 떨어져 있다. 성벽은 도시보다 조금 더 높은 곳에 위치해 있다. 궁궐은 바위산 위에 있고 그 크기는 90×70m로 되어있으며 6개의 탑이 있었는데 이 모든 둘레는 2km에 이르렀다. 카산의 발굴 작업은 베른슈탐(Bernshutam)에 의해서 1948년에 이루어졌다. 이 도시는 쿠샨 시대 때부터 이미 존재했었다는 증거가 있다.[347]

이 외에 중세시대 페르가나의 도시로는 쿠바(Kuva)가 있다. 이 도시는 우즈벡의 고고학자가 발굴했다.[348]

이스파라(Isfara)[수령이 살던 곳] 지방의 중심지는 칼라-이 볼로[Kala-i Bolo: 높은 성벽]이다. 이 도시는 이스파라의 중심지에서 4km 정도 남쪽에 이스파라 강 연안에 위치해 있으며, 성의 높이는 11~12m이고 크기는 16×65m이다. 다비도비치(Davidovich)가 이곳을 발굴할 때 6~7세기의 다져진 기반을 발굴하면서 알아낸 사실이 그 이전에도 여기에는 성이 세워졌었다는 것이다. 6~8세기의 기반은 매우 높이 쌓았다. 성벽은 직각으로 세워져 있으며, 가옥들은 북쪽으로 대문이 나 있고 남쪽에는 생활공간들이 있었다. 건물들은 진흙 벽돌로 건축되었고 벽에는 회칠이 되어 있으며 안쪽에는 네 가지 색이 칠해져 있다.[349]

칼라-이 볼로 외에도 이스파라 지방에 또 하나의 성이 있는데 그것은 이스파라 강 좌측 연안에 있는 칼라-이 카피르(Kala-i Kafir)이다. 이 성벽은

---

347) Bernshtam A.H., 1952, pp. 233-234.
348) Bulatova-Levina V.A., 1961, pp. 41-43.
349) Davidovich E.A., 1958.

매우 견고하며 그 크기는 50~60m에 이르렀고 터는 다른 곳보다 더 높은 곳에 위치해 있고 강을 끼고 있다. 이 강을 끼고 있는 측면을 공격하는 것은 불가능했고 그 외의 다른 벽들도 마찬가지고 매우 공격하기 힘들다. 이 성벽에는 3개의 탑이 세워져 있었는데 세 개의 탑이 세워져 있기 때문에 이 성은 방어하기에 더욱 유리했다. 이 성은 수르흐(Surh)와 보루흐(Voruh)라는 마을에서 가깝고 군사적으로도 적들의 공격을 막아내기에 유리한 요충지이다. 이런 성들 외에도 산이나 마을을 보호하기 위해 성벽을 쌓는데 이런 종류의 것으로는 아쉬트(Asht) 지방의 성이 있다.[350]

페르가나의 남쪽, 호쟈-바크르간(Hoja-Bakirgan) 지방에는 그 지방 제후의 관저가 있었는데 이는 G.A.브리킨(Brikin)이 발굴 작업을 진행했으며 이곳에서는 가옥들과 생활공간들이 발굴되었다. 가옥들의 벽에는 벽화와 벽장이 있었는데 벽장에는 신상들이 있었다. 브리킨의 말로는 이곳이 아마 조상들을 모시던 사당이었을 것이라고 한다.[351]

복장을 볼 때 페르가나의 주민들의 대다수가 반 유목민이거나 유목민이었다. 쿠룩사이(Kuruksay)에서부터 아쉬트(Asht)와 판가즈(Pangaz)까지는 돌로 만든 무덤들이 많이 있었다. 이것들을 이 지방 사람들은 쿠룸(kurum)['돌로 형성된'이라는 뜻이다.]이나 무그호나(Mughona)[무그의 집]라고 부르는데, 여기에 방들이 있고 문 앞에 계단이 있었다는 것은 고고학적으로 증명이 된다. 하지만 이 방들은 사람들이 사는 곳이 아니라 시신과 그릇, 무기와 장신구 등의 부장품들이 있던 곳이다. 이런 종류의 건물 중에 어떤 건물에는 말이 매장된 것도 있었다. 이곳에서 5~6세기에 중앙아시아에서 사용하던 등자가 발굴되었다.[352]

이 중 몇몇 무덤들은 투르크인들의 것일 수도 있는데, 그 이유는 여기에서 문서가 나왔는데 이는 동으로 만든 반지에 고대투르크의 룬(Run) 문자가

---

350) Davidovich E.A. and Litvinsky B.A., 1955, pp. 144-147, 165-174.
351) Brikina G.A., 1971 a; 1971 b.
352) Voronets M.A., 1957; Sprishevsky V.I, 1956; Litvinsky B.A., 1959.

기록되어 있었다. 이는 아마 이 지방 수령의 것이었던 것으로 추정되는데 이런 룬 문자가 페르가나에서 발굴된 것은 이미 수차례 있었다. 이렇게 투르크식의 룬 문자가 많이 발굴되었다는 것은 투르크가 중세시대에 페르가나에 정치적인 면에서 뿐만 아니라 많은 분야에서 영향력을 행사했다는 증거가 된다. 이런 것은 차취나 세미례취예(Smirechye) 지방도 적지 않게, 매우 비슷하다. 호라즘이나 남부 투르키스탄의 역사도 아주 흥미롭기는 하지만 우리는 그것을 모두 알아볼 시간이 없는 관계로 여기서 마무리한다.

5. 사회-경제의 형성과 봉건제도의 생성

5~8세기 중앙아시아의 사회 경제의 형성에 대한 기록들은 많이 부족하다. 얼마 전에 학자들은 부족하나마 이런 기록을 후기에 기록된 아랍-페르시아의 사료에서 발견했다. 이런 종류의 역사에 관한 것을 알 수 있는 책은 1964년에 출간된 『타지크인들의 역사』라는 책으로 이 책에는 그나마 잘 나와 있다. 우리는 이 부분에 대해서 자세하게 이야기하지는 않겠다. 다만 무그의 기록과 같은 시기에 기록된 소그드어를 사용하던 지역인 호라즘의 기록을 찾아보기로 하자.

무그의 기록에는 쿠차에 대한 기록이 나온다. 이들의 사회는 세 종류의 구성원들로 이루어져 있는데 하나는 귀족들이고 두 번째는 상인들, 그리고 마지막으로는 '일꾼들', 즉 농업에 종사하는 사람들이나, 수공업을 직업으로 삼고 사는 사람들이다. 이 외에도 여러 부류의 노예들이 있었다고 하는데, I. 게르세비치(I.Gershevich)와 V.A. 리브쉬츠(V.A.Livshits)가 무그의 기록들을 연구한 결과 7~8세기 소그드에는 여러 부류의 노예와 자유민이 있었다고 한다.353) 이곳에는 단순 노예가 있고 인질로 잡혀서 노예가 된 사람도 있고 전쟁 중에 포로가 되어서 노예가 된 사람도 있다. 마지막으로 "보호받고 있는 사람"이 있다. 이 시대에는 집안의 가장이 자기 집의 사람을 노예로 팔수도 있었다. 호라즘의 콕-칼라(Kok-kala)에 있는 오쑤아리에서 후나닉(Hunanik)[노예]이라는 단어가 나왔으며 아랍이 중앙아시아를 침공했을 때의 기록을 보면 중앙아시아에는 노예의 수가 매우 많았다고 한다.354)

이곳에서는 노예가 아닌, 산지나 농지에 거주하는 사람들이 주요한 생산력이었다. 자기의 일을 위해 보내진 농군을 기록에서는 n'β 나 mrtγmkt[사람들]이라고 부른다. 그리고 'rkr'kt 라고 불리는 사람들이 있는데 언어학자

---

353) Gudkova A.V., Livshits V.A., 1967, p. 14.
354) mirnova O.I, 1957; 1960.

들은 이 단어를 "필요에 의해서 일하는 사람"이라고 해석한다. 또 mr'z라는 사람들이 있는데 이들은 자신이 받은 돈 만큼 일하는 사람들이었으며 국민의 대부분은 농업에 종사했다.

지배층을 부르는 명칭은 디흐칸(Dihkan)이다. 중세시대의 디흐칸이라 함은 지주나 그 지방의 수령을 이르는데 역사기록들에서는 그들 중에 "위대한 디흐칸"과 평범한 디흐칸이 있다고 기록되어 있다. 이렇게 디흐칸은 엄청난 권력을 가지고 있었고 그들은 챠키르(Chakir)[샤키르(Shakir)]라고 불리는 군사도 거느리고 있었다. 현장이 사마르칸트에 대해 적은 기록을 보면 "사마르칸트의 군대는 매우 강했다. 그 군대의 대부분은 취제-게(Chze-ge)[챠키르]로 이루어져 있는데 취제-게들은 매우 사납고 용맹했으며, 그들은 사람의 시체 보기를 자기 집 보듯이 하고 그들이 공격을 하면 그 어떤 적도 살아남을 수 없다."라고 했고 다른 기록에서는 취제-게를 매우 용맹하고 남자다운 사람들이라고 한다.355)

아랍-페르시아의 기록에도 챠키르에 대한 기록이 만족할 만큼 있다.356) 이 모든 자료들을 모아서 연구해 본 결과 이런 결론을 얻게 됐다. 챠키르는 징집을 해서 얻은 그 지방 수령이나 디흐칸의 친위병들이라는 것이다. 챠키르들은 특별한 군사들로 그들이 군대의 중심이 되었으며, 매우 큰 세력을 가진 디흐칸 수하에는 수천 명의 챠키르들이 있었다.

무그의 기록이나 아랍의 사료들을 보면 소그드에 매우 강력한 계급간의 차이가 있었다는 것을 알 수 있다. 계급에서 가장 높은 위치에 있는 사람을 이흐쉬드(Ihshid)라고 부른다. "고대 소그드의 기록"에 이미 타마르후샤(Tamarhusha) 지역의 이흐쉬드에 대해서 나온다. 무그의 기록에서는 "이흐쉬드"를 표기 문자로 'MLK'[왕]이라고 적는다. 그리고 아랍-페르시아의 기록들은 '왕 중의 왕'이라고 이 단어를 표현하지만 정확히 당시 중앙아시아에서

---

355) Beal S. 1906; Pulleyblank E.G., 1952, pp. 348-349.
356) Mandelshtam A.M., 1954.

는 이 단어를 "최고 통치자"라는 의미로 사용했다.

나르샤히가 기록하기는 디흐칸이 특별한 옷을 입었고 금으로 된 벨트를 찼다고 한다.[이는 소그드 뿐 아니라 토하리스탄 전체 디흐칸들의 이미지다] 또한 나르샤히는 부하라의 여왕[정확히 말하면 섭정하는 사람]이 매일 왕좌에 앉아서 상벌을 결정하는 등 국정을 살폈다고 한다. 이 여왕에게 매일 200명의 젊은 디흐칸들이 찾아와서 존경의 표시를 했고, 그들이 떠나고 나면 다음날에는 또 다른 200명이 찾아왔다고 한다. 이런 존경의 표시는 일종의 의무 같은 것이었고 각 디흐칸들은 일 년에 4번씩 찾아왔다.357)

무그의 기록 덕분에 우리는 국가의 행정 제도에 관해서 조금이나마 알 수 있었다.

중앙아시아 관리들의 중심 직군으로는 투둔(Tudun)이 있다. 이는 가장 높은 벼슬 중의 하나로 국가의 행정 전체를 담당하는 직위이다. 이런 직위로는 또한 타르한(Tarhan)이 있다. 그리고 다른 높은 직위로는 n'ztγryz, n'ztγ r'yw [측근, 도우는 이]가 있다. 다피르팟(Dapirpat) δp'yrpt ['최고 집필자', '사무 담당자']라는 직위도 매우 중요한 직위 중의 하나였다. 또한 궁의 생활을 책임지는 직위도 있었는데 이 직위는 프라만다르(Framandar)라고 불리며 그는 궁의 수입이나 지출, 군사비용 등의 모든 부문의 재정을 담당했다. 기록에 의하면 프라만다르의 권한도 매우 컸다고 한다. 그 외에는 '포도주 책임자', '캠프 책임자', '마구간 책임자', '공원 책임자'등으로 나뉘었다. 무그의 기록에는 세금 책임자도 있었고, 군사 책임자도 있었다고 한다. 군사 책임자는 군사적인 문제를 총괄하는 사람이었다고 한다.

중앙 행정 외에도 각 지방마다 그 지방의 관리들이 있었다. 그들은 지방 관리, '농촌대장', '우두머리' 등이 있다.358)

이렇게 각 지방의 관리들은 적절한 시기에 세금을 걷는 등의 업무를 담

---

357) Narshakhi 1897, pp. 15-16.
358) Livshits V.A., 1962 b, pp.62, 69, 134-135, 164, 176-178.

당했다. 이런 종류의 업무들이 중세 시대 소그드에서는 기계처럼 매우 정확하게 이루어졌다. 모든 계약들은 계약서를 작성하고 거기에 서명을 하고 인장을 찍어서 완벽하게 문서화 했다.

소그드에는 국가를 경영하기 위한 제도들이 있었다. 사료에는 "사람이 죄를 지으면 그 사람을 신전에 데려다 놓고 거기서 보호하고 재판한다."라고 기록되어 있다. 결혼에 관해서는 서약서에 종교 지도자급이 서명한다.

억압받는 사람들은 부와 귀족과는 거리가 멀었다. 나르샤히의 부하르-후닷(Buhar-hudat)에 관한 이야기에 계급간의 차이가 잘 나와 있다. 이 이야기는 아브루이(Abrui)의 반란 후에 고향으로 돌아간다는 이야기인데 이 부하르-후닷에게 엄청난 부가 집중되었다고 전한다. 또 다른 예로는 마흐얀(Mahyan)인데, 이 사람은 데바쉬티취(Devashtich)에게 운하 옆에 있는 방앗간 3개를 임대해 주었고 그 대가로 일 년에 3.5톤의 밀가루를 받았다.[359]

고고학적인 자료들 중에도 당시 사회적, 경제적 차이에 대한 증거가 많다. 그 예로는 산악지대에 있는 부자들의 별장이다. 이것들은 매우 화려하고 응접용 건물들도 있었다. 부자들의 사치스러움에 관한 예술품들도 많이 발굴되었는데 그중의 하나에는 부자의 말에 올려놓는 부드러운 안장과 그 옆에 있는 불쌍한 그의 시종에 대해 묘사되어 있다.

호라즘의 베르쿠탈(Berkutal) 오아시스를 발굴한 S.P.톨스토브와 그의 제자들인 Y.Y.네라직(Y.Y.Nerazik), B.V.안드리아노브(B.V.Andrianov) 등은[360] 당시 농민들의 생활상을 알 수 있는 매우 중요한 사실을 발견했는데 이것을 가능하게 한 것은 지금까지도 베르쿠탈의 운하를 포함한 유물들이 당시에 설계되었던 그대로 잘 보존되어 있다는 것에 있다. 이 오아시스에는 길이 40km에 너비가 4~5km로서 그 가운데에는 운하가 흐르고 있다.

200~300m 간격으로 중세 베르쿠탈 오아시스와 비슷한 방식의 농지가

---

359) Livshits V.A., 1962 b, pp. 57-60.
360) Tolstov S.P., 1948; Nerazik E.E., 1966; Andrianov B.V., 1969.

있었고 그 농지들 옆에 주거지가 있었으며 그 주변에는 생활공간들이 있었다. 이 외에도 요새화된 성들이 있었다. 마을들은 8~13개의 그룹으로 나누어져 있었으며 각 마을들마다 중심에는 요새가 있었다. 성벽들은 서로 완전하게 상반된 크기가 존재했고 그중에 1/3은 매우 강했고 나머지는 조금 약했다. 농경의 부의 차이와 각 경작지의 차이, 그리고 농경 방식의 차이도 사료에 직·간접적으로 기록되어 있다. 또한 중요한 사실은 몇몇 성들이 바로 이 시기에 건축되었다는 것이다. 이 성들 중의 하나인 베르쿳-칼라(Berkut-kala)에는 도시도 형성되었으며 상업의 중심지가 되었다. 이 성은 오아시스의 중심지에서 가장 강한 성 중의 하나이다. 7~8세기의 성들은 이렇게 거의 모두 농경지를 감싸거나, 또는 그 옆에 건축되었다. 이전에는 번성했던 성들이 이 시기에는 멸망하기 시작했다.

톨스토브는 이런 베르쿠탈 오아시스의 상황이 당시 봉건제도의 형성을 보여준다고 한다. 이 견해는 후에 네라직(Nerazik)의 고고학적 발견에 의해 확실해졌다. 당시 오아시스에는 규모가 큰 농경지가 여러 개 있었고 인구는 7,000~8,000에 이르렀던 것으로 보인다. 여기에 거주하던 사람들은 두 부류로 구분되는데 하나는 대가족으로서 가족들이 스스로 생산력이 되는 사람들, 다른 하나는 소규모 가족으로서 그 재산도 적은 사람들이다.

관찰을 해보면 중앙아시아의 다른 지역들도 이러한 상황과 비슷하다. 성[디흐칸의 관저]은 관개를 기반으로 매우 계획적으로 설계되었으며 디흐칸들은 이 관개시설을 감독할 수 있는 권한이 있었다. 이것이 중앙아시아에서 갖는 의미는 사람들의 삶과 죽음을 감독하는 것과 같다.

40~50년대에는 톨스토브가 주장한 바대로, 중세시대 초기에 도시 생활이 소멸해가기 시작했다는 설이 주류를 이루고 있었다. 이 설은 지금에 와서 당시의 실제 상황과는 완전히 반대되는 것으로 알려졌다. 이 책에 나온 몇 가지 증거로도 도시와 도시 생활이 발전했음을 알 수 있다. 도시는 수공업과 상업의 중심지로, 그리고 문화의 중심지로의 역할을 했다.[펜지켄트 발굴현장에

서도 이 사실이 입증되었다.] 농촌 거주민들에게도 도시는 필요한 것이었다. 이런 성들에서도 역사에 기록되어 있는 귀족들이 권력을 잡고 있었다. 도시의 건물들과 성들은 '기사의 삶'에 필요한 것이었고 이곳을 귀족들의 친위대나 군사들이 이용하기도 했다. 이는 사회-경제적 삶의 변화를 보여준다. 노예는 봉건제도 당시에 많이 생겨났다. 5~8세기는 많은 정황들을 살펴볼 때 중앙아시아가 봉건제도로 진입하는 과정이라고 볼 수 있다.

역사적으로 볼 때 봉건제도로 진입하는 것은 매우 중요하다. 중앙아시아에서[다른 나라들도 동일하다] 봉건제도가 일어난 가장 큰 이유는 노예를 사용하면서 발생한 막강한 생산력 때문이다. 중앙아시아에서 봉건제도가 생기면서 생활상의 변화가 두드러졌다. 시골 지역에는 옛 제도가 남아있었음에도 다른 모든 곳에서는 봉건제도가 발달했다. 이런 제도가 발달할 수 있었던 이유는 계급간의 투쟁과 그동안 억압받고 살던 사람들 덕분이다.[예를 들면 아브루이(Abrui)의 반란이 그러하다] 엥겔스는 국가에 대해서 이런 말을 했다. "조직 생성의 가장 큰 목적은 다수의 노동력으로 소수의 배를 불리는데 있다."[361] 이 말은 중세 초기 중앙아시아의 상황을 간단명료하게 설명해 준다.

---

361) K. Marx and F. Engels, Works, V.19, p. 359.

참고문헌

⟨논문⟩

Abaev V.I., 1K etimologii drevnepersidskikh imyon. - "Etimologiya", 1965 (MIIYa, 1967).

Abaev V.I., Antidevovskaya nadpis Kserksa. - "Iranskie yazyki", I. M. - L., 1945 (Seriya "Iranica. Materialy i issledovaniyapo iranskim yazykam", №3).

Abaev V.I., Avesta. Geografiya Irana. Avesta (religiya). - "Khrestomatiya po Istorii drevnego Vostoka". M., 1963.

Abaev V.I., Istoriko - entimologicheskiy slovar osetinskogo yazyka, T. I. M.-L., 1958.

Abaev V.I., Iz istorii slov., VYa, 1958, №2.

Abaev V.I., Nadpis Dariya I o sooruzhenii dvortsa v Suze. - "Iranskie yazyki", I. M. - L., 1945 (Seriya "Iranica. Materialy i issledovaniya po iranskim yazykam", №3).

Abaev V.I., Skifo - evropeyskie izoglossy. Na styke Vostoka i Zapada. M., 1965.

Abaev V.I., Skifskiy byt i reforma Zoroastra. - AOr, XXIV, 1956, №1.

Abaev V.I.,1 Sredneaziatskiy politicheskiy termin "afshin".-VDI, 1959, №2.

Abdurazakov A.A. i dr., M.A.Bezborodov, Yu.A. Zadneprovsky. Steklodeliye Sredney Azii v drevnosti i srednevekovye. Tashkent, 1963.

Abdurazakov A.A., Bezborodov M.A., Srednevekovye stiokla Sredney Azii (opyt khimicheskoy kharakteristiki). Tashkent, 1966.

Abel-Rémusat, Nouveaux mélanges asiatiquesi. Paris, T. I, 1829.

Akishev K.A., Kushaev G.A., Drevnyaya kultura sakov i usuney doliny reki Ili. Alma-Ata, 1963.

Albaum L.I., Balalyk - tepe. K istorii materialnoy kultury i iskusstva Tokharistana. Tashkent, 1960.

Albaum L.I., Novye rospisi Afrasiyaba. - "Strany i narody Vostoka", vyp. X. M., 1971.

Albaum L.I., Poselenie Kuchuktepe v Uzbekistane.- "Materialy sessii, posvyashchennoy itogam arkheologicheskikh i etnograficheskikh issledovaniy 1964 goda v SSSR (Tezisy dokladov)." Baku, 1965.

Albaum L.I., Raskopki zamka Zangtepe. - "Istoriya materialnoy kultury Uzbekistana", vyp.4. Tashkent, 1963.

Allan J., Catalogue of the coins of the Gupta Dynasties and of Sasanka, King of Gauda. London, 1914.

Altheim F., Alexander and Asien. Geschichte eines geistigen Erbes. Tubingen, 1953.

Altheim F., Aus Spatantike und Chiristentum. Tubingen, 1951.

Altheim F., Geschichte der Hunnen, Bd, I - IV. Berlin, 1959 - 1962.

Altheim F., Stiehl R., Ein asiatischer Staat. Wiesbaden, 1954.

Altheim F., Stiehl R., Mazdak und Porphyrios. - "La Nouwele Clio", V, 1953.

Altheim F., Weltgeschichte Asiens im griechischen Zeitalter, Bd, I-II. Halle (Saale), 1947-1948.

Andreev M.S., Ekspeditsiya v Yagnob v 1927 g. pod rukovodstvom M.S. Andreeva. - Biul. SAGU, vyp. 17. Tashkent, 1928.

Andreev M.S., Iz materialov po mifologii tadzhikov. - M.S. Andreev. Po Tadzhikistanu. Kratkiy otchet o rabote etnograficheskoy ekspeditsii v Tadzhikistane v 1925 godu, vyp. 1. Tashkent, 1927.

Andreev M.S., Peshchereva E.M., Yagnobskie teksty. S prilozheniem yagnobsko-russkogo slovarya sostavlennogo M.S. Andreevym, V.A. Livshitsem i A.K. Pisarchik. M. - L., 1957.

Andreev M.S., Vyrabotka zheleza v doline Vancha (Verkhoviya Amudaryi), Tashkent, 1926.

Andrianov B.V., Drevnie orositelnye sistemy Priaralya (v svyazi s istoriey vzaimodeistviya i razvitiya oroshaemogo zemledeliya). M., 1969.

Andronov M.S., Dravidiyskie yazyki, M., 1965.

Assmussen J., rets. na: G. Binder. Die Aussetzung des Konigskindes Kyros und Romulus. Meisenheim, Glan. 1964. - "Orientalische Literaturzetung", 62. Jahrg., 1967, N 5 - 6.

Assmussen J.R., Xaustvanift. Studies in Manichaeism. Copenhagen, 1965 ("Acta Theologica Danica", vol. VII).

Babaev A.D., Kreposti i pogrebalnye sooruzheniya drevnego Vakhana (Ishkashimskiy rayon GBAO). AKD. Dushanbe, 1965.

Baevsky S.I., Opisanie persidskikh i tadzhikskikh rukopisey Instituta narodov Azii, vyp.4. Persidskie tolkovye slovari (farkhang) M., 1962, vyp. 5. Dvuyazychnye slovari. M., 1968.

Bailey H.W., Harahuna. - "Asiatica. Festschift Fr. Weller". Leipzig, 1954.

Bailey H.W., Iranian Arya and Daha. - Reprint from "Transactions of the Philological Society" (1959). London, 1960.

Bailey H.W., Iranian studies. - BSO(A)S, vol. VI.

Bailey H.W., Saka of Khotan and Wakhan. - "Pratidanam. Indian, Iranian and Indo-European studies presented to F. B. J. Kuiper". Den Haag - Paris, 1968.

Bailey H.W., Sri Visa, Sura and the Tauang. - AM, N. S., vol. XI"1. London, 1964.

Bailey H.W., Thaugara. - BSOS, vol. VIII, pt. IV, 1937.

Bailey H.W., The Word "but" in Iranian. - BSOS, vol. VI, pt. 2, 1931.

Bailey H.W., To the Zamasp Namak II. - BSOS, vol. VI, pt. 3, 1931.

Bailey H.W., Zoroastrian problems in the ninth century books. - "Ratanbai Katrak lectures". Oxford, 1943.

Barnett R.D., The art of Bactria and the treasure of the Oxus. - "Iranica Antiqa", v.VIII. Leiden, 1968.

Barthold V.V. Greko-baktriyskoe gosudarstvo i ego rasprostranenie na severo-vostok. - Soch., T. II, ch. 2. M., 1964.

Barthold V.V., Afshin. - Soch., T. II, ch. 2. M., 1964.

Barthold V.V., Barmakidy. - Soch., T.VI, M., 1966.

Barthold V.V., Barthold. Persidskaya nadpis na stene aniyskoy mecheti Manuche. - Soch., T. IV, M., 1966.

Barthold V.V., Eshche o Samarkandskikh ossuariyakh. - Soch., T.IV., M., 1966.

Barthold V.V., Eshcho o slove "sart". - Soch., T. II, ch. 2, M., 1964.

Barthold V.V., Fergana.-Soch., T. III, M., 1965.

Barthold V.V., Istoriko-geograficheskiy obzor Irana. SPb., 1903.

Barthold V.V., Istoriya izucheniya Vostoka i Evropy v Rossii, izd. II. L., 1925.

Barthold V.V., Istoriya kulturnoy zhizni Turkestana. L., 1927.

Barthold V.V., Istoriya Turkestana. Tashkent, 1922.

Barthold V.V., K istorii arabskikh zavoevaniy v Sredney Azii. ‒ Soch., T.II, ch.2. M., 1964.

Barthold V.V., K istorii krestyanskikh dvizheniy v Persii. ‒ "Iz dalyokogo i blizkogo proshlogo". Sb. v chest N.I. Kareeva, Pg., 1923.

Barthold V.V., K istorii orosheniya Turkestana. ‒Soch., T.III, M., 1965.

Barthold V.V., K voprosu ob ossuariyakh Turkestanskogo kraya. ‒ Soch., T.IV, M., 1966.

Barthold V.V., K voprosu ob yazykakh sogdiyskom i tokharskom. ‒ Soch., T. II, ch. 2. M., 1964.

Barthold V.V., Khlopkovodstvo v Sredney Azii s istoricheskikh vremen do prikhoda russkikh. ‒ Soch., T.II, ch.1, M., 1965.

Barthold V.V., Mir Ali-Shir i politicheskaya zhizn. ‒ Soch., T.II, ch.2, M., 1964.

Barthold V.V., Narodnoe dvizheniye v Samarkande v 1365 g. ‒ Soch., T.II, ch. 2. M.,1964.

Barthold V.V., Ocherk istorii Semirechya. ‒ Soch., T.II, ch.1. M., 1963.

Barthold V.V., Sart. ‒ Soch., T.II, ch.2, M., 1964.

Barthold V.V., Sogd. ‒ Soch., T.III, M., 1965.

Barthold V.V., Svedeniya ob Aralskom more i nizovyakh Amu-Daryi s drevneyshikh vremen do XVII veka. ‒ Soch., T.III, M., 1965.

Barthold V.V., Tseremonial pri dvore uzbekskikh khanov v XVII veke. ‒ Soch., T. II, ch. 2, M., 1964.

Barthold V.V., Turkestan v epokhu mongolskogo nashestviya, ch.1. Teksty. SPb., 1898.

Barthold V.V., Ulugbek i ego vremya. ‒ Soch., T. II, ch. 2. M., 1964.

Barthold V.V., Ulugbek i ego vremya. Pg., 1918, ("Zapiski Rossiyskoy Akademii nauk po istoriko-filologicheskomu otdeleniyu". T.13, №5).

Barthold W., Barmakids (Barmecides). ‒ EI, vol. 1. Leiden ‒ London, 1913.

Barthold W., Zur Geschichte der Saffariden. ‒ "Festshrift Th. Noldeke". Bd. I.

Giessen, 1906.

Bartholomae [Ch.], Grundriss der iranischen Philologie. Unter Mitwirkung von C.Bartholomae C.H.Ethe, K.F.Geldner (u.a.), hrsg. von W. Geiger und E. Kuhn, Bd. I - II. Strassburg und Altpersisch, Mittelpersisch 1895-1901. Bd. I. Abt. 2. Neupersische Schrift sprache. Die Sprachen der Afghanen. Balutschen und Kurden, Kleiner Dialekte und Dialekt-gruppen, 1898-1901, Anhang, Die Sprachen der Osseten, von Wsewolod Miller, 1. 1903. Bd. II Literatur, Geschichte und Kultur, 1896-1904.

Bartholomae Ch., Altiranisches Worterbuch. Strassburg, 1904; 2. unveranderte Auflage. Berlin, 1961.

Bartholomae Ch., Awestasprache und Altpersisch. - "Grundriss der iranischen Philologie" hrsg. W. Geiger und E. Kuhn, Bd. I. Abt. 1. Strassburg, 1901.

Bartholomae Ch., Zum Sasanidischen Recht. I-V Heidelberg, 1918-1923. - "Sitzungsberichte der Heidelberger Akademie der Wissenschaften. Philosophisch-historische Klasse", Bd. IX, 1918.

Bayer T.S., Historia regni Graecorum Bactriani in quasimul graecorum in India coloniarum vetus memoria explicatur. Petropoli, 1738.

Bazhenov L.V., Srednyaya Aziya v drevneyshiy period (mezhdu IV i II vekami do nashey ery). Tashkent, 1937.

Beal S., Buddhist records of the Western World, vol. I. London, 1906.

Belenitsky A.M., 1Voprosy ideologii i kultov Sogda po materialam pyandzhikentskikh khramov. - "Zhivopis drevnego Pyandzhikenta". M., 1954.

Belenitsky A.M., Bentovich I.B., Iz istorii sredneaziatskogo shelkotkachestva (k identifikatsii tkani "zaydanechi"). - SA, 1961, №2.

Belenitsky A.M., Drevnee izobrazitelnoe iskusstvo i "Shakhname". M., 1960. ("XXV Mezhdunarodnyi kongress vostokovedov". Doklady delegatsii SSSR).

Belenitsky A.M., Drevniy Pendzhikent - rannefeodalnyi gorod Sredney Azii. ADD. L., 1967.

Belenitsky A.M., I.B. Bentovich, V.A. Livshits. Kamchatnye tkani s gory Mug. - SE, 1963, №4.

Belenitsky A.M., Istoriko-geograficheskiy ocherk Khuttalya s drevneyshikh vremen do X v. n.e. - MIA, №15, 1950.

Belenitsky A.M., Iz itogov poslednikh let raskopok drevnego Pyandzhikenta. -

SA, 1956, №3.

Belenitsky A.M., Mavzoley u seleniya Sayat. - KSIIMK, vyp.33, 1950.

Belenitsky A.M., Novye pamyatniki iskusstva drevnego Pyandzhikenta. Opyt ikonograficheskogo istolkovaniya.- "Skulptura i zhivopis drevnego Pyandzhikenta". M., 1959.

Belenitsky A.M., O periodizatsii istorii Sredney Azii. - "Materialy nauchnoy sessii, posvyashchennoy istorii Sred-ney Azii i Kazakhstana v dooktyabrskiy period". Tashkent, 1955.

Belenitsky A.M., Ob arkheologicheskikh rabotakh Pendzhikentskogo otryada v 1958 g. - ART, VI, 1961.

Belenitsky A.M., Obshchie rezultaty raskopok gorodishcha drevnegoPyandzhikenta(1951-1953). -"Trudy Tadzhikskoy arkheologicheskoy ekspeditsii", T.III. M. - L., 1958.

Belenitsky A.M., Raskopki zdaniya №1 na shakhristane Pendzhikenta. - MIA, №15, 1950.

Belenitsky A.M., Rezultaty raskopok na gorodishche drevnego Pendzhikenta v 1960 g. - ART, VIII, 1962.

Belenitsky A.M., Stavisky B.Ya., Novoe o drevnem Pendzhikente.- "Arkheologi rasskazyvayut". Stalinabad, 1959.

Belenitsky A.M., Zoomorfnye trony v izobrazitelnom iskusstve Sredney Azii. - IOON AN TadzhSSR, №1 (28), 1962.

Bellinger A.R., The coins from the treasure of the Oxus. - MN (The American Numismatic Society). New York, 1962.

Bentovich I.B., Nakhodki na gore Mug. (Sobranie Gosudarstvennogo Ermitazha). - MIA, №66, 1958.

Bentovich I.B., Soveshchanie po arkheologii Sredney Azii. - SA, 1969, №3.

Benveniste E., Essai de grammaire sogdienne, II. Paris, 1929.

Benveniste E., L'Eranvez et l'origine legendaire des Iraniens. - BSOS, vol. VII, pt. 2, 1934.

Benveniste E., La ville de Cyreschata. - JA, 1947, T. 234.

Benveniste E., Les classes sociales dans la tradition avestique.-JA, 1932, N 1.

Benveniste E., Traditions indoiraniennes sur les classe sociales. - JA, T. 230,

1938.

Bernard P., Ai-Khanum on the Oxus: a hellenistic city in Central Asia. London, 1967. ("Proceedings of the British Academy", vol. LIII). Bernard P., 1967 b. - P. Bernard. Deuxieme campagne de fouilles d'Ai Khanoum en Bactriane. - CRAI (BL), Avril-Juin 1967.

Bernard P., Campagne de fouilles 1969 a Ai Khanum en Afghanistan. - CRAI (BL), 1970, Avril-Juin.

Bernard P., Chapiteaux corinthiens hellenistigues d'Asie Centrale decouverts a Ai Khanoum. - "Syria", T. XLV, 1968, fosc. 1-2, r. 111-151.

Bernard P., Premiere campagne de fouilles d'Ai Khanoum. - CRAI (BL), JanivierMars, 1966.

Bernard P., Quatrieme campagne de fouilles a Ai Khanoum (Bactriane). - CRAI (BL), 1969, Juillet - Octobre, r. 313-355.

Bernard P., Troisieme campagne de fouilles a Ai Khanoum en Bactriane. - CRAI (BL), Avril-Juin 1968, p. 263-279.

Bernshtam A.N., Drevneyshie tyurkskie elementy v etnogeneze Sredney Azii. - SE, VI-VII,1947.

Bernshtam A.N., K voprosu ob usun// kushan i tokharakh (Iz istorii Tsentralnoy Azii). - SE, 1947, №3.

Bernshtam A.N., Naskalnye izobrazheniya Saimaly-Tash.-SE, 1952, №2.

Bernshtam A.N., Novye raboty po tokharskoy probleme. - VDI, 1947, №2.

Bernshtam A.N., Ocherk istorii gunnov. L., 1951.

Bernshtam A.N., Sovetskaya arkheologiya Sredney Azii. - KSIIMK, vyp. XXVIII, 1949.

Bernshtam A.N., Sredneaziatskaya drevnost i yeyo izuchenie za 30 let. - VDI, 1947, №3.

Bernshtam A.N., Trudy Semirechenskoy arkheologicheskoy ekspeditsii "Chuyskaya dolina". Sost. pod rukov. A.N. Bernshtama. M.-L., 1950 (MIA, №14).

Berre le M. et D. Schlumberger, Obbervations sur les remparts de Bactres. - MDAFA, T. XIX. Paris, 1964.

Bertels E.E., Istoriya persidsko-tadzhikskoy literatury. M., 1960 (Izbrannye trudy).

Bevan E.R., The House of Seleucus. vol.I. London, 1902.

Bhandarkar D.R., A Kushana stoneinscription and the question about the origin of the Saka Era. - JRAS, vol. XX. Bombay, 1902.

Bhandarkar D.R., A peep into the early history of India from the Maurya Dynasty to the downfall of the Imperial Gupta Dynasty (B.C. 322 - circa 500 A.D.). Bombay, 1930.

Bickerman E., Institutions des Seleucides.Paris, 1938.

Bickerman E., The Seleucids and the Achaemenids. - "Accademia Nazionale dei Lincei", anno CCCLXIII. Quarendo N76. Roma, 1966.

Binder G., Die Aussetzung des Konigskindes Kyros und Romulus. Meisenhiem. Glan, 1964.

Bivar A.D.H., A Parthian amulet. - BSOAS, vol. XXX. London, 1967.

Bivar A.D.H., An unknown Punjab sealcollector. - JNSI, vol. XXIII, 1961.

Bivar A.D.H., Notes of Kushan cursive seal inscriptions. - NC, ser. VI, vol. XV, 1955.

Bivar A.D.H., The Bacta coinage of Euthydemus and Demetrius. - NC, ser. VI, vol. XI, 1951.

Bivar A.D.H., The Kushano-Sasanian coin series. - JNSI, vol. XVIII, pt. I, 1956.

Bloch J., L'indoaryen du Veda aux temps modernes. Paris, 1934.

Bogaevsky B.L., Tekhnika pervobytnokommunisticheskogo obshchestva. - Tr. IINT, ser. IV, vyp. 1, 1936.

Bogolyubov M.N., Yagnobskiy yazyk (novo-sogdiyskiy). Issledovanie i materialy. ADD. L.,1956.

Bokshchanin A.G., Bitva pri Karrakh. - VDI, 1949, №4.

Bokshchanin A.G., Parfiya i Rim. Vozniknovenie sistemy politicheskogo dualizma v Peredney Azii, ch.1. M., 1960.

Bolshakov O.G., Negmatov N.N., Raskopki v prigorode drevnego Pendzhikenta. - MIA, №66, 1958.

Bolshakov O.G., Otchet o raskopkakh severo-vostochnoy chasti obyekta III. - MIA, №124, 1964.

Bombaci A., The kufic inscription in Persian verses in the court of the royal palace of Mas'ud III at Ghazni. Rome, 1966. (Instituto Italiano per il Medio ed Estreme Oriente. Reports and Memoirs, vol. V).

Bongard Levin G.M., Ilyin G.F., Drevnyaya Indiya. M., 1969.

Bongard Levin G.M., Kharappskaya tsivilizatsiya i ariynaya problema. ‒ SE, 1962, №1.

Borisov A.Ya., K istolkovaniyu izobrazheniy na biyanaymanskikh ossuariyakh.‒ TOVE, T.II, 1940.

Borisov A.Ya., O znachenii slova "naus". ‒ TOVE, T.III, 1940.

Bosworth C.E., Early sources for the history of the first four Ghaznavid sultans. IHQ, vol. XII, 1 ‒ 2, 1965.

Bosworth C.E., The armies of the Saffarids. ‒ BSOAS, vol. XXXI, pt.3. London, 1968.

Bosworth C.E., The early Islamic history of Ghur. ‒ CAJ, vol. VI, 1961.

Bosworth C.E., The Ghaznavids, their empire in Afghanistan and Eastern Iran 994 ‒ 1040. Edinburgh, 1963.

Bosworth C.E., The political and dynastic history of the Iranian world (A.D. 1000‒1217). ‒ "The Cambridge History of Iran", vol. 5. "The Saljuq and Mongol periods". Cambridge, 1968.

Bosworth C.E., The Tahirids and Arabic culture. ‒ JSS, XIV/1, 1969.

Bosworth C.E., The Tahirids and Persian literature. ‒ JBIPS, vol. VII. London, 1969.

Bouvat L., Les Barmecides d'apres les historiens arabes et persans. Paris, 1912.

Bowen R. le Baron and Albright W.F., Archaelogical discoveries in South Arabia. Baltimore, 1958.

Braginsky I.S., Iz istorii tadzhikskoy narodnoy poezii. Elementy narodno-poeticheskogo tvorchestva v pamyatnikakh drevney i srednevekovoy pismennosti. M., 1956.

Braginsky I.S., K voprosu o periodizatsii istorii narodov Sredney Azii i Kazakhstana v dosovetskuyu epokhu. ‒ "Materialy nauchnoy sessii, posvyashchennoy istorii Sredney Azii i Kazakhstana v dooktyabrskiy period". Tashkent, 1955.

Braginsky I.S., Ocherki iz istorii tadzhikskoy literatury. Stalinabad, 1956.

Braidwood R.J., Prehistoric men, 7-ed. Glenvien, ILL, 1967.

Brockelmann C., Geschichte der arabischen Literatur. Bd. I - II. Zweite, den Supplementbanden angepasste Aufl. Leiden, 1943 - 1949.

Browne E.G., A literary history of Persia. Cambridge, vol. I, 1902; vol. II, 1906; vol. III, 1920; vol. IV, 1924.

Brykina G.A., Nekotorye voprosy ideologii i kulturnye svyazi naseleniya yugo-zapadnykh predgoriy Fergany v V-VI vv. (po materialam usadby Kayragach). - "Tezisy dokladov, posvyashchennykh itogam polevykh arkheologicheskikh issledovaniy v SSSR v 1970 godu (arkheologicheskie sektsii)" Tbilisi, 1971.

Bulatova-Levina V.A., Buddiyskiy khram v Kuve. - SA, 1961, №3.

Burrow T., Iranian words in the Kharoshti documents from Chinese Turkestan. I - BSOS, vol. VII, 1934; II - BSOS, vol. VIII, 1935.

Burrow T., The language of the Kharoshti documents from Chinese Turkestan. Cambridge, 1937.

Burrow T., The Sanskrit language. London, 1955.

Bussagli M., Die Malerei in Zentralasien. Geneva, 1963.

Butinov N.A., Pervobytnoobshchinnyi stroy (osnovnye etapy i lokalnye varianty). -"Problemy istorii dokapitalisticheskikh obshchestv", kn. I, M., 1968.

Butomo S.V., L.F. Sidorov. Nekotorye voprosy issledovaniya kamennogo veka Pamira. - SA, 1964, №4.

Cameron G., History of early Iran. Chicago, 1936.

Campbell L.A., Mithraic iconography and ideology. Leiden, 1968.

Chuguevsky L.I., Novye materialy k istorii sogdiyskoy kolonii v rayone Dunkhuana. - "Strany i narody Vostoka", vyp. X. M., 1971.

Cunningham A., Book of Indian eras with tables for calculating Indian dates. Calcutta, 1883.

Cunningham A., Coins of the Kushanas, or Great Yueti. - NC, 3-d ser., vol. XII. London, 1892.

Curiel R. et Fussman C., Le tresor monetaire de Qunduz. Paris, 1965 (MDAFA, T. XX).

Dalsky A.N., Naskalnye izobrazheniya Tadzhikistana. - Izv. VGO, T. 81, vyp. 2, 1949.

Dalton O.M., The treasure of the Oxus with other examples of early oriental metalwork, ed.III. London, 1964.

Dandamaev M.A., 1Iran pri pervykh Akhemenidakh (VI v. do n.e). M., 1963.

Dani A.H., Date of Kaniska (palaeographical evidence). - "Paperson the Date of Kaniska submitted to the conference on the date of Kaniska", London 20 - 22 April 1960. Ed. by A.L. Basham. Lei-den, 1967.

Dani A.H., Humbach H., Gobl R., Tochi valley inscriptions in the Peshawar Museum. - AP, vol. I, 1964.

Davidovich E.A., Denezhnoe khozyaystvo i chastichnoe vostanovlenie torgovli v Sredney Azii XIII v. posle mongolskogo nashestviya. (Po numizmaticheskim dannym). - NAA, 1970, №6.

Davidovich E.A., Klad saganianskikh monet vtoroy chetverti XI v. kak istoricheskiy istochnik. - "Pismennye pamyatniki Vostoka", 1968, M., 1970.

Davidovich E.A., Litvinsky B.A., B.A. Litvinsky. Arkheologicheskiy ocherk Isfarinskogo rayona. Stalinabad, 1955 (Tr. IIAE AN Tadzh SSR, T. 35).

Davidovich E.A., Materialy po metrologii srednevekovoy Sredney Azii. M., 1970.

Davidovich E.A., Monetnye nakhodki na territorii Tadzhikistana, zaregistrirovannye v 1957g. - ART, V, 1959.

Davidovich E.A., Neopublikovannye monetnye nakhodki na territorii Uzbekistana. - Tr. IIA AN Uz SSR, 1955.

Davidovich E.A., O rabotakh Gissarskogo otryada v 1955 g. - ART, III. Stalinabad, 1956.

Davidovich E.A., Raskopki Zamka KalaiBolo. (Iz rabot Isfarinskogo otryada TAE v 1951 - 1952 gg.) - MIA, №66, 1958.

Debets G.F., Paleoantropologiya SSSR. M. - L., 1948 (Tr. IE, novaya seriya, T. IV).

Debevoise N.C., A political history of Parthia. Chicago, The University of Chicago press, 1938.

Dubs H.H., A roman city in Ancient China. London, 1957. (CSSS, N5).

Duchesne-Guillemin J., La religion de l'Iran Ancien, Paris, 1962 ("Mana", I. Les anciennes religions orientales, III).

Duchesne-Guillemin J., Ormazd et Ahriman. Paris, 1953.

Dumezil G., La prehistoire indo-iranienne des castes. - JA, T. 216, 1930.

Dyakonov I.M., Ariytsy na blizhnem Vostoke. Konets mifa. - VDI, 1970, №7.

Dyakonov I.M., Istoriya Midii ot drevneyshikh vremen do kontsa IV veka do n.e. M. - L., 1956.

Dyakonov I.M., Livshits V.A., Dokumenty iz Nisy I v. do n.e. Predvaritelnye itogi rabot. M., 1960.

Dyakonov I.M., Livshits V.A., Novye nakhodki dokumentov v staroy Nise. - "Predneaziatskiy sbornik", II. M., 1966.

Dyakonov I.M., Livshits V.A., Parfyanskoe tsarskoe khozyaystvo v Nise I v. do n.e. - VDI, 1960, №2.

Dyakonov I.M., M.M. Dyakonov, V.A. Livshits, 1951. Dokumenty iz drevney Nisy (deshifrovka i analiz). - Mat. UTAKE, vyp. 2, 1951.

Dyakonov I.M., Obshchestvennyi i gosudarstvennyi stroy drevnego Dvurechya. Shumer. M., 1959.

Dyakonov I.M., Obshchina na drevnem Vostoke v rabotakh sovetskikh issledovateley. - VDI, 1963, №1.

Dyakonov I.M., Osnovnye cherty ekonomiki v monarkhiyakh drevney Zapadnoy Azii. - VDI, 1966, №1.

Dyakonov I.M., Razvitie zemelnykh otnosheniy v Assirii. L., 1949.

Dyakonov I.M., Yazyki drevney Peredney Azii. M., 1967.

Dyakonov M.M., Arkheologicheskie raboty v nizhnem techenii reki Kafirnigana (Kobadian) (1950 - 1951 gg.). - MIA, №37, 1953.

Dyakonov M.M., Obraz Siyavusha v Sredneaziatskoy mifologii. - KSIIMK, vyp. XL, 1951.

Dyakonov M.M., Ocherk istorii drevnego Irana. M., 1961.

Dyakonov M.M., Raboty Kafirniganskogo otryada. - MIA, №15, 1950.

Dyakonov M.M., Rospisi Pyandzhikenta i zhivopis Sredney Azii. - "Zhivopis drevnego Pyandzhikenta". Sb. statey. M., 1954.

Dyakonov M.M., Slozhenie klassovogo obshchestva v Severnoy Baktrii. - SA, XIX, 1954.

Dyakonova N.V., Smirnova O.I., K voprosu o kulte Nany (Anahity) v Sogde. - SA, 1967, №1. Egani A.A., 1968. - A.A. Egani. Dokumenty k istorii agrarnykh otnosheniy v severnykh rayonakh Tadzhikistana v XVI - nachale XX v. AKD. Dushanbe, 1968.

Dyakonova N.V., Sredneaziatskie miniatiury XVI - XVIII vv. M., 1964.

Dyson R.H., Problems in the relative chronology of Iran, 6000 - 2000 B.C. - "Chronologies in Old World archaeology". Chicago and London, 1965.

Enoki K., On the nationality of the Ephthalites. - MDTB, N 18. Tokyo, 1959.

Enoki K., Sogdiana and the Hsiungnu. - CAJ, vol. I, N 1, 1955.

Filanovich M.I., K kharakteristike drevneyshego poseleniya na Afrasiabe.- "Afrasiab", vyp.I, Tashkent, 1969.

Formozov A.A., O naskalnykh izobrazheniyakh Zaraut-Kamara v ushchelye Zaraut-Say. - SA, №4, 1966.

Formozov A.A., Ocherki po pervobytnomu iskusstvu. Naskalnye izobrazheniya i kamennye izvayaniya epokhi kamnya i bronzy na territorii SSSR. M., 1969.

Foucher A., L'art greco-bouddihique du Gandhara, 1905 - 1931. Paris, I, 1905; II - 1, 1918; II - 2, 1922; II-3, 1931.

Frye R.N., Notes on the early coinage of Transoxiana. New York. - ANS, 1949.

Frye R.N., The Heritage of Persia. London, 1962.

Gafurov B.G., K 2500-letiyu Iranskogo gosudarstva. -"Istoriya Iranskogo gosudarstva i kultury. K 2500-letiyu Iranskogo gosudarstva". M. 1971, str. 5-37.

Gafurov B.G., Kushanskaya epokha i mirovaya tsivilizatsiya. M., 1968. (Mezhdunarodnaya konferentsiya po istorii, arkheologii i kulture Tsentralnoy Azii v kushanskuyu epokhu. Dushanbe, 1968).

Gafurov B.G., O svyazi Sredney Azii i Irana v akhemenidskiy period (VI - IV vv. do n.e.). - "Academia Nazionale dei Lincei", SSSL XIII, N 76. Roma, 1966.

Galerkina O.I., Rukopis sochineniya Navoi 1521-1522 gg. iz sobraniya GPB im. M.E. Saltykova-Shchedrina v Leningrade. (K voprosu o sredneaziatskoy shkole miniatyur). - "Trudy AN Tadzh SSR", T. 42, 1956.

Gamburg B.Z. i Gorbunova N.G., Novye dannye o kulture epokhi bronzy v Ferganskoy doline. - SA, 1957, №3.

Garden M.A., A Catalogie of the Greek coins in the British Museum. The Seleucid Kings of Syria. London, 1878.

Gardner P., The coins of the Greek and Scythic kings of Bactria and India in the British Museum, London, 1886 (Catalogie of Indian coins in the British Museum).

Gardnez J.C., Ceramiques de Bactres. Paris, 1957 (MDAFA, T. XV).

Gauthiot R., Essai de grammaire sogdienne, I. Phonetique. Paris, 1914 - 1923.

Geiger W., Ostiranische Kultur in Altertum. Erlangen, 1882.

Geiger W., Uber das Yaghnobi. - "Grundriss der Iranischen Philologie". 1- 1. Strassburg, 1901.

Ghirshman R., La probleme de la chronologie des Kouchans. - CHM, vol. III, N 3, 1957.

Ghirshman R., Le tresor de l'Oxus, les bronzes du Luristan et l'art mede. - "Vorderasiatische Archaologie. Studien and Aufsatze [Festschrift] A. Moortgat". Berlin, 1964, p. 88 - 94.

Ghirshman R., Les Chionites-Hephtalites. Le Caire, 1948 (MDAFA, T.XIII).

Ghirshman R., Village Perse-Achemenide. Paris, 1964.

Gobl R., Dokumente zur Geschichte der iranischen Hunnen esbaden, 1967.

Gobl R., Numismatic evidence relating to the date of Kaniska. - "Papers on the date of Kuniska submittet to the conference on the date of Kaniska", London, 20 - 22 April 1960, ed. by A.L. Basham. Leiden, 1968.

Gobl R., Roman patterns for Kushana coins. - JNSI, vol. XXII, 1960

Gobl R., Zwei neue Termini fur ein zentrales Datum der Alten Geschichte Mittelasiens, des Jahr I des Kusankonigs Kaniska. - "Anzeigerder phil. - hist. Klasse der Osterreich. Akademie der Wissenschaft", 1964.

Gonda I., Die Religionen Indiens, I. Veda und alterer Hinduismus. Stuttgart, 1960.

Grantovsky E.A., Indo-iranskie kasty u skifov. M., 1960. (XXV Mezhdunarodnyi kongress vostokovedov. Doklady delegatsii SSSR).

Grantovsky E.A., Plemennoe obyedinenie Parcu-Parcava u Panini. - "Istoriya i kultura drevney Indii". M., 1963.

Grantovsky E.A., Rannyaya istoriya Iranskikh plemyon Peredney Azii. M., 1970.

Grek T.E. i dr., E.G. Pchelina, B.Ya. Stavisky. Karatepe- buddiyskiy peshchernyi monastyr v starom Termeze. M., 1964.

Grigoriev G.V., Gorodishche Tali-Barzu. Kratkiy ocherk. - TOVE, T.2, 1940.

Grigoriev G.V., Kelesskaya step v arkheologicheskom otnoshenii. (K istorii kultury drevnikh sakov). Izv. AN Kaz SSR, №46, seriya arkheologicheskaya, vyp.1, 1948.

Grigoriev G.V., Poseleniya drevnego Sogda. - KSIIMK, vyp.VI, M.-L., 1940.

Grigoriev V.V., Greko - baktriyskoe tsarstvo. - ZHMNP, ch.136, otd. II, 1867

Grigoriev V.V., Pokhod Aleksandra Velikogo v Zapadnyi Turkestan. ZHMNP, ch.217, otd.II, sentyabr - oktyabr 1881.

Gudkova A.V., Livshits V.A., Novye khorezmskie nadpisi iz nekropolya Tok-kaly i problema "khorezmiyskoy ery". -"Vestnik Karakalpakskogo filiala AN Uz SSR", 1967, №1.

Gulyamov Ya.G., i dr. U. Islamov, A.Askarov. Pervobytnaya kultura i vozniknovenie oroshaemogo zemledeliya v nizovyakh Zerafshana, kn. 1, Tashkent, 1966.

Gulyamov Ya.G., Istoriya orosheniya Khorezma s drevneyshikh vremen do nashikh dney. M., 1957.

Gulyamov Ya.G., Stratigrafiya Samarkanda v svete noveishikh raskopok. - "Obyedinyonnaya nauchnaya sessiya, posvyashchennaya 2500-letiyu Samarkanda. Tezisy dokladov". Tashkent, 1969.

Gumilev L.N., Drevnie tyurki. M., 1967. Gumilev L.N., 1967 b. - L.N. Gumilev. Eftality - gortsy ili stepnyaki? - VDI, 1967, №3.

Gumilev L.N., Khunny. Srednyaya Aziya v drevnie vremena. M., 1960.

Gumilev L.N., Voyna 589 g i Geratskaya bitva. - IOON AN Tadzh SSR, 1960, №2 (23).

Hackin J., Hackin R., Recherches archeologiques a Begram. - MDAFA, T. IX. Paris, 1939.

Haloun G., Zur Uetsi Frage. - ZDMG, Bd. 91, N. F., Bd. 16, 1937.

Hansen O., Die Berliner Hephtaliten-Fragmente. - "F. Altheim Aus Spatantike und Christentum". Tublingen, 1951.

Harmatta J., Cusanica. - AOH, vol. XI. Budapest, 1960.

Harmatta J., Minor Bactrian inscriptions. - AAN, vol. XIII/1 - 2, 1965.

Hauschild R., Uber die fruhesten Arier im Alten Orient. Berlin, 1962.

Hawkes J. and Wolley L., Prehistory and the beginnings of civilization. London, 1963 (History of mankind. Cultural and scientific development, vol. I).

Henning W.B., A Bactrian sealinscription. − BSOAS, vol. XXV, pt. 2, 1962.

Henning W.B., A Sogdian God. − BSOAS, vol. XXVIII, pt.2, 1965.

Henning W.B., Mitteliranisch. − "Handbuch der Orientalistik", I, Bd.IV. Leiden − Koln, 1958.

Henning W.B., Surkh−Kotal und Kaniska. − ZDMG, Bd. 115, 1965, Hft. I.

Henning W.B., The Bactrian inscription. − BSOAS, vol. XXIII, (part 1), 1960.

Henning W.B., The Sogdian texts of Paris. − BSOAS, vol. XI, pt. 4, 1946.

Henning W.B., Warucan − Sah. − JGIS, vol. XI, N 2. Calcutta, 1944 ("Sir Marc Aurel Stein Memorial Number", part. II).

Henning W.B., Zoroaster, politician or witch − doctor? Oxford, 1951.

Herrman A., Alte Geographie des unteren Oxusgebiets. − "Abhandlungen der K. Gesellschaft der Wissenchaften zu Gottingen". Philologisch−historische Klasse. N. F., Bd. XV, N 4. Berlin, 1914.

Herrman A., Das Land der seide und Tibet im Lichte der Antike. Leipzig, 1938. (Quellen und Forschungen zur Geschichte und Volkerkunde, Bd.I).

Herzfeld E., Geschichte der Stadt Samarra. Hamburg, 1948 (Die Ausgrabungen von Samarra, Bd.VI).

Herzfeld E., Kushano−Sasanian coins. − MASI, N 38. Calcutta, 1930.

Herzfeld E., Zoroaster and his world, vol. I − II. Princeton, 1947.

Humbach H., Bestattungsformen im Videvdat. − ZVSGIS, 77, Bd., 1/2 Hft. Gottingen, 1961.

Humbach H., Die Cathas des Zarathustra, Bd.I−II. Heidelberg, 1959.

Ierusalimskaya A.A., O severo−kavkazskom (shelkovom puti) v rannee srednevekovye. − SA, 1967, №2.

Ierusalimskaya A.A., O svyazyakh Sogda s Vizantiey i Egiptom (ob odnoy unikalnoy tkani iz severokavkazskogo mogilnika Moshevaya Balka). − NAA, 1967, №3.

Ilyin G.F., Drevniy indiyskiy gorod Taksila. − M., 1958.

Ingholt H., Gandharan Art in Pakistan. New York, 1957.

Ingholt H., Parthian sculptures from Hatra. Orient and Hellas in art and religion, New Haven, Connecticut, 1954 (Memoirs of the Connecticut Academy of Arts and Sciences, 1954, July).

Inostrantsev K.A., K izucheniyu ossuariev. - ZVORAO, T. XVIII, 1907.

Inostrantsev K.A., O domusulmanskoy kulture Khivinskogo oazisa. - ZHMNP, novaya seriya, ch. XXXI, 1911, № 2.

Inostrantsev K.A., O drevneiranskikh pogrebalnykh obychayakh i postroykakh. - ZHMNP, №3-4, 1909.

Inostrantsev K.A., Turkestanskie ossuarii i astodany. - ZVORAO, XVII, 1907.

Isakov A., Dvorets praviteley drevnego Pendzhikenta.- "Strany i narody Vostoka", vyp. X, M., 1971.

Itina M.A., Drevnekhorezmskie zemledeltsy. - "Istoriya, arkheologiya i etnografiya Sredney Azii". Sb. statey. M., 1968.

Itina M.A., Pamyatniki pervobytnoy kultury Verkhnego Uzboya. - "Arkheologicheskie i etnograficheskie raboty khorezmskoy ekspeditsii 1949 - 1953 gg.". M., 1958 (Tr. KHAEE, T. 2).

Itina M.A., Stepnye plemena sredneaziatskogo mezhdurechya vo vtoroy polovine II - nachale I tysyacheletiya do n.e. - SE, 1962, №3.

ITN, I, II (1), II (2). - "Istoriya tadzhikskogo naroda", T. I-II (kn. 1 i 2). M., 1963 - 1964; T.I. S drevneyshikh vremen do V v. n.e., pod red. B.G. Ghafurova i B.A. Litvinskogo. M., 1963; T.II, kn. 1. Vozniknovenie i razvitie feodalnogo stroya (VI - XVI vv.), pod red. B.G. Ghafurova i A.M. Belenitskogo. M., 1964; T. II, kn.2. Pozdniy feodalizm (XVII v. - 1917 g.), pod red. B.I. Iskandarova i A.M. Mukhtarova, M., 1964.

Ivanov I.K., Geologicheskiy vozrast iskopaemogo cheloveka. M., 1965.

Ivanov P.P., Khozyaystvo dzhuybarskikh sheikhov. K istorii feodalnogo zemlevladeniya v Sredney Azii v XVI - XVII vv. M. - L., 1954.

Ivanov S.V., O nakhodkakh v zamke na gore Mug (keramika, pletionye i kozhanye izdeliya, tkan). - IOON AN Tadzh SSR, vyp II, 1952.

Ivanov V.V., Toporov V.N., Sanskrit. M., 1960.

Ivanov V.V., Yazykovye dannye o proiskhozhdenii kushanskoy dinastii i tokharskaya problema. - NAA, 1967, №3.

Kabanov S.K., Arkheologicheskie dannye po istorii Nakhsheba v III - V vv. -

VDI, 1956, №2.

Kabanov S.K., Keshskie monety V-VI vv. - VDI, 1961, №1.

Kabo V.R., Pervobytnaya obshchina okhotnikov i sobirateley (po avstraliyskim materialam).- "Problemy istorii dokapitalisticheskikh obshchestv". Sb. statey, kn 1, M., 1968.

Kachanovsky Iu.V., Rabovladenie, feodalizm ili aziatskiy sposob proizvodstva? Spor ob obshchestvennom stroe drevnego i srednevekovogo Vostoka, doko-onialnoy Afriki i dokolumbovoy Ameriki. M., 1971.

Khazanov A.M., Slozhnye luki evraziyskikh stepey i Irana v skifo-sarmatskuyu epokhu. - "Materialnaya kultura narodov Sredney Azii i Kazakhstana". Sb. statey. M., 1966.

Khlopin I.N., Eneolit yugo-zapada Sredney Azii. - "Srednyaya Aziya v epokhu kamnya i bron-zy". M. - L., 1966.

Khromov A.L., Novye materialy po leksike yazyka yagnobtsev. - "Acta Orientalia" vol. XXX. Copenhagen, 1966.

Khromov A.L., O roli ekstralingvisticheskikh faktorov v protsesse vzaimodeystviya yagnobskogo i tadzhikskogo yazykov. - "Yazyk i obshchestvo". M., 1968.

Khromov A.L., Obshchaya lingvisticheskaya kharakteristika toponimii i mikrotoponimii Yagnoba. - IOON AN Tadzh SSR, 1966, №3 (45).

Khvostov M., Istoriya vostochnoy torgovli grekorimskogo Egipta. Kazan, 1907.

Kibirov A.K., 1959. - A.K. Kibirov. Arkheologicheskie raboty v Tsentralnom Tyan-Shane 1953 - 1955 gg. - Tr. Kirg. AEE, II, 1959.

Kiyatkina T.P., Formirovanie antropologicheskogo tipa tadzhikov po paleoantropologicheskim dannym. AKD. Dushanbe, 1965.

Klima O., Mazdak. Geschichte einer socialen Bewegung in Sassanidischen Persien. Praha, 1957.

Klimchitsky S.I., Nazvanie Sogdiany v toponimike Tadzhikistana. - "Trudy Tadzhikskoy bazy AN SSSR", T. IX, M. - L., 1940.

Klimchitsky S.I., Yagnobtsy i ikh yazyk. - "Trudy Tadzhikskoy bazy AN SSSR", T. IX, M. - L., 1940.

Klyashtornyi S.G., Drevnetyurkskie runicheskie pamyatniki kak istochnik po istorii Sredney Azii. M., 1964.

Kononov A.N., Opyt analiza termina "turk". - SE, 1949, №1.

Korobkova G.F., Orudiya truda i khozyaystvo neoliticheskikh plemen Sredney Azii. L., 1969 (MIA №158).

Korobkova G.F., Ranov V.A., Neolit gornykh rayonov Sredney Azii. - "Tezisy dokladov" L., 1968.

Koshelenko G.A., Kultura Parfii. M., 1966.

Koshelenko G.A., Nekotorye voprosy istorii ranney Parfii. - VDI, 1968, №1.

Kossovich K., Chetyre statyi iz Zend Avesty. - SPb, 1861.

Kozhemyako P.N., Rannesrednevekovye goroda i poseleniya Chuyskoy doliny. Frunze, 1959.

Krachkovsky I.Iu., Nad arabskimi rukopisyami. M. - L., 1945.

Kryuger E.V., Selskokhozyaystvennoe proizvodstvo v ellinisticheskom Egipte. - IGAIMK, vyp. 108, 1935.

Kuftin B.A., Rabota UTAKE v 1952 g. po izucheniyu kultur Anau. - Izv. AN Turk SSR, 1954, №7.

Kuzmina E.E., O yuzhnykh predelakh rasprostraneniya stepnykh kultur epokhi bronzy v Sredney Azii. - "Pamyatniki kamennogo i bronzovogo veka Evrazii", Sb. statey. M., 1964.

Kuzmina E.E., Pevzner S.B., Oboronitelnye sooruzheniya gorodishcha Kei-Kobad-shakh. - KSIIMK, vyp. 64, 1956.

Lahiri A.N., Corpus of Indo-Greek coins. Calcutta, 1965.

Lahiri Q.N., When did Demetrius invade India? - IHQ, vol. XXXIII, 1957.

Leakey L.S.B., Olduvei Gorge. Cambridge, 1951.

Lerkh P.I., Monety bukharkhudatov. -TVORAO, ch. XVIII, SPb., 1875 - 1909.

Levina L.M., K voprosu ob antropomorfnykh izobrazheniyakh v dzhetyasarskoy kulture. - "Istoriya, arkheologiya i etnografiya Sredney Azii". Sb. statey, M., 1968.

Lisitsyna G.N., Oroshaemoe zemledelie epokhy eneolita na yuge Turkmenii. M, 1965. (MIA, № 128).

Litvinsky B.A., "Saki, kotorye za Sogdom". - Tr. AN Tadzh SSR, T.CXX, 1960.

Litvinsky B.A., A.P. Okladnikov, V.A. Ranov. Drevnosti Kairak-Kumov. (Drevneyshaya istoriya Severnogo Tadzhikistana). Dushanbe, 1962. (Tr. II AN Tadzh SSR, T. XXXIII).

Litvinsky B.A., Arkheologicheskie otkrytiya na vostochnom Pamire i problema svyazi mezhdu Sredney Aziey, Kitaem i Indiey drevnosti. M, 1960 (XXV Mezhdunarodnyi kongress vostokovedov. Doklady delegatsii SSSR).

Litvinsky B.A., Arkheologicheskie otkrytiya v Tadzhikistane za gody Sovetskoy vlasti i nekotorye problemy drevney istorii Sredney Azii. - VDI, 1967, No4.

Litvinsky B.A., Arkheologicheskoe izuchenie Tadzhikistana sovetskoy naukoy (kratkiy ocherk). Stalinabad, 1954 (Tr. AN Tadzh SSR, T. XXVI).

Litvinsky B.A., Arkhitekturnyi kompleks Khodzha Nakhshran. - Tr. IIAE AN TadzhSSR, T. XVII, 1953.

Litvinsky B.A., Dakhaninskiy mogilnik epokhi bronzy v zapadnoy Fergane. - KSIIMK, vyp.80, 1960.

Litvinsky B.A., Davidovich E.A., Predvaritelnyi otchet o rabotakh Khuttalskogo otryada na territorii Kulyabskoy oblasti v 1953 g. - DAN Tadzh SSR, vyp. 11, 1954.

Litvinsky B.A., Drevneyshie stranitsy istorii gornogo dela Tadzhikistana i drugikh respublik Sredney Azii. Stalinabad, 1954.

Litvinsky B.A., Dzhunskiy mogilnik i nekotorye aspekty kangyuyskoy problemy. - SA, 1967, No2.

Litvinsky B.A., Islamov O.I., O nekotorykh orudiyakh i priemakh srednevekovykh rudokopov Sredney Azii. - IOON AN Tadzh SSR, vyp. 3, 1953.

Litvinsky B.A., Issledovanie mogilnikov Isfarinskogo rayona v 1958g. - ART, VI, 1961.

Litvinsky B.A., Iz arkheologicheskikh materialov po istorii srednevekovoy gornoy tekhniki Sredney Azii (preimushchestvenno IX - XII vv.). - Tr. AN Tadzh SSR, T. 27, 1954.

Litvinsky B.A., Izuchenie kurumov v severovostochnoy chasti Leninabadskoy oblasti v 1957 g. - ART, V, 1959.

Litvinsky B.A., K istorii dobychi olova v Uzbekistane. - Tr. SAGU, novaya seriya, vyp. 11. Gumanitarnye nauki, kn. 3, 1950.

Litvinsky B.A., Makhadeva i Duttkhagamani. (O nachale buddizma v Parfii). - VDI, 1967, No3.

Litvinsky B.A., Mechet-namozgo v kishlake Navgulem (Isfarinskiy rayon). - DAN Tadzh SSR, 1953.

Litvinsky B.A., Mukhitdinov Kh., Antichnoe gorodishche Saksanokhur. - SA,

1969, №1.

Litvinsky B.A., Namazga-tepe po dannym raskopok 1949 - 1950 gg. (Predvaritelnoe soobshchenie). - SE, 1952, №4.

Litvinsky B.A., Novye nakhodki v starinnykh rudnikakh Kara-Mazara. - Tr. AN Tadzh SSR, T.63, 1956.

Litvinsky B.A., O nekotorykh momentakh razvitiya srednevekovogo goroda Sredney Azii. - IOON AN Tadzh SSR, vyp. IV, 1953.

Litvinsky B.A., O toporakh epokhi bronzy iz Tadzhikistana. - Izv. AN Tadzh SSR, vyp. 1, 1961.

Litvinsky B.A., Ob arkheologicheskikh rabotakh v Vakhshskoy doline i v Isfarinskom rayone (v Vorukhe). - KSIIMK, vyp. 64, 1956.

Litvinsky B.A., Otchet o rabote arkheologicheskoy gruppy V otryada UTAKE v 1947 g. - Tr. UTAKE, T. II, 1953.

Litvinsky B.A., Outline history of Buddhism in Central Asia. Moscow, 1968.

Litvinsky B.A., Predmety iz pogrebeniya na Stalinabadskikh kholmakh. - "Soobshcheniya Respublikanskogo istorikokraevedcheskogo muzeya Tadzh SSR", vyp. 3, Stalinabad, 1958.

Litvinsky B.A., Pyankov I.V., Voennoe delo u narodov Sredney Azii VI-IV vv. do n.e. - VDI, 1966, №3.

Litvinsky B.A., Raskopki mogilnikov na vostochnom Pamire v 1958 g. - ART, VI, 1961.

Litvinsky B.A., Saka Haumavarga v svete sovetskikh arkheologicheskikh issledovaniy.- "Beitrage zur Alten Geschichte und dezen Nachleben. Festschrift fur F. Altheim", Bd. I, Berlin, 1969.

Litvinsky B.A., Sarmatsko - kangyuyskiy Farn. - Dushanbe, 1968.

Litvinsky B.A., Sredneaziatskie zheleznye nakonechniki strel. - SA, 1965, №2.

Litvinsky B.A., Tadzhikistan i Indiya (primery drevnikh svyazey i kontaktov). - "Indiya v drevnosti", M., 1964.

Litvinsky B.A., Tursunov N.O., Leninabadskiy krater i luvrskaya vaza Sosibiya. Neoliticheskoe iskusstvo i Srednyaya Aziya. - VDI, 1971, №3.

Litvinsky B.A., Zeimal T.I., Adzhina - tepe. M., 1971.

Litvinsky B.A., Zeimal T.I., Buddiyskiy syuzhet v sredneaziatskoy zhivopisi. -

SE, 1968, № 3.

Litvinsky B.A., Zeimal T.I., Raskopki i razvedki v yuzhnom Tadzhikistane. - ART, IX, 1964.

Livshits V.A., Cusano-Indica. - "Ellinisticheskiy Blizhniy Vostok, Vizantiya i Iran. Istoriya i filosofiya. Sbornik v chest N.V. Pigulevskoy". M., 1967.

Livshits V.A., K otkrytiyu baktriyskikh nadpisey na Kara-tepe. - "Buddiyskie peshchery v Starom Termeze. Osnovnye itogi rabot 1963 - 1964 gg. Nadpisi, terrakoty, kamennye reliefy". M., 1969.

Livshits V.A., Livshits. Iranskie yazyki narodov Sredney Azii. - "Narody Sredney Azii i Kazakhstana", 1, M., 1962.

Livshits V.A., Lukonin V.G., Srednepersidskie i sogdiyskie nadpisi na serebryannykh sosudakh. - VDI, 1964, №3.

Livshits V.A., Nadpisi na freskakh iz Afrasiaba. - "Tezisy dokladov sessii, posvyashchennoy istorii zhivopisi stran Azii". L., 1965.

Livshits V.A., Pervaya sogdiyskaya azbuka.- "Pismennye pamyatniki i problemy istorii kultury narodov Vostoka". Tezisy dokladov II godichnoy nauchnoy sessii LO INA, mart 1966 g. L., 1966.

Livshits V.A., Sogdiana. - "Leninskiy put", 6 iyulya 1965.

Livshits V.A., Sogdiyskie slova v tadzhikskom yazyke, 1. - IOON AN Tadzh SSR, vyp. 12, 1957.

Livshits V.A., Yuridicheskie dokumenty i pisma. Chtenie, perevod i kommentariy V.A. Livshitsa. M., 1962 ("Sogdiyskie dokumenty s gory Mug", vyp. II).

Lukonin V.G., Iran v epokhu pervykh Sasanidov. L., 1961.

Lukonin V.G., Kultura sasanidskogo Irana. Iran v III - V vv. Ocherki po istorii kultury. M., 1969.

Lukonin V.G., Kushano - sasanidskie monety. - EV, XVIII, L., 1967.

Lukonin V.G., Zavoevaniya Sasanidov na Vostoke i problema kushanskoy absolyutnoy khronologii. - VDI, 1969, №2.

Lundin A.G., Yuzhnaya Araviya v VI veke. M. - L., 1961 ("Palestinskiy sbornik", vyp. 8 (17)).

Mac Dowall D.W., The weight standards of the gold and copper coinages of the

Kushana dynasty from Vima Kadphises to Vasudeva. - JNSI, vol. XXII, 1960.

Maenchen-Halfen O., The ethnic name Hun. - "Studia Serica Bernard Karlgren dedicata". Copenhagen, 1959.

Maenchen-Helfen O., The Yuehchih problem reexamined. - JAOS, vol. 65, 1945, N 2.

Majumdar R.C., The age of imperial unity. Bombay, 1951.

Majumdar R.C., The expansion and consolidation of the empire. -"The Classical age". Bombay, 1954 (The history and culture of the Indian people, vol. III). Margabandhi C., 1965. - C.Margabandhi. Trade contacts between western India and the Greeco-Roman world in the early centuries of the Christian era. - JESHO, vol. VII, pt. III, 1965.

Majumdar R.C., The history and culture of the Indian people. Gen. ed. A.C. Majumdar. Assistant ed. A.D. Pusaker, vol.1-2. London, Allen de Unwin, 1952.

Mallitsky N.G., Yagnobtsy. - "Izvestiya Turkestanskogo otdela Russkogo geograficheskogo obshchestva", T. XVII. Tashkent, 1924.

Malov S.E., Eniseyskaya pismennost tyurkov. Teksty i perevody. M. - L., 1951.

Mandelshtam A.M., K predkushanskomu chekanu Baktrii. - EV, XVII. M - L., 1966.

Mandelshtam A.M., K voprosu o kidaritakh. - KSIE, vyp. XXX, 1958.

Mandelshtam A.M., K voprosu o znachenii termina "c h a k i r". - IOON AN Tadzh SSR, vyp. V, 1954. Mandelshtam A.M., 1954 a. - A.M. Mandelshtam. O nekotorykh voprosakh slozheniya tadzhikskoy narodnosti v sredneaziatskom mezhdurechye.- SA, XX, 1954.

Mandelshtam A.M., Materialy k istorikogeograficheskomu obzoru Pamira i pripamirskikh oblastey. - Tr. AN Tadzh SSR, T, LIII, 1957.

Mandelshtam A.M., Neskolko zamechaniy o naskalnykh izobrazheniyakh basseyna verkhnego Zeravshana - Tr. AN Tadzh SSR, T. XVII, 1956.

Mandelshtam A.M., Pamyatniki epokhi bronzy v Yuzhnom Tadzhikistane. L., 1968 (MIA, № 145).

Mandelshtam A.M., Pevzner S.B., Raboty Kafirniganskogo otryada v 1952 - 1953 gg. - MIA, № 66, 1958.

Markov E.E., Grot Dam-Dam Chashme 2 v Vostochnom Prikaspii. - SA, №2, 1966.

Marquart J., Eransahr nach der Geographiedes Ps. Moses. Xorenac'i, Berlin, 1901 (AKGWG, N.F., Bd.III, N 2).

Marquart J., Wehrot und Arang. Untersuchungen zur mythischen und geschichtlichen Landeskunde von Ostiran. Leiden, 1938.

Marshak B.I., Otchet o rabotakh na obyekte XII za 1955 - 1960 gg. - MIA, No. 124, 1964.

Marshak B.I., Vliyanie torevtiki na sogdiyskuyu keramiku. - "Trudy Gosudarstvennogo Ermitazha", T. V, 1961.

Marshall J., Taxila. An illustrated account of archaeological excavations. Garried out at Taxila under the orders of the government of India between the years 1913 - 1934, vol. I-III. Cambridge University press, 1956.

Marushchenko A.A., Elken-depe. - Tr. IIAE AN Turkm SSR, T. V, 1959.

Masalsky V.I., Turkestanskiy kray. SPb., 1913 (Rossiya. "Polnoe geograficheskoe opisanie nashego otechestva", T. XIX).

Masson M.E., Arkhitekturno-planirovochnyi oblik Samarkanda epokhi Navoi. - "Arkheologiya Sredney Azii". Tashkent, 1957 (Tr. SAGU, novaya seriya, vyp. XXXI. Istoricheskie nauki, kn.25).

Masson M.E., Istoricheskiy etyud po numizmatike Dzhagataidov. (Po povodu Talasskogo klada monet XIV v.). - "Arkheologiya Sredney Azii", IV. Tashkent, 1957 (Tr. SAGU, novaya seriya, vyp. 111. Istoricheskie nauki, kn. 25).

Masson M.E., K periodizatsii drevney istorii Samarkanda. - VDI, 1950, No4.

Masson M.E., K voprosu o "chernykh dirkhemakh" museiyabi. - Tr. IIA AN Uz SSR, vyp. 7, 1955 (Materialy po arkheologii Uzbekistana).

Masson M.E., Proiskhozhdenie bezymennogo "tsarya tsarey velikogo spasitelya". - Tr. SAGU, novaya seriya, vyp. XI. Gumanitarnye nauki, kn. 3, 1950.

Masson M.E., Pugachenkova G.A., Parfyanskie ritony Nisy. Ashkhabad, 1959 (Tr. UTAKE, T. 4).

Masson M.E., Samarkandskiy Registan. "Arkheologiya Sredney Azii", I. Tashkent, 1950 (Tr. SAGU, novaya seriya, vyp. II).

Masson M.E., Termezskaya arkheologicheskaya kompleksnaya ekspeditsiya 1936 - 1937 gg. - "Sotsialisticheskaya nauka i tekhnika", 1938, No7.

Masson V.M., Arkheologicheskie pamyatniki Sredney Azii i greko-rimskie vliyaniya i svyazi. - "Academia Nazionale dei Lincei". anno CCCI XIII No. 76. Roma,

1966.

Masson V.M., Demetriy Baktriyskiy i zavoevanie Indii. - VDI, 1961, №2.

Masson V.M., Drevnebaktriyskie monety, chekanennye po tipu tetradrakhm Geliokla. - EV, 11, 1956.

Masson V.M., Drevnesogdiyskaya moneta iz sobraniya Muzeya istorii Akademii nauk UzSSR. - "Trudy Muzeya istorii UzSSR", vyp. II. Tashkent, 1954.

Masson V.M., Drevnezemledelcheskaya kultura Margiany. M. - L., 1959. (MIA, №73).

Masson V.M., Drevnezemledelcheskie plemena Yuzhnogo Turkmenistana i ikh svyazi s Iranom i Indiey. - VDI, 1957, № 1.

Masson V.M., Eshche raz o gerodotovoy reke Akes. - "Ellinisticheskiy Blizhniy Vostok, Vizantiya i Iran". M., 1967.

Masson V.M., Khorezm i kushany. (Nekotorye voprosy khorezmiyskoy numizmatiki). - EV, XVII, 1966.

Masson V.M., Pamyatniki kultury arkhaicheskogo Dakhistana v yugozapadnoy Turkmenii. - Tr. UTAKE, T. 7, 1956.

Masson V.M., Pervobytnoobshchinnyi stroy na territorii Turkmenii. (Eneolit, bronzovyi vek i epokha rannego zheleza). - Tr. UTAKE, T. 7, 1956.

Masson V.M., Problemy drevney Baktrii i novyi arkheologicheskiy material. - SA, 1958, № 2.

Masson V.M., Protogorodskaya tsivilizatsiya yuga Sredney Azii. - SA, 1967, № 3.

Masson V.M., Raspisnaya keramika Yuzhnoy Turkmenii po raskopkam B.A. Kuftina. - Tr. UTAKE, T. 7, 1956.

Masson V.M., Romodin V.A., Istoriya Afganistana, T. I-II. M., 1964, 1965, T.I. S drevneyshikh vremen do nachala XVI veka. M., 1964; T. II. Afganistan v novoe vremya. M., 1965.

Masson V.M., Vostochno-parfyanskiy pravitel Sanabar. - Tr. GIM, "Numizmaticheskiy sbornik", ch. 2., 1957.

Mayrhofer M., Die Indo-Arier im Alten Orient. Wiesbaden, 1966.

McGovern W.M., The Early Empires of Central Asia. New York, 1939.

Moravcsik G., Byzantinoturcica. Die byzantinischen Quellen der Geschichte der

Turkvolker, II. 2 Aufl., Bd. 1 - 2. Berlin, 1958.

Movius H.L., Early man and pleistocene statigraphy in Southern and Eastern Asia. - PPMHU, vol. XIX, N 3, 1944.

Muller F.W.K., Toxri and Kuisan (Kusan). - SPAW. Philosphisch-historische Klasse. XXVIII. Berlin, 1918.

Negmatov N.N., Iz istorii pozdnesrednevekovogo Khodzhenta. - "Materialy vtorogo soveshchaniya arkheologov i etnografov Sredney Azii". M. - L., 1959.

Negmatov N.N., Khmelnitsky S.G., Srednevekovyi Shakhristan. Dushanbe, 1966. ("Materialnaya kultura Ustrushany", vyp. I).

Nerazik E.E., Raskopki gorodishcha Toprakkala. - "Arkheologicheskie otkrytiya 1968 goda". M., 1969.

Nerazik E.E., Selskie poseleniya afrigidskogo Khorezma. M., 1966.

Nesturkh M.F., Problemy pervonachalnoy prarodiny chelovechestva. - "U istoka chelovechestva. (Osnovnye problemy antropogeneza)". M., 1964.

Newell E.T., The coinage of the Eastern Seleucid mints from Seleucis I to Antiochus III. New York, 1938.

Nilsen V.A., Stanovlenie feodalnoy arkhitektury Sredney Azii (V-VIII vv.). Tashkent, 1966.

Noldeke Th., Das Iranische Nationale-pos, Aufl. 2. Des im Grundriss der iranischen Philologie erschiennen Beitrages. Berlin - Leipzig, 1920.

Obelchenko O.V., Kuyu-Mazarskiy mogilnik. Tr. IIA [AN Uz SSR], vyp. VII, 1956.

Obelchenko O.V., Lyavandakskiy mogilnik.- IMKU, vyp. 2, 1961.

Ogibenin B.L., Struktura mifologicheskikh tekstov "Rigvedy" (vediyskaya kosmogoniya). M., 1968.

Okladnikov A.P., Issledovanie mustyerskoy stoyanki i pogrebeniya neandertaltsa v grote Teshik-Tash, Yuzhnyi Uzbekistan (Srednyaya Aziya). - "Teshik-Tash", M., 1949.

Okladnikov A.P., K voprosu o mezolite i epipaleolite v Aziatskoy chasti SSSR. - MIA, № 126, 1966.

Okladnikov A.P., Kamennyi vek Tadzhikistana. Itogi razvedok kamennogo veka na Pamire (1956 - 1958 gg.). - MIA, №12, 1964.

Okladnikov A.P., Paleolit i mezolit Sredney Azii. - "Srednyaya Aziya v epokhu kamnya i bronzy". M. - L., 1966.

Olmstead A.F., History of the Persian Empire (Achaemenid period). Second Impression. Chicago - Illinois, 1959.

Oransky I.M., Vvedenie v iranskuyu filologiyu. M., 1960.

Pachos M.K., K izucheniyu sten gorodishcha Afrasiab. - SA, 1967, №1.

Pachos M.K., Oboronitelnoe sooruzheniya Afrasiaba. AKD. Tashkent, 1966.

Parker R. and Dubberstein W.H., Babylonian chronology 626 B.C. - A.D. 75. Providence, 1956.

Parpola A., Koskenniemi S., Parpola S., Aalto P., P. Aalto. Deciphrement of the ProtoDravidian inscriptions of the Indus civilization. A first announcement. Copenhagen, 1969 (SIAS, Special publication, N 1).

Pelliot P., Tokharien ou Koutcheen. - JA, T.CCXXIV, 1934.

Perikhanyan A.G., Agnaticheskie gruppy v drevnem Irane. - VDI, 1968, №3.

Perikhanyan A.G., Drevnearmyanskie vostaniki. - VDI, 1956, №2.

Petech L., Northern India according to the Shui-Ching-Chu. Roma, 1950 (Seria Orientale Roma, II).

Pigulevskaya N.V., A.Iu. Yakubovsky, I.P. Petrushevsky, L.V. Stroeva, A.M. Belenitsky. Istoriya Irana s drevneyshikh vremen do kontsa XVIII veka. L., 1958.

Pigulevskaya N.V., Mesopotamiya na rubezhe V - VI vv. n.e. Siriyskaya khronika Ieshu Stilita kak istorichekiy istochnik. M.-L., 1940.

Pigulevskaya N.V., Vizantiya na putyakh v Indiyu. Iz istorii torgovli Vizantii s Vostokom v IV - VI vv. M. - L., 1951.

Pigulevskaya N.V., Vizantiyskaya diplomatiya i torgovlya shchelkom. - VV, T.I, (XXVI), 1947.

Piotrovsky B.B., Razvedochnye raboty v Gyaur-Kala v Starom Merve. - Materialy UTAKE, vyp. 1, 1949.

Postovskaya I.M., Izuchenie drevney istorii Blizhnego Vostoka v Sovetskom Soyuze (1917 - 1959 gg). M, 1961.

Pugachenkova G.A., K diskussii o "Sotere Megase". - Tr. TGU, vyp. 259, 1966.

Pugachenkova G.A., Khalchayan. K probleme khudozhestvennoy kultury Severnoy Baktrii. Tashkent, 1966.

Pugachenkova G.A., Rempel L.I., Istoriya iskusstv Uzbekistana (s drevneyshikh vremen do serediny XIX veka). M., 1965.

Pulatov U.P., Chilkhudzhra. (K istorii kultury Ustrushany). AKD. M., 1968.

Pulleyblank E.G., Chinese and IndoEuropeans.- JRAS, 1966, N 1 - 2.

Pulleyblank E.G., Chinese evidence for the date of Kanishka. -"Bharati. BCI, X - XI. Central Asia Number". Banaras, 1966-1968.

Pulleyblank E.G., The consonantal system of Old Chinese - AM, N.S., vol. IX, pt.1, 1962.

Pulleyblank E.G., The Wusun and Sakas and the Yuehchih migration. - BSOAS, vol. XXXIII, pt.1, 1970.

Pyankov I.V., Marakandy. - VDI, 1970, № 1.

Pyankov I.V., Vostochnye satrapii derzhavy Akhemenidov v sochineniyakh Ktesiya. AKD. M., 1966.

Radzhabov Z., Ob epokhe A. Dzhami. Dushanbe, 1964. Radzhabov S.,1954. - S. Radzhabov. K voprosu ob istoricheskikh kornyakh druzhby narodov Sredney Azii s velikim russkim narodom. Stalinabad. 1954.

Ranov V.A., Galechnye orudiya i ikh rol v paleolite Sredney Azii. (Tezisy doklada). M., 1966 ("Doklady i soobshcheniya arkheologov SSSR. VII Mezhdunarodnyi kongress doistorikov i protoistorikov").

Ranov V.A., Glavnye voprosy izucheniya paleolita Sredney Azii. - "Osnovnye problemy chetvertichnogo perioda SSSR". Sb. statey. M., 1965.

Ranov V.A., Gurskiy A.V., Kratkiy obzor naskalnykh risunkov GornoBadakhshanskoy Avtonomnoy oblasti Tadzhikskoy SSR. - SE, 1960, № 2.

Ranov V.A., Itogi razvedok kamennogo veka na Pamire (1956 - 1958 gg.). - MIA, №12, 1964.

Ranov V.A., Kamennyi vek Tadzhikistana, vyp. I. Paleolit. Dushanbe, 1965.

Ranov V.A., Naskalnye risunki kishlaka Lyanger (Zapadnyi Pamir). - IOON AN Tadzh SSR, vyp. I (22), 1960.

Ranov V.A., Novye naskalnye izobrazheniya v Kuraminskom khrebte. - Tr. AN Tadzh SSR, T. XXIX, 1960.

Ranov V.A., O stratigraficheskom polozhenii paleolita Sredney Azii. - "Noveyshiy etap geologicheskogo razvitiya territorii Tadzhikistana". Sb. statey.

Dushanbe, 1962.

Ranov V.A., O svyazyakh kultur paleolita Sredney Azii i nekotorykh stran zarubeznnogo Vostoka. M., 1964 (VII Mezhdunarodnyi kongress antropologicheskikh nauk i etnograficheskikh nauk).

Ranov V.A., Raskopki pamyatnikov pervobytnoobshchinnogo stroya na vostochnom Pamire v 1960 g. - ART, VIII, 1960.

Ranov V.A., Risunki kamennogo veka v grote Shakhty. - SE, 1961, №6.

Ranovich A.B., Ellinizm i ego istoricheskaya rol. M. - L., 1950.

Rapoport Iu.A., Iz istorii religii drevnego Khorezma (Ossuarii). M., 1971 (Tr. KHAEE, vyp. VI).

Rapoport Iu.A., K voprosu o khorezmiyskikh ossuariyakh. - KSIE, XXX, 1958.

Rapoport Iu.A., Raskopki na gorodishche Toprak-kala. - "Arkheologicheskie otkrytiya 1967 goda". M., 1968.

Reichelt H., Die soghdischen Hands-chriftenreste des Britischen Museum, Bd.II. Heidelberg, 1931.

Rempel L.I., Arkhitekturnyi ornament Uzbekistana. Istoriya razvitiya i teoriya postroeniya. Tashkent, 1961.

Rempel L.I., Iz istorii gradostroitelstva na Vostoke. (Materialy po planirovke staroy Bukhary). - "Iskusstvo zodchikh Uzbekistana", I. Tashkent, 1962.

Rerikh Iu.N., Tokharskaya problema. - NAA, 1963, №6.

Riftin B.L., Iz istorii kulturnykh svyazey Sredney Azii i Kitaya (II v. do n.e. - VIII v. n.e.). - PV, 1960, №5.

Ringbom L.J., Zur Ikonographie der Gottin Ardvi Sura Anahita, Abo, 1957 ("Acta Academiae Aboensis. Humaniora", XXIII, 2).

Rosenfield J.M., The dynastic arts of the Kushanas. Berkeley - Los Angeles, 1967.

Rozenberg F.A., Sogdiyskie "starye pisma". - "Izvestiya AN SSSR". Otdelenie obshchestvennykh nauk, 1932, № 5.

Ruben W., Die Lage der Sklaven in der altindischen Gesellschaft. Berlin, 1957.

Sankalia N.D., New light on the IndoIranian or Western Asiatic relations between 1700 B.C. - 1200 B.C. "Artibus Asiae", vol.26, 1963.

Sastri K.N., New light on the Indus civilization, vol.II. Delhi, 1956.

Schafer E.H., The golden peaches of Samarkand. A study of T'ang exotics. Berkeley and Los Angeles, 1963.

Schlumberger D., Ai Khanoum, une ville hellenistique en Afghanistan. - GRAI (BL), Janvier-Juin, 1966.

Schlumberger D., La prospection archeologique de Bactres. - "Syria", T. XXVI, 1949.

Schlumberger D., The excavations at Surkh Kotal and the problem of Hellenism in Bactria and India. - Reprinted from "Proceedings of the British Academy", vol. XLVII. London, 1964.

Schmidt H., Archaeological excavations in Anau and Old Merv. - "Explorations in Turkestan. Expedition of 1904. Prehistoric civilizations of Anau. Origins, growth and influence of environment". Ed. by R. Pumpelly, vol. I. Washington, 1908.

Schroeder L., Arishe Religion, Bd. I. Leipzig, 1923.

Schwartz F., Alexender des Grossen Feldzuge in Turkestan, Zweite Auflage. Stuttgart, 1906.

Semenov Iu.I., Kak vozniklo chelovechestvo. M., 1966.

Semenov Iu.I., Problema nachalnogo etapa rodovogo obshchestva. - "Problemy istorii dokapitalisticheskikh obshchestv". Sb. statey, kn. 1. M., 1968.

Shiratori K., A study on Sut'e, or Sogdiana. - MDTB, 1928, N 2.

Shishkin V.A., Afrasiab - sokrovishchnitsa drevney kultury. Tashkent, 1966.

Shishkin V.A., Kal'ai Afrasiab - Raboty Instituta istorii i arkheologii AN UzSSR po izucheniyu domongolskogo Samarkanda (1945 - 1966 gg.). - "Afrasiab", vyp.1. Tashkent, 1969.

Shishkin V.A., Samarkandskaya observatoriya Ulugbeka. - "Iz istorii epokhi Ulugbeka". Sb. statey. Tashkent, 1965.

Shishkin V.A., Varakhsha. M., 1963.

Shishkina G.V., Drevniy Samarkand v svete stratigrafii zapadnykh rayonov Afrasiaba. AKD. Tashkent, 1969.

Shishkina G.V., O mestonakhozhdenii Marakandy. SA, 1969, № 1.

Shkapsky O., Amu-Daryinskie ocherki. K agrarnomu voprosu iz nizhney AmuDaryi. Tashkent, 1900.

Shmidt A.E., Ideal musulmanskogo pravitelyanamestnika IX v. (IIIv. khidzhry).

(Poslanie Takhir ibn-al-Khuseina k synu svoemu Abdallakhu ibn Takhiru). - Biul. SAGU, 1925, № 8.

Simonetta A.M., A new essay on the IndoGreeks. The Saka and the Pahlavas. - EW, vol. IX, 1958, N3.

Sinkha N.K., Benerdzhi A.Ch., Istoriya Indii. Perev. s angl. L.V. Stepanova i dr. M., 1954.

Sircar D.C., Indian epigraphy. Delhi, 1965. Smith V.A., 1906. - V.A. Smith. Catalogue of the coins in the Indian Museum Calcutta including the Cabinet of the Asiatic Society of Bengal, vol. I. Oxford, 1906.

Sircar D.C., The Kanishka era. - JIH, vol. XXXVIII, pt.1. Trivandrum, 1960.

Sircar D.C., The Kushanas. The age of Imperial unity. Bombay, 1953. - "The history and culture of the Indian people", v. II.

Smirnov K.F., Savromaty. Rannyaya istoriya i kultura sarmatov. M., 1964.

Smirnova O.I., K istorii samarkandskogo dogovora 712 g. - KSIV, vyp. XXXVIII, 1960.

Smirnova O.I., Karta verkhoviy Zeravshana po mugskim dokumentam. M., 1960 ("XXV Mezhdunarodnyi kongress vostokovedov. Doklady delegatsii SSSR").

Smirnova O.I., Katalog monet s gorodishcha Pendzhikent (materialy 1949 - 1956 gg.). M., 1963.

Smirnova O.I., Mesta domusulmanskikh kultov Sredney Azii. (Po materialam toponimiki). - "Strany i narody Vostoka", vyp. X. M., 1971.

Smirnova O.I., Numizmaticheskie zametki. - EV, XVIII, 1967.

Sprengling M., Third century Iran. Sapor and Kartir. Chicago, 1953.

Sprishevsky V.I., Nekotorye nakhodki iz mugkhona v sobranii Muzeya istorii. - "Trudy Muzeya istorii Uz SSR", vyp. III. 1956.

Stagul G., Excavation near Ghaligai (1968) and chronological sequence of protohistorical cultures in Swat Valley. - EW, vol. 19, N 1-2, 1969.

Stavisky B., Notes of gemseals with Kushana cursive inscription in the collection of the State Hermitage. - JNSI, vol. XXII, 1960.

Stavisky B.Ya. O.G. Bolshakov, E.A. Monchadskaya. Pyandzhikentskiy nekropol. - MIA, 1953, № 37.

Stavisky B.Ya., Arkheologicheskie raboty v basseyne Magian-Darya v 1957 g.

- ART, vyp. 5, 1957.

Stavisky B.Ya., Buddiyskie peshchery Kara-tepe v starom Termeze. Osnovnye itogi rabot 1963-1964 gg. Nadpisi terrakoty, kamennye relyefy. M., 1969 ("Materialy sovetskoy arkheologicheskoy ekspeditsii na Kara-tepe. Pod obshchey red. B.Ya. Staviskogo").

Stavisky B.Ya., K voprosu ob ideologii domusulmanskogo Sogda. (Pogrebalnyi obryad i predstavleniya o zagrobnoy zhizni). - "Soobshchenie Respublikanskogo istoriko-kraevedcheskogo muzeya Tadzh SSR", vyp.1. Arkheologiya, 1952.

Stavisky B.Ya., Khuttal v soobshcheniyakh kitayskikh puteshestvennikov Syuan-Tszana i Khoi-Chao. - IOON AN Tadzh SSR, vyp. 14, 1957.

Stavisky B.Ya., O datirovke rannikh sloyov Tali-Barzu. - SA, 1967, № 2.

Stavisky B.Ya., O severnykh granitsakh kushanskogo gosudarstva. - VDI, 1961, №1.

Stavisky B.Ya., Osnovnye etapy osvoeniya zemledelcheskim naseleniem gornykh rayonov verkhnego Zeravshana (Kukhistana). - "Materialy po etnografii.(Geograficheskoe obshchestvo SSSR)", vyp. 1. L., 1961.

Stavisky B.Ya., Ossuarii iz Biya-Naymana. - "Trudy Gosudarstvennogo Ermitazha", T.V. L., 1961.

Stavisky B.Ya., Raboty Margianskoy gruppy v 1961 g. - ART, vyp. IX, 1964.

Stavisky B.Ya., Raskopki buddiyskikh kompleksov na Kara-tepe v starom Termeze. -"Arkheologicheskie otkrytiya1966 g.". M., 1967.

Stavisky B.Ya., Raskopki gorodishcha Kuldor-tepe v 1956 - 1957 gg. - SA, 1960, № 4.

Stavisky B.Ya., Raskopki kvartala zhilishch znati v yugo-vostochnoy chasti pendzhikentskogo gorodishcha (obyekt VI) v 1951 - 1959 g. - MIA, №124, 1964.

Stavisky B.Ya., Raskopki zhiloy bashni v kukhendize pyandzhikentskogo vladetelya. -MIA, 1950, №15.

Stavisky B.Ya., Srednyaya Aziya, Indiya, Rim. (K voprosu o mezhdunarodnykh svyazyakh v kushanskiy period).- "Indiya v drevnosti". M., 1964.

Stebleva I.V., Poeziya tyurkov VI-VIII vekov. M., 1965.

Stein A., Zoroastrian deities on Indo-Scythian coins. - OBR, vol. I, N 10, 1887.

Struve V.V., Pokhod Dariya I na sakovmassagetov. - "Etiudy po istorii

Severnogo Prichernomorya, Kavkaza i Sredney Azii". L., 1968.

Tarn V., Ellinisticheskaya tsivilizatsiya. Perev. s angl. S.A. Lyaskovskogo. M., 1949.

Tarn W.W., Alexander the Great. Cambridge, vol. I. Narrative. 1948; vol. II. Sources and studies, 1950.

Tarn W.W., The Greeks in Bactria and India. Ed. II. Cambridge, 1951.

Ter-Akopyan N.B., K. Marks i F.Engels o kharaktere pervichnoy obshchestvennoy formatsii. - "Problemy istorii dokapitalisti-cheskikh obshchestv". Sb. statey, kn. 1., M, 1968.

Terenozhkin A.I., Raskopki v kukhendize Pyandzhikenta. - MIA, 1950, № 15.

Terenozhkin A.I., Sogd i Chach. - KSIIMK, vyp. XXXIII, 1950.

Terenozhkin A.I., Voprosy istoriko-arkheologicheskoy periodizatsii drevnego Samarkanda. - VDI, 1947, № 4.

Thieme P., Der Fremdling im Rgveda. Eine Studie uber die Bedeutung der Worte ari, arya, aryaman und arya. Leipzig, 1938.

Tolstov S.N., Genezis feodalizma v kochevykh skotovodcheskikh obshchestvakh. - IGAIMK, vyp. 103, 1934.

Tolstov S.P., Drevniy Khorezm. Opyt istoriko - arkheologicheskogo issledovaniya. M., 1948.

Tolstov S.P., Osnovnye voprosy drevney istorii Sredney Azii. - VDI, 1938, №1.

Tolstov S.P., Po drevnim deltam Oksa i Yaksarta. M., 1962.

Tolstov S.P., Po sledam drevnekhorezmiyskoy tsivilizatsii. M. - L., 1948.

Tolstov S.P., Raboty Khorezmskoy arkheologo - etnograficheskoy ekspeditsii AN SSSR v 1949 - 1953 gg. - Tr. KHAEE, T. 2, 1958

Tolstov S.P., Tiraniya Abruya (iz istorii klassovoy borby v Sogdiane i tyurkskom kaganate vo vtoroy polovine VI v. n.e.). - IZ, vyp. 3, 1938.

Tomaschek W., Centralasiatische Studien. Sogdiana. Wien, 1877 (Sitz. d. Kais. Akad.d. Wiss. In Wien, "Phil - Hist. Klasse". Bd. LXXXVII).

Trever K.V., Aleksandr Makedonskiy v Sogde. - VI, 1947, № 5.

Trever K.V., Kushany, khionity i eftality po armyanskim istochnikam IV- VII vv. - SA, XXL, 1954.

Trever K.V., Pamyatniki greko-baktriyskogo iskusstva. M. - L., 1940

("Pamyatniki kultury i iskusstva s sobranii Ermitazha", I).

Umnyakov I.I., Tokharskaya problema. - VDI, 1940, № 3 - 4.

Umnyakov I.I., Tokhary i tokharskiy vopros. - Tr. UzGU, novaya seriya, №31. Seriya istoriko-filologicheskikh nauk, vyp. 1. 1946.

Unvala G.M., Observations on the religion of the Parthians. Bombay, 1925.

Vinogradov A.V., Neoliticheskie pamyatniki Khorezma. M., 1968.

Vinokurova M.P., Tkani iz zamka na gore Mug. - IOON AN Tadzh SSR, vyp.14, 1957.

Vogel J.Ph., La sculpture de Mathura. Paris. 1930 (AA, T.XV).

Voronets M.E., Arkheologicheskie issledovaniya Instituta istorii i arkheologii i Muzeya istorii AN Uz SSR na territorii Fergany v 1950 - 1951 godakh. Tashkent, 1957 ("Tr. Muzeya istorii Uz SSR", vyp. II).

Voronina V.L., Arkhitektura drevnego Pyandzhikenta. - MIA, № 124, 1964.

Voronina V.L., Arkhitekturnyi ornament drevnego Pyandzhikenta. - "Skulpturai zhivopis drevnego Pyandzhikenta". Sb. statey. M., 1959.

Voronina V.L., Gorodishche drevnego Pendzhikenta kak istochnik dlya istorii zodchestva. - "Arkhitekturnoe nasledstvo", 8. M., 1957.

Vyazmitina M.I., Raskopki na gorodishche Airtam. - Tr. TAE, T.II, 1945.

Walker J., A Catalogue of the Arab-Sassanian coins. London, 1941.

Wheeler M., Charsada. A metropolis of the North-West frontier. Oxford University press, 1962.

Wheeler M., Rome beyond the imperial frontiers. Penguin Books, 1955.

Widengren G., Die religionnen Iran. Stuttgart, 1965. (Die Religionen der Menschheit, Bd. 14).

Wilson H.H., Ariana antiqua. A descriptive account of the antiquities and coins of Afghanistan. London, 1841.

Wolski J., L'effondement de la domination des Seleucides en Iran au III-e siècle av. J. - C., Cracovie, 1947 ("Bulletin international de l'Academie Polonaise des sciences et des lettres. Classe de philologie, classe d'histoire et de philosophie". Suppl. 5, 1939 - 1945).

Zabelina N.N., Rempel L., Sogdiyskiy vsadnik. Tashkent, 1948.

Zaehner R.C., The dawn and twilight of Zoroastrianism. New York, 1961.

Zaleman K.G., Novye materialy po yagnobskomu yazyku. - ZVORAO, T. III, vyp. 1-2, 1888.

Zarubin I.I., Skazanie o pervom kuznetse v Shugnane. - "Izvestiya AN SSSR", 1926, VI seriya, T. XX, №12.

Zeimal E.V., 1Nachalnaya data Kanishki - 278 g.n.e. - "Tezisy dokladov i soobshcheniy sovetskikh uchenykh". Mezhdunarodnaya konferentsiya po istorii, arkheologii i kulture Tsentralnoy Azii v kushanskuyu epokhu. M., 1968.

Zeimal E.V., Kushanskaya khronologiya. (Materialy po probleme). M., 1968.

Zeimal E.V., Kushanskie monety iz sobraniya instituta istorii, arkheologii i etnografii AN Tadzhikskoy SSR. - IOON Tadzh SSR, 1960, №1.

Zeimal E.V., Kushanskoe tsarstvo po numizmaticheskim dannym. AKD. L., 1965.

Zeimal E.V., Problemy kushanskoy khronologii i monety. - "Tezisy dokladov na yubileynoy nauchnoy sessii (Gos. Ermitazh)". L. 1964.

Zeimal E.V., Shiva na monetakh Velikikh kushan. - "Tezisy dokladov nauchnoy sessii, posvyashchennoy itogam raboty Gosudarstvennogo Ermitazha za 1962 g.", L., 1963.

Zeimal T.I., Arkheologicheskie raboty v Vakhshskoy doline v 1960 g. - ART, vyp. 8, 1962.

Zeimal T.I., Drevnie i srednevekovye kanaly Vakhshskoy doliny. - "Strany i narody Vostoka", vyp. X. M., 1971.

Zelyin K.K., Osnovnye cherty ellinizma. (Sotsialno-ekonomicheskie otnosheniya i politicheskoe razvitie rabovladelcheskikh obshchestv Vostochnogo Sredizemnomorya v period ellinizma). - VDI, 1953, №4.

Zograf A.N., Monety "Geraya". Tashkent, 1937.

Zolling Th., Alexanders des Grossen Feldzug in Centralasien. Eine Quellenstudie. 2 Aufl. Leipzig, 1875.

Zuev Iu.A., Tamgi loshadey iz vassalnykh knyazhestv. Tr. IIAE AN Kaz SSR, T. 8, 1960.

⟨참고 자료⟩

Abd ar-Rakhman Tali, 1959. - Abdurrakhman Tali'. Istoriya Abulfeizkhana. Per. s tadzhik., predislovie, prim. i ukazatel A.A. Semenova. Tashkent, 1959.

Abu Ali ibn Sina, 1957. - Abu Ali ibn Sina. Donishname. Kniga znaniya. Predislovie A.M. Bogutdinova. Dushanbe, 1957.

Abu Ali ibn Sina, 1954 - 1960. - Abu Ali ibn Sina (Avitsenna). Kanon vrachebnoy nauki, kn. 1-5. Tashkent, 1954 - 1960.

Abu Dulaf, 1955. - Abu Dulaf. Misoar Ibn Muhalhil's Travels in Iran (circa A.D. 950). Arabic text with an English translation and commentary by V. Minosky, Cairo, 1955.

Abu Dulaf, 1960. - Abu Dulaf. Vtoraya zapiska Abu Dulafa. Izd. teksta, per., vvedenie i kommentarii P.G. Bulgakova i A.B. Khalidova. M., 1960 (PLNV, Teksty, Malaya seriya, V).

Abul-l Gazi, 1958. - Abul-l Gazi. Rodoslovnaya turkmen. Sochinenie Abul-l Gazi khana khivinskogo. Per. A.N. Kononova. M. - L., 1958.

Abul-l Fida, 1840. - Abul-l Fida. Geographie l'Aboulfeda Texte arabe publie d'apres les manuscripts de Paris et de Leyde par M. Reinaud et M. le Bon Mac Guckin de Slane. Paris, 1840

Ammian Martsellin, I - III. - Ammian Martsellin. Istoriya. Per. s latin. Iu. Kulakovskogo i A.Sonni, vyp. 1-3. Kiev, 1906 - 1908.

Antologiya, 1951. - "Antologiya tadzhikskoy poezii s drevnikh vremen do nashikh dney". Pod red. I. Braginskogo, M. Rakhimi, M. Tursun-Zade i S. Ulug-Zade. M., 1951.

Appian. - Appian. Mitridatovy voiny. Siriyskie dela. Per. S.P. Kondratyeva. - VDI, 1946, № 4.

Arrian. - Arrian. Pokhod Aleksandra. Per. s drevnegrech. M.E. Sergeenko. M. - L., 1962.

Aufi. - Lubabu' Lalbab of Muhammad Awfi, ed. in the original Persian. Pt. I, with indices, Persian and English prefaces, and notes critical and historical, in Persian, by E.G. Browne and Mirza Muhammad ibn Abdi 'l-WahhabiQazwini. London-Leide, 1906 (PHT, vol. IV); pt. II, with preface, indices and variants, by E.G. Browne. London- Leide, 1903 (PHT, vol. II).

Babur, 1905. - The Babar nama, being the autobiography of the Emperor Babar, the founder of Moghul dynasty in India, written in Chaghatay Turkish now reproduced in facsimile from a manuscript belonging to the late Sir Salar Jang of Haudarabad, and ed. with a preface and indices by A.S. Beveridge. Leyden-London, 1905 (GMS, I).

Babur, 1958. - Babur-name. Zapiski Babura. Per. M. Salie. Tashkent, 1958.

Bazhenov L., 1940. - "Drevnie avtory o Sredney Azii (VI v. do n.e. - III v. n.e.)". Khrestomatiya. Pod red. L.V. Bazhenova. Tashkent, 1940.

Balazuri. Liber expugnationis regionum, auctore Imamo Ahmed ibn Jahja ibn Djabir al Baladsori, quern e codice Leidensi et codice Musei Brittannici ed. M.J. de Goeje, Lugduni Batavorum, 1866.

Balami. - Ghronique de Abou Djafar-Mo'hammed-ben-Djarir-benJezid Tabari, traduite sur la version persane d'Abou-Ali Mo'hammed Bel'ami d'apres les manuscrits de Paris, de Cotha, de Londres et de Canterbury par H. Zotenberg, T. I - IV. Paris, 1867 -1874.

Beikhaki. 1962. - Abu-l-fazl Beikhaki. Istorii Mas'uda. 1030 - 1041. Per. A.K. Arendsa. Tashkent, 1962.

Beneveni F., 1853. - F. Beneveni. [Relyatsiya iz Bukhary]. - A. Popov. Snosheniya Rossii s Khivoyu i Bukharoyu pri Petre Velikom. - ZRGO, T.IX, 1853.

Biruni, 1957, 1963. - A. Biruni. Izbrannye proizvedeniya, T.I. Pamyatniki minuvshikh pokoleniy. Tashkent, 1957; T.II. Indiya. Tashkent, 1963.

Bichurin I. II. III. - N.Ya. Bichurin (Iakinf). Sobranie svedeniy o narodakh, obitavshikh v Sredney Azii v drevnie vremena, izd. 2, T. I - III. M. - L., 1950.

Vasifi, 1961. - Zain ad-Din Vasifi, Badai al - vakai. Kriticheskiy tekst, vved. i ukaz. A.N. Boldyreva, T. I - II. M., 1961 (PLNV, Teksty, Bolshaya seriya, V).

Vizantiyskie istoriki, 1860. - Vizantiyskie istoriki. Per. s grech. [Iu.] Destunisa. SPb., 1860.

Gerodot, 1946 - 1957. - Herodotus, with an english transl. by A.D. Godley, vols. I - IV. London, 1946 - 1957 (The Loeb Classical library).

Gerodot, 1888. - Gerodot. Istoriya v devyati knigakh. Per. s grech. F.G. Mishchenka, izd. 2, T. 1 - 2. M., 1888.

Giyas ad-Din, 1958. - Giyasaddin Ali. Dnevnik pokhoda Timura v Indiyu. Per. s pers., predisl. i primech. A.A. Semenova. M., 1958.

Giyas ad-Din, 1915. - Giyasaddin Ali. - "Dnevnik pokhoda Timura v Indiyu Giyas-ad-Dina Ali". S prilozheniem sootv. otryvkov iz "Zafer-name" Nizam-ad-Dina Shami. Izd. L.A. Zimina pod red. V.V. Bartolda. Pg., 1915 (Teksty po istorii Sredney Azii, vyp. 1).

Dzhenkinson A., 1937. - A.Dzhenkinson. Puteshestvie iz Londona v Moskvu. - V kn.: "Angliyskie puteshestvenniki v Moskovskom gosudarstve v XVI veke". Per. s angl. Iu. V. Gotie. L., 1937.

Dzhuveini. - The Ta'rikh-i Jahangusha of Alai'd-Din 'Ata Malik-iJuwayni(composed in A.H. 658 - A.D. 1260). Ed. with an introduction, notes and indices from several old MSS. by Mirza Muhammad ibn 'Abdu'l-Wahhab-i Qazwini, pt. I - III. Leyden - London, 1912, 1916, 1937 (GMS, HVI, 1 - 3).

Dzhuzdzhani. - Per. Raverty. - Tabakat-i Nasiri: A General History of Muhammadan Dynasties of Asia, including Hindustan, from A.H. 194 [810 A.D.] to A.H. 658 [1260 A.D.], and the Irruption of the Infidel Mughals into Islam. By the Maulana, Minhajud-Din, Abu - Um-ari-Usman. Transl. from Original Persian Manuscripts, by H.G. Raverty, vol. I-II. London, 1881; Calcutta, 1897.

Dinavery. - Abu Hanifa adDinaweri. Kitab al-ahbar at-tual. Publie par Guirgass. Leiden, 1888.

Diodor. - Diodorus of Sicily. With an english tranl. by C.H. Oldfather, vols. I - II. London, 1946 - 1957 (The Loeb classical library).

Dokumenty, 1954. - "Dokumenty k istorii agrarnykh otnosheniy v Bukharskom khanstve" vyp. I. Akty feodalnoy sobstvennosti na zemlyu XVII- XIX vv. Podbor dokumentov, per., vved. i primech. O.D. Chekhovich. Tashkent, 1954.

Egishe Vardapet, 1853. - Egishe Vardapet. Istoriya. Per. Shanshieva. Tiflis, 1853.

Zakhiri Samarkandi, 1960. - Zakhiri Samarkandi. Sindbad-nama. Per. N.O. Osmanova. M., 1960.

Ibn al Asir. - Ibn-el-Athiri. Chronicon quod perfestissimum inscribitur ed C.J. Tornberg, vol. I - XIV. Upsaliae et Lugduni Batavorum, 1851 - 1876.

Ibn Battuta. - Voyages d'Ibn Batoutah, texte arabe, accompagne

d'une traduction par C.C. Defremery et B.R. Sanguinetti, T.I - IV. Paris, 1853 -1858.

Ibn Miskaveih. - The Tajarib alUmam or History of Ibn Miskawauh,(Abu 'Ali

Ahmad b.Muhammad) ob A.H. 421. Reproduced in Facsimile from the Ms. at Constantinople in the Aya Sufiyya library. With a preface and summary by L. Caetani Principe di Teano, vol. I, to A.H. 37. Leyden - London, 1909; vol. V, A.H. 284 to 326. Leyden - London, 1917 (GMS, VII, 1,5,6).

Ibn Ruste. - Kitab al-a lak annafisa VII auctore Abu Ali Ahmed ibn Omar ibn Rosteh et Kitab alboldan auctore Ahmed ibn abi Jakub ibn Wadhih al-Katib al-Jakubi [ed. M.J. de Goeje]. edit. 2. Lugduni Batavorum, 1892 (BGA, VII).

Ibn Khaldun. - Ibn Khaldun. The Muqaddimah. An Introduction to History. Transl. from the Arabic by F. Rosenthal, vol. 1-3. New York. 1958 (Bollingen Se-ries, XLII).

Ibn Khaukal. Viaeetiregna. Descriptio ditionis moslemicae auctore Abu'l-Kasim Ibn Haukal. Ed. M.J. de Goeje. Lugduni Batavorum. 1873 (BGA, II).

Ibn Khordadbeh. - Kitab alMasalik wa'l Mamalik. (Liber viarum et regnorum auctore Abu'lKasim Obaidallah ibn Abdallah Ibn Khordadhbeh et Excerpta e Kitab al-Kharadj auctore Koda-ma ibn Dja'far quae cum versione galica edidit, indicibus et glossario instruxit M.J. de Goeje. Lugduni Batavorum. 1889(BGA, VI).

Idrisi. - Geographie d'Edrisi traduite de l'arabe en francais d'apres deuh manuscrits de la Bibliotheque de Roi et accompagne de notes, par A. Jaubert, T. I-II. Paris, 1836 - 1840.

Istakhri. - Viae regnorum. Descriptio ditionis moslemicae auctore Abulshak al-Faris; alIstakhri. Ed. M.J. de Goeje. Lugduni Batavorum, 1870 (BGA, I).

Kvint Kurtsiy. - Curitius Quintus. With an english transl. by I.C. Rolfe, vols. I-II, London, 1956 (The Loeb Classical library).

Kvint Kurtsiy., 1963. - Kvint Kurtsiy Ruf. Istoriya Aleksandra Makedonskogo. Sokhranivshiesya knigi. [Pod red. V.S. Sokolova]. M., 1963.

Klavikho, 1881. - Riui Gonzales de Klavikho. Dnevnik puteshestviya ko dvoru Timura v Samarkand v 1403 - 1406 gg. Tekst s per. i primechaniyami, sostavlennyi pod red. I.I. Sreznevskogo. SPb., 1881. ("Sbornik Otdeleniya russkogo yazika i slovesnosti Akademii nauk", T. XXVIII, № 1).

Kovalevsky A.P., 1956. - "Kniga Akhmeda Ibn-Fadlana o ego puteshestvii na Volgu v 921- 922 gg.". Statyi, per. i komm. Kharkov, 1956.

Ksenofont, 1897. - Ksenofont. Kiropediya, s prim. i ukaz. - Sochineniya Ksenofonta v 5-ti chastyakh, ch.3, ispr. i dop. SPb., 1897.

Ksenofont, 1925 - 1943. - Xenophon, with an english transl. by W. Miller, vols. I-II. London -New York, 1925 - 1943 (The Loeb Classical Library).

Ksenofont, 1951. - Ksenofont. Anabasis. Per., statya i prim. M.I. Maksimovoy. Pod red. akad. I.I. Tolstogo. M.-L., 1951. Latyshev V.V., 1900 - 1906, 1947-1949. - "Izvestiya drevnikh pisateley, grecheskikh i latinskikh, o Skifii i Kavkaze". Per. V.V. Latysheva, T. I, vyp. 1-3. Grecheskie pisateli; T. 2. vyp. 1-2. Latinskie pisateli. SPb., 1900- 1906.

Livshits V.A., 1962 b. - "Yuridicheskie dokumenty i pisma". Chtenie, per. i komm. V.A. Livshitsa. M., 1962 ("Sogdiyskie dokumenty s gory Mug", vyp. II).

Makdisi. - Discriptio imperii moslemica auctore Scahamso' d-din Abu Abdollah Mohammed ibn Ahmed ibn abi Bekr al-Banna al Basschari al-Mokaddasi. Ed. M.J. de Goeje. Lugduni Batavorum, 1877; ed. 2, 1906 (BGA, III).

Masudi. Murudzh. - Macoudi. Les Prairies d'or. Texte et traduction par C. Barbire de Meynardet Pavet de Courteille, T. I - XI. Paris, 1861 - 1877.

Masudi. Tanbikh. - Kitab attanbih Va'lischraf auctore alMasudi…[ed. M.J. de Goeje] Lugduni Batavorum, 1894 (BGA, VIII).

Masudi. Tanbikh. Per. - Macoudis. Le Livre de l'Avertis-sement et la revision. Traduction par B. Carra de Vaux. Paris, 1896.

"Materialy po istorii Ura-Tyube". Sbornik aktov XVII- XIX vv. Sost., per., prim. A.Mukhtarova. Pod red. A.A. Semenova i O.D. Chekhovich. M., 1963.

Mir Mukhammad Amin-i Bukhari, 1957. - Mir Mukhammad Amin-i Bukhari. Ubaidulla-name. Per. s tadzh. s primech. A.A. Semenova. Tashkent, 1957.

Mukhammad Salih., 1908. - Mukhammad Salih. Sheibani-name. Dzhagataiskiy tekst, izd. P.M. Meloranskogo. Predisl. A.N. Samoylovicha. SPb., 1908.

Moisey Khorensky. 1893. - "Istoriya Armenii Moiseya Khorenskogo". Nov. per. N.O. Emina (s prim. i pril.). Posmertnoe izd. M., 1983, XXXVI (Etnograficheskiy fond N.O. Emina, vyp. 1).

Mukhammad Haidar. - The Tarikh-i-Rashidi of Mirza Muhammad Haidar, Dughlat. A History of the Moghuls of Central Asia. An English version ed., with commentary, notes and map by N. Elias. The transl. by E. Denison Ross. London, 1895.

Mukhammad Yusuf Munshi, 1956. - Mukhammad Yusuf Munshi. Mukimkhanskaya istoriya. Per. s tadzh., predisl., prim. i ukaz. A.A. Semenova.

Tashkent, 1956.

Narshakhi. - Mukhammad Narshakhi. Istoriya Bukhary. Per. s persid. N. Lykoshin. Pod red. V.V. Bartolda. Tashkent, 1897.

Narshakhi. - The history of Bukhara. - "The history of Bukhara. Transl. from a Persian abridgment of the Arabic original by Narshakhi". Massachusetts, 1954.

Nasir-i Khusrau., 1935. - Nasir-i Khusrau. Safar-name. Per. E.E. Bertels. L., 1935.

Nasir-i Khusrau. - Safar-name. - Sefer Nameh Relation du voyage de Nassiri Khosrau en Syrie, en Palestine, en Egypte, en Arabie, et en Perse, pendant les annees de l'Hegire 437 - 444 (1035 - 1042). Publie traduit et annote par Ch. Schefer. Paris, 1881.

Nesifi, 1906. - Kandiya Malaya [Per. V. Vyatkina]. - SKSO, vyp.

VIII, 1906.

Nizam ad-din Shami. - "Histotre des conquetes de Temerlan intitulee Zafar-nama par Nazamuddin Sami… ed. par F. Tauer", T. I-II. Praha, 1937 - 1956.

Nizam al-mulk. - "Siaset-name. Kniga o pravlenii vazira XI stoletiya Nizam almulka". Per., vvedenie v izuchenie pamyatnika i prim. B.N. Zakhodera. M. - L., 1949 ("Literaturnye pamyatniki").

Nizami Aruzi. - Chahar Maqala ("The Four Discourses") of Ahmad ibn ʻUmar ibn ʻAli an-Nizami alArudi as-Samarqandi, ed., with introduction, notes and indices, by Mirza Muhammad ibn Abdu'lWahhab of Qazwin. Leyden - London, 1910 (GMS, XI, I).

Nosir Khisrou, 1954. - Nosir Khisrou. Izbrannoe. Dushanbe, 1954.

Nosiri Khisrav, 1957. - Nosiri Khisrav. Gulchine az devoni ash'or. Dushanbe, 1957.

Omar Khayyam, 1955. - Khayyam. RUBAI. M., 1955.

Omar Khayyam, 1959. - Khayyam. Rubaiyat. M., 1959.

Omar Khayyam, 1961. - Omar Khayyam. Traktaty. Per. B.A. Rozenfelda. M., 1961.

Pazukhin B., 1894. - Nakaz Borisu i Semenu Pazukhinym, poslannymi v Bukharu, Balkh i Yurgench 1969 g. Stateinyi spisok ikh 1673 g. - "Russkaya istoricheskaya biblioteka". T. XV. SPb., 1894.

Pigulevskaya N.V., 1941. - N.V. Pigulevskaya. Siriyskie istochniki po istorii narodov SSSR. M. - L., 1941.

Plano Karpini. - Ioann de Plano Karpini. Istoriya Mongalov. - Vilgelm de Rubruk. Puteshestvie v vostochnye strany. Vvedenie, per. i prim. A.I. Maleina. SPb., 1911.

Pliny. - Pliny. Natural history. With an english transl. in ten volumes by Backham,vols. I - IX. London, 1947 - 1958 (The Loeb Classical library).

Plutarkh, 1963. - Plutarkh. Sravnitelnye zhizneopisaniya, T. 1 - 3. Izd. podgot. M.E. Grabar-Passek i S.P. Markish. M., 1963.

Polibiy. - Polibiy. Vseobshchaya istoriya v soroka knigakh. Per. s grech. F.G. Mishchenka s ego predisl., prim., ukaz., kart., T. I - III. M., 1890 - 1899.

Polien. - Polien. Strategmy. Per. s grech. Dm. Pappadopulo. SPb., 1842.

Prisk Paniyskiy. - "Skazaniya Priska Paniyskogo". Per. G.S. Destunisa. - "UZ II otd. AN", kn. 7, vyp. 1. SPb., 1861.

Prokopiy Kesariyskiy. - Prokopiy Kesariyskiy. Istoriya voyn rimlyan s persami v dvukh chastyakh (knigakh). Per. s grech. S. Destunisa. SPb., 1862 ("Vizantiyskie istoriki. Prokopiy Kesariyskiy", I, 1862).

Ptolemey. - Ptolemey. Geography of Claudius Ptolemy, transl. into English and edited by E.L. Stevenson. New York, 1932.

Rashid ad-Din., 1957. - Fazlullakh Rashidaddin. Dzhami - at - tavarikh. (Sbornik letopisey, T.III. Sostavitel nauchno-kriticheskogo teksta na pers. yazyke A.A. Alizade. Per. s persid. yazyka A.A. Arendsa. Baku, 1957.

Rashid ad-Din., I-III. - Rashid ad-Din. Sbornik letopisey, T.I, kn.1. Per. s persid. L.A. Khetagurova, red. i primech. A.A. Semenova. M. - L., 1952; T. I, kn. 2. Per. s persid. O.I. Smirnovoy, red. A.A. Semenova. M. - L., 1952; T. II. Per. s persid. Iu.P. Verkhovskogo, primech. Iu.P. Petrushevskogo. M.-L., 1960; T. III. Per. s persid. A.K. Arendsa, red. A.A. Romaskevich, E.E. Bertels i A.Iu. Yakubovsky. M. - L., 1946.

Rudaki, 1949. - Rudaki. Stalinabad, 1949.

Rudaki, 1958. - Abu-Abdullo Rudaki. Per. s tadzh.-farsi V. Levika i S. Lipkina. Stalinabad, 1958.

Rudaki, 1964. - Rudaki. Stikhi. Red. i komm. I.S. Braginskogo. M., 1964.

Saadi, 1959. - Sa'di. Gulistan. M., 1959.

Samani. - The Kitab al Ansab of Abd al-Karim ibn Muhammad alSamani reproduced in facsimile from the manuscript in the British Museum Add. 23, 355 with in introduction by D.S. Margoliouth. Leyden - London, 1912 (GMS, XX).

Samarkandi. - Abd ar-Razzak Samarkandi. Matla' as-sa'adain va madma' al-bakhrain (rukopis IVAN C-442).

Sbornik, 1884. - V. Tizengauzen. Sbornik materialov, otnosyashchikhsya k istorii Zolotoy Ordy, T.I. Izvlecheniya iz sochineniy arabskikh. SPb., 1884.

Sbornik, 1941. - "Sbornik materialov, otnosyashchikhsya k istorii Zolotoy Ordy", T.II. Izvlecheniya iz persidskikh sochineniy, sobrannye V.G. Tizengauzenom i obrabotannye A.A. Romaskevichem i S.L. Volinym. M.-L., 1941.

Sebeos. - "Istoriya Episkopa Sebeosa". Per. s ispr. arm. izd. St. Malkhasyants. Erevan, 1939.

Smirnova O.I., Bogolyubov M.N., 1963. - "Khozyastvennye dokumenty". Chtenie, per. i. komm. M.N. Bogolyubova i O.I. Smirnovoy. M., 1963 ("Sogdiyskie dokumenty s gory Mug". vyp. III).

Sokrovennoe skazanie. - Sokrovennoe skazanie. Mongolskaya khronika 1240 g. pod nazvaniem Mongyol-un niyca tobciyan Yuan chao bi shi. Mongolskiy obydennyi sbornik, T.I. Vvedenie v izuchenie pamyatnika, per., teksty, glossarii. M.-L., 1941.

Strabon. - Strabon. Geografiya v 17 knigakh. Per. statya i komm. G.A. Stratanovskogo. Pod obshchey red. S.L. Utchenko. Red., per. O.O. Kryuger. M., 1964.

Siuan-tszan. see: Beal S.,1906.

Tabari. - Annales quos scripsit Abu Djafar Mohammed ibn Djarir at-Tabari cum alliis ed. M.J. de Goeje. Lugduni Batavorum, series I, T. I - VI. 1879 - 1890; series II, T. I - III, 1881 -1889; series III, T. I - IV, 1879 - 1890; Introductio, glossarium addenda et emendanda, 1901. Iedices, 1901.

Tadzhikskaya poeziya, 1949.-"Tadzhikskaya poeziya". Stalinabad, 1949.

Tarikh-i Badakhshan. - Tarikh-i Badakhshan. "Istoriya Badakhshana". Pod. k izd. A.Kh. Boldyrev. L., 1959.

Utbi. - The Kitab-i-Yamini, Historical Memoirs of the Amir Sabaktagin and the sultan Mahmud of Ghazna, Earlly Conquerors of Hindustan, and Founders of the Ghaznavide dynasty. Transl. from the Persian version of the contemeporary Arabic Chronicle alUtbi by J.Reynolds. London, 1858.

Fakhr ad-Din Gurgani. - Fakhraddin Gurgani. Vis i Ramin. Poema. M., 1963.

Fidai. - Fidai. Kitab bi khadayat al-muminin a t-talibin. ("Istoriya ismailizma"). Po tadzhikskoy rukopisi izdal, predisloviem i primechaniyami snabdil A.A. Semenov. M., 1959.

Firdavsi Abulqosim. - Firdavsi Abulqosim. Shohnoma. J. VIII. Dushanbe, 1966.

Firdousi, 1971. - Firdousi. Shakhname. Kritich. tekst, T. I, Tegeran, 1971.

Fikhrist. - Kitab al-Fihrist. Mit Anmerkungen hrsg. von G.Flugel, nach dessen Tode besorgt von J. Roediger und A.Muller. Bd. I - II. Leipzig, 1871 - 1872.

Foma Metsopsky, 1957. - Foma Metsopsky. Istoriya Timur-lanka i ego priemnikov. Baku, 1957.

Freiman A.A., 1962. - Opisanie, publikatsiya i issledovanie dokumentov s gory Mug. M., 1962 ("Sogdiyskie dokumenty s gory Mug", vyp. I).

Hamdallah Qazvini, 1910. - The Ta'rikh-i-Guzida or "Select History" of Hamdu'llah compiled in A.H. 730 (A.D. 1330), and now reproduced in facsimile from a manuscript dated A.H. 857 (A.D. 1453) with an introduction by E.G. Browne. Vol. I, containing the text. Leyden -London, 1910. (GMS, HHIII, 1 - 2).

Hafiz-i Abru. - Hafiz-i Abru. Chronique des Rois Mongols en Iran. Texte persan edite et traduet par K. Bayani. Traduction en Notes. Paris, 1936.

Hafiz-i Tanysh. - Hafiz-i Tanysh. Abdulla-name. Ruk. INA. D 88 (575 age).

Chan-chun. - Si yu tszi, ili opisanie puteshestviya na Zapad. [Per. s kit. s prim. arkhimandrita Palladiya]. - "Trudy chlenov russkoy dukhovnoy missii v Pekine", T. IV. SPb., 1866.

Chekhovich O.D., 1954 b. - "Dokumenty k istorii agrarnykh otnosheniy v Bukharskom khanstve", vyp.1. Akty feodalnoy sobstvennosti na zemlyu XVII - XIX vv. Podbor dokum., per., vved. i primech. O.D. Chekhovich. Tashkent, 1954.

Chekhovich O.D., 1965 a. - Bukharskie dokumenty XIV v. Tashkent, 1965.

Sharaf ad-Din Yezdi, 1723. - Histoire de Timur-Bec, connu sous le nom du Grand Tamerlan, Empereur des Mogolos et Tartares. Ecrite en Persan par Charefeddin Ali, natif d'Yezd, Auteur contemporain. Traduite en Francois par feu M. Petis dela Croix... T.I - IV. Delf, 1723.

Sharaf ad-Din Yezdi, 1887 - 1888. - The Zafarnamah by Maulana Sharaf-ud-din 'Ali of Yazd. Ed. by Maulawi Muhammad Ilahdad, vol. I-IV. Calcutta, 1887 - 1888.

Sheibani-name. - "Sheibani-ada". Istoriya mongolo-tyurkov na dzhagataidskom dialekte s per., prim. i prilozh., izdannaya I. Berezinym. Kazan, 1849 ("Biblioteka vostochnykh istorikov", izdavaemaya I. Berezinym, T.1).

Shmidt A.E., 1958. - A.E. Shmidt. Materialy po istorii Sredney Azii i Irana. - UZ IVAN, XVI7 M78 L7' 1958.

Shokhinin, 1960. - Ash'ori muntakhab. Dushanbe, 1960.

Shcherbak A.M., 1959. - Oguzname. Mukhabat-name. M., 1959.

Elian. - Elian. Pestrye rasskazy, per. s drevnegrech., statya, prim. i ukaz. S.V. Polyakovoy. M. - L., 1964.

Yuan-shi. - "Istoriya pervykh chetyrekh khanov iz doma Chingisova". Per. s kit. monakha Iakinfa. SPb., 1829.

Yustin, 1954, 1955. - Yustin. Epitoma sochineniya Pompeya Troga. Per. A.A. Dekonskogo i M.I. Rizhs-kogo. Pod red. M.E. Grabar-Passek. - VDI, 1954, № 2 - 4; 1955, № 1.

Yakubi. - Yakubi. Les Pays. Traduit par G. Wiet. Le Caire, 1937.

Yakut. Irshad. - The Irshad al-arib ila marifat al-adib or Dictionary of learned men of Jaqut. Ed. by D.S. Margoliouth, vol. I - VII. Leyden - London, 1907-1927 (GMS, VI, 1 - 7).

Yakut. Mudzham. Jacut's geographisches Worterbuch aus den Handscriften zu Berlin, SPb., Paris, London und Oxford... hrsg. von. F. Wustenfeld. Bd. I - VI. Leipzig, 1866 - 1873.

Anquetil du Perron, 1771. - ZendAvesta. Ouvrage de Zoro-astre... trad. en francais sur l'original zend avec des remarques, vol. I - III. Paris, 1771.

Avesta, 1886. - Avesta die heiligen Bucher der Parsen im Auftrag der Kaiserlichen Akademie der Wissenschaften in Wien, hrsg. von K.F. Geldner, Bd. I - III. Stuttgart, 1886, 1889, 1885. Bd. I. Yasna, 1886, Bd. II. Vispered und Khorde Avesta, 1889. Bd. III. Vendidad, 1895.

Beal S., 1906. - Buddhist records of the western world. Transl. by S. Beal, vol. I, II. Lon-don, 1906.

Benveniste E., 1946. - Vessantara Jataka, texte Sogdien edite, traduit ex commente par E. Benveniste. Paris, 1946 (Mission Relliot en Asie Centrale, IV).

Bretschneider E., 1888, 1910. -E. Bretschneider. Mediaeval researches from Eastern Asiatic Sources. Fragments towards the knowledge of the geography and history of Central and Western Asia from the 13-th to the 17-th century, vol. I-II. London, 1888; 2d ed. 1910.

Darmesterer J., 1880-1887. - J. Darmesterer. The Zend-Avesta, I - III. Paris, 1892 - 1893; the same in engl. translation: The Zend-Avesta, pt. 1-3. Oxford, 1880 - 1887 (SBE, vol. IV, XXII, XXXI).

De Groot J.J., 1926. - J.J. De Groot. Chinesische Urkunden zur Geschichte Asiens, Bd.II, Die Westlande Chinas in der vorchristlichen Zeit. In vollstandiger zusammenfassung ubersetzt und erlautert von J.J. De Groot. Berlin - Leipzig, 1926.

Duchesne-Guillemin J., 1963.-J. Duchesne-Guillemin. The Hymns of Zarathustra. Boston, 1963.

Fuchs W., 1938. - W. Fuchs. Hueich'-ao's Pilgerreise durch Nordwest Indien und Zentral Asien um 726. - SPAW, 1938. Philosophischhistorische Klasse. Berlin, 1938.

Ferrand G., 1913 - 1914. -G.Ferrand. Relations de voyages et tehtes geographiques arabes, persans et turks relatifs a l'Extreme-Orient du VIIIe au XVIIIe siecles, traduits, revus et annotes par G. Ferrand, T. I - II, Paris, 1913 - 1914.

Gershewitch J., 1959. - J. Gershewitch. The Avestan Hymn to Mithra, Cambridge, 1959 (University of Cambridge Oriental Publications, N 4).

Gibb H.A.R., 1923. - H.A.R. Gibb. The arab conquests in Central Asia. London, 1923.

Hanway J., 1754. - J. Hanway. An historical account of the British trade over Caspian Sea: with the author's journal of travels from England through Russia into Persia, and back through Russia, Germany and Holland. To which are added the revolutions of Persia during the present century, with the particular history of the great usurper Nadir Kouli, 2d ed., vol. I-II. London, 1754.

Herzfeld E., 1924. - E. Herzfeld. Paikuli. Monument and inscription of the early history of the Sasanian empire. Vols. I-III, Berlin, 1924 (Forschungen zur Islamischen Kunst, hrsg. Friedrich Sarre).

Herzfeld E., 1938. - E. Herzfeld. Altpersische Inschriften. Berlin, 1938 (Erster Erganzungs-band zu dem Archaeologischen Mitelungen aus Iran I).

Hirth F., 1917.-F. Hirth. The story of Chang Kien, China's pioneer in Western Asia.-JAOS, vol. 37, pt. 2, 1917.

Hoffman, 1880. - Hoffman. Auszuge aus syrischen Akten persischer Martyrer. Ubersetzt und durch Untersuchungen zur historischen Topographie erlatert von G. Hoffman, Leipzig, 1880.

Kent R.G., 1953. - R.G. Kent. Old Persian Grammar, Texts, Lexicon, Second ed., revised, New Haven, Connecticut, 1953, (AOS, vol. XXXIII).

Lommell H., 1927. - H. Lommell. Die Yast's des Avesta. Ubersetzt und eingeleitet von H.Lommel. Gottingen - Leipzig, 1927 (Quellen der Religions-ges-chichte, Bd. 15).

Marquart J., 1901. - J. Marquart. Eransahr hach der Geographie des Ps. Moses. Xorenac'i. Berlin, 1901. AKGWG, N.F., Bd.III, N 2.

Miller, 1959. - Miller. Accounts of western nations in the history of the northern Chou-Dynasty, transl. and annotated by R.A. Miller. Berkeley and Los Angeles, 1959 (University of California. Chinese Dynastic Historiestranslations, N 6).

Mohl J., 1866. - J. Mohl. Le livre des rois par Abou'l Kasim Firdousi, publie, traduit et commente par J. Mohl. Paris, T.I, 1838; II, 1842; III, 1846; IV, 1855; V, 1866; VI, 1868; VII, 1878.

Muller, 1851. - Muller. Fragmenta historicorum graecorum. Colleqit, disposuit, notes et prolegomenis illustravit, indicibus instruxit C. Mullerus, vol. IV. Parisis, 1851.

Noldeke Th., 1879. - Th. Noldeke. Geschichte der Perser und Araber zur Zeit der Sasaniden. Aus der arabischen Chronik des Tabari ubersetzt und mit ausfuhrlichen Erlauterungen und Erganzungen versehn von Th. Noldeke. Leyden, 1879.

d'Ohsson C., 1834 - 1835. - C. d'Ohsson. Histoire des Mongols, depuis Tchingiz - khan jusqu'a

Timour bey ou Tamerlan, T. I-IV. La Haye et Amsterdam, 1834 - 1835, ed. 2. 1852.

Schefer Ch., 1883 - 1885. -Ch. Schefer. Chrestomathie persane a l'usage des eleves de l'Ecole speciale de langues orientale vivantes, publiee par Ch. Schefer, T. I -II, Paris, 1883 -1885 (PELOV. IIe ser., vol. VI - VIII).

Si-Yu-Ki see. Beal S., 1906.

Sharaf al-Zaman Tahir Marvazi. - "Sharaf al-Zaman Tahir Marvazi on China, the Turks and India", 1942. Arabic text (circa A.D. 1120) with an English translation and commentary by V. Minorsky. London, 1942.

"The life of Hsuan-Tsang". Compiled by monk Huili. Peking, 1959.

West E.W., 1880 – 1892. -E.W. West. Pahlavi texts, transl. by E.W. West. Oxford, 1880 (SBE, vol. V, HHHVII).

Wolff F., 1910 – 1960. – F.Wolff. Avesta die neiligen Schriften der Parsen. Strassburg, 1910; II Auflage, 1960.

Wylie A., 1881. – A. Wylie. Notes on the Western Regions trans. from the "Tseen Han Shoo", Book 96, pt.I. – JAJGBI, T.10, 1881, N 1.